중국역사연구법

중국역사연구법

초판 1쇄 인쇄 2019년 4월 10일
초판 1쇄 발행 2019년 4월 15일

지은이 량치차오
옮긴이 유용태
펴낸이 오세정
펴낸곳 서울대학교출판문화원

출판등록 제15-3호

주소 08826 서울 관악구 관악로 1
대표전화 02-880-5252 | 팩스 02-889-0785
홍보마케팅팀(주문 상담) 02-889-4424, 02-880-7995
이메일 snubook@snu.ac.kr
홈페이지 www.snupress.com

ISBN 978-89-521-2829-4 93910

이 책은 서울대학교 사범대학 교육연구재단의 2013년도 저술 · 번역 연구비 지원을 받아 간행되었음.
(저술 · 번역 연구도서 69)

중국역사연구법

량치차오 지음 | 유용태 역주

서울대학교출판문화원

Methods of Studying Chinese History

Liang Chi Chao

Translated and noted by
Yu Yongtae

Seoul National University Press

옮긴이의 말

1

이 책은 량치차오(梁啓超, 1873-1929)의 《중국역사연구법》(1922)을 완역하고 《중국역사연구법보편》(1930)의 일부를 번역해 보론으로 추가하여 구성되었다. 전자는 1921년 톈진 난카이대학(南開大學)에서, 후자는 1926년 베이징 칭화대학(淸華大學)에서 행한 강의의 원고를 바탕으로 엮어진 것으로, 중국역사를 어떻게 연구할 것인가에 관한 방법을 다루었다. 그 주요 내용은 역사란 무엇이며 어떻게 전통사학을 근대사학으로 개조할 것인가, 사료는 어떻게 수집 감별하고 취사선택하며 해석하는가, 역사적 사실들의 인과관계는 어떻게 파악하는가, 역사 연구자가 갖춰야 할 덕목과 능력은 무엇인가 등을 포함하고 있다.

량치차오는 중국 근대역사학의 기초를 닦은 사람이다. 그는 1901년부터 중국의 전통적 역사학을 근대적 역사학으로 혁신하기 위한 논설을 그때그때 발표하여 중국인들에게 큰 반향을 불러일으켰을 뿐 아니라 박은식과 신채호를 비롯한 근대 한국의 역사가들에게도 적지 않은 영향을 미쳤다. 위의 연구법과 그 보편은 논설들의 연장선에서 당시의 최신 연구성과를 보완하여 강의 형태로 풀어 낸 것이다. 독자의 이해를 돕기 위해 위 두 책을 펴내기까지의 경과를 간략히 살펴보는 것이 좋을 듯하다.

량치차오는 1873년 광둥성 남부 신후이현(新會縣)에서 태어나 17세에 과거시험에 합격해 거인(擧人)이 된 후 캉유웨이(康有爲)로부터 신학문과 변법사상을 배웠다. 청일전쟁에 패한 직후 그는 스승과 함께 근대국가를 향한 개혁시도인 변법운동에 뛰어들면서 전국적 명성을 얻게 되었다. 변법운동이 실패하자 일본으로 망명하여 입헌제 도입에 관한 정론을 펼치면서 중국의 전통사학을 근대사학으로 개조하는 논설을 잇달아 발표하였다. 〈중국사서론〉(1901)과 〈신사학〉(1902)이 그 초기 성과이다. 여기서 그는 중국의 구(舊)사학을 황실의 족보나 소수 위인을 위한 기념비에 불과하다고 비판하고 "사학혁명"을 통해 민족/국민을 주체로 삼는 민족사학/국민사학을 수립하자고 역설하였다. 그럼으로써 역사를 "국민의 밝은 거울"로 만들어야 비로소 정치개혁도 이루어 낼 수 있다는 것이다. 이런 사론에 의거하여 1904년 그 스스로 중국통사를 저술하려고 시도하였으나 정치활동에 바빠 뜻을 이루지 못하였다.

신해혁명으로 정국이 급변하자 량치차오는 1912년 말 귀국하여 잠시 중화민국 베이징정부의 각료로서, 혹은 정당의 지도자로서 정치활동의 전면에 나서기도 하였다. 그러나 그는 국회가 군벌·관료·정객들에 의해 농단되는 현실정치에 환멸을 느끼고 1917년 말 정계로부터 은퇴하였다. 그 후 그는 학술과 교육문화 활동에 전념하였는데, 제일 먼저 착수한 일이 중국통사 저술이었으니 10여 년 된 자신의 과제를 다시 끌어안은 셈이다. 그러나 이번에는 반년 만에 건강이 악화되어 각혈을 하면서 붓을 놓을 수밖에 없었다. 그 직후 유럽순방을 통해 유럽문명의 위기를 목도하고 1920년 공학사(共學社)를 세워 점진적 사회주의 서적을 번역 출간하고 러셀 같은 저명인사를 초청해 강연회를 여는 등의 사상문화 혁신운동을 펼쳤다. 그 스스로도 각종 강연에 적극 나섰으며 새로운 역사의 의미와 연구방법에 대한 두 차례 강연은 그러한 활동의 일환이었다. 실제로 그는 새롭게 사고하는 "신민"(新民)의 힘을 길러 정치사회를 개혁하는 "국민운동"을 전개하였으며, 역사학과 역사교육의 혁신은 이를 위해 불가결하다고 보았다.

량치차오는《중국역사연구법》에서 주로 통사를 염두에 두고 연구법의 기초를 설명하였다면《중국역사연구법보편》에서는 역사가가 갖추어야 할 4대 요건에 이어서 각종 전문사(인물사, 사건사, 문물사, 정치사, 경제사, 문화사, 지방사, 단대사 등)의 연구법을 다루었다. 그는 일반사로서의 통사와 분야사로서의 전문사를 함께 갖추어야 중국사에 대한 전체상을 온전히 파악할 수 있다고 믿었다. 실제로 그는《조국 대항해가 정화전(鄭和傳)》(1905),《선진정치사상사》(1923),《중국근삼백년학술사》(1924),《중국문화사: 사회조직편》(1927) 등을 포함하는 다수의 전문사 저술을 남겼다. 통사저술에 대한 의지 역시 여전해서, 그는 지병으로 건강이 악화되던 1927년 봄에도 아들에게 보낸 편지에서 전력을 다해 중국통사를 완성시킬 작정이라고 하였으나 뜻을 이루지 못한 채 1929년 1월 57세(만 56세)로 병사하였다.

량치차오의 학술과 사상에서 역사학은 특별한 의미를 갖는다. 그는 일평생 국가와 사회의 개조를 위해 대안을 찾고 실천하였는데, 그 탐색은 고금을 관통하고 동서를 회통(會通)하며 수많은 학문 분과를 넘나들었다. 그 범위는 문사철은 물론이요 정치와 법률, 재정과 경제, 언론과 교육문화, 민족학, 도서관학, 심지어 군사학 등을 포괄한다. 그럼에도 이들 여러 분야를 관통하는 하나의 벼리가 있으니 그게 바로 역사학이다. 이는 그의 벗으로서 그가 남긴 모든 글을 수집 정리한《음빙실합집》(飮氷室合集, 1936)의 편집자 린즈쥔(林志鈞)의 논평에 따르더라도 그렇고 량치차오 자신의 술회에 따르더라도 그러하다.

그런 만큼 량치차오 스스로 자신의《중국역사연구법》을 천 년이 넘는 긴 역사적 맥락 속에 위치지은 것은 자연스럽다. 이 책을 당대 유지기(劉知幾)의 《사통》(史通), 송대 정초(鄭樵)의 《통지》(通志), 청대 장학성(章學誠)의 《문사통의》(文史通義)를 잇는 역사이론서의 하나로 자리매김한 것이다. 이는 오늘날의 중국사학사 연구자들도 인정하는 바이다. 이 책이 중국 전통사학의 방법을 기초로 당시 서방 근대사학의 최신 성과를 수용해 양자를 결합하고 새로운 학술적 안목을 운용해 독특한 사학이론 체계를 수립한 명저로 평가받는 것도 같은 맥락에서다. 그런 만큼 이 책은 중화민국시기에 이미 "민국 경전문고"(民國經典文庫)의 하나로 인정되어 '고전' 반열에 올랐고, 중화인민공화국의 개혁개방 시기에도 "국학기본문고"의 하나로 지정되었다.

2

량치차오의 《중국역사연구법》은 출판 당시 중국에 망명 중이던 한국인들에게 읽혔을 뿐 아니라 일제강점기의 한국에도 유입되어 주목받았다. 그 초판의 5쇄본(1926)이 고려대학교 도서관에, 문고본으로 새롭게 편집된 그 1930년판본이 서울대학교 중앙도서관에, 그리고 그 보편의 초판본(商務印書館, 1930)이 연세대학교 도서관에 소장되어 있다. 그럼에도, 이 100년 전 중국인의 저작이 오늘날 우리에게 어떤 의미를 가질 수 있겠는가 하는 의문이 생길 수 있다.

나는 이를 역사의 '연구법'으로서의 의미와 사학 사상사의 한 페이지를 구성하는 '역사'로서의 의미라는 두 측면에서 보고 싶다. 백년이라는 시차를 고려하면 '역사'로서의 의미가 더 크다고 하겠지만, '연구법'으로서의 의미, 특히 중국사를 넘어서는 역사의 연구법으로서 갖는 의미도 여전하다고 본다. 수년 전 나는 서울대학교 교수학습센터에서 대학원생을 위한 역사학논문작성법 특강을 몇 년간 진행했는데, 그때 참고한 가장 유익한 것들 중 하나가 이 책이었다. 허빙송(何炳松)과 첸무(錢穆)의 역사연구법을 비롯해 그보다 뒤에 나온 비슷한 제목의 저작들이 여럿이고 각기 그 특장을 지니지만 이렇게 말하는 이유는 다음 몇 가지이다.

우선 저자는 역사가 현대인의 삶을 비춰 보는 거울로서 의미를 가질 수 있어야 하며, 이를 위해서는 역사학이 사실의 나열을 넘어 원인의 탐구로 나아가 인과관계를 규명하지 않으면 안 된다고 하였다. 사람들은 그 인과관계 속에서 사고할 때 "부끄러움과 두려움을 알게 된다"[知恥知懼]는 것이다. 여기에는 전통적 감계사관(鑑戒史觀)의 모습이 남아 있지만, 가장 현대화된 오늘날 미국의《세계사 국가표준》(1994)에서도 그와 흡사한 모습은 쉽게 찾아볼 수 있다. "역사는 사고의 결과를 실험하기 위해 우리가 갖고 있는 유일한 실험실"이며 그 실험실은 "과거가 전해 주는 교훈에 대한 이해의 부족으로 혹은 과거로부터 잘못 유추된 의사결정 탓에 생긴 비용들로 가득 차 있다."라는 것이다. 어느 쪽이든 역사란 사람들로 하여금 자신이 발 딛고 사는 현실을 과거와의 인과 관계 속에서 파악하고 반성적으로 사고하도록 이끌어 주는 것임을 새삼 일깨운다.

그다음으로 내가 주목하는 것은 사료를 어떻게 수집하고 분류하며 그 진위와 정오를 판별할 것인지, 그리고 역사적 사실들의 상호관계를 분석하여 어떻게 인과관계를 추출해 낼 것인지를 다양한 사례를 들어 논한 점이다. 사료를 잘 수집하여 감별하면서 분석한 결과를 가지고 사적(史蹟)의 실체를 파악하는 동시에 그것의 전후좌우 맥락을 파악하는 것이야말로 예나 지금이나 역사연구법의 핵심이다. 특히 그가 말하는 새로운 역사학이란 역사적 사실/사건들 간의 상호 연관성을 구조적으로 파악하여 드러내는 것이어서 더욱 눈길을 끈다. 그래서 우리가 가령 중국인과 흉노의 상호 관계를 다루는 그의 설명을 따라가다 보면 중국사가 '중국의 중국'을 넘어 '아시아의 중국', '유라시아의 중국'으로 이어지는 지역사/세계사의 일부임을 새삼 일깨우는 열린 시야를 만나게 된다.

이처럼 연구의 시각과 방법을 제시한 것보다 더 주목되는 바는 역사연구자가 되려는 학생들에게 필요한 덕목과 능력이 무엇인지, 그것을 함양하는 방법을 제시하였다는 점이다. 사료의 감별방법을 논하면서도 이를 간략히 다루었으나 보편에서는 아예 독립된 한 장을 설정하여 이에 관해 상세히 다루었다. 일찍이 18세기 사학자 장학성이 역사가의 4대 요건을 사학(史學, 배움과 식견), 사식(史識, 판단력과 통찰력), 사재(史才, 구성력과 문장력), 사덕(史德, 품성과 마음가짐) 순으로 제시한 바 있는데, 량치차오는 사덕을 맨 앞으로 배치하여 가장 중시하였다. 사덕이 가장 중요한 이유는 누구나 사료를 해석할 때 과장이나 근거가 희박한 판단, 심지어 의도적 조작에의 유혹을 받기 쉬워서이다. 그런 유혹에 휘둘리지 않는 공정무사의 굳은 심지가 있지 않고서는 나머지 세 능력이 아무리 출중해도 그의 연구는 한순간에 무너질 수 있다. 갈수록 연구윤리를 저버리는 '모럴 헤저드'와 이를 조장하는 연구실적 경쟁과 연구비 수주경쟁이 심해지는 현실에서 사덕은 이전보다 더욱 절실해지고 있다.

'사학'은 남의 논저를 잘 읽고 배워 풍부한 식견을 갖추는 것이다. 그 식견은 전공분야에 정통해야[專精] 할 뿐 아니라 사회과학을 포함한 인접분야로 넓게 열려 있어야[涉獵] 비로소 온전해진다. 이를 위해 저자는 효과적인 독서와 메모의 방법을 소개하였다. 사료의 감별능력과 역사적 맥락에 대한 판단력/통찰력인 '사식'을 어떻게 기를 것인지, 그렇게 분석되고 종합된 결과를 과감하게 마름질하여 논리적이고 체계적인 스토리로 구성하고 이를 문장화하는 '사재'를 어떻게 기를 것인지에 대하여 구체적 사례에 의거해 흥미롭게 설명하였다. 그가 권하는 글은 아름다운 글이 아니라 절묘한 글이며 그 최고의 형태는 "두텁게" 쓴 글이다. 두터운 글이란 말수는 적으나 거기에 담긴 함의는 많은 글로서, 말수는 많지만 그 함의는 적은 "얇은 글"과 대조된다. 내용을 잘 구성하는 것도 이를 절묘하게 표현하는 것도 모두 "많이 읽고 적게 쓰며 많이 고치는" 수고로움을 마다하지 않을 때 비로소 길러지는 능력이다.

이상과 같은 연구의 방법과 덕목 및 능력에 대한 설명은 100년 전의 것이지만 오늘날 역사연구자의 길을 가려는 학생과 대학원생에게도 여전히 유용한 안내이자 가르침이라고 할 수 있다. 특히 저자 자신의 풍부한 경험담을 소개하고 있어서 초학자에게 친절한 길잡이가 되어 줄 것으로 보인다.

3

흔히 그렇듯이 이 책의 관점 중에도 비판적으로 읽어야 할 내용이 들어 있다. 경학과 사학을 넘나드는 고전에 대한 해박한 지식을 바탕으로 역사연구법을 풀이하는 속에 가령 중국인 특유의 관념인 중화사상과 그에 의거한 중화민족사관이 뚜렷하게 자리잡고 있는 것이 그 대표적인 예이다.

20세기 초 그가 제창한 신사학은 왕실을 포함한 소수의 통치자를 주체로 하는 역사가 아니라 민족을 주체로 하며 민족의 형성과 발전을 중심으로 하는 역사이다. 그런데 단일민족 국가인 한국과 달리 중국은 다민족 국가였기에 민족의 개념이 사뭇 다르다. 량치차오가 보기에 그것은 한족(漢族)이 아니라 당시 중국 경내에 거주하는 모든 종족(種族)을 하나로 합친 대민족=중화민족이다. 이를 주체로 하는 대제국의 성립과 확대를 체계화하는 것이 새로운 중국사이며, 이렇게 그가 기초를 닦은 중화민족사관은 반제민족운동의 현실적 필요와 상호작용하면서 중국역사 교과서 편찬에 반영되는 동시에 왕궈웨이(王國維), 구지에강(顧頡剛), 푸스녠(傅斯年) 등의 민족사학 연구로 이어졌다. 따라서 그는 중국사학사에서 신사학의 개창자로 일컬어지지만 민족사학, 특히 중화민족사관에 의거한 민족사학의 개창자이기도 하다.

량치차오에 의해 기초가 닦인 중화민족사관은 중화인민공화국 시기에 마르크스주의 계급사학에 밀려 쇠퇴한 듯했지만 개혁개방 이후 최고의 전성기를 맞고 있다. 중국 학계에서 국학 붐과 문화보수주의가 광범하게 일어나고 국가주석이 "중화민족의 위대한 부흥"을 제창하는 현실의 필요와 상호작용을 일으킨 결과이다. 그리하여 근래 중국학계는 그 어느 때보다 량치차오의 사학이론과 《중국역사연구법》에 뜨거운 관심을 보이고 있다. 이는 그에 관한 수많은 논저를 통해서도 알 수 있지만 이 책이 중국 각지의 여러 출판사에 의해 끊임없이 출간되고 있다는 사실로도 알 수 있다. 내가 온라인 검색을 통해 조사한 바로도 1980-2017년 대륙의 23개 출판사, 대만의 8개 출판사가 이 책을 펴냈다.

이런 사정을 감안하면 이 책은 '연구방법'과는 다른 차원에서 중국사학의 '역사'와 현실중국의 '역사관'을 더욱 깊이 이해하는 자료이자 방법의 하나로도 의미를 가질 수 있다고 하겠다. 공산당이 통치하는 상황인 만큼 유물사관을 유지하되 중화민족사관을 대전제로 인정한 속에서 양자를 조화시키는 것이 오늘날 중국의 주류적 역사관이다.

이상과 같이 나는 이 책이 갖는 '연구법'으로서의 의미와 사학사의 '역사'로서의 의미를 인정하기에 우리말로 번역하여 출간하기로 하였다. 이 책은 1938년 일본에서 번역되었지만 한국어로는 번역된 적이 없다. 그의 《청대학술개론》이 국내의 두 출판사에서 번역 출간된 것과 비교된다. 이 차이는 우리 학계가 사실 위주의 역사학에 편향되어 방법론을 경시해 온 폐단을 보여 주는 것이 아닌가 싶다. 이 책의 번역이 연구방법론에 관한 관심을 촉진하는 하나의 계기가 되었으면 하는 바람이다.

돌이켜 보면 이 책을 완독하고 나서 우리 학계에도 자신의 경험과 역사적 사례를 근거로 하는 이런 종류의 친절한 역사 연구법 안내서가 나왔으면 하는 생각을 한 지 십여 년이 지났다. 조만간 어느 역량 있고 남다른 사명감을 지닌 학인이 나서서 번역서가 아닌 자신의 저서로 호응해 주기를 고대한다. 이는 반드시 갖추어야 할 뿐만 아니라 결코 더 이상 늦출 수 없는 연구 인프라의 하나에 속하기 때문이다.

이 번역서를 내는 데에도 여러 방면으로부터 도움을 받았다. 수년 전 토요일 오후 강독과 연구법 안내를 겸한 세미나에서 이 책을 함께 읽은 대학원생들, 몽골과 티벳 등 이민족의 문자로 쓰인 불경을 해독해 준 설배환 교수와 그의 동료 연구자들, 약칭으로 인용된 한대(漢代)의 고사를 풀이해 준 김창환 교수께 감사한다. 당초 계획보다 늦어지던 역주작업은 서울대학교 사범대학 교육연구재단의 지원에 힘입어 추동되었고, 2017년 1학기 제주대학교에서 보낸 연구년을 이용해 마무리될 수 있었다. 서울대학교출판문화원은 기꺼이 출판을 허락하고 정성스럽게 편집해 주었다. 2018년 12월 난카이대학 역사학원의 초청으로 톈진을 방문했을 때, 량치차오가 이 책의 내용을 강의한 옛 교정과 원고를 작성한 고택을 둘러보며 그의 고심과 분투의 자취를 조금이나마 느껴 볼 수 있었다. 이들 기관과 대학에 감사하며 독자의 질정을 고대한다.

2019년 2월
옮긴이 유용태

차례

표 차례

일러두기

1. 번역의 저본으로는 《中國歷史研究法》(上海: 商務印書館, 1930)과 《中國歷史研究法: 附補編》(臺北: 臺灣中華書局, 1936/1956)을 사용했으며, 그 밖에 여러 판본을 참고하였다. 초판본의 일부 착오는 그 후 판본에서 바로잡혔음을 고려한 것이다. 서명과 저자의 영문표기는 1930년 판본에 따랐다.
2. 저자의 주석 외에 독자의 이해를 돕기에 필요하다고 생각되는 곳에 옮긴이 주를 달았다. 짧은 것은 본문의 괄호 안에 넣고 긴 것은 각주로 달았다. 전거는 특별한 경우가 아닌 한 권말에 첨부된 참고문헌으로 대신하였다.
3. 강의 원고를 바탕으로 한 글이다 보니 어떤 문단은 지나치게 길고 복수의 사항을 함께 설명하기도 하였는데, 필요하다고 판단되는 곳에서 적절히 문단을 나누었다.
4. 지명의 표기는 중국어 독음에 따르되, 고문헌의 인용문에 나오는 지명과 '적벽'이나 '장안'처럼 우리식 독음으로 굳어진 것들은 예외로 하였다. 인명 표기는 신해혁명 이후의 인물에 한해 중국어 독음에 따랐다.
5. 연보는 연마다 기재하지 않고 중요한 계기를 중심으로 하되 저자의 생각과 사상의 변화가 드러나도록 하였다.
6. 표기상의 명백한 오류와 오타는 바로잡았다.

서문

중국 역사는 능히 읽어 낼 수 있는가? 24사, 2통감, 9통, 5기사본말,[1] 그리고 그 밖의 별사(別史)와 잡사(雜史)[2] 등 모두 수만 권이 넘어 어린 아이 때 보기 시작해서 백발이 되어도 다 읽을 수 없다. 옛날에도 그것을 고통스럽게 여겼거니와 하물며 백 가지 학문을 두루 익혀야 하는 오늘날 그럴 만한 정력을 가진 학인이 몇이나 되겠는가? 중국 역사는 다 읽어 낼 수 없는 것인가?

그렇다고 이 수백 권으로 단지를 덮고 땔감으로 쓰거나, 수천 년 이래 조상이 활동한 족적을 문헌으로 집대성해 놓고 이를 전혀 가치 없는 것으로 여겨 영원히 인류문화유산의 범위 바깥으로 던져 버릴 수는 없다. 이는 우리가 사람의 자손으로서 차마 할 수 없는 일일 뿐만 아니라 전 인류가 허용하지 않는 일이기도 하다. 읽지 않을 수 없으나 다 읽을 수 없으니 반드시 혼신의 힘을 다해 잘 읽은 후에 그 읽은 바를 내어서 읽고자 하는 사람에게 제공하는 학인이 약간은 있을

1 2통감은 《자치통감》과 《자치통감강목》을 말한다. 9통은 《통전》, 《통지》, 《문헌통고》, 《속통전》, 《속통지》, 《속문헌통고》, 《청조통전》, 《청조통지》, 《청조문헌통고》를 말한다. 5기사본말은 《좌전기사본말》, 《통감기사본말》, 《송사기사본말》, 《원사시가본말》, 《명사기사본말》을 말한다. 옮긴이 주.

2 별사는 정사체(기전체)로 쓰여서 正史의 자료가 될 수 있는 사서로 《촉한춘추》, 《華陽國志》, 《元秘史》 등이 이에 속한다. 잡사는 정사의 자료가 될 수 없는 사서로 《국어》, 《전국책》, 《세설신어》 등이 이에 속한다. 옮긴이 주.

것이다. 그러므로 새로운 역사를 쓰는 것이야말로 우리 학계가 오늘날 가장 절박하게 요구하는 바이다.

근래 사학의 진보는 다음 두 가지 특징을 보인다. 첫째, 객관적 자료의 정리이다. 옛날에는 역사적 사실로 여기지 않았던 것을 오늘날에는 역사적 사실로 여기고, 옛날에는 역사적 사실로 여겼던 것을 오늘날에는 간혹 역사적 사실로 여기지 않는다든지, 이전에 버려지고 흩어진 역사적 사실을 조사하고 비교해 본다든지, 옛것 중에 인습되어 내려오는 것을 거듭 감별하여 그 가치를 따지는 것 등이 이에 속한다. 둘째, 주관적 관념의 혁신이다. 역사는 인류의 활동모습을 재현한 것이지 그 굳어진 흔적을 보여 주는 것이 아니다. 역사는 사회적 성격을 띤 활동의 재현이지 한 사람 한 가족의 족보나 문집이 아니다. 그러한 연후에 비로소 역사는 우리의 생활과 서로 밀접해져서 그것을 읽으면 가깝게 느껴지고 재미가 있다. 그러한 연후에 비로소 역사는 독자들로 하여금 단체생활의 의의를 깨닫게 하여 그들이 하나의 국민이 되고 하나의 세계인이 될 자격을 조성해 준다.

근래 백수십 년간 구미의 사학계는 완전히 이 두 가지 방향으로 걸어왔으며 지금도 쉼 없이 앞으로 나아가고 있어, 그 이룩한 성취를 돌아보면 이미 훌륭하다. 우리나라 사학계의 헤아릴 수 없이 많은 자료는 진실로 정리할 방법이 없는가? 진실로 한 무더기의 깨어진 기와 조각과 벽돌 부스러기 같아서 다만 싫증나게 할 뿐이다. 진실로 정리할 방법이 있는가? 광산의 금처럼 아무리 채취해도 다함이 없다. 학자가 임의로 그 한 부분을 취해 연구해도 모두 이름을 드높일 수 있고 세계에 공헌하는 바가 극히 클 것이다.

나는 어느새 이 일에 뜻을 둔 지 20년을 넘겼으니 쌓인 원고가 이미 한 자 남짓이다. 그러나 돌이켜보면 감히 자신할 수 없어 질질 끌다가 발표하지 못했다. 작년 톈진 난카이대학(南開大學)에서[3] 정규 수

업을 하는 외에 강연도 여러 번 이어서 했는데 그때 옛것을 모아 정리하고 새로운 것을 더해 동학들과 의견을 교환하였다. 한 학기를 마치니 약 십만 자 분량의《중국역사연구법》이란 책 한 권이 되었다. 공자는 일찍이 "노동자[工人]가 그 일을 잘 하고자 하면 반드시 먼저 그 도구를 날카롭게 해야 한다."라고 말했다. 우리들 역사하는 사람이 갖고 있는 도구도 대략 이와 같다. 나는 작심하고 3-4년간 힘을 다하여 이 방법으로 하나의 새로운 역사책을 지었다. 나의 원고는 각 학교의 순회강연을 위해 작성된 것을 모은 것이다. 그 두 번째 권은《5천년역사추세오감》[五千年史勢烏瞰]으로[4] 올해 봄 베이징 칭화학교(淸華學校)[5]에서 강연한 것이다. 제3권 이하는 시대 순으로 연속 출판될 예정이다. 그러나 이 일은 워낙 방대한 작업이라 한 사람의 열정으로 감당할 수 있는 바가 아니다. 하물며 나처럼 닦은 학문이 천박한 사람이 누차 강당에서 황급히 강연하여 그냥 나오는 대로 말할 뿐 면밀히 살펴 따지지 못했으니 그 잘못되고 서로 모순되고 누락된 것이 많음은 말할 필요도 없다.

하찮은 이 원고는 본래 훗날 개정(改定)을 거쳐 다듬어야 마땅할 것이었다. 그런데 다시 생각해 보니 내 연구의 결과가 비록 반드시 가

3 난카이대학은 1919년 건립되었으며, 근대중국의 저명한 교육자 張伯苓과 范孫에 의해 1909년 건립된 南開中學을 전신으로 한다. 항일전쟁시기에 베이징대학, 칭화대학과 함께 피난지 쿤밍에서 國立西南聯合大學을 형성한 바 있고 1946년 톈진에 돌아와 國立南開大學으로 개편되었다. 옮긴이 주.

4 《五千年史勢烏瞰》이라는 제목의 책이나 글이 발표된 적은 없다. 이는 그가 계획한 다권본 "중국문화사"의 제2권으로 구상되었으나(제1권은《중국역사연구법》) 미완으로 끝났다. 옮긴이 주.

5 칭화학교는 미국이 반환한 의화단 배상금으로 미국대학에 유학할 학생들을 위한 예비학교로 1911년에 설립되었다. 대학의 교양과정에 해당하여 여기 출신은 미국대학의 3학년으로 편입될 수 있었다. 1925년 淸華大學으로 승격되었고 외교부 관할의 部立 학교였다가 1928년 난징국민정부에 의해 國立淸華大學으로 개편되었다. 교훈 "自强不息, 厚德載物"은 량치차오가 지은 것이다. 옮긴이 주.

치 있는 것이 아니라 해도 나의 연구로 인해 다른 사람의 연구를 촉발할 수도 있고 다른 사람의 연구로 인해 내 연구를 바로잡을 수 있으니 그 소득은 이미 많지 않은가 하는 생각이 들었다. 그러므로 경솔히 책을 간행할 경우에는 "사고"(史稿)라는 글자를 붙이는 것이다.

맹자는 일찍이 "남에게서 구하는 것을 아름답게 여기고 남에게 주는 것을 아름답게 여긴다."라고 했다. 나의 이 책은 감히 남에게 주고자 함이 아니고 단지 남에게서 구하고자 할 뿐이다. 독자 여러분은 이 심오한 옛 말씀을 거울삼아 철저히 취사선택하여 큰 줄기의 오류와 소소한 모자람을 바로잡아 주고 혹은 논저로 비판하고 혹은 편지로 깨우쳐서 스스로 잘못을 알고 고칠 수 있게 해 주기 바란다. 그리하여 원고본[稿本]이 정본(定本)으로 크게 바뀔 수 있다면 한 마디 말씀이라도 다 나의 스승으로 여기겠다.

1922년 1월 18일

량치차오

제1장 역사의 의미와 범위

역사란 무엇인가? 인류사회의 지속적 활동에 대하여 주체와 양상을 기술하여 그 전체 성과를 따지고 그 인과관계를 밝혀서 현대 일반인의 활동을 위한 거울[資鑑, 독자의 필요에 도움을 주는 거울]로 삼는 것이다. 중국인의 과거 활동만을 기술하여 현대 중국 국민에게 제공한 거울이 중국사이다.

이제 이 정의를 분석적으로 설명해 보겠다.

1. 활동의 주체와 양상

인류는 생존을 위해 활동하며 또한 활동을 위해 생존한다. 활동이 정지되면 인간으로서의 도리 역시 거의 끝난다. 모든 활동은 능히 활동할 수 있는 것을 주체[體]로 하고 활동의 결과를 양상[相]으로 한다. 역사란 이 활동에 참여하는 각종의 주체와 그 활동이 표현한 각종 양상을 종합하여 구조적으로 서술한 것이다. 그러므로 비(非)활동적 사항, 예컨대 천상(天象) · 지형(地形) 등 자연계에 속하는 현상들은 모두 역사의 범위에 들어가지 않는다. 그와 반대로 모든 활동적 사항 곧 인류의 감정 · 이지(理智) · 의지가 만들어 낸 것은 모두 활동의 양상이며 따라서 모두 역사의 범위에 속한다.

이 양상이라고 하는 것은 다시 둘로 나누어 볼 수 있다. 하나는 활동의 산품(產品)이고 다른 하나는 활동의 정태(情態)이다. 산품이란 활동의 과거상(過去相)이며 활동으로 인해 형성된 결과이다. 정태란 활동의 현재상(現在相)이며 거기서 결과가 나온다. 산품이란 비유해 말하면 바다 속 생물이 무수히 많은 개체들 간의 일정기간 협력과 결합을 통해 질적으로 변화해서 생겨난 산호도(珊瑚島)와 같은 것이다. 이 산호도는 실로 각종 활동의 정태를 통해 비로소 생성되며, 지금은 이미 굳어져 버려 그 정태는 이제 다시 보이지 않는다. 모든 역사적 사실은 인류의 과거 활동이 굳어진 흔적이며 역사가가 하는 일은 이 굳어진 흔적을 살아 있는 모습으로 변화시킴으로써 결과로부터 미루어 그 정태를 찾아내어 과거 시대의 현재상을 오늘에 재현하는 것이다.

2. 인류사회의 지속적 활동

'사람'[人]의 활동이라 하지 않고 '인류사회'의 활동이라 한 것은, 한 개인이나 일반인의 생사(生死) · 생식(生殖) · 투쟁 · 기억 · 이야기 등은 활동이 아니라 할 수 없지만 그것들이 반드시 모두 역사적 사실에 속하는 것은 아니기 때문이다. 역사적 사실이란 한 개인이 혼자 힘으로 이룩한 것이든 일반인이 서로 협력하여 이룩한 것이든 반드시 사회를 범위로 해야 하며 그 활동력의 운용과 투입이 반드시 전체 사회, 최소한 사회의 일부에 미쳐야 비로소 역사의 성분이 될 수 있다. 다시 말하면 역사란 인류 전체 혹은 그 대다수의 공동노력에 의해 구성된 것이므로 그 성질은 개인적인 것이 아니라 사회적인 것이다.

그다음 활동이라 하면서 반드시 '지속적'이란 제한을 둔 것은 개인의 생명은 극히 짧으나 인류사회의 생명은 극히 길어서 사회는 항상 나선형으로 발전하며 은연중에 이것이 하나의 목적을 내걸어 귀착점으로 삼기 때문이다. 이 목적지는 요원하여 끝이 없으며, 한 시대의 사람들이 진행한 바는 마치 만 리의 길을 가는 자가 겨우 한 걸음 간 것과 같을 뿐이다. 이에 앞 시대 사람들은 항상 그 미완의 사업을 후대에게 넘겨주고 후대는 그 유산을 이어받아 계속 키워 나간다. 이와 같이 넘겨주고 넘겨받으면서 수천 년 수만 년 쌓으면 비록 도달할 때가 언제일지는 멀어서 기약도 없지만 요컨대 목적지와의 거리는 반드시 하루하루 가까워진다. 생명을 품은 것들이 진화하는 까닭은 바로 이러한 규칙을 따르기 때문이다. 역사란 여러 세대에 걸친 사람들이 서로 지속적으로 작업한 정상(情狀)을 서술한 것이다.

이상의 논의에 의거해 말하면, 모든 인류활동 중 공간적으로 고립성을 가지며 시간적으로 우연히 나타나거나 단기간에 소멸하는 성질을 가진 것은 모두 역사의 범위에 속하지 않는다. 인류 활동 중 공간적으로 보편성을 가지며 시간적으로 연속성을 가진 것들이 역사의 범위에 들어간다.

3. 활동의 전체성과와 그 인과관계

활동은 반드시 성과가 있을 때 기록되며 이는 더 이상 설명을 필요로 하지 않는다. 그렇지만 성과라는 것은 한 개인의 사업 성공과 실패를 말하는 게 아니고 전 사회의 작업을 널리 모아서 그 총화를 따진 것이다. 다시 말하면, 전체 장부를 결산한 것이다. 그러므로 성과는 두 부류로 나누어 볼 수 있다.

하나는 그 성과가 뚜렷해서 쉽게 보이는 것으로, 예를 들면 단비가 내리고 나서 보리 싹이 움터 오른다든지 강한 바람이 지나가자 숲과 나무가 부러진다든지 하는 것과 같은 예들이다. 역사상 위대한 성현과 영웅이 출현하는 것이라든지 큰 전쟁과 혁명 같은 것이 이 부류에 속한다. 다른 하나는 그 성과가 미세하여 잘 보이지 않는 것으로, 예를 들면 조류가 밀려나면서 강안을 씻어 내 물속에 모래톱을 쌓는다든지, 차를 오래 끓여 먹다 보면 그 찻물이 다기(茶器)에 스며들어 때를 끼게 만든다든지 하는 것과 같은 예들이다. 그렇게 만들어진 흔적은 비록 총명한 관찰자라 하더라도 알아챌 수 없으나 결코 마멸되지 않는다. 한 사회 한 시대의 공통심리와 공통습관은 그것이 언제 누구에 의해 만들어졌는지 확실하게 말할 수 없어도 평범한 보통사람들의 일상적인 의식주 활동이 모두 함께 힘이 되었으니 이런 예들이 이 부류에 속한다. 내가 말하는 전체성과란 이 두 부류의 총화를 가리킨다.

성과란 오늘 나타난 결과이지만 반드시 어제의 성과가 있어서 그 원인이 되고, 오늘의 성과는 스스로 원인이 되어 장래의 결과를 낳는다. 원인과 결과는 서로 연속되어 마치 고리와 같이 끊어진 데가 없다. 반드시 그 인과관계를 찾아낸 후에야 비로소 활동의 지속성을 분명하게 이해할 수 있다. 그러나 인과관계는 중복되고 오묘해서 이해하기 어렵거니와 하나의 결과가 여러 개의 원인으로부터 나오고 하나의 원인이 여러 개의 결과를 낳기도 하며 혹은 잠복하다가 몇 대를 지나서 비로소 나타나기도 하여 혹은 거꾸로 움직여서 특별히 증명해야 비로소 분명해지기도 한다. 역사가가 어렵다고 여기는 점이 여기에 있다.

4. 현대 일반인의 활동을 위한 거울

무릇 책 한 권을 지을 때는 반드시 먼저 그 책의 독자가 누구일지 스스로 물어야 비로소 마치 습지에 둑이 있어 범람하거나 유실되지 않는 것처럼 독자에게 상당한 효과를 불러일으킬 수 있다. 예를 들어 송대 사마광(司馬光)의 《자치통감》(資治通鑑)은 본래 오로지 제왕(帝王)의 읽을거리로 제공하기 위한 의도에서 저술되었으므로 제왕이 마땅히 알아야 할 지식들은 빠짐없이 갖추었으나 그에 필요하지 않은 내용들은 배제하였다. 이 책은 극히 훌륭한 "제왕의 교과서"이므로 능력 있고 충성을 다해 군주를 섬기고자 하는 사대부도 반드시 읽어야 했다.

오늘날의 역사는 그 독자가 누구인가? 이미 민주주의로 국가를 세워 모든 사람이 국민의 한 사람이란 자격으로 나라 안에 우뚝 섰고, 나아가 인류의 한 구성원이란 자격으로 세계 속에 우뚝 서서 과거의 지식이 없어서는 안 됨을 공감한 후에야 비로소 역사에 대한 수요가 생긴다. 바꿔 말하면, 오늘날 필요로 하는 역사란 "국민자치통감" 혹은 "인류자치통감"일 따름이다. 역사가의 목적은 국민으로 하여금 현대 생활이 과거·미래의 생활과 서로 매우 밀접하게 연관되어 있음을 깨닫고 생활의 흥미를 증가시키고 과거가 남긴 유산의 풍부함을 보고 기뻐하며 자랑스럽게 여기도록 하는 데 있다. 그리고 앞선 사람들이 땀 흘려 노력했으나 마치지 못한 일들을 기억하면서 그 까닭을 깊이 헤아리고 뜻을 이어받아 그 일을 따르되 스스로 나태해지지 않도록 하는 것, 그 실패의 자취는 나쁜 원인과 나쁜 결과가 서로 맞물려 돌아간 것임을 살펴 부끄러움과 두려움을 알게[知恥知懼] 하는 것, 우리의 유전적 결함을 살펴 그 원인을 숙고해 바로잡게 하는 것도 역사가의 목적이다. 무릇 이와 같이 한 뒤에야 비로소 역사를 현재의 생활 속에 끌어 넣어 서로 밀접한 연쇄를 만들어 낼 수 있다. 이렇게 되면 역사의 목적은 다름 아닌 사회의 일반인을 위해 짓는 것이지 어떤 권력계급이나 지식계급을 위해 짓는 게 아님이 분명하다.

오늘날의 역사가인 웰즈(H.G. Wells)는 "지금부터 200년 전에는 세계에 역사라고 부를 만한 저작이 아직 없었다."라고 말했다.[1] 무릇 동서고금의 서적 중 역사라는 이름을 가진 것은 많다. 그런데 그는 왜 이런 말을 했는가? 오늘날의 역사의 관념이 옛날의 그것과 달라졌기 때문이다. 2천 년 이래 중국의 역사학은 다른 나라의 그것에 비해 유달리 흥성했다. 비록 그렇지만 그 체계는 대부분 1천여 년 전의 학자들에 의해 만들어진 것이다. 그때 필요로 했던 역사는 오늘날 필요한 역사와 다르다. 그때 학문은 분과(分科)가 되지 않아서 온갖 지식이 모두 역사라는 이름에 기대어 기재되었고 따라서 역사의 범위가 끝없이 넓으며 해가 오래 쌓일수록 책이 더욱 많아져서 한 사람이 필생의 정력을 들여도 다 읽어 낼 수 없는 지경에 이르렀다.

우리가 오늘을 살면서 구사(舊史)를 읽는 것은 "모래를 헤치고 금(金)을 줍듯이 이따금 보물을 만나게 되는" 것에 비유할 수 있다. 모래를 떠나서는 금도 있을 수 없음은 틀림없는 사실이다. 그러나 여러 말[斗]의 모래를 헤쳐서 겨우 금 알갱이 하나를 얻는다면 그 일의 수고로움은 이미 너무 심하다. 더구나 금을 찾아내는 기술은 모든 사람에게 다 갖춰져 있는 게 아니어서 정말로 길을 잘못 들어 모래를 취하고 금을 버리는 일이 없을 수 없다. 불행하게도 중국의 현재 역사교육이 바로 이와 같다.

나는 일찍이 친구 집에서 여덟 살 된 어린이를 만났는데 그 아버지가 원·명(元·明) 두 왕조의 제왕 계보와 재위년수를 묻자 그가 손

---

1 영국인 H.G. Wells의 저서 *Outline of History*, 1920, 47면.

님들 앞에서 하나하나 답했다. 하나라도 빠뜨리거나 잘못된 것이 없었다. 만일 이 어린이가 다른 왕조의 동일한 사항을 나를 포함한 손님들에게 물었다면 그들은 다만 우물쭈물 하다가 입을 다물었을 것이다. 나는 이 어린이의 총명함에 감탄하다가 이처럼 총명한 머리로 이처럼 전혀 가치 없는 노동을 하게 하다니 그 억울하고 가혹하기가 정말로 끝이 없구나 하는 생각이 들었다.

그뿐만 아니라 구사는 오로지 특수계급에게 제공해 읽히는 것이어서 그 목적이 정치에 편중되었고 정치 또한 중앙정부에 편중되어 있어서 우리가 극히 중요하다고 여기는 사실들이 자주 누락되기에 이르렀다. 그 예를 들어 보자. 파(巴, 지금의 쓰촨성 동부), 촉(蜀, 지금의 쓰촨성 중부), 전(滇, 지금의 윈난성), 검(黔, 지금의 구이저우성) 등의 땅은 자고로 본래 중화민족(中華民族)의 문화가 미치지 못했고 나중에 차차 동화되었으므로 그 자취를 역사하는 사람들은 극히 알고 싶어 한다. 고대사 속의 양대 전역[役]도 실은 이 일을 관건으로 하여 전개되었다. 파와 촉 방면에서는 전국시기 진(秦)의 사마조(司馬錯)가[2] 촉을 평정했고, 전과 검 방면에서는 3국시기 촉의 제갈량(諸葛亮)이 남방의 오랑캐[蠻]를 평정했다. 그러나 《사기》(史記)의 전자에 관한 서술은 겨우 11자(字)에 불과하다. 《삼국지》의 후자에 관한 서술은 64자일 뿐이다.[3]

---

2 司馬錯와 5장에 나오는 晁錯의 '錯'는 한글 표기법이 '차'과 '조'라는 두 개의 독음에 따라 제각각이다. 중국에서는 'cuo'로만 읽으므로 '착'이라 표기해야 하겠지만, 일단 국내의 다수 의견에 따라 모두 '조'로 표기해 독자의 혼란을 최소화하였다. 옮긴이 주.

3 《사기》에서 진이 촉을 평정한 사실에 대해 서술한 것은 〈진본기〉(秦本紀) 중 "六年, 蜀侯煇反, 司馬錯定之."(진시황 6년에 촉의 제후 휘가 반란을 일으키자 사마조가 평정했다)는 11자가 전부이다. 《삼국지》에서 촉이 오랑캐를 평정한 사실에 대해 서술한 것은 〈後主傳〉 중 "三年春三月 丞相亮南征四郡 四郡皆平 改益州郡爲建寧郡 分建寧 · 永昌郡爲雲南郡 又把建寧 · 牂牁爲興古郡."(3년 3월에 승상 제갈량이 남쪽으로 4군 정벌에 나서 모두 평정하였으며 그중 익주군을 건령군으로 개명하고 건령 · 영창군을 나누어 운남군이라 하였으며, 다시 건령 · 장가군을 나누어 홍고군이라 하였다.)이라는 44자뿐이다. 그리고 〈제갈량전〉

그 소략함이 너무 심하지 않은가? 또 수·당(隋·唐)대에 불교가 발달한 결과 전국의 사상계와 사회에 큰 변화를 일으켰고 이는 잘 알려진 사실이다. 하지만《수서》와《구당서》·《신당서》를 읽어 보면 이러한 인상을 우리의 뇌리에 전혀 남겨 두지 않는다. 또 원·명시기의 잡극과 소설은 우리 문학계에 신기원을 연 것이며 이 또한 모두 다 아는 사실이다. 그러나《원사》(元史)와《명사》(明史)를 한 번 읽어 보면 이에 관한 정보는 하나도 나타나 있지 않다. 또 한(漢)이 흉노(匈奴)를 격퇴하고 당이 돌궐을 정복한 것은 모두 서방의 역사에 막대한 영향을 미쳤고, 명대 유럽인의 "지리상의 발견"이 중국에 미친 영향도 막대하다. 이는 양측의 연대기를 대조해 보면 이내 알 수 있다. 그러나 한·당·명의 여러 역사서를 읽어 보면 우리를 이러한 지식으로 안내해 줄 수 있는 길은 극히 희박하다.

이로 미루어 보건대 저 구사라는 것은 한편으로 그 범위가 너무 넓고 권수가 너무 많아 일반 학인으로 하여금 끝이 안 보이는 큰 바다를 바라보며 탄식하게 만들고, 다른 한편으로 그 범위가 너무 좁고 사실이 누락되거나 소략해서 우리에게 원만한 인상을 줄 수 없다. 그러므로 오늘날 하나의 이상적인 중국사를 얻어 현대 중국인의 거울로 제공하고자 한다면 신사가(新史家)의 상당한 노력을 거치지 않으면 안 된다.

지금 현대 중국인의 수요에 적합한 중국사를 지으려 할 경우 중

중 "三年春 亮率衆南征 某秋悉車軍資所出 國以富饒."(3년 봄에 제갈량이 무리를 이끌고 남쪽 정벌에 나서 그해 가을 모두 평정하였다. 그 후 군자금이 거기서 나왔고 나라가 부유해졌다.)라는 20자뿐이다. 이들 두 전역은 역사상 극히 중요한 사실이지만 정사에 기재된 바는 이처럼 소략하다.《전국책》(戰國策)과《화양국지》(華陽國志) 등이 있어 그 소략함을 다소 보충할 수 있었기에 망정이지 만일 그렇지 않았다면 이 서남변경의 두 성(省)이 언제 중원민족(中原民族)과 관계를 맺을 수 있게 되었는지 우리는 도저히 알 수 없었을 것이다.

요한 항목들은 다음과 같다.

- 중화민족은 중국의 원주민인가 이주민인가?
- 중화민족은 몇 개의 민족이 혼합하여 이루어진 것인가? 그것들이 혼합되어 동화되는 경위는 어떠한가?
- 중화민족의 최초 활동은 중국의 어느 지방을 본거지로 삼아 진행되었는가? 언제 어느 지방으로 발전했으며 또 그 후 언제 어느 지방까지 발전했는가? 최근에도 그 발전은 여전히 진행되고 있는가 아니면 이미 정돈되었는가?
- 흉노·돌궐을 비롯한 외래의 오랑캐족[蠻族]으로서 우리와 이 땅을 놓고 다툰 것은 모두 몇인가? 그 내력은 어떠한가? 분쟁 결과 우리 문화에 미친 영향은 어떠한가? 우리 문화가 그들에게 미친 영향은 어떠한가?
- 인도·유럽을 비롯한 세계의 다른 지역의 문화민족(文化民族)들이 우리와 접촉하고 교류한 자취는 어떠한가? 그것이 우리 문화에 미친 영향과 우리가 그들에게 미친 영향은 어떠한가?
- 중화민족의 정치조직이 분열과 통합을 번갈아 가면서 보인 추이는 어떠한가?[4]

---

4 이상 여섯 항목에 중국사를 보는 저자의 '(중화)민족사관'이 분명하게 드러나 있다. 근대중국의 민족개념 형성과정에서 량치차오의 역할은 지대하다. 그는 러일전쟁 전후시기에 반제투쟁의 필요에 따라 당시 중국 영토 안에 거주하는 모든 민족을 하나로 합쳐 대민족=중화민족을 형성하고 이를 기초로 대제국을 형성해야 민족제국들의 경쟁에서 살아남을 수 있다고 주장하여 중화민족론의 기본 골격을 세웠다. 당시 그의 중화민족 개념은 장차 형성해야 할 '정치적 과제'로 제기된 것이지만 신해혁명 직후 소수민족의 분리독립 움직임에 대응하기 위해 이미 과거에 형성된 '역사적 사실'로 바뀌어 갔다. 이렇게 탄생한 중화민족 개념은 쑨원과 국민당, 마오쩌둥과 공산당에도 계승되었으며, 항일전쟁 과정에서 "중화민족은 (분리될 수 없는) 하나다"는 구호와 함께 절대화되었다. 저자는 이 책에서 '중화민족'과 '중국민족'을 혼용하고 있으나 그 의미는 같다. 유용태, 〈근대중국의 민족제국주의와 단일민족론〉, 《동북아역사논총》 23호, 2009년 3월 참조. 옮긴이 주.

- 계급제도, 곧 귀족 · 평민 · 노예의 구별은 언제부터 시작되었으며 언제 소멸했는가? 그것이 정치에 미친 영향은 어떠한가?
- 국내의 각종 단체들, 예컨대 혈연단체 · 지연단체 · 종교단체 · 직업단체 등의 성쇠 · 흥망은 어떠한가? 그것이 정치에 미친 영향은 어떠한가?
- 민주주의의 기초는 있는가 없는가? 그것이 오랫동안 발육되지 않은 까닭은 어디에 있는가?
- 법률의 연혁과 증감의 자취는 어떠한가? 그것이 사회에 미친 영향은 어떠한가?
- 경제의 기초, 의식주 등의 상황이 원시시대 이래 오늘에 이르기까지 보여 준 진화의 대세는 어떠한가?
- 농업, 공업, 상업이 서로 번갈아 가면서 경제의 주도적 지위를 차지한 추이는 어떠한가?
- 화폐사용, 소유권 보호, 구제 정책의 시행 등 경제제도의 변천은 어떠한가? 그것이 경제상황에 미친 영향은 어떠한가?
- 인구의 증가 추이는 어떠한가? 그것이 경제에 미친 영향은 어떠한가?
- 외국과 교통한 후 발생한 경제의 변화는 어떠한가?
- 중국 언어문자의 특질은 어디에 있으며 그 변천은 어떠한가? 그것이 문화에 미친 영향은 어떠한가?
- 민족의 근본사상은 어디에 있는가? 각 시대사조가 변화한 경위는 어떠한가?
- 종교 신앙의 정황과 그 변천은 어떠한가?
- 문화의 계승과 전파 그리고 거기에 사용된 교육 방식은 어떠한가? 그 변천과 득실은 어떠한가?
- 철학, 문학, 미술, 음악, 공예, 과학 등이 각 시대마다 진전된

자취는 어떠한가? 그 가치는 어떠한가?

- 각 시대마다 받은 외국문화의 영향은 어떠한가? 우리 문화가 세계에 일찍이 공헌했거나 장차 공헌할 것은 무엇인가?

이상의 항목은 단지 대강을 간략히 언급한 것에 불과해서 충분히 상세하다고 할 수 없다. 현재 필요한 역사는 반드시 이러한 사항들에 주목해서 그 전체성과를 헤아리고 인과관계를 밝혀내야 한다. 그런 후에 비로소 역사라는 것이 우리의 생활과 괴리되지 않게 되어 그 독자들이 역사를 친밀하고 재미있게 느낄 수 있다. 요컨대 중국사의 주안점은 다음 네 가지이다.

첫째, 중국민족(中國民族)의 성립과 발전의 자취를 설명하고 그것이 능히 살아남아 성대해진 까닭을 밝히며 쇠망에 이를 징조가 있는지 없는지를 살핀다. 둘째, 역사상 일찍이 중국 경내(境內)에서 활동한 것은 어떤 민족인가, 우리 민족과 타민족이 조화·충돌한 경위는 어떠하며 그것이 야기한 결과는 어떠한가를 설명한다. 셋째, 중국민족이 만들어 낸 문화는 무엇을 기본으로 삼으며, 그것이 세계의 다른 문화와 서로 주고받은 영향은 어떠한지 설명한다. 넷째, 중국민족이 인류 전체 속에서 차지하는 위치와 그 특성, 그리고 장차 인류에 대해 마땅히 짊어져야 할 책임을 설명한다. 이상의 준칙들을 잘 지키면 거의 역사라 할 만하다.

제2장 과거의 중국 역사학계

도대체 인류는 왜 역사를 갖고 있는가? 왜 오직 인류만이 역사를 가질 수 있는가? 인류는 왜 역사를 귀중히 여기는가? 인류가 그 밖의 다른 생물체들보다 뛰어난 점은 기억력과 모방성이 풍부해서 항상 앞 세대가 전해 준 지식과 정감을 저장하고 이를 "학문과 기예(技藝)의 힘"으로 삼아 자기생활의 기초를 만들 수 있기 때문이다.

사람들은 누구나 이 세상에서 수십 년을 생활하는 동안 한편으로 앞 세대로부터 전해져 내려온 지식과 정감을 이어받는 동시에 다른 한편으로 동시대 사람들의 지식·정감으로부터도 영향을 받으면서 일종의 새로운 학문과 기예의 힘을 다시 만들어 후대에게 전해 준다. 이와 같이 물려받고 물려주고 하는 사이 점차 증가하고 탈바꿈하여 세대의 운세는 날로 나아가 끝이 없다.

그 과정에서 관건은 선배가 항상 그 경험한 사실과 추상(推想, 미루어 생각함)한 사리(事理)를 가지고 후배를 지도하며 후배는 그렇게 받은 지도를 실제 생활에 응용하여 경험과 추상 양쪽을 모두 점차 확충하고 늘려 나가는가의 여부에 있다. 이런 방법을 고등동물 중에 이미 알고 사용하는 예가 있다. 가령 개와 원숭이 등은 항상 자신의 동작으로 자기의 어린 새끼들에게 지도하거나 암시할 수 있고 그 어린 새끼들도 이를 기억하고 모방하는 데 게을리하지 않는다. 이 점은 인류와 크게 다르지 않다. 그러나 인류가 다른 생명체를 능가하는 바는 기억과 모방을 지속적으로 쌓아 갈 수 있다는 데 있다. 다른 동물의 지도와 암시는 자기 1대에서 그치므로 제1대가 지도하고 암시한 바가 제2대, 제3대에게 전해지지 않으며, 제3대의 지도와 암시도 앞 세대의 것에 더한 것이 없다. 인류는 그렇지 않아서 선대가 지도하고 암시한 바는 항상 암송이나 기록의 형태로 후대에게 전해지니 수백 년 수천 년 지나도 잊히지 않는다. 시간이 흐를수록 점차 증가하고 탈바꿈하는 것은 모두 이 때문이다. 이것이 바로 역사가 생겨난 까닭이며 역사가 유용하다고 여겨지는 까닭이다.

그렇다면 최초의 역사는 어떻게 생겨났는가? 인류가 점차 진화하여 하나의 부족(部族)이나 부락(部落)을 형성하였을 때, 그 부족이나 부락의 장로(長老)가 사냥하고 전투하는 틈틈이 또는 좋은 날이나 절기를 맞이할 때마다 늘 그 자손들을 모아 삼삼오오 화롯가에 둘러앉거나 풀을 깔고 앉아 자기 자신 또는 그 선대가 겪은 공포와 보여 준 무용(武勇) 등에 관해 기탄없이 이야기하며 듣는 사람들은 흥미진진하여 지루해하지 않는다. 그사이에 특별히 신기한 줄거리가 있어 노래로 부르거나 읊조릴 수 있으며 청중의 가슴속에 자리 잡아 지우려 해도 지워지지 않고 이야기의 재료로 전해지고 전해져 수 세대를 지나도 끝나지 않으니 그 사적(史跡)은 마침내 역사의 성질을 얻게 된 것이다. 이른바 "열 사람이 (대를 이어) 서로 전하면 고(古)가 된다."[十口相傳爲古]라는 이치가 바로 이것이다. 역사적 사실[史實]의 기원은 다름 아닌 여기서 말미암는다. 오늘날 북유럽의 여러 우수한 민족, 게르만인·네덜란드인·영국인 등은 예수탄생일을 맞이할 때마다 가족들이 모여 밤새워 옛 일을 얘기하는 풍습을 갖고 있다. 실러(Johann C.F. von Schiller)의 시(詩)나 와그너(Richard Wagner)의 극(劇) 같은 그들의 근대

명저는 대부분 이러한 전설에서 소재를 취한 것으로 이는 원시인의 연사(演史, 구전역사)가 남긴 영향이라 할 수 있다.

최초의 역사는 어떤 체재(體裁, 표현 양식)에 의거해 기술했는가? 나의 추론에 따르면 시가(詩歌)형식을 취했다. 고대의 문자는 서로 전하여 베끼기가 심히 불편했을 뿐만 아니라 문자 자체가 완비되지 않아서 어슴푸레한 과거지사를 보존하는 데에는 기록이 아니라 암송이 주로 쓰였다. 암송에 가장 편리한 것이 운율을 맞춘 어구[韻句]이다. 예컨대 노자가 도(道)를 말할 때와 공자가 주역을 찬양할 때, 그리고 진·한대 사람들이 소학서(小學書)를 지을 때 모두 운율을 가장 즐겨 사용했다. 이는 당시의 문화 정도가 이미 극히 높았음을 말해 주거니와 이를 통해 고대를 미루어 짐작할 수 있다. 네 편의 베다(Veda) 중 일부는 인도 최고의 사회사·종교사인데 모두 산스크리트노래[梵歌] 형식을 취하고 있다. 이는 모두 인류문화가 점차 진화한 뒤에 세대를 거듭하여 이어받은 전설이 갈수록 풍부해지고 심오해져서 모두 기록하기 어려웠기에 간편하고 암송하기 쉬운 방법으로 영구히 전수하고자 한 결과이다. 다른 한편 아름다움을 사랑하는 관념이 날로 발달하고 자연이 문학에 뛰어난 재주를 가진 이가 생겨나 전설 중 사람들 마음속에 깊이 받아들여지는 것들을 시가(詩歌)에 담아 사회의 수요에 부응하였으니 이로써 역사시[史詩]가 생겨났다.

그러므로 먼 옛날의 전설이 "불문"(不文)의 역사라면 "성문"(成文)의 역사는 역사시에서 유래했다고 말할 수 있다. 중국에서도 역사의 발전은 거의 이 같은 공식을 벗어날 수 없다. 고시(古詩)가 어떤 것은 고의로 삭제되고 어떤 것은 모르는 사이에 유실되어 모두 다 오늘날에 전해지지는 않았지만 현존하는 《시경》(詩經) 300편으로 논하자면 순수한 역사시 형식에 속하는 것이 꽤 여러 편이다. 예를 몇 개 들어보자.

〈현조편〉(玄鳥篇): "하늘이 제비[玄鳥]에게 명하시어 내려와 상족(商族) 조상을 낳아 드넓은 은(殷) 땅에 살게 하셨네. 옛날 상제(上帝)께서 용맹스런 탕왕(湯王)께 명하시어 사방(四方)의 나라를 바로잡으셨네. …"

〈장발편〉(長發篇): "… 홍수가 망망한 대지를 뒤덮었을 때 우임금이 세상의 땅을 다스리셨네. 바깥의 큰 나라들을 강역 안에 넣으니 나라의 폭과 둘레가 광대해졌네. … 유융(有娀)씨의 딸을 맞아 오니 상제께서 아들을 세워 상족 조상 낳게 하셨네. … 현왕(玄王)은 늠름하고 굳세어 예법을 따라 벗어남이 없다네. 현왕의 손자 상토(相土)도 위엄 있고 용맹하여 나라 밖의 세상까지 평정하셨네. … 용맹스런 탕왕이 깃발 세우고 큰 도끼 굳게 잡고 당당히 나서시니 … 위(韋)나라와 고(顧)나라를 치신 다음 곤오(昆吾)와 하나라 걸왕을 치셨네. …"

〈은무편〉(殷武篇): 씩씩하여라 은나라 무용, 분연히 초나라를 치시고 그 험한 땅 깊숙이 들어가셨네. … 옛날 탕왕 계실 때에는 멀리 저(氐)와 강(羌)나라에서까지 감히 조공하지 않는 나라가 없고 감히 천자로 섬기지 않는 나라가 없었네. …"

〈생민편〉(生民篇): "처음 이 백성[周族]을 낳으신 분은 바로 강원(姜嫄)이시라. … 상제의 엄지발가락을 밟고 마음 기뻐져. … 곧 아기를 배고는 삼가시어 아기를 낳아 기르시니 이분이 바로 후직(后稷)일세. …"

〈공류편〉(公劉篇): "후직의 증손인 공류께서는 편히 계실 틈도 없이, … 마른 음식과 양식을 전대와 자루에 넣고, … 방패와 창과 도끼를 들고 비로소 길을 떠나셨네. … 공류께서 빈(豳)에 머무시며 위수(渭水)를 가로질러 건너가 굵은 돌과 잔돌을 주워다가 터전을 이루셨네. …"

〈유월편〉(六月篇): "유월이라 뒤숭숭하여 병거(兵車)를 감추고. … 험윤(玁狁, 서북방 유목민으로 나중에 흉노로 불림) 오랑캐가 너무 강성해져 우리 형세 다급해졌네. … 험윤 오랑캐는 거세어 초호(焦穫)를 다 점령하고 호(鎬, 鎬京)와 방(方, 豊京)까지 침입하여 경수(涇水) 북쪽에 이르렀네. … 험윤 오랑캐를 물리치고 태원(太原)에 이르렀으니 문무를 겸비한 길보(吉甫) 장군은 온 세상의 모범이 되었네."[1]

이들 시편은 아마도 중국 최초의 역사라 볼 수 있을 것이다. 〈현조〉와 〈생민〉 등은 각각 상(商) · 주(周)의 건국 과정을 서술한 것으로 신화를 절반 가까이 포함하고 있다. 〈은무〉와 〈유월〉 등은 무공(武功)을 자세히 서술한 것으로 거기 묘사된 사람도 땅도 눈부시게 아름답다! 그 시의 내용을 보면, 시대의 앞뒤를 대략 미루어 짐작할 수 있다. 이들 역사시는 그 서술된 스토리로 인해 흥미를 더할 뿐 아니라 문장 또한 극히 아름답다. 일반 인민이 모두 그것을 좋아하여 암송하니 서로 함께 그 선열을 노래하면서 그리워하며 그 나라와 가족을 깊이 생각한다. 이른바 "민족의식"이란 이렇게 해서 뿌려지고 증식되는 것이다. 역사의 가장 큰 작용은 이로써 이미 그 실마리를 보여 준 셈이다.

중국에서는 여러 학문 중 역사학이 가장 발달하였다. 세계에서 역사학은 중국이 가장 발달하였다.(200년 전에는 이렇게 말할 수 있었다.) 그 원인이 어디에 있는지 나는 아직 단언할 수 없다. 그러나 사관(史官)을 이른 시기에 두고 그 직책을 높이 여긴 것도 그 하나의 원인일 터이다. 서양에서 사관을 언제 설치했는지에 대해서 나는 아직 깊이 살펴보지 못했다. 중국 사관의 기원은 확실히 매우 오래되었는데 가령 황제(黃帝)의 사관이라는 창힐(倉頡)과 저송(沮誦) 등은 비록 깊이 믿을 수 없지만 늦어도 상나라 때에는 사관이 있었으며 우리는 현존

1 이상 《시경》 인용문의 번역은 리가원 · 허경진, 《시경》, 청아출판사, 1991; 정상홍, 《시경》, 을유문화사, 2014를 참고하여 일부 표현을 다듬었다. 이들 국내 시경 판본과 《중국역사연구법》에 인용된 시문의 띄어쓰기가 다른 곳이 있지만 량치차오가 인용한 시문의 표기에 따랐다. 옮긴이 주.

하는 금문(金文)과 갑골문으로부터 이를 증명할 수 있다. 우리는 또한 《상서》(尙書) · 《국어》(國語) · 《좌전》(左傳) 등의 서적이 서술한 바에 의거해, 주나라 때 사관의 직책이 세분되어 대사(大史) · 소사(小史) · 내사 · 외사 · 좌사 · 우사 등의 이름이 있었음을 확실히 알고 있다. 또한 왕조(王朝)에만 사관이 있었던 게 아니라 각 제후국과 경대부(卿大夫)의 집에도 사관이 있었음을 알고 있다.[2] 그리고 우리는 고대사관이 실은 한 사회의 최고학부(學府)이며 그 직책은 역사편찬뿐만 아니라 왕후공경(王侯公卿)의 고등고문을 겸했으니 그들이 해결하기 어려운 문제에 부딪힐 때마다 사관에게 자문을 구해 결정했다는 것을 알고 있다.[3] 그 까닭은 무엇인가?

모든 인류는 본래 옛것에 대해 연연해하는 공통성을 갖고 있는데, 중국인은 특히 심해서 전담할 관직을 설치해 이전부터 전해 오는 이야기를 기록하고 이를 국가의 중요한 정무(政務)의 하나로 여겼다.

---

2 하 · 은 · 주의 史官 人名으로 고서에 보이는 예는 다음과 같다. 하의 太史 終古와 은의 內史 向摯는 《呂覽》 先識편에 보인다. 주의 史佚은 《周書》 世俘편과 《左傳》 僖十五편 및 《國語》 周語上편에 보인다. 史扁은 《文選注》에 인용된 《六韜》에 보인다. 太史 申甲은 《좌전》 襄四편과 《國語》 晋語편 및 《韓非子》 說林편에 보인다. 태사 周任은 《논어》와 《좌전》 隱六편에 보인다. 左史 戎夫는 《주서》와 《사기》에 보인다. 史角은 《呂覽》 當染편에 보인다. 史伯은 《鄭語》에 보인다. 內史過는 《좌전》 莊三十二편과 《國語》 周語上편에 보인다. 內史叔興은 《좌전》 僖 十六 · 二十八편 및 《國語》 周語上편에 보인다. 內史叔服은 《좌전》 文元편에 보인다. 太史儋은 《사기》 老子傳에 보인다. 史大弢는 《장자》 則陽편에 보인다. 이상은 나의 기억에 의존하여 두서없이 열거한 것이어서 누락된 것도 있을 수 있다.

각국의 사관 중 확인되는 것은 다음과 같다. 魯와 鄭의 태사는 《좌전》 昭二편에 보인다. 齊의 태사와 南史는 《좌전》 襄二十五편에 보인다. 楚의 좌사는 《좌전》 昭十二편과 《국어》 楚語上편에 보인다. 秦과 趙의 御史는 《사기》 廉藺傳에 보인다. 薛의 傳史는 《사기》 〈孟嘗傳〉에 보인다. 사관의 인명으로 확인되는 것은 虢의 史嚚은 《국어》 晋語二편에 보인다. 晋의 史趙와 董狐는 《좌전》 襄三十편에 보인다. 楚의 倚相은 《좌전》 昭十二편에, 史皇은 《좌전》 定四편에 보인다. 趙의 史墨은 《좌전》 昭二十九편에 보인다. 이상의 인명도 나의 기억에 의거해 두서없이 열거한 것이어서 빠진 게 있을지 모른다.

3 위에 열거한 사관의 여러 이름은 대부분 당시 公卿의 고문이었고 고서에는 그들의 말이 서술되어 있다.

그 직책이 기술하는 데 있으므로 모든 인사(人事)에 관한 장부와 서책이 그의 손으로 보존되어 사관은 점차 지식의 중심이 되었다.[4] 그리고 고대의 관리는 세습되었기 때문에 대를 거듭하여 이 업무를 이어받은 자가 나라 안의 지식계급이 되었다. 예를 들면 주나라의 사관 주임(周任)과 사일(史佚) 등은 거의 말을 뱉으면 곧 경(經)이 되는 정도였다. 진(秦) 이전의 제일가는 철학자 노자는 그 직책이 주나라의 수장사(守藏史)였다. 한위(漢魏) 이후 관직의 세습제가 폐지되었으나 사관의 화려하고 진귀함은 바뀌지 않았다. 이른바 "문학은 시종지신(侍從之臣)"이라 하거니와, 대대로 인재를 잘 선발하여 그 직(職)에 충당하였다. 왕조가 바뀐 뒤에는 언제나 전대의 역사를 편찬하였는데, 한 시대의 학자를 더욱 남김없이 망라하였으므로 마땅한 인재를 얻는 경우가 많았다. 3천 년래의 역사서는 항상 이러한 사관의 저술을 중심으로 하고 있다. 비록 폐단이 없지 않으나(뒤에서 상세히 다룬다) 전문적 능력으로 전문적 직책에 임하는 것은 관습상으로도 법률상으로도 모두 일종의 중요한 사업으로 여겨졌다. 그러므로 중국에서 역사의 형식상 완비함은 아마 다른 어느 나라도 따라올 수 없을 것이다.

고대 사관이 지은 역사는 모두 문구가 극히 간단한 편년체이다. 진(晋)나라 때 급군(汲郡)의 무덤에서 얻은 《죽서기년》(竹書紀年)은 경학자(經學者)에 의해 전국시대 위(魏)나라 사관이 기록한 것으로 고증되었는데 이것이 그 대표적인 예이다. 애석하게도 그 원서는 지금 흩어지고 사라져 진면목을 온전히 만나 볼 수 없다. 오직 공자가 지은

4 衛宏의 《漢書注》에서는 "漢의 법에 따르면 천하의 계획서는 먼저 태사에게 보고하고 그다음에 승상에게 보고한다."라고 하였다. 이 말을 믿을 수 있는지 없는지는 비록 감히 단정할 수 없지만 고대의 제도는 아마도 그러했을 것이다. 모든 사관은 공문서와 서적을 보관하는 하나의 중요기관이었다.

《춘추》가 현존하는데 그 체재는 노나라 사관의 옛것에 의거한 것으로 보인다. 우리는 이로부터 미루어 고대의 이른바 정사(正史)라는 것의 내용이 어떠한지 짐작할 수 있다. 예를 들면《춘추》제1년에 다음과 같은 서술이 있다.

> 元年, 春, 王正月.[5] 三月, 公及邾儀父盟于蔑. 夏, 五月, 鄭伯克段于鄢. 秋, 七月, 天王使宰咺來歸惠公仲子之賵. 九月, 及宋人盟于宿, 冬, 十有二月, 祭伯來, 公子益師卒.
> (은공 원년 봄 주나라 왕의 정월이다. 3월에 공이 주(邾)나라 의보(儀父)와 함께 멸(蔑)에서 맹약하였다. 여름 5월에 정(鄭)나라 임금이 단(段)을 언(鄢)에서 이겼다. 가을 7월에 천왕(天王)이 재상 훤(咺)을 보내 혜공과 중자의 장례물품을 보내왔다. 9월에 송나라 사람과 함께 숙에서 맹약하였다. 겨울 12월에 제(祭)나라 임금이 찾아왔고 공의 아들 익사(益師)가 죽었다.)[6]

우리가 오늘날 역사가의 눈으로《춘추》를 읽으면 이상하게 여기지 않을 수 없다. 첫째, 그 문구의 간략함이 극에 달하여 조(條)마다 가장 긴 것은 40여 자(예컨대, 定四年에 "三月, 公會劉子·陳候·宋公·蔡候·衛候·陳子·鄭伯·許南·曹伯·莒子·邾子·頓子·胡子·滕子·薛伯·杞伯·小邾子·齊國夏于召陵, 侵楚."라 하였다)에 불과하고 가장 짧은 것은 단 한 글자(예컨대, 隱八年에 "螟."라 하였다)일 뿐이다. 둘째, 한 조에 하나의 일을

---

5 은주시대에는 한 해의 첫 달이 음력 1월, 12월, 11월로 각기 달랐다. 그것을 바르게 정한다는 의미에서 正月이라 하였고, 이를 왕이 정하는 것을 가리켜 王正月이라 한다. 옮긴이 주.

6 번역은 서정기 역주,《춘추》, 한국학술정보, 2003를 참고하였으나, 거기에 "蔡伯來"로 되어 있는 것을 따르지 않고 량치차오의 인용문 "祭伯來"를 따랐다. 옮긴이 주.

기록했기에 각 조들 간에 서로 관련되거나 이어지는 내용이 없어 마치 막다른 골목의 시골 가게가 사용한 판매물품 장부 같다. 매년 많아야 십여 조 적으면 서너 조에 불과하다(《죽서기년》은 하나라와 상나라의 일을 기록하면서 수십 년치를 단 한 조에 담았다). 또 사실을 전혀 조직하지 않은 채 제멋대로 모년(某年)에서 끊어 시작과 끝으로 삼았다. 셋째, 기록된 것은 단지 각국 궁정의 일 또는 궁정 간의 상호관계일 뿐 사회의 사정에 대해서는 언급된 것이 전혀 없다. 넷째, 천재지변 등의 현상은 본래 역사 사항이 아님에도 오히려 일일이 주의하여 상세히 기재하였다. 우리는 이로부터 미루어 당시 역사의 관념과 범위가 오늘날의 그것과 다를 뿐 아니라 진·한 이후의 그것과도 크게 다름을 알 수 있다. 그리고 당시의 역사란 단지 장부기록[簿錄]이라 할 수 있을 뿐 저술이라 할 수 없음을 알 수 있다.

비록 그렇지만 세계에서 일정한 형식을 갖춘 연대사(年代史)는 아마도 중국의 사관에 의해 기술된 것이 가장 오래되었으리라 추측된다.[7] 《죽서기년》은 하나라 우왕(禹王)부터 시작하는데 지금과의 거리는 무려 4천 년이다. 비록 《춘추》가 공자 단대(斷代)의 책일지라도 그 대상 시기가 기원전 722-481년이니 그때 유럽에서 확인할 만한 역사적 사실은 아직 극히 드물었다. 중국에서는 이런 종류의 역사가 춘추전국시대의 각국에 모두 있었다. 그러므로 맹자가 진(晋)의 역사를 《승》(乘), 초(楚)의 역사를 《도올》(檮杌), 노나라 역사를 《춘추》라 했던 것이다. 묵자는 주나라의 《춘추》, 연나라의 《춘추》, 송나라의 《춘추》라 했고, 또 백국(百國)의 《춘추》라 했는데 이로써 당시 역사서가 많았음을 대략이나마 알 수 있다. 그러나 진(秦)의 분서(焚書) 이후 모두 사

7 고대 이집트와 메소포타미아 각국의 역사적 사실은 대부분 후세 사람이 각종 유물과 잡다한 기록에서 추출해 얻은 것이지 이를 보여 주는 일정한 형식의 역사서가 있는 것은 아니다.

라지고 남은 게 없어 사마천(司馬遷)이 책을 쓸 때 이에 참고할 도리가 없었다.[8] 다행히 급군의 무덤에 석과(碩果, 과일을 수확할 때 다 따지 않고 새들이 먹을 수 있게 한두 개 남겨 둔 것)처럼 남겨진 게 있었으니 송 이후의 동란 속에 망가져 버렸다.[9] 그러니 공자가 편찬하고 거기에 미언대의(微言大義)를 담은《춘추》는 단지 경(經)으로 읽을 뿐 역사로 읽을 수는 없다.[10] 2천 년 전에 하늘의 별처럼 찬란했던 옛 역사[古史]는 완벽하게 오늘날까지 전해진 게 하나도 없다. 아! 정말 슬프도다.

또한 역사 부류에 가까운 책이 하나 있는데, "서"(書)나 "지"(志) 혹은 "기"(記)라는 이름으로 되어 있다. 6경(六經) 중의《상서》가 이 부류에 속한다.《한서》〈예문지〉(藝文志)에 말하기를 "좌사는 말을 기록하고 우사는 일을 기록한다. 일에는《춘추》이고 말에는《상서》이다."라고 했다. 이 정도의 엄격한 분류가 고대에 있었는지 의문이 들기는 한다. 그렇더라도 이런 식의 기술은 매우 오래전부터 있었다. 춘추전국시대 사람들이 말하면서 항상《하지》(夏志),《상지》(商志),《주지》(周志), 또는《주서》(周書)나《주기》(周記)를 즐겨 인용한 것으로 보아 익히 알 만하다. 이런 유의 책들은 고대 책명고서(策命告誓)의 원문을 수록하고 있어 그 성질상 당안(檔案)과 유사하며 문선(文選)과도 흡사하

8 《사기》〈진시황본기〉에는 "臣은 사관이《秦紀》가 아닌 것은 모두 불태울 것을 청합니다."란 말이 있다.《六國表》에는 "진의 焚書는 제후의 역사기록에 대해서 특히 심했다."라는 말이 있다. 이로써 당시 진 이외의 각국의 역사가 가장 심하게 화를 당했음을 알 수 있다. 그러므로 한이 건국된 후《詩》와《書》, 그리고 百家의 말이 남아 있었으나 각국의 역사는 하나도 남아 있지 않았다.

9 《죽서기년》의 내력에 대해서는 이 책 제4장의 주석24를 보라. 그러나 현재 전하는 것은 원서가 아니며 모두 송 이후 사람들에 의해 난잡하게 수정 · 보완된 것이다. 청의 주우증(朱右曾)이 특별히《汲冢紀年存眞》두 권을 편집했고 오늘날의 왕궈웨이(王國維)가 이를 이어받아《古本竹書紀年輯校》한 권을 다시 편찬했으며 이로써 본래의 면목이 다소 회복되었다. 그러나 집록된 것은 겨우 428條이며《晋書》가 말한 13편,《隋書》〈경적지〉가 말한 12권과 비교해 볼 때 그것이 얼마나 많이 흩어져 사라졌는지 알 수 있다.

10 오늘날의 康有爲가 지은《孔子改制考》와《春秋筆削大義微言考》를 보라.

다. 단지 착오만 없다면 나는 이것들을 가장 귀중한 사료라고 보아야 한다고 생각한다. 거기에 기록된 사실들 중에는 역사사실과 직접 관계되는 내용이 있을 뿐 아니라, 극히 짧은 한 마디의 격언일지라도 역시 그 뒤에는 시대사정의 배경이 담겨 있기 때문이다. 이런 책들 중 현존하는 것으로《상서》28편이 있는데[11] 다루는 시대범위가 요순(堯舜)에서부터 춘추시기의 진나라 목공[秦穆]에 이른다. 그러나 그것이 모두 정당한 사료로 간주될 수 있겠는지는 여전히 의문이다. 그 밖에《일주서》(逸周書) 약간 편이 남아 있는데 참과 거짓이 반반 섞여 있으니[12] 그중 참된 부분은《상서》와 동등한 가치를 갖는다고 생각한다.

《춘추》와《상서》의 두 체재는 모두 고대 정사(正史)라 할 만하지

---

11 한대 사람들이 전하는 말에 따르면 古代書가 3,240편이나 있었고 공자가 그것을 줄여서 100편으로 편찬했으나 진시황의 분서로 사라졌다고 한다. 한나라가 흥하면서 伏生이 28편을 전하여 합계 33권이 되었고 이것이 이른바《今文尙書》이다. 그 후 孔安國이 전함으로써 16편이 늘어났으니《古文尙書》이다.《고문상서》는 그 후 다시 사라졌다. 이 일은 그 후 2천 년간 학계의 큰 현안이 되었다. 100편 외에 더 있는지 없는지, 공자가 줄여서 편집한 것이 확실히 100편인지 아닌지, 공안국의《고문상서》는 진짜인지 가짜인지 등은 여전히 해결되지 않은 문제이다. 이와 관련해 이미 결정된 것은 오직 한 가지뿐이다. 즉 지금의 사고전서에 수록된《尙書》58권 중 25권은 東晋 사람에 의해 위조된 것이지 공안국의 원본이 아니라는 사실이다. 이는 청 유학자 閻若璩와 惠棟 등의 고증을 거쳐 오래전에 판정이 내려졌다. 진본 28편의 편목을 열거하면 다음과 같다. (여기 열거된 것 이외의 각 편은 사료로 오인해 인용해서는 절대 안 된다.) 堯典書一(현존본 舜典은 원본 堯典의 하반부를 잘라내어 편성되었다), 皐陶漢書二(현존본 益稷은 원본 皐陶漢의 하반부를 잘라 내어 편성되었다), 禹貢第三, 甘誓第四, 湯書第五, 盤庚第六, 高宗肜日第七, 西伯戡黎第八, 微子第九, 牧誓第十, 洪範第十一, 金縢第十二, 大誥第十三, 康誥第十四, 酒誥第十五, 梓材第十六, 召誥第十七, 洛誥第十八, 多士第十九, 毋逸第二十, 君奭第二十一, 多方第二十二, 立政第二十三, 顧命第二十四(현존본 康王之誥는 원본 顧命의 하반부를 잘라 내어 편성되었다), 費誓第二十五, 呂刑第二十六, 文候之命第二十七, 秦誓第二十八.

12 《漢書》〈예문지〉에《周書》71편이 기재되어 있는데 그 原注에 "周의 史記"라 하였다. 顔師古는 "현존하는 것은 45편이다"라고 했다.《사고전서》에 수록된《逸周書》편목 71개는 모두 현존하지만 그 문장(본문)은 10편이 사라져 61편만 현존한다. 그래도 唐대 안사고가 본 것보다 많다. 내가 보기에 그중 최소 11편은 위작이다. 나머지 각 편은 어지럽게 뒤섞여서 어느 편이 진짜이고 어느 편이 가짜인지 가려낼 수 없으며, 후에 반드시 고증되기를 바란다. 그러나 이 책의 상당 부분은 고대의 극히 가치 있는 사료라고 단언할 수 있다.

만, 그 외에도 역사서(史籍)에 속하는 것이 없지 않다. 문자의 사용이 날로 넓어져서 옛날에 열 사람이 입으로 전하던 내용을 점차 모두 대나무와 비단에 적게 되었으니 그 종류는 하나가 아니다. 예를 들면 《좌전》에 언급된 《삼분》(三墳), 《오전》(五典), 《팔색》(八索), 《구구》(九丘)와 《장자》에 언급된 《금판》(金版) · 《육도》(六韜), 그리고 《맹자》에서 말하는 "《전》(傳)에 있다."라는 것들이 모두 그 예들인데 비록 오늘에 전해지지 않았지만 거기에 기재된 내용이 모두 예전의 말과 행적에 속하는 것임을 미루어 짐작할 수 있다.

앞에서 언급한 급군의 무덤에서 얻은 고서로 《쇄어》(瑣語), 《잡서》(雜書), 《목천자전》(穆天子傳)이 있다. 그 《잡서》 안에는 《주식전법》(周食田法)과 《미인성희사사》(美人盛姬死事)(《목천자전》과 《미인성희사사》는 현존하며 《쇄어》도 집일본(輯佚本)이 있다.)가 있다. 이런 것들을 모두 정사 이외의 기록으로서 후세의 별사와 잡사의 기원이라 할 수 있다. 진(秦) 이전의 이런 부류의 책들을 헤아려 보면 당연히 적지 않으나 대부분 진의 분서를 거치면서 사라졌다. 《한서》 〈예문지〉 중의 각 서목(書目)에도 간혹 이런 종류의 책이 있지만 애석하게도 오늘날에는 그것조차 보이지 않는다.

위의 세 부류의 책들은 혹은 형식적 관서(官書)이고 혹은 비망(備忘)의 수준이어서 저술이라 하기 어렵다. 사학계 최초의 체계를 갖춘 명저는 춘추전국시기의 두 책으로 하나는 좌구(左丘)의 《국어》이고 다른 하나는 지은이를 알 수 없는 《세본》(世本)이다. 좌구는 좌구명(左丘明)으로 불리기도 하는데 모두들 현존하는 《좌전》을 그의 저작이라 본다. 그러나 《사기》의 기록에 의거하면 그의 본명은 구(丘)이지 구명(丘明)이 아니며, 단지 《국어》를 지었을 뿐 《좌전》을 짓지 않았다. 또는 현존하는 《좌전》은 한인(漢人)이 《국어》를 쪼개서 거짓으로 편찬한 것이므로 그 내용이 맞는지 틀리는지는 깊이 논의하지 않겠다. 그러나 만일《국어》가 그렇게 쪼개진 것이라면 반드시《좌전》과 합쳐 읽어야 비로소 좌씨의 진면목을 볼 수 있을 것이다.

좌씨 책은 다음과 같은 특색을 갖고 있다. 첫째, 한 나라[一國]를 중심점으로 삼아 당시의 주요한 문화국(文化國)들을 고루 서술하였다.《춘추》 이후 우리 민족[我族]은 이미 점차 각 지방으로 발전했으므로 각 방면에서 종합적으로 연구하지 않으며 그 전모를 파악할 수 없다. 당시 사관의 저작은 모두 왕실에 편중되거나 그가 속한 나라에 편중되었다.(예컨대《춘추》가 노나라를 중심으로 삼은 것,《죽서기년》이 주의 동천 이후 진(晋)을 중심으로 삼고 진이 셋으로 분열한 이후에는 위나라를 중심으로 삼은 것 등이 그렇다.) 그에 비하면 좌씨는 오히려 전부에 대해 고루 주의를 기울인 셈이다. 그의《국어》는 주·노·제·진·정(鄭)·초·오(吳)·월(越) 등 각국 편을 두어 서술하였으니 치우침이 없다.《좌전》이 원문인지 아닌지는 아직 단언하기 이르지만 현존본을 가지고 말하면 넓게 두루 다룬 정신이 돋보인다 하겠다. 둘째, 그 서술 내용이 정치에 한정되지 않고 항상 전 사회의 각 방면에 두루 걸쳐 있다. 좌씨는 한 시대의 제도와 큰 사건에 대해 상세히 서술했을 뿐 아니라 이른바 "쇄어" 곧 사소한 얘기들도 빠트리지 않고 취해서 기재하였다. 그렇기 때문에 당시 사회의 살아 있는 모습을 능히 써 내어 우리에게 명료한 인상을 전해 줄 수 있는 것이다. 셋째, 그 서사는 계통이 있고 특별한 체재를 갖추어서 확실히 체계적인 저술이 되었다. 저 "장부식"(帳簿式)의《춘추》와 "문선식"(文選式)의《상서》는 비록 극히 장중하고 우아하지만 독자들이 읽기에는 재미가 적다. 좌씨의 책도 비록 단편적 서사를 적잖이 포함하고 있지만, 중대한 문제에 대하여 그 경위를 끝까지 파고 들어가 전후를 대조함으로써 능히 독자들로 하여금 즐겁게 이해할 수 있도록 만들어 주었다.

이상 세 가지 특색은 그 이전 역사가들에게는 없던 면모이다. 유지기(劉知幾)는[13] "좌씨의 글쓰기는 옛날의 방법을 따르지 않았다. … 그러나 말과 일을 겸비하고 번잡하지 않고 합리적이다고 평했다(《史通》〈載言〉). 내가 보기에도 진실로 그렇다. 그러므로 좌구의 저작은 상·주 이래 역사학계의 혁명이라 할 수 있으며 진·한 이래 역사학계의 위대한 원조이다. 옛사람들은 좌구가 공자의 제자라 말했으나 그의 책을 자세히 읽어 보면 진이 분열되고 전씨(田氏)가 제(齊)나라를 찬탈한 이후에 소급하여 서술한 것 같다. 진실로 후대 사람들에 의해 어지럽혀지지 않았다면 그의 저서는 마땅히 전국시대 초기의 작품일 것이며 따라서 그가 공자를 스승으로 모시는 것은 아마도 불가능해 보인다. 그리스의 대 역사가 헤로도토스는 기원전 484년에 곧 공자가 죽기 6년 전에 출생했으며 공교롭게도 좌씨와 같은 세대이다. 이처럼 불후의 대업이 동서간에 똑같이 출현한 것은 역시 인류역사의 아름다운 한 페이지이다.

《세본》은 송대에 이미 사라졌으나 《사기》의 저본이 되었으니 사마천도 항상 스스로 이를 인정하였다. 오늘날 여러 책이 두루 인용된 바에 따르면 그 내용의 편목(篇目)에 〈제계〉(帝系), 〈세가〉(世家), 〈전〉(傳), 〈보〉(譜), 〈성씨편〉, 〈거편〉(居篇), 〈작편〉(作篇) 등이 들어 있음을 알 수 있다. 그중 〈제계〉, 〈세가〉, 〈성씨편〉은 왕후와 각 귀족의 족보를 서술한 것이다. 〈전〉은 유명인의 일과 행적을 기록한 것이다. 〈보〉는 연표에 속하며 사서의 주석에서 말하는 바 방행사상(旁行斜上, 계승관계를 나타내기 위해 횡선과 사선 등을 이용하여 표를 그리는 것)의 〈주보〉(周譜)이다. 〈거편〉은 왕후 국읍(國邑)의 주택과 도시를 모아 기록한 것이

13 유지기(661-721)는 당의 역사가이다. 진사에 급제해 著作郎과 崇文館學士 등을 지냈고 사관으로서 30년간 국사편찬에 참여하였다. 이 경험을 바탕으로 저술한《史通》은 사서의 체재와 편찬방법 등에 대해 논술한 역사 이론서이자 평론서로 중국 안팎에서 높이 평가된다. 통사의 중요성을 강조하고 역사가가 갖추어야 할 3대 요건(史才, 史學, 史識)을 제시해 큰 영향을 미쳤다. 옮긴이 주.

다. 〈작편〉은 각 사물의 기원을 기록한 것이다.[14] 우리는 이 같은 편목만 보아도 그 책들이 두 가지 점에서 이전의 역사와 크게 다른 것을 알 수 있다. 첫째, 이후 이러한 분석의 종합적 연구의 단서를 열었다. 그는 능히 사료를 종횡으로 절단하고 다시 분류함으로써 독자들로 하여금 적절히 비교하여 추론할 수 있도록 도움을 준다. 둘째, 사회의 사정에 대하여 특별히 주의를 기울였다. 이전의 역사는 순전히 정치사 중심이었는데 그는 씨성, 주거, 사물의 기원 등을 상세히 서술하여 문화사적 성질을 풍부히 갖추었다. 애석하게도 저자가 이름을 얻지 못하여 그동안 언급된 원서(原書)도 오랫동안 관심 밖에 던져져 있었으나, 그중의 어떤 것들은 마땅히 좌씨와 동등하게 우리의 존경을 받을 만하다.

역사학계의 태두로 사마천을 능가할 사람은 없을 것이다. 그의 시대는 좌구 이후 약 400년의 시점이다. 이 400년간의 중국사회는 물에 비유하자면 물이 수많은 하천을 지날 때는 세차고 웅장하게 흐르지만 그것들이 모여 호수로 들어가면 고요하게 잠잠해지는 것과 같다. 민족은 분열로부터 통일로 나아갔고 정치는 벌족(閥族)을 타파하고 황제 독재로 나아갔는데 학술은 책의 페이지 수만 늘어나는 데에 권태를 느끼고 죽간으로 된 옛 책을 그리워하게 되었다. 사마천의 《사기》는 바로 그러는 사이에 지어졌다. 사마천의 선대조는 대대로 주나라의 사관이었고 사마천도 그의 부친 사마담(司馬談)의 업을 이어받아 한나라의 태사(太史)가 되었으니 그의 학문은 상당 부분 가업을 이어

14 《漢書》〈예문지〉에 《世本》 15편이 著錄되어 있다. 그 原注는 "古史官이 黃帝부터 春秋시기까지 제후 · 대부의 일을 기록했다."라고 풀이되어 있다. 《漢書》〈사마천전〉과 《後漢書》〈반표전〉은 모두 "사마천이 《世本》 등에 의거하되 일부를 삭제하여 《史記》를 지었다."라고 하였다. 지금 《世本》 편목에 의거해 《사기》와 비교해 보면 그 연원이 어디서 나왔는지 알 수 있다. 원서는 송대 정초와 王應麟이 본 바 있으니 그것이 사라진 것은 분명 송 · 원 교체기일 것이다. 청대 錢大昭, 孫馮翼, 洪飴孫, 秦嘉漢, 茆洋林, 張澍가 각기 輯本을 갖고 있었으며, 그중 茆와 張의 것이 비교적 세밀한 검토를 거쳐 편집되었다.

받은 것이라 할 수 있다. 사마천 스스로 "내가 서술한 이야기는 대대로 전해 오던 것을 정리한 것이지 내가 지은 게 아니다."라고 말하였다(《사기》〈太史公自序〉).

그러나 다른 한편으로 "일의 진행과정을 조사하고 그 성패와 흥망의 이치를 고찰하였으며 … 그럼으로써 하늘과 인간의 관계를 탐구하고 고금의 변화를 회통하여 일가의 견해를 세우고자 하였다."(〈報任安書〉)라고도 말했다. 이는 하나의 역사철학을 수립하되 사실에 의거해 이를 분명히 나타내고자 한 것이다. 그렇기 때문에 그는 또한 공자의 말을 인용해 자기 자신을 남과 비교하면서 "헛된 말을 쳐내는 것은 일의 진행과정을 깊이 살펴 규명하는 것만 못하다."라고 하였다(〈太史公自序〉). 옛 사관은 사실을 기록하였으나 목적이 없었고, 공자는 《춘추》를 지으면서 때때로 목적을 위해 사실을 희생시켰다. 심원한 목적을 가슴에 품는 것과 사실에 충실한 것 이 둘을 겸비한 사람은 오직 사마천뿐이다.

《사기》는 《국어》, 《세본》, 《전국책》, 《초한춘추》 등에서 재료를 취해 본기 12, 표 10, 서 8, 세가 30, 전 70으로 구성되었다. 그 본기가 일을 연도에 따라 서술한 것은 《춘추》에서 취한 것이고, 서가 정치제도를 상세히 서술한 것은 《상서》에서 본따 살짝 변형시킨 것이다. 표가 첩(牒)을 조사해 보(譜)를 작성한 것은 《세본》을 본딴 것이다. 세가의 열전이 아기(雅記)를 위주로 하고 쇄어(瑣語)를 추가한 것은 《국어》로부터 영향 받은 것이다. 이들 각 체재가 비록 모두 사마천의 창작물은 아니지만 그는 그것들을 집대성하고 종합하여 조화시킴으로써 상호 보완하여 그 각각의 작용을 다할 수 있도록 하였다. 이는 사마천의 조직력이 강하고 문장능력이 뛰어남을 증명하기 충분하다. 반고(班固)는 유향(劉向)과 양웅(揚雄)의 말을 기술하면서 "사마천은 역사가로서의 훌륭한 자질을 갖고 있어서 사리(事理)를 순서대로 잘 분별해 정할 줄 안다."라고 했다(《漢書》〈班固傳〉). 정초(鄭樵)는[15] "《춘추》 이후 오직 《사기》만이 제작의 규모를 잘 갖추었다."라고 했는데(《通志》〈總序〉), 이해할 만한 얘기이지만 《사기》가 이전의 역사와 가장 다른 점의 하나는 인물을 본위로 한 것이다. 그러므로 《사기》는 세계적 명저의 반열에 드는데 그 가치는 플루타르크의 《영웅전》과 매우 흡사하고 그 연대는 대략 서로 앞서거니 뒤서거니 하며(플루타르크는 사마천보다 약 200년 뒤의 사람이다), 그 문장의 아름다움은 서로 같고 그 영향이 넓고 멀게 미친 것 역시 대략 비슷하다. 후세 사람이 《사기》를 비난할 수 있을지 몰라도 그 책은 이미 100세대에 걸쳐 굳건해졌으니 2천 년래의 이른바 정사라는 것들도 그 범위를 넘지 못한다. 어찌 후세 사람의 창작력이 옛사람의 그것에 미치지 못하는가? 오직 사마천만이 스스로 불후의 업적을 이룬 사람으로 남아 있다.

사마천 이전에는 소위 역사학이라는 것이 없었다. 《한서》〈예문지〉는 사서를 6예(六藝)에 덧붙여 넣고 이를 춘추가(春秋家)라 약칭하였는데 거기에 수록된 것은 겨우 425편이다(그중 사마천 이전의 것은 91편에 불과하다). 그 후 《수서》〈경적지〉(經籍志)에 수록된 것이 갑자기 1만 6,585권에 이르렀으니 수백 년간 40배 증가한 것이다. 이는 사마천 이후 역사학이 꽃을 피운 명확한 증거이다. 옛날에는 오직 사관만이 역사를 지을 수 있었다. 개인에 의한 역사저술[作史]은 공자에서 시작되었다. 그러나 공자는 역사가가 아니며 이는 앞에서 내가 말한 대로이다. 그런데 사마천은 비록 사관이었음에도 그가 지은 책은 사실상

15 정초(1104?-1162)는 남송의 역사가로 출생연도가 확실하지 않다. 푸젠성의 독서인 집안에서 태어났으나 과거시험에 응시하지 않은 채 학문연구에 몰두해 많은 저술을 남겼는데, 대부분 소실되고 《通志》와 《爾雅注》 등 몇 종만 전한다. 그의 가장 뛰어난 성취는 《통지》의 '20略'이다. 이는 기전체 사서의 表와 志를 발전시킨 것으로 20개 분야의 전장제도에 대해 상고부터 당대까지의 추이를 통사적으로 서술하여 《通典》 및 《文獻通考》와 함께 '3통'의 하나로 꼽힌다. 옮긴이 주.

사찬(私撰), 곧 개인의 저작이다.

이런 방식은 그 후대에 전수되었으니 그의 외손 양휘(楊輝)가 맨 먼저 이어받았다(《漢書》〈楊輝傳〉). 사마천의 책이 출간되고 나서는 벌떼처럼 이어졌다.《한서》에 보이는 예로 저소손(褚少孫)이 있고《칠략》에 보이는 예로 풍상(馮商)이 있다.《후한서》반표전주(班彪傳注)와《사통》에는 유향(劉向) 등 16명이 있고,《통지》에는 고규(賈逵)가 나와 있다. 그들은 대부분 사관이 아니다. 반고는 일찍이 비록 한대의 사관인 난대영사(蘭臺令史)를 역임했지만 그가 저술한《한서》는 사관의 자격으로 지은 것이 아니었고, 따라서 당시에 사사로이 역사기록을 고쳐 쓰는 것은 죄가 되어 감옥에 갈 일이었다(《後漢書》〈班固傳〉). 어환(魚豢), 손분(孫盆), 왕전(王銓), 왕은(王隱), 습착치(習鑿齒), 화교(華嶠), 진수(陳壽), 원굉(袁宏), 범엽(范曄), 하법성(何法盛), 장영서(臧榮緖) 등은 모두 사관이 아니다(《史通》〈正史篇〉).

어찌하여 고대에는 오직 사관만이 역사를 지을 수 있었으나 한 이후 그렇지 않게 되었는가? 관직의 세습제가 한대에 폐지되어 그전에는 오직 사관만이 전유하던 관련 지식을 그 후에 점차 사회가 공유하게 된 것이 그 첫째 원인이다. 문화상의 도구들이 날로 새로워져 저술하고 초록해 전달하고 수장(收藏)하는 방법이 모두 더욱 편리해지고 사료의 수집이 용이해진 것이 그 둘째 원인이다. 사마천의 저작이 아름답고 완전해서 학자들에게 연구의 흥미를 불러일으켰고 사회가 모두 그 방향으로 쏠리게 된 것이 그 셋째 원인이다. 이런 요인들로 인해 그 후 역사편찬은 더욱 다채롭고 볼만해졌다. 양진(兩晋)과 육조(六朝)에서는 모든 학문이 황폐해졌으나 유독 역사만 흥성했는데 진(晉)에서 특히 그러했다.《수서》〈경적지〉와 청(淸) 정국균(丁國鈞)의《보진서예문지》(補晋書藝文志)를 읽어 보면 이를 알 수 있다. 그러므로 나는 진대에는 현학(玄學) 외에 오직 역사학만 있었고 중국 역사학계의 전성기도 역시 바로 진대라고 항상 말해 왔다.

단대사(斷代史)는 반고에 의해 시작되었다. 유지기는 이 체재를 높이 받들어 말하기를 "한 왕조를 통틀어 책 한 권에 담아내면 뒤따라 배우는 사람이 비교적 쉽게 방법을 찾아 공을 이룰 수 있다고 했다(《史通》〈六家篇〉). 그와 반대로 정초는 단대사를 극히 낮게 평가하여 다음과 같이 말했다.

"사마천을 잘 따라 배운 사람으로는 반표(班彪)만한 이가 없다. 반표는 사마천을 이어 효무(孝武)에서부터 후한까지를 다루었다. 만일 후세 사람이 자기를 이어가기를 원한다면 자신이 사마천을 이었듯이 자신에게 잘못된 글이 없어야만 할 뿐 아니라 후계자가 끊기는 일도 없어야 한다. … 반표의 아들은 그 법을 전해 줄 수 없었다. … 단대를 단위로 하는 역사는 계승될 만한 자격을 갖추지 못했다. … 회통(會通)의 길은 여기서 사라졌다."(《通志》〈總序〉)

이 두 사람의 상반된 논평 앞에서 우리는 대개 정초를 옹호한다. 정초는 편찬 의례(義例, 저작의 요지와 편집 격식) 면에서 단대사의 결점을 논했는데, 그의 지적은 넓고 깊으며 매우 분명하다. 그러나 사마천과 반고에 의해 탄생한 두 체재의 구별은 역사 관념 면에서 특히 매우 큰 의미를 갖는다. 《사기》는 사회 전체를 역사의 중추로 삼아서 국민의 역사가 되었다. 그런데 《한서》 이후에는 제실(帝室)을 역사의 중추로 삼았으며 그때부터 역사는 제왕(帝王)의 족보로 변질되었다.[16]

16 그렇다고 해서 통사는 옳고 단대사는 그르다는 이분법으로 이해해서는 곤란하다. 각 시대의 특색을 드러내는 데에는 단대사가 유용하다. 저자가 비판하는 단대사의 폐단은 그 단대를 왕조 단위로 끊고 왕실 중심으로 파악하는 데서 생긴 것이다. 합리적 기준에 의거해 시대를 구분하는 근대적 의미의 단대사(고대사, 중세사, 근대사 등)는 불가결하다. 저자 자신의 《청대학술개론》도 단대사이다. 단대사를 폄하하고 통사를 현창하는 것은 지속성을 강조하는 중국의 전통에 속한다. 옮긴이 주.

무릇 역사의 모습은 흐르는 물과 같아서 칼로 자르려 해도 잘라지지 않는다. 오늘날 역사가들은 억지로 고대, 중세, 근세로 나누지만 아직 그 정당한 표준을 얻지 못하고 있거늘 하물며 한 조대(朝代)의 흥망을 단위로 구분할 수 있겠는가? 사서의 이름을 지을 때 앞에 조대를 내세우는 것은 나의 이 책이 조대의 주인을 위해 지은 것임을 분명하게 알리는 의미가 있다. 그러므로 남조는 북을 "색로"(索虜)라 부르지 않을 수 없었고, 북조는 남을 "도이"(島夷)라 부르지 않을 수 없었다. 그리고 진의 역사를 쓰는 이들이 왕릉(王淩), 제갈탄(諸葛誕), 관구검(毌丘儉) 등을 도적이라 부르지 않을 수 없었다. 또 비록 공자를 사숙(私淑)하고 스스로 명교(名教)를 유지한다고 자처한 구양수(歐陽修)이지만 그도《신오대사》의 요지를 밝히는 첫머리의 첫 구절에서 수년간 도적질을 일삼은 대도(大盜) 주온(朱溫)의 인물됨에 대하여 "태조신무원성효황제"(太祖神武元聖孝皇帝)라고 대서특필하지 않을 수 없었다. 단대사의 근본 오류는 바로 여기에 있으니, 오늘날 관찬 사서 24부는 모두 앞에서 이끌고 뒤에서 따르는 식으로 감히 다른 체재를 세우지 못했으니 반고의 인형 제작 능력[作俑之力]이 얼마나 위대한지 알 만하다.

청대 장학성(章學誠)의[17] 논평도 주목할 만하다. 통사 체재를 취한 사마천의 책은 갑자기 반씨(班氏)의 단대사로 바뀌었고, 사마천 책은 변화에 능통했으나 반씨는 규범을 묵수하였다. "후세 사람은 반고의 역사의 의미를 상실한 채 기(紀)·표·지·전을 과거(科擧)의 정식(程式)과 같게 만들었고, 관부의 책들은 기주(記注, 단지 기록된 사실을 편집·

17 장학성(1738-1801)은 청대 역사가이다. 자는 實齋이며 진사에 급제해 國子監典籍을 지냈고 方志館에서 지방지 편찬을 주관하였다.《文史通義》,《校讎通義》,《史籍考》와 다수의 지방지를 저술하였다.《문사통의》는 유지기의《史通》과 함께 전근대 중국 역사이론서의 쌍벽을 이룬다. 옮김이 주.

배열한 것)와 찬술(撰述, 자신의 독자적 판단으로 저술한 것) 중 어느 것도 취한 바가 없다." "기전체가 쓰인 지 1천여 년 지나는 동안 학자들은 서로 계승하여 여름에 갈옷 입고 겨울에 가죽옷 입으며 목마르면 마시고 배고프면 먹듯이 하다 보니 바뀐 게 하나도 없다. 대대로 전하고 멀리 행할 만한 새로운 식견과 체재를 갖추지 못했다…."(《文史通義》〈書教篇〉) 이는 반고의 《한서》 이래 저자들이 모두 진부한 것을 그대로 답습하여 창작 정신이 없었음을 말한 것이다. 통절하기 이를 데 없는 지적이다.

오늘날 이른바 24사라는 것도 역사서로서의 성취 정도가 각기 다르다. 동일한 체재를 취했어도 그 안에 실현된 가치는 본래 차이가 있는 법이다. 그것들을 비교해 높고 낮음을 평정한 논의는 이미 극히 많고 그 평정이 타당한지의 여부는 독자들이 나름의 기준을 갖고 판단할 터이므로 오늘 나는 더 이상 논하지 않겠다. 다만 가장 주의해야 할 분명한 한 분야가 있으니, 당 이전의 역사서는 모두 사찬이며 한 사람의 손으로 씌었으나 당 이후의 그것은 모두 관찬이며 여러 사람의 손으로 씌었다는 사실이 그것이다. 가장 유명한 사마천, 반고, 범엽, 진수의 네 역사서가 모두 사찬이라는 것은 앞 사람들이 이미 다 근거를 갖추어 말했다. 즉, 심약(沈約), 소자현(蕭子顯), 위수(魏收) 등은 비록 그들 자신이 사관으로서 황제의 명을 받들어 역사서를 편술했으나 그 책의 9할은 그 혼자만의 힘으로 만들어진 것이다.

이런 경향은 당 태종(太宗) 이후 크게 바뀌었으며, 태종은 뛰어난 재주로 천하를 평정했을 뿐 아니라 그 자신이 문(文)을 숭상한다고 자처하여 학자들과 서열을 다투려 하였다. 그는 육기(陸機)와 왕희(王羲)의 전찬(傳贊)을 손수 짓고자 했기에 사관에게 명하여 《진서》(晋書)를 편수케 했으며 구저(舊著) 18가(家)를 모두 없애 버렸다(《史通》〈正史篇〉). 동시에 《양서》(梁書), 《진서》, 《제서》(齊書), 《주서》(周書), 《수서》 등 5서를 황명에 의거해 편찬했는데 이를 위해 역사편찬소[史局]를 크지막하게 열고 엄청 많은 인원을 배치했으며 지체 높은 관료로 하여금 그 일을 관장하도록 하였다. 그 이후 이는 관행으로 굳어졌다. 이에 저작이란 일은 공무의 수행과 같은 것으로 여겨졌고 편술하는 사람은 그 이름과 실제가 분리되었다. 예를 들어 방교(房喬), 위징(魏徵), 유구(劉昫), 탁극탁((托克托), 송렴(宋濂), 장정옥(張廷玉) 등은 각기 어느 역사서의 편찬인으로 되어 있지만 사실은 그 책의 편찬에 참여하지 않았다. 당 이후 이연수(李延壽)의 《남사》와 《북사》, 구양수(歐陽修)의 《신오대사》를 제외하고는 그 나머지 여러 역사서들은 모두 이런 조건하에서 성립된 것들이다.

이와 같은 관찬, 그리고 여러 사람에 의한 합찬의 역사서가 갖고 있는 가장 큰 폐단은 저자의 책임감이 없다는 데 있다. 유지기는 이를 슬퍼하면서 다음과 같이 말했다. "사건 하나 말 한 마디를 기재하려 할 때마다 모두 붓을 놓고 서로 쳐다보며 끊임없이 붓을 물고 생각만 한다. 그러므로 머리가 하얘져도 기다릴 수는 있으나 저작이 완성될 날은 오지 않는다." "사관이 기주(記注)하는 데 높은 분께 일일이 여쭤 그 대답을 기다린 후에 감수(監修)한다. 한 나라에 삼공(三公)이[18] 있으니 도대체 누구의 견해를 따를 것인가?"(《史通》〈忤時篇〉) 이처럼 이미 책임질 길이 없으니 여러 학자들이 경솔하게 책임을 지지 않는 것은 자연스런 추세이다. 그로 인해 저자의 개성이 사라지고 그 책에는 더 이상 저자의 정신이 담겨 있지 않다. 사마천은 치욕을 참고 발분했는데 그 목적은 다름 아닌 "일가의 견해", 곧 자기만의 체계적인 학설을 세우는 데 있었다. 반고와 범엽을 비롯한 제현(諸賢)의 뜻도 이와 같

---

18 삼공은 중국 고대에 제왕을 보좌해 국무를 처리하는 고위관직 셋을 말하는데, 그 명칭은 왕조마다 각기 다르다. 가령 서주에서는 太師 · 太傅 · 太保이고, 진과 서한에서는 승상 · 태위 · 어사대부이며, 동한-당대에는 太尉 · 司徒 · 司空이다. 옮긴이 주.

으며 따라서 그 책을 읽으면 저자의 사상적 품격이 모두 다 드러난다. 구양수의 《신오대사》가 어떤 가치를 갖고 있는지에 대해서는 비록 평자의 견해가 서로 다르지만 자기 나름의 원칙에 의거한 굳건한 수사(修史)의 진면목을 보여 준다.

만일 수·당·송·원·명의 여러 역사서들처럼 한 무리의 장인(匠人)을 모아 공동으로 하나의 벽화를 그리게 한다면 이는 더 이상 예술이 아니며 전혀 생명이 없는 밑그림에 불과할 뿐이다. 그렇기 때문에 역사가의 기술(技術)도 펼칠 곳이 없다. 사료를 잘 감별하고 취사선택하여 그에 의거해 역사를 쓰는 데 뛰어난 능력을 가진 사람이 있어도 견제를 받아 그 뜻을 행하지 못하는 경우가 흔하다. 그 결과 시간적으로 뒤에 나온 역사서일수록 책의 권수는 더욱 늘어났으나 번잡함만 더욱 심해졌다(《明史》는 이런 예에 속하지 않는다). 만사동(萬斯同, 1638-1702)은 이렇게 말했다. "역사가의 일을 남의 집에 들어가 일하는 것에 비유하면, 처음에는 그 거실·침실·욕실을 둘러보고 이어서 그 집안의 전해 내려온 예속(禮俗)을 알게 되고, 오래 지난 후에 그 집 남녀노소 식구들의 성격이 어떠한지를 파악하게 되며, 그런 뒤에야 비로소 그 집의 일을 처리할 수 있다. 관찬의 역사서는 창졸간에 여러 사람의 손으로 만들어진 것이어서 마땅한 인재를 택해 일을 제대로 익히게 할 겨를이 없으니 마치 시장 바닥의 사람을 불러 집안일을 상의하는 것과 같을 뿐이다."(方苞, 《萬季野暮表》) 이는 정말로 넓고 깊으며 절실한 말이라 하겠다. 중국의 고대사학이 사관을 설치함으로써 극히 발달할 수 있었던 만큼 근대사학 역시 사관의 설치로 인해 점차 쇠퇴하였으니 사관의 성질은 오늘날 고대의 그것과 달라졌다.

기전체와 함께 또 하나의 봉우리를 이루는 체재가 편년체이다. 그 내용이 풍부하고 체계성을 갖춘 신편년체는 《좌전》에서 기원했다는 것이 예전의 설명이다. 비록 그렇기는 하지만 근세의 학자가 고증한 바에 따르면 좌씨 책의 원래 체재는 이와 같지 않았다. 그러므로 이 체재의 비조를 따진다면 좌씨라기보다 차라리 육고(陸賈)의 《초한춘추》라고 하는 것이 타당하다. 애석하게도 육고의 책은 오늘날 전하지 않아 그 진면목이 어떠한지 확실히 알 수 없다. 한의 헌제(獻帝)는 《한서》가 방증이 풍부하고 광범하여 읽기 어렵다며 순열(荀悅)에게 그것을 쳐내 간명하게 만들라고 지시했고 이에 순열이 《한기》(漢記) 30권을 편찬했는데 바로 이것이 현존하는 신편년체의 첫 번째 책이다. 순열은 스스로 다음과 같이 밝혔다. "먼저 연월을 배열한 후 해당 시기의 일을 대응시켰다. 요점을 모두 간추리고 그 대체(大體)를 보존하여 원서에 부합하도록 했다." "빼고 줄이고 고치고 익혀서 원서에 해가 되지 않도록 했다." 그 저작 동기가 원서를 요약하는 것에 있을 뿐이라고 말한 것이다. 그러나 구조가 이미 새로워졌으니 마침내 창작을 이룩해 낸 것이다.

기전체의 장점은 내용의 풍부함에 있는 만큼 사회 각 부분의 정황을 모두 담아낼 수 있다. 그 단점은 사적(事蹟)이 여기저기 나뉘어 서술됨으로써 혼란스럽고 그 연대가 중복되는 것을 피할 수 없다는 데 있다. 유지기도 다음과 같이 지적했다. "하나의 동일한 일이 여러 편으로 나뉘어 계속 분리되어 있고 앞뒤에서 중복하여 출현한다. … 동류(同類)를 순서에 따라 배열하면서 연월(年月)을 따지지 않아 … 가의(賈誼)와 굴원(屈原)이 같은 열에 배치되고 조말(曹沫)과 형가(荊軻)가 같은 편(編)에 함께 서술된다."(《史通》〈二體篇〉) 이는 모두 그 폐단을 지적한 것이다.

《한기》가 지어짐으로써 연도에 따라 일을 배열하여 인물본위가 시제(時際) 본위로 바뀌었으니 배우는 사람에게는 편리해졌다. 순열 이후에는 장번(張璠)·원굉의 《후한기》(後漢紀), 손성(孫盛)의 《위춘추》(魏春秋), 습착치의 《한진춘추》(漢晋春秋), 간보(干寶)·서광(徐廣)의 《진기》(晋記), 배자야(裵子野)의 《송략》(宋略), 오균(吳均)의 《제춘추》(齊春秋), 하지원(何之元)의 《양전》(梁典) 등이 있다(그중 현존하는 것은 순열과 원핑 두 사람의 책뿐이다). 반고 이후 기전체는 이미 단대사로 씌었는데 순열 이후 편년체도 이 관례를 따랐다. (황제의) 성이 바뀔 때마다 기전체 역사가는 서(書) 하나를 짓기 위해, 편년체 역사가는 기(紀) 하나를 짓기 위해 모두 조대(朝代)의 이름으로 묶으니 단대사가 기전체에서도 시행되었다. 이에 대해 식자들은 편년을 흉내 내려다 오히려 더 추하게 되었을 뿐이라고 비판하였다.

송의 사마광이 의연히 이를 바로잡고자 《자치통감》을 지어 《좌전》을 이어 갔다. 위로는 전국부터 기록하여 아래로는 5대(기원전 403-기원후 959)까지 1,362년간의 대사(大事)를 연도에 따라 기재하여 한숨에 이어지도록 하였다. 사마광은 본래 장고(掌故, 연혁을 간략히 정리한 글)에 능하며 식별하고 취사선택하는 능력 또한 탁월해서 그의 책의 판단에는 법도가 있다(司馬光의 《涑水記問》과 《通鑑考異》를 보면 알 수 있다). 호삼성(胡三省, 1230-1302)은[19] 《자치통감》에 대한 주석의 서문에서 다음과 같이 말했다. "온공(溫公, 사마광의 호)은 구사(舊史)를 폭넓게 참고하고 야사를 광범하게 채용해 감춰진 것을 폭로하고 이것들을 종합해 책으로 엮었다. 책의 편찬은 시기를 나누어 한은 유반(劉攽), 삼국-남북조는 유서(劉恕), 당은 범조우(范祖禹)가 나누어 맡았는데 모두 천하제일의 인재들이며 19년 걸려 완성되었다." 그 기획하여 도달한 짜임새를 보건대 확실히 중세 이래의 위대한 창작이다. 그러므로 오늘날까지 그것을 전하여 익히려는 후세 사람의 노력은 《사기》·《한서》와 동등할 정도로 극진하였다. 후에 주희(朱熹)가 그 책에 약간의 첨삭을 덧붙여 《통감강

19 호삼성은 남송의 역사가로, 어려서부터 《자치통감》을 즐겨 읽고 1256년 《資治通鑑廣注》 97권을 썼으나 그 원고를 몽골의 침입으로 피난하던 중에 잃어버렸다. 송이 망한 후 다시 써서 《資治通鑑音注》 294권과 《釋文辯誤》를 완성함으로써 이른바 "통감학"의 기초를 닦았다. 옮긴이 주.

목》을 지었는데, 내가 보기에 이는 공자의 《춘추》와 비교해서도 손색이 없다. 사마광의 책은 그 후 우리 세대에 이르기까지 후세 사람이 분분히 따라 익히며 이어 가고자 했으나 아직 사마광만한 이는 없었다. 그러므로 중국 역사학계는 사마천과 사마광이 앞서거니 뒤서거니 하면서 이끌어 온 양사마(兩司馬)의 형국이라 말할 수 있다.

남의 책을 잘 요약할 줄 아는 사람은 창작을 할 수 있다. 순열의 《한기》 이후 송의 원추(袁樞)가 쓴 《통감기사본말》에서 우리는 또 그런 예를 보게 된다. 편년체는 연대를 날줄[經]로 하고 사건을 씨줄[緯]로 하여 독자로 하여금 역사적 사실의 시간적 관계를 분명히 파악할 수 있게 하는데, 이것이 바로 그 장점이다. 그러나 역사적 사실은 본래 연속성을 갖고 있어서 하나의 사건이 수천 혹은 수백 년에 걸쳐 있으며 편년체의 서술은 아무리 교묘하더라도 본질상 장부식 서술을 벗어날 수 없다. 특정 연도에 기록된 일을 읽으면 그 원인은 몇 년 전에 있거나 이미 그 유래를 잊어버리게 되며, 그 결과는 몇 년 뒤에 있어서 그 결말이 어찌 되는지 파악하기 어렵다. 앞뒤로 책장을 넘기면서 확인해야 하는 것이 수고로울 뿐 아니라 읽는 재미도 없다. 원추는 《자치통감》을 요약해서 사건을 시작과 끝으로 삼아 1,600여 년(앞에서는 1,362년이라 했다. 옮긴이 주)의 내용을 239개의 사건으로 요약하였다. 이 작업은 책장을 넘기면서 뒤져야 하는 고통을 느끼고 스스로 《통감》을 연구하는 데 편리함을 추구하기 위해 시작되었을 뿐이다.

일단 그 작업이 완성되고 나니 역사학계를 위해 하나의 새로운 방도를 찾아낸 결과가 된 것이다. 양만리(楊萬里, 1127-1206)는[20] 그 서

---

20 양만리는 남송의 학자이자 시인으로 《誠齋集》, 《誠齋詩話》 등의 시집과 시론집, 그리고 주역 연구서인 《誠齋易傳》을 남겼으며, 《통감기사본말》의 서문을 썼다. 그는 농민의 고된 노동과 일상의 애환을 반영한 시들을 많이 남겼다. 옮긴이 주.

문에서 다음과 같이 말했다. "사건을 요령 있게 간추리는 성취는 이후 그에게서 시작되었고, 사건을 세세하게 제시하는 미묘함은 그 이전에 이미 분명했다. 그 사실은 숨겨져 있어도 드러내고 그 원인은 모두 열거되어 있어도 줄였다."(《通鑑紀事本末》 楊萬里序文) 기전체는 인물을 위주로 하고 편년체는 연도를 위주로 하는데 기사본말체는 일(사건)을 위주로 한다. 무릇 역사적 사실의 원인과 결과를 밝혀 과거를 거울삼아 미래를 전망하고자 한다면 사건을 위주로 하지 않을 수 없다. 그러므로 기사본말체는 우리가 이상으로 여기는 새로운 역사[新史]와 가장 가까우며 구사(舊史)가 진화한 최고의 경지이다. 장학성은 다음과 같이 평했다. "본말을 본체로 삼는 것은 사건에 따라 편(篇)을 구성한 것으로 통상적인 격식이 아니며, 고금의 대체(大體)와 천하의 경륜을 깊이 알지 못하면 남김도 넘침도 없이 망라하여 개작(改作)할 수 없다. 글은 기전체보다 줄어들고 사건은 편년체보다 풍부해진다. 버리고 취하는 결단도 본체에 대해서는 원만하고 작용에 대해서는 해박하다. … 원추도 처음에는 그럴 뜻이 없었고 그의 학문도 그럴 만하지 못했다. … 그러나 결국 그가 이룩한 방도는 심사숙고를 바탕으로 신명한 변화를 주었으니 고사(古史)의 근원이 은연중 드러났다."(《文史通義》 〈書敎篇〉) 마땅한 논평이다. 원추가 서술한 것은 정치 분야에 국한되어 사회의 다른 부분의 사항은 대부분 빠져 있다. 편목의 구분도 여전히 번쇄하여 관통의 수완을 충분히 살리지 못했다. 그러나 그의 책은 《통감》을 요약하는 데 초점을 두었기에 그 서술 내용이 《통감》을 벗어나지 않도록 했을 뿐 아니라 책의 구성 체계도 마땅하다. 요점을 잘 짚어 깊은 뜻을 찾아내는 것은 후대에 갈수록 힘쓰기 쉬운 법이어서 우리가 오늘날의 안목으로 옛 사건을 가혹하게 탓할 수 없다. 원추의 책이 나온 후 명·청대에 그 뒤를 이으려는 저작이 많았지만 신중하고 엄밀하며 간명함에 있어서는 역시 원추에 미치는 예가 없었다.

기전체는 서지(書志)라는 항목이 있으며 《상서》에서 기원하였다. 그 취지는 문물제도만을 따로 기재하는 데 있어서 오늘날 우리가 요구하는 새로운 역사와 비교적 가깝다. 새로운 역사를 쓸 때 중시해야 할 점은 고금을 회통하여 그 연혁을 살피는 데 있다. 각종 역사서가 단대사로 쓰임으로써 이미 두 가지 곤란한 점이 발생하였다. 그 하나는 앞 시대로 소급해 서술하지 않으면 그 근원을 분명히 할 수 없다는 점이고, 다른 하나는 너무 많이 소급해 서술하면 번잡하고 중복되어 싫증나게 한다는 점이다. 더구나 각 역사서에 모두 지(志)가 있는 것도 아니고 설사 있다 하더라도 그 편목에 서로 차이가 있다. 그래서 뭔가 누락된 곳을 만나면 막히게 된다. 이에 역사서의 지를 통괄할 필요가 절실해졌다. 이 요구에 부응하여 이룩한 탁월한 창작물이 바로 당나라 두우(杜佑)의[21] 《통전》(通典)이다. 이 책은 "각종 경전과 역사서를 널리 채취하여 위로 황제(黃帝)로부터 아래 당 천보(天寶) 말년까지 문물제도의 각 사항을 종류별로 묶어 그 시작과 끝을 밝히고 역대 연혁과 당시 사대부들의 그에 대한 논의를 빠짐없이 찾아서 각 사항에 첨부하였다. 마치 사람의 지맥(支脈)이 몸에 퍼져 얽혀 있는 것과 같다."(《通典》 李翰序文) 이는 실로 사지(史志) 저작의 한 걸음 진화라 할 것이다. 그 후 원의 마단림(馬端臨)이 이를 모방해 《문헌통고》(文獻通考)를 지었는데 비록 그 편목이 비교적 번잡할 만큼 갖추어졌고 인용도 넓고 풍부하지만 특별한 식견과 통찰이 없으니(章學誠, 《文史通義》) 그저 뒤져서 살펴보는 데 편리할 뿐이다.

---

21 두우(738-812)는 당대의 관료이자 역사가이다. 귀족 가문에서 태어나 일찍부터 독서를 즐겼으며 중앙과 지방의 여러 관직을 두루 거쳤다. 이런 경험을 바탕으로 《通典》을 지었는데, 이는 중국의 각 분야(9門 1500條) 전장제도에 대해 상고 이래의 추이를 통사적으로 서술한 최초의 저작으로 사학사상 새로운 경지를 개척한 의미를 갖는다. 그 후에 나온 《通志》 및 《文獻通考》와 함께 일컬어지는 '3통'의 시조이다. 옮긴이 주.

《통감》이 있어서 정치적 사건을 꿰뚫고 《통전》이 있어서 정치제도를 꿰뚫어 정사(正史)의 단대사 체계가 주는 대부분의 불편함이 교정되었으나 여전히 미진하다. 양(梁) 무제(武帝)의 명으로 오균(吳均) 등이 《통사》(通史)를 지어 태초부터 남조의 제(齊)나라까지를 다루었는데, 왕조의 한계를 타파하여 《사기》가 이룩한 통사체계를 직접 이어 가고자 했으니 그 뜻이 대단하다. 그러나 이 책은 오랫동안 잊혀져 그에 대한 논평이 전혀 없었다. 유지기는 그 책의 번잡함을 지적해 "학자로 하여금 그 책을 익히게 할지언정 새로운 기록을 살피는 것을 게을리하게 만든다."라고 했는데(《史通》〈文家篇〉), 생각하기에 따라서는 그럴 수도 있을 것 같다. 송의 정초는 좌구와 사마천으로부터 1천 년 뒤에 태어나 손바닥을 높이 쳐들고 큰 걸음으로 성큼성큼 멀리 나아가 《통지》를 지었으니 가히 호걸지사(豪傑之士)라 할 수 있다. 정초는 그 자서에서 반고 이래 단대사의 폐단을 비판했는데 한 마디 한 마디가 모두 핵심을 짚었다. 청의 장학성이 정초의 견해를 이어받아 더욱 밀고 나아갔다. 장학성은 다음과 같이 말한 바 있다. "《통사》의 편찬으로 여섯 가지 편리함이 생겼다. 중복을 피한 것, 사례의 분류가 고른 것, 짝을 맞추어 저울질하기 편한 것, 시비 판단이 고른 것, 서로 모순되는 서술을 없앤 것, 근접한 일을 상세히 서술한 것이 그것이다. 그리고 두 가지 장점이 있으니, 소재의 취사선택을 잘한 것과 가법(家法)을 세운 것이 그것이다." "정초의 《통지》는 탁월한 식견과 분명한 논리, 그리고 독창적인 체재를 보여 주었다. 그 전에도 그 만한 전례가 없고 그 이후에도 그 거울을 넘어설 만한 이가 없었다. 비록 사실(事實)은 옛 기록과 다르지 않지만 제자(諸子)의 뜻이 그 체재 속에 담겨 있다."(《문사통의》〈釋通篇〉) 장학성이 상찬한 까닭이 지극하다.

우리는 원래 정초와 장학성의 논평에 깊이 찬동하여 통사의 편찬이 멈춰져서는 안 된다고 생각한다. 그것은 정초의 특별한 체재보다 더욱 훌륭하니 나도 탄복하는 바이다. 비록 그러하지만 우리가《통지》를 읽을 때 '20략(略)'을 제외하고는 아무런 가치도 발견할 수 없다. 그 뜻은 여전히 "그 책을 익히게 할지언정 새로운 기록을 살피는 것을 게을리하게 만든다"는 것 아니겠는가? 정초가 비록 원대한 바람을 품고 있었다 하더라도 결국 사마천의 주위를 맴돌면서 산 셈이다. 소나무와 잣나무 아래서는 풀이 자라지 않듯이 정초의 실패도 그런 점에서 당연하다. 그럼에도《통지》중의 '20략'만큼은 진실로 불후의 명작이다. 역사학계에 정초가 있는 것은 온 하늘에 찬연히 빛나는 혜성이 있는 것과 같다.[22]

위에 말한 것은 이른바 역사 편찬의 네 체재, 곧 기전체 · 편년체 · 기사본말체 · 정서체(政書體)에 관한 내용인데 모두 그 각각의 창시자에게 평론을 가한 것으로 그것을 본받아 이어 간 사람들에 관해서는 다루지 못했다. 그래도 2천 년래 역사학이 진화한 궤적을 대략 알 수 있다. 그 밖에 사부(史部)에 속하는 책들을 보면,《수서》〈경적지〉는 잡사, 패사(覇史), 기거주(起居注), 고사(故事), 직관(職官), 잡전(雜傳), 의주(儀注), 형법(刑法), 목록, 보첩(譜牒), 지리 등 11종으로 분류하였다.《사통》〈잡술편〉은 편기(偏記), 소록(小錄), 일사(逸事), 쇄언(瑣言), 군서(郡書), 가사(家史), 별전(別傳), 잡기, 지리서, 도읍부(都邑簿) 등 10종을 열거하였다. 그 후 누대에 걸친 분류법도 이와 대동소이하다. 나는 이것들을 크게 두 유형으로 나누고 싶다. 하나는 후세 사람이 역사를 저술하는 데 원료로 제공할 수 있는 유형이고, 다른 하나는 부분적으로만

---

22 그럼에도,《통지》와《문헌통고》등 전통적 통사는 통시적 관통(縱通/直通)에 그쳤을 뿐 공시적 관통(橫通/旁通)까지 겸하지는 못하였다. 이 점에서 근대 역사학에서 말하는 통사(종통과 횡통을 겸함)와 다르다. 周予同,〈50年來之中國史學〉(1941), 王學典 · 陳峰 編,《二十世紀中國史學史論》, 北京大學出版社, 2010, 122면; 馬敏,〈通史貴在'通'〉,《近代史研究》2007年 5期. 옮긴이 주.

사적(史籍)으로 써진 유형이다.

첫 번째 유형은 아직 다듬어지고 조직되지 않은 채 관례에 따른 혹은 일시적 기록에 불과해서 후세의 저자들의 수집 대상이다. 관에 의해 편찬된 책으로 기거주, 실록, 유지(諭旨), 회전(會典) 등이 있다. 개인에 의해 편찬된 책으로는 한 지방에 관해서 전문적으로 기술한 것은 조기(趙岐)의 《삼보결록》(三輔決錄), 반악(潘岳)의 《관중기》(關中記) 등이 있다. 한 지방 안에서도 특정한 한 가지 일이나 사건만을 기술한 것으로 육기의 《건강궁전기》(建康宮殿記), 양현(楊衒)의 《뤄양가람기》(洛陽伽藍記), 양부(楊孚)의 《교주이물지》(交州異物志) 등이 있다. 특정한 한 시대만을 서술한 책으로 육고의 《초한춘추》, 왕도(王度)의 《이석위치시사》(二石僞治時事) 등이 있다. 한 시대 중에서 특정한 한 가지 일이나 사건만을 서술한 책으로 《진수복산릉고사》(晋修復山陵故事), 《진팔왕고사》(晋八王故事) 등이 있다. 또 한 부류의 인물들만을 모아서 기술한 책으로 유향의 《열녀전》, 황보밀(皇甫謐)의 《고사전》(高士傳) 등이 있다. 인물에 대해 서술하되 한 지방이나 한 시대에 한정한 경우도 있으니, 진수의 《익부기구전》(益部耆舊傳), 사승(謝承)의 《회계선현전》(會稽先賢傳), 원경중(袁敬仲)의 《정시명사전》(正始名士傳) 등이 그 예이다. 오직 한 가문이나 개인을 위해 써진 전기도 있으니 강통(江統)의 《강씨가전》(江氏家傳), 범왕(范汪)의 《범씨가전》(范氏家傳), 혜립(慧立)의 《자은법사전》 등이 그 예에 속한다. 돌아다니며 견문한 바를 서술한 것으로 곽상(郭象)의 《술정기》(述征記), 법현(法顯)의 《불국기》(佛國記) 등이 있다. 희귀한 정보를 채록하여 반(半)소설체로 쓴 것도 있는데 《산해경》(山海經), 《목천자전》(穆天子傳), 《비연외전》(飛燕外傳) 등이 그에 속한다. 또는 지식의 모자람을 보충하면서 짧은 얘깃거리로 제공할 수 있는 책으로 유의경(劉義慶)의 《세설》(世說)과 배영기(裵英期)의 《어림》(語林) 등이 있다. 이상의 책들은 모두 하나의 저작으로 자처한 적이 없고 다만 저작자에게 제공되는 자료일 뿐이다(위에 열거한 책들은 모두 《수서》와 《당서》의 〈경적지〉에서 취한 것인데, 현재 남아 있는 것은 드물다).

두 번째 유형은 수많은 자료를 수집해서 조직화한 후 저술의 체재를 분명하게 세운 것이다. 그러나 서술된 내용은 다만 일이나 사건의 상황에 속할 뿐이고 그 성격에 관해서는 국부적으로만 언급하고 있다. 정사의 편년 등이 그 성격을 널리 두루 조명한 것과 뚜렷하게 다르다. 이런 류의 책 중에 가장 일찍 발달한 것이 지방사인데 흔히 《화양국지》(華陽國志)가 그 표본으로 꼽히며, 성(省)·부(府)·주(州)·현(縣)의 지방지로 널리 퍼졌다. 그다음에 발달한 것이 법제사로, 《역대직관표》(歷代職官表)와 《역대염법지》(歷代鹽法志) 등이 이 부류에 속한다. 그 다음이 종교사·학술사로 《불조역대통재》(佛祖歷代通載)와 《명유학안》(明儒學案) 등이 이 부류에 속한다. 그 밖에 오직 한 가지 사항만을 다룬 것으로 율력(律曆), 금석(金石), 목록 등이 극히 많지만 볼만한 것은 실로 드물다. 중국에서 이 분야의 저술은 아직 유치한 단계에 있다.

역사서가 이렇게 많으므로 그에 대한 주석과 고증도 자연히 뒤따라 생겼다. 주석에는 두 가지가 있다. 첫째, 자구(字句)에 대한 주석으로 배인(裴駰)·서야민(徐野民)의 《사기》에 대한 주석과 응소(應劭)·여순(如淳) 등의 《한서》에 대한 주석이 있다. 둘째, 사실에 대한 주석으로 배송지(裴松之)의 《삼국지》에 대한 주석이 있다. 전자의 주석은 역사적 사실과 깊은 관계가 없고 후자는 그 본서와 상보관계에 있다. 고증이란 사료의 정확성 여부를 따져 판정하는 것이므로 실로 역사가가 믿음을 구하는 중요한 수단이다. 《수서》〈경적지〉에 유보(劉寶)의 《한서박의》(漢書駁議)와 요찰(姚察)의 《정한서의》(定漢書疑)가 나와 있는데 모두 이 분야의 가장 오래된 예이다. 사마광은 《자치통감》을 저술할 때 스스로 《통감고이》(通鑑考異) 30권을 지었으니 역시 저술가의 좋은 모범이 아닐 수 없다. 무릇 고증의 일은 송의 유학자들에 의해 시작되었고 유반(劉攽)·홍매(洪邁) 등의 책이 그래도 좀 볼만하다. 청대에 이르러 크게 흥성하였고 그중 가장 볼만한 것으로 전대흔(錢大昕)의《22사고이》(二十二史考異), 왕명성(王鳴盛)의《17사상각》(十七史商榷), 조익(趙翼)의《22사차기》(二十二史箚記)가 있다.[23] 그 밖에 하나의 책, 하나의 편(篇), 하나의 일에 대한 고증은 지극히 세세한 내용을 담고 있으며 그 작자는 일일이 손꼽아 셀 수 없을 정도이다.

근대의 저술가들은 대부분 사평(史評)이라는 항목을 따로 세워서 썼다. 사평에는 역사적 사실을 비평한 것과 역사서를 비평한 것의 두 종류가 있다. 전자는 역사상 발생한 사항에 대하여 평론을 가한 것으로,《좌전》과《사기》가 그 실마리를 열었고 나중에 역대 정사와《자치통감》이 모두 그것을 따랐다. 한 가지 사항만 전문적으로 서술한 것도 있으니 가의(賈誼)의《과진론》(過秦論)과 육기의《변망론》(辨亡論) 등이 이에 속한다. 송·명 이후 근거 없는 논의가 많아져 사론(史論)만을 전문으로 다룬 책이 나왔으니 여조겸(呂祖謙)의《동래박의》(東萊博議)와 장부(張溥)의《역대사론》(歷代史論) 등이 그런 예이다. 그중 가장 저급한 것은 단지 첩괄(帖括, 과거 응시자가 경서의 어려운 구절을 뽑아 만든 단어장)을 만드는 데 도움을 줄 뿐 역사학에 기여한 바가 없다. 그중에서 비교적 가치 있는 것은 왕부지(王夫之)의《독통감론》(讀通鑑論)과《송론》(宋論)이다. 비록 그렇지만 이 부류의 책들은 아무리 뛰어나게 기발하더라도 결국 독자들을 쉽게 주관적인 억측과 공허한 이야기로 인도할 뿐이어서 학문을 제대로 하는 사람은 이를 중시하지 않았다.

---

23 17사는 송대에 유행한 용어로, 그 이전까지의 정사 17개를 말한다. 18사란 거기에《송사》를 더한 것으로 원대의 증선지가 펴낸《18사략》은 그 축약본이다. 22사는 거기에 명대에 편찬된《요사》,《금사》,《원사》, 그리고 청대에 편찬된《명사》를 더한 것이다. 청 건륭연간 22사에《구오대사》와《구당서》가 더해져 24사가 되었고 이로써 3대 이래 명말까지의 역사기록이 모두 연결되었다. 옮긴이 주.

역사서에 대한 비평은 역사 연구법의 일부이며 역사학은 그에 의지해 스스로를 건설한다. 역사학이 생긴 이래 2천 년간 이 분야에서 세 사람을 얻었다. 당대에는 유지기로 그의 학설은《사통》에 있다. 송대에는 정초로 그의 학설은《통지》의 〈총서〉, 〈예문략〉(藝文略), 〈교수략〉(校讎略), 〈도보략〉(圖譜略)에 있다. 청대에는 장학성으로 그의 학설은《문사통의》에 있다.

유지기는 자술에서 다음과 같이 말했다. "《사통》이란 책은 당시 글 쓰는 선비들의 뜻이 불순함을 슬퍼하며 많은 이들의 마음이 쏠리는 곳이 어딘지 밝히고자 하여 그 격식을 다 갖췄다. 그 책은 비록 역사를 위주로 하였으나 여파가 미친 바는 위로 왕도(王道)를 탐구하고 아래로 인륜을 널리 퍼지게 한 것이다. … 경서(經書)를 말하는 이는 모두 복건(服虔)과 두예(杜預)의[24] 비웃음을 듣기 싫어하고 역사서를 논평하는 이는 반고·사마천의 잘못을 말하는 것을 싫어하는데, 이 책은 과거의 철인(哲人)에 대해 비판을 많이 하고 이전의 잘못을 즐겨 서술하여 시대에 죄를 지었으니 본디 그래야 마땅하다."(《史通》自敍)

정초는 황제에게 바친《통지》의 서문에서 다음과 같이 말했다. "모든 저술가는 비록 앞 사람의 책을 참고하지만 반드시 스스로 자신만의 견해를 세워야 합니다. … 신은 오늘 천하의 대학술(大學術)을 총괄하고 그 강목을 조리 있게 정리하여 '략(略)'이라 이름 하였습니다. 모두 20략으로 백대(百代)의 헌장(憲章)과 학자의 수완이 여기에 남김없이 들어 있습니다. 그중 5략은 한·당의 여러 유학자가 들은 바 있지만 나머지 15략은 한·당의 여러 유학자도 들어 본 바 없을 것입니다." "무릇 학술의 조예란 심식(心識)에서 나오는 것이어서 마치 사람

24 服虔은 동한의 학자로 춘추좌씨전 연구의 대가이며, 杜預는 서진의 학자로 역시 좌씨전 연구의 대가이다. 옮긴이 주.

이 바다에 들어가는데 한 번 들어갈 때마다 그 깊이가 더해지는 것과 같습니다. 신의 20략은 제가 스스로 얻은 바이며, 옛 역사서의 글을 이용한 게 아닙니다."(《通志》總序)

장학성은 자술에서 다음과 같이 말했다. "정초는 사식(史識, 판단력과 통찰력)을 갖고 있으나 사학(史學, 배움과 학식)을 갖고 있지 못하며, 증공(曾鞏, 북송의 정치가이자 학자)은 사학을 갖고 있으나 사법(史法, 역사 연구의 방법)을 갖추지 못했으며, 유지기는 사법을 얻었으나 사의(史意)를 얻지 못했다. 이것이 내가 《문사통의》를 지은 까닭이다."(《志隅》自序).[25] 그리고 그는 다음과 같이 말했다. "내가 《문사통의》를 쓰면서 중간에 의론(議論)을 창립한 것은 실로 부득이 해서 그런 것이며 천고(千古)의 역사학을 위해 잡초를 걷어내고 새 길을 연 것이다. 그러나 아마도 이것이 세상의 습속을 놀라게 했을 터인데 자신을 모르는 자를 위해 세차게 꾸짖은 것이다."(〈與汪輝祖書〉) 그는 또 다음과 같이 말했다. "내가 역사학에서 스스로 믿고 요지를 설명하고 예를 든 것은 대부분 후세를 위해 산(山)을 연 것인데, 사람들은 나를 유지기와 견준다. 이는 유지기가 사법을 말했다면 나는 사의를 말했으며 유지기가 관국찬수(館局纂修, 국가기구를 통해 여러 사람이 편찬)를 주장했다면 나는 일가저술(一家著述)을 주장했다는 차이를 모르고서 하는 말이다."(〈家書〉二)

이상의 여러 글들을 읽어 보면 유지기·정초·장학성 3인이 자신을 어떻게 믿고 있었는지 알 수 있고, 그들의 탁월한 식견이 동시대의 일반적인 습속에 받아들여지지 않았음도 알 수 있다. 내가 늘 말했듯이, 유지기는 사리판단이 치밀하고 식별능력이 날카롭다. 용감하게

25 장학성이 말하는 史意란 곧 史義이며, 역사가의 관점(史觀)을 가리킨다. 그에 따르면, 역사가는 구체적 사실(事)을 글(文)로 엮어서 사의(義)를 드러내야 비로소 일가지언을 갖춘 사서를 쓸 수 있으며, 따라서 事·文·義 중 義가 가장 중요하다. 옮긴이 주.

회의하고 부지런히 종합하여 고찰하는 점에서 그는 왕충(王充)[26] 이래 유일한 사람이다. 그의 책에 있는 〈의고〉(疑古)와 〈혹경〉(惑經) 등의 편은 비록 공자에 대해서일지라도 정실에 얽매이지 않았으니 가장 엄정한 비평의 태도라 할 수 있다. 장학성은 그가 겨우 관국찬수를 주장했다고 말했는데 이는 본래 그런 것이다. 그러나 사료감별의 방법에 대해서는 유지기가 말한 것이 가장 정밀하며 정초와 장학성이 미칠 수 있는 바가 아니다.

정초의 학문에 대해서는 앞에서 이미 간략히 논평한 바 있다. 장학성은 그에 대해 다음과 같이 평했다. "그 정치(精緻)함은 의례(義例, 저작의 요지와 편찬 격식)에 있으며 자신의 독창적 견해와 여러 학자의 학식이 모두 각 사서[諸史]를 다루는 규칙에 포함되어 있다."(《文史通義》〈釋通篇〉) 또 다음과 같이 말했다. "《통지》의 격식에는 여유가 있고 그 수준도 으뜸이라 할 만한다."(《文史通義》〈釋通篇〉) 정초의 말을 제대로 알고서 한 논평이라 하겠다. 그러나 유지기와 장학성은 오직 사학을 논한 책만 지었을 뿐 역사서를 쓴 바 없으며, 정초는 자신이 연구한 바를 세상에 내놓아 우리들과 함께 볼 수 있게 해 주었을 뿐만 아니라 그 스스로 자신의 책이 불후의 저서로 남을 것을 확신하였다. 장학성은 유지기와 정초 이후에 태어났기에 그들의 장단점을 비교해 독특한 착상을 보이고 더욱 용이하게 공을 이루었다. 그리고 그는 학술의 큰 들판에서 실로 융회관통(融會貫通)의 특별한 경지에 도달했다.

---

26 王充(27-97전후)은 후한대에 도가사상을 계승해 발전시킨 학자로, 사람도 포함하는 우주 만물을 물질성질의 氣가 자연적으로 운동한 결과 생성된 것으로 설명하였다. 聖人과 凡人의 본질적 차이를 전제한 공자와 맹자의 학설은 물론이고 도가의 공소한 주장 등을 사실에 의거해 검증하여 비판하였으며 이를 집약해《논형》을 펴냈다. 유가학설과 그에 의거해 군주권을 정당화하는 논리도 부인하였기에 그의 주장은 오랜 세월 동안 이단시되었다. 옮긴이 주.

그러므로 그가 논의한 바는 근래 서방 역사가의 견해와 많이 부합한다. 애석하게도 그가 몸소 찬술한 역사서는 겨우 지방지 몇 종에 불과해서 역사학계를 위해 신천지를 열 수 없었다.

요컨대, 좌구, 사마천, 반고, 순열, 두우, 사마광, 원추 등이 있음으로 인해 비로소 중국에 역사[史]가 생겼다. 유지기, 정초, 장학성이 있음으로 인해 비로소 중국에 역사학[史學]이 생겨났다. 그들의 지론 중 많은 것들을 우리가 감히 동의하지 않는 것은, 시대가 그렇게 만든 것이고 환경이 그렇게 만든 것이므로 오늘의 기준에 의해서 가볍게 선학을 비방해서는 안 된다.

나의 어설픈 이 첫 장(章)을 마치기 앞서 우리와 가장 가까운 청대 역사학계에 대해서 마땅히 몇 마디를 덧붙여야겠다. 청대는 모든 학술이 부흥한 시대이지만 유독 역사학계의 저작은 적적하고 쓸쓸하다 할 정도로 가장 적다. 당과 송은 지금으로부터 그토록 먼 시대인데도 그 시대의 문집과 잡저(雜著) 중 역사적 사실에 관한 기록을 남긴 것이 지극히 많다. 청대에는 관서(官書)와 아첨하는 묘지명 외에 서로 주고받을 만한 역사분야 저술이 거의 없다. 사료가 고갈되어 모자라기로는 청대만큼 심한 적이 없다. 그 원인은 어렵지 않게 알 수 있으니, 강희·옹정·건륭 3대의 '문자옥'을 시험 삼아 살펴보면 우리 선조의 입을 틀어막고 기운을 빼앗음이 얼마나 흉포했는지 곧 알 수 있다. 감히 논술한 바가 있으되 다행히 탄압의 그물망을 면한 예로는 오직 전조망(全祖望) 한 사람이 있을 뿐이다(《鮚埼亭集》을 보라). 황위를 찬탈한 자(만주왕조)는 오로지 문헌을 박해하여 정권의 공고화를 도모하였다. 지금은 그것이 이미 신해혁명(1911)에 의해 비정통 왕조가 되었으나 이미 훼멸되고 어지럽혀진 문헌은 끝내 회복할 수 없으니 사라진 것을 슬퍼할 따름이다.

비록 그렇기는 하지만 사대부의 총명한 재능이 끝내 쓸모없을 수는 없으므로 이쪽에서 억눌리면 저쪽에서 펼쳐지는 법이다. 청대의 역사학도 거론할 만한 성과가 없는 것은 아니다. 천고에 빛나는 장학성의 업적은 이미 앞에서 언급한 대로이다. 그 밖에 청대 역사학계에는 다음 몇 가지 분야의 창작이 있다.

첫째, 예컨대 고조우(高祖禹)의《독사방여기요》(讀史方輿紀要) 같은 저작은 잘 조직되고 판단되어 전체 130권이 단숨에 한 권의 책으로 지어졌으며 지리형세를 날줄로 삼고 역사적 사실을 씨줄로 삼았다. 사료를 다루는 그의 뛰어난 솜씨는 그의 선인들이 도달할 수 없는 경지이다. 그러므로 위희(魏禧)는 "수천백 년 이래 극히 보기 드문 책이다."라고 평했다. 둘째, 고동고(顧棟高)의《춘추대사표》(春秋大事表) 같은 책은《좌전》전체를 풀어 헤쳐서 자기 나름의 방식으로 분류해 배열하였다. 그 방법을 잘 사용하면 한 시대의 역사적 사실을 깊이 있게 드러낼 수 있다. 셋째, 황종희의《명유학안》같은 책은 실로 중국에서 나온 학술사의 시초이다. 그 책은 종지(宗旨)와 조리의 일관성을 갖고 있어서 난잡하게 베껴 쓴 책과 다르다. 넷째, 조익의《22사차기》같은 책은 비록 전대흔·왕명성의 저작과 이름을 나란히 하지만(《鮚埼亭集》을 보라) 그 성격상 다른 점이 있다. 전대흔·왕명성의 저작은 협의의 고증인 데 비해 조익의 저작은 우리에게 추상을 찾아내는 사료운용의 방법을 가르쳐 준다. 옛사람은 "글귀를 잘 엮고 사실을 잘 배열하는 것[屬辭比事]은《춘추》의 가르침이다."라고 하였다.[27] 조익의 책은 이 일을 가장 잘 한 예이다. 이 방법은 송대 홍매(洪邁)의《용재수필》(容齋隨筆)로부터 점차 시작되어 응용되었으며, 조익에 이르러 그 기량이 더욱 진화하였다. 이들 네 사람은 모두 탁월한 업적을 쌓았으므로 족

27 "屬辭比事,《春秋》敎也."는《예기》〈경해〉에 나오는 문장으로, 속사는 사실을 기술할 때 글귀(文辭)를 잘 엮고 다듬어 표현하는 것을 말하며, 비사는 사실의 연월일을 따져 그것들 간의 선후관계를 분명히 하는 것을 말한다. 옮긴이 주.

히 저술가의 반열에 든다 하겠다.

그 밖에 청대에 극히 발달한 여러 종류의 책들이 있다. (1) 표(表)와 지(志)의 보편·속편. 만사동의 《역대사표》(歷代史表) 이후 그 뒤를 따른 자가 이어져 각 역사서의 표와 지의 불비함은 이미 거의 남김없이 보완되었고 이런 보편이 원작보다 나은 경우도 적지 않다. (2) 문사(文史)의 고증. 고증은 원래 청대 한학가(漢學家)의 전문적인 일인데 처음에는 단지 경학 연구에만 활용되었으나 나중에는 역사 연구에도 병용되었다. 이런 종류의 책 중 가치가 있는 것은 무려 백수십 종이나 된다. 옛 서적의 거짓과 오류에 대하여 이 같은 정리를 통해 바로잡는 고증은 우리에게 엄청난 정력의 낭비를 줄여 준다. (3) 지방지의 개수(改修). 각 성·부·주·현지는 그 90%가 새롭게 개수되었는데, 그 일을 관장한 사람은 대부분 한 시대의 명사(名士)들이며, 장학성 같은 이들이 가슴속에 품은 뜻은 대개 이런 기회를 빌려 시험적으로 시도되었다. 그 결과 지방지가 번성하여 볼만해졌고 이는 이전 시대에는 없던 일이다. (4) 연보의 유행. 청대 유학자가 고대의 명인(名人)을 위해 연보를 지은 예는 극히 많으며 모두 뛰어난 경지에 이른 작품이다. 장학성이 "한 개인의 역사라 해도 가족의 역사, 국가의 역사, 한 시대의 역사와 더불어 증거를 수집할 수 있다."라고 말한 그런 예인 것이다. (5) 외사(外史, 정사가 아닌 야사)의 연구. 위원(魏源)과 서송(徐松) 등이 변경지대의 형세에 대해 즐겨 말한 이래 점차 몽골의 역사를 연구하는 흥미가 일어났다. 홍균(洪鈞)의 《원사역문증보》(元史譯文證補)는 중국의 강역 밖에서 재료를 취하는 것을 알려 줌으로써 역사가가 할 일의 범위는 더욱 확대되었고, 세계성을 띠게 되었다. 이 모든 것들이 청대 역사학의 성취이다. 비록 그렇지만 청대 유학자가 역사학계에 공헌한 바는 이것들뿐이니 진실로 역사학계의 불행이 아닐 수 없다.

중국 역사학의 근본이 이처럼 깊고 두터운 만큼 역사 분야의 책들도 놀랄 정도로 많다. 지금 그 규모의 놀라움을 보여 주는 예를 거칠게 꼽아 보면 다음과 같다.

《한서》〈예문지〉 11부 425편
《수서》〈경적지〉 817부 13,264권
《구당서》〈경적지〉 884부 17,946권
《송사》〈예문지〉 2,147부 43,109권
《통지》〈예문략〉 2,301부 37,613권(圖譜 제외)
《문헌통고》〈경적고〉 1,036부 30,051권
《명사》〈예문지〉 1,316부 30,051권(明代人의 저작에 한함)
《사고전서》〈서목〉 2,174부 37,049권(현존 목록 합계)

위의 저술과 목록은 대대로 점차 흩어지고 사라졌다. 예컨대《수서》〈경적지〉는 원래 13,000여 권이었는데 현재 남아 있는 것은 10-20%에 불과하다.《명사》〈예문지〉는 원래 3만여 권이었으나《사고전서》목록에 수록된 것은 10-20%에 불과하다. 현존하는《사고전서》가 수록하지 못한 것과《사고전서》편찬 이후에 출현한 책이 무려 수만 권을 헤아린다. 요컨대 좌구와 사마천 이래 죽간과 비단에 써진 역사 분야 책만 해도 분명히 최소한 10만 권을 넘을 것이다. 그 수준이 어떠한지는 잠시 접어 두고 보면 그 수량의 풍부함은 실로 우리로 하여금 혀를 치켜들게 할 만하다. 이상이 2천 년간 중국 역사학의 경과를 대강 말한 것이다.

제3장 역사의 개조

내 평생 여러 번 나를 곤혹스럽게 하는 일이 하나 있다. 청년학생들이 국사(國史)를 공부하기 위해 어떤 책을 읽으면 좋으냐고 물을 때마다 깊이 오래 생각해 보지만 결국 대답하지 못하곤 했던 일이다. 24사, 《자치통감》, 3통 등의 책을 제외하고 이 질문에 대해 내가 무슨 더 할 말이 있겠는지 한번 생각해 보라. 그러나 백 가지 학문을 두루 연마해야 하는 오늘날의 세계에서 이 엄청난 분량의 고서를 읽는다는 것이 청년 남녀의 일상에서 가능한 일인지에 대해서는 잠시 접어 두기로 하자. 여기서 특별히 꼭 물어야 할 것은 이처럼 막대한 정력을 쏟아 얻을 수 있는 바가 대체 얼마일까 하는 것이다.

우리는 선조들이 이룩한 사업에 대해 알고 싶어 하는데 이들 책에서 그것을 구할 수 있는가 없는가 하는 것을 따지는 것으로 충분하겠는가? 아마도 《수서》, 《당서》, 《명사》 등에 저록된 십수만 권을 다 읽어도 오히려 부족할 것이다. 무릇 그러한 구사(舊史)는 이미 다 읽을 수 없는데다가 다 읽는다 해도 우리가 얻고자 하는 바람을 키울 뿐 실제로 그것을 채워 주지 못하므로 이 둘이 상승작용을 일으켜 읽지 않게 만들 뿐이다. 이와 같이 믿기에 나는 10년이 채 못 되어 중국의 역사학이 학문권 바깥으로 완전히 축출되지 않을까 염려하고 있다. 그리하여 한 나라의 국민들로 하여금 자기 나라 역사에 대한 지식을 갖추지 않아도 된다고 여기게 만들어서는 결코 안 된다고 생각한다. 그렇다면 역사의 개조는 진정으로 급박한 당대의 문제 중 하나가 아닐 수 없다.

나는 일찍이 책을 저술할 때는 반드시 어떤 사람들을 독자로 삼을 것인지를 스스로 물어야 한다고 말했는데 여기서 그 말의 의미를 좀 더 설명하고자 한다. 고대의 역사서가 사람들에게 제공되어 읽혔는지 아닌지는 의문에 속한다. 공자가 각국의 역사를 얻고자 했으나 그것을 구하기는 매우 어려웠음을 보라. 위(魏)나라 역사는 급군의 무덤 속에 묻혀 있었는데, 비록 그것이 전해져 읽히는 것을 금지했다고 감히 말할 수는 없지만 단언컨대 그 목적은 은밀한 곳에 소중히 모셔 두는 데 있었지 공중(公衆)에게 널리 보급하는 데 있지 않았다. 후세의 각 왕조의 역사는 반드시 왕조가 바뀌고 나서야 비로소 공개되었으므로 우리는 오늘날 아직도 읽을 만한 청나라 역사[淸史]를 갖고 있지 못하다. 이는 구사가 거의 비밀성을 띠고 있었음을 보여 주는 증거의 하나이다.

개인이 저술한 역사는 사람들의 읽을거리를 제공하기 위해 지어졌으나 그때 염두에 둔 독자는 각기 다르다. 예컨대 "공자가 《춘추》를 지으니 난신적자(亂臣賊子)가 두려워했다."라는 말에서도 알 수 있듯이 《춘추》는 당시 귀족으로 남의 신하 된 자를 주된 독자로 하였다. 앞에서 내가 이미 말했듯이, 사마광이 《자치통감》을 쓴 주된 목적은 제왕의 읽을거리를 제공하는 데 있었고 부차적인 목적은 대소신료(大小臣僚)들의 읽을거리를 제공하는 데 있었다. 사마천이 《사기》를 쓴 목적은 그 스스로 "명산(名山)에 보관하여 그 마땅한 사람에게 전해 준다."라고 했듯이 후세의 소수 학자들에 제공해 읽히기 위함이었다. 그 밖의 다른 역사서들의 목적도 이와 대략 비슷하며 대개 그 독자는 나라의 녹을 먹는 관료와 옛것을 좋아하고 글 읽기를 전문으로 하는 학인들이었다.

무릇 저자는 독자가 원하는 것을 얻을 수 있도록 하는 효과에 초점을 맞추기 때문에 독자가 다르면 책의 정신과 그 내용 구성도 따라서 달라지는 것은 당연하다. 독자가 관료이면 그 책은 마땅히 전제적인 제왕을 위해 충성스럽고 순종적인 신민을 양성해야 하며, 독자가 전문적 학인이면 그 책은 잡다하고 넓고 깊게 많이 서술하여 독자 스스로 정리하고 해석하도록 기다려도 무방하다. 그러나 이 두 종류의 독자들은 인생의 일용할 음식과도 같은 상식적 역사 사실에 대하여 절실하게 필요로 하지 않는다. 그리고 일반 민중이 자발적으로 추진하는 일들은 오히려 그들이 혐오하고 기피하는 대상이다.

솔직히 말해 구사는 누가 어떠한 체재로 썼든 모두 귀족성을 벗어나지 않았고 그 독자는 모두 소수의 특별계급(관료, 지식계급)에 한정되었다. 그러므로 그 효과 역시 그 책이 기대한 바와 똑같이 국민성의 기형적 발달을 조장하는 것이다. 이것은 2천 년간 중국 역사가가 벗어날 수 없었던 죄악이다. 이러한 종류의 역사는 전대에는 매우 필요한 것이었을지 모른다. 그것이 없었으면 사회의 통합과 균형을 지켜 내지 못해 우리 민족은 일찍이 궤멸되었을 것이기 때문이다. 비록 그렇지만 이런 종류의 필요가 오늘날에 와서는 이미 사라졌고 그것을 보존한다면 오로지 그 해독을 증대시킬 뿐이다. 오늘날에는 오직 개성이 원만하게 발달한 민인(民人)이 자진하여 종족상, 지역상, 직업상의 단결을 이루어 서로 도와야 비로소 세계에서 생존하여 공헌할 수 있다. 역사학은 인류의 이러한 습성을 양성하는 것을 사명으로 삼는다. 오늘날의 역사가는 마땅히 자기 책의 독자가 사마천의 《사기》나 사마광의 《자치통감》을 읽던 독자들과 근본적으로 다르다는 사실을 늘 염두에 두고 충실하고 단정하게 그 기초를 잘 닦아야 한다. 그렇게 하면 거의 천하에 죄를 짓는 게 없다고 말할 수 있다.

그다음, 역사는 죽은 옛사람을 위해 짓는 것인가? 아니면 살아 있는 오늘의 사람 혹은 후대인을 위해서 짓는 것인가? 내가 보기에 이것은 문제가 될 수 없으며 살아 있는 사람을 위해서라고 곧바로 답할 수 있다. 그러나 구사를 지은 역사가들은 전혀 그렇지 않아서 그 90%가 죽은 사람을 위해서 지었다. 사관(史官)이 처음 생긴 것은 고대의 군주가 자신의 성덕대업(盛德大業)을 기록하여 자손에게 보여 주기 위함에서 비롯되었으며 따라서 그 기사는 궁정을 중심으로 하였고 그 취지는 잘못한 것[惡]을 감추고 잘한 것[善]을 찬양하는 데 있었다. 《춘추》가 답습한 노나라 역사[魯史]의 문장을 보면 알 수 있다. 거기에 좋은 역사서[良史]가 있으니[1] 그것은 다름 아닌 잘한 것과 잘못한 것을 모두 갖추어 쓴 것이며 이에 잘한 것을 치켜세우고 잘못한 것을 비판하는 포폄(褒貶)이 역사가의 특권으로 되었다. 그러나 치켜세우든 비판하든 그 입론이 죽은 사람을 대상으로 했다는 점에서는 다르지 않다.

후세에 허영을 장려하는 분장술[塗術]이 갈수록 번성해 묘지(墓志)와 한 집안의 전기[家傳]류의 것들이 헤아릴 수 없이 많아졌는데, 그 목적은 자손들이 이미 죽은 그 조상을 찬양하는 것이지만 최후에는 영광과 오욕이 함께 역사와 결부될 수밖에 없다. 점차 제왕에 이르러서는 이것을 신료(臣僚) 통제의 한 수단으로 삼았다. 명·청 이래 죽은 이의 공적을 칭송하는 의례(儀禮)를 보면, 제왕의 명으로 그 공적을 사관(史館)에 보내 입전(立傳, 특정 인물을 열전의 주인공으로 세움)하는 것을

1 원래 한자 '史'는 기록자를 뜻했다. 따라서 史는 기록을 담당하는 관리, 곧 史官을 지칭하였는데, 이윽고 '史書'를 가리키기도 하는 것으로 그 의미가 확대되었다. 그러므로 '양사'란 필요에 따라 '좋은 사서' 혹은 '좋은 사관'(역사가)을 의미한다. 옮긴이 주.

커다란 은혜와 영광으로 여겼으며 오늘날에도 여전히 그러할 진대 역사의 작용을 미루어 짐작할 만하다. 그러므로 예컨대 위수(魏收)는 아름다운 칭송으로 가득 찬 전기를 돈으로 사서 사람들에게 뽐냈고 원추는 곡필(曲筆)을 사절해 마을 사람들을 거슬렀으니(《北史》〈위수전〉과 《송사》〈원추전〉을 보라) 어질고 어질지 못함은 비록 다르지만 하나같이 모두 죽은 이에 관해 말하는 것을 목표로 삼았다. 후세 사람이 역사의 좋고 나쁨을 평한 것도 대개 죽은 이에 대한 그 책의 태도가 공명(公明)한지 아닌지를 판단의 기준으로 삼았다. 각 사서와 성 · 부 · 현지의 충신, 의사(義士), 절부(節婦), 효자에 대한 기록은 충분한 조사에 의거하지 않은 경우가 많았다. 이런 것들은 모두 죽은 이를 대하는 방식에 의해 규정된 결과이다. 이런 종류의 관념이 국민도덕과 어떤 관계를 갖고 있는지는 다른 문제에 속한다. 역사의 편에 서서 역사를 말한다면 천지간에 한없이 많은 비단을 써서 1천 년 전에 이미 썩은 인골을 위해 그 길이를 재는 것이 무슨 의미를 갖겠는가.

무릇 역사적 사실이란 사람에 의해 만들어지는 것이며 우리는 진실로 사람 바깥에서 역사를 구할 수 없다. 그러나 이른바 "역사적 인격자"는 특별히 그 나름의 의의와 조건을 갖고 있다. 역사가의 임무는 오직 이 "인격자"와 그 주위의 상황 간의 상호 인과관계를 파악해 설명을 가하는 것이다. 과거의 개개인을 놓고 보면, 그의 위치는 한 폭의 그림, 한 동의 건축물과 서로 같다. 그것은 역사가 이용하도록 제공할 수 있을 뿐 역사를 그것이 이용하도록 제공해서는 안 된다는 것 또한 극히 분명하다. 그러므로 살아 있는 사람 중심의 역사로 죽은 사람 중심의 역사를 대신하는 것이야말로 역사학계 개조의 요점 중 하나이다.

그다음, 역사학의 범위를 다시 규정하여 그 범위를 좁히되 그 내용을 확충할 필요가 있다. 학술은 발달할수록 그 분과가 더욱 정밀해지는 법이어서, 가령 전에는 어떤 학문의 부용(附庸)이었던 것이 오늘날에 와서는 무성하게 자라서 독립된 학과로 되는 예가 비일비재하다. 중국의 고대에는 역사학 이외의 학문은 없어서 모든 인류의 지식의 기록을 역사학의 범주에 포함시켰고 그 후 2천 년간의 분화를 거쳐 각 분과학문이 생겨났다. 예컨대 천문, 역법, 관제(官制), 전례(典禮), 음악, 형법 등도 옛날에는 역사의 한 중요부분으로 간주되었으며 그 후 점차 역사로부터 분리되었다. 오늘날 우리가 말하는 구사란 실로 연대기와 인물전기의 두 원소가 합쳐져 만들어진 것이다.

그러나 엄격한 이론에 의거해 따져 보면, 이 두 종류의 원소는 실로 두 개의 작은 전문 분과, 곧 "연대학"과 "계보학"(혹은 "인명사전학")으로 구별되어야 하며, 모두 역사학의 범위 밖에 있다고 볼 수 있다. 그렇다면 앞 장의 끝에서 열거한 수십만 권의 사부서(史部書) 중에는 역사라 부를 만한 것이 하나도 없게 된다. 그렇다면 옛날 역사학의 어마어마하게 큰 영토는 오늘날 점점 와해되어 남김없이 사라져 가는 하나의 늙은 대제국[老大帝國]과 같은 것이 된다. 그러므로 근대의 학자가 역사학은 독립하여 하나의 분과 학문이 될 자격을 갖고 있지 못하다고 주장하는 경우가 있는데, 비록 지나친 면이 있다 하더라도 일리가 있다고 하겠다.

그러나 오늘날의 역사학은 이미 새로운 영토를 획득하였다. 이른바 이 새로운 영토란 실로 옛 영토 위에서 새로운 주권을 행사하는 것이다. 예를 들어 천문에 관해서 보면,《사기》〈천관서〉(天官書)부터《명사》〈천문지〉에 이르기까지 각 역사서가 모두 별자리와 천체 운행의 도수(度數)를 풍부하게 기재하였는데, 이는 천문학의 범위에 속하는 것으로 역사에 포함시켜서는 안 된다. 비록 그렇다 하더라도 다른 방면에서 말하면 중국인이 언제 중성(中星)을 발견했고 언제 치윤(置閏)을 창안했으며, 언제 세차(歲差)를 발견했으며,[2] 항성(恒星)과 행성(行星)의 판별, 개천(蓋天)과 혼천(渾天)의 논쟁, 황도(黃道)와 적도(赤道)의 추산 등등은 모두 중국인이 계속 노력한 결과이며 그 활동상태를 드러내는 것은 역사학의 범위 안에 있는 일이다. 그러므로 천문학은 하나의 일이고 천문학사는 또 하나의 다른 일이다.

다른 예를 들면 음악의 경우 각 사서는 율력지(律曆志)와 악서(樂書)·악지(樂志)를 두어 5성(聲) 12율(律)의 도수, 그리고 제례악과 군악(軍樂)의 곡 및 가사를 상세히 서술하였는데 이는 마땅히 여러 음악가의 전문 연구에 맡겨야 하는 것들이다. 한-진(晋) 간의 옛 아악(雅樂)이 어렵게 전수되었고 어떻게 폐절되었는지, 6조시기 남부의 이악(俚樂)이 어렵게 흥기하였는지, 수-당 시기 강호(羌胡, 강족에 대한 멸칭)의 악보와 악기가 어떻게 유입되었으며 어디에서 유래하였는지, 원-명시기의 근대적 연극음악[劇曲]은 어떻게 발전했는지, 이런 것들은 진실로 역사범위 안에 드는 일들이다. 그러므로 음악학은 하나의 일이고 음악사는 또 다른 하나의 일이다.

그 밖의 백 가지 분과도 미루어 생각해 보면 그렇지 않은 것이 없다. 중국 철학의 원리와 그 구조를 연구하는 것은 철학가의 할 일이다. 철학사상의 연원과 그 상호영향, 시대에 따른 변천 그리고 그것이 만들어 낸 결과를 서술하는 것은 역사가의 할 일이다. 중국의 약제(藥劑)와 치료를 연구하는 것은 의사가 할 일이다. 각 시대 의학의 발생과 진보를 서술하는 것은 역사가가 할 일이다. 전쟁에 관해

---

2 中星은 하늘의 사방에 분포하며 일정한 궤도를 따라 도는 28수(宿)의 별들 중, 순서대로 매월 中天의 남쪽(정남향)에 자리하는 별을 가리킨다. 이 별을 관찰함으로써 四時를 확정한다. 중성은 《書經》〈堯典〉에 처음 등장한다. 置閏은 중국의 전통 역법에서 음력과 태양의 운행주기 간의 차이(음력의 한 달은 29.53일이어서 양력에 비해 매년 11일이 적음)를 조절하기 위해 윤일과 윤달을 설정한 것을 말한다. 歲差는 천문학에서 천체의 자전축이 중력의 작용을 받아 공간적으로 완만하면서도 장시간에 걸쳐 그 가리키는 방향을 달리하여 25,800년을 주기로 원추 모양을 그리는 현상을 말한다. 이를 서방에서는 그리스의 히파르코스가, 동방에서는 중국의 虞喜가 발견했다고 한다. 옮긴이 주.

지형, 요새, 전술, 진퇴를 연구하여 그 승패의 원인을 고찰하는 것은 군사전략가의 할 일이다. 고금의 전쟁을 종합하여 무기와 전술의 개량 및 진보를 살리고 중대한 여러 전쟁에 대하여 그 원인을 탐구하고 그 사회적 영향을 추론하는 것은 역사가의 할 일이다. 각 열전 중에 각 인물의 적관(籍貫), 사제관계, 전통 등을 기술하는 것은 족보연구자가 할 일이다. 그들의 아름다운 언행을 주워 모아서 모범으로 삼도록 하는 것은 교육자가 할 일이다. 한 시대 대다수 사람의 활동의 전반적 추세와 그 시대 대표인물의 사업동기 및 그 방향을 살피는 것은 역사가의 할 일이다.

이로부터 말하면 향후 역사가는 한편으로는 그 옛 영토를 하나하나 각 전문분과의 학문으로 나눠 귀속시킴으로써 자치적 발전을 이루어 그 각각의 권한이 침해받지 않도록 해야 한다. 다른 한편으로는 역사가는 총신경계(總神經系), 총정부(總政府)로 자처하여 각 분과학문의 활동상을 모두 섭취해 논해야 한다. 반면 아주 오래전부터 구사의 범위에 들지 않았던 사항들, 예컨대 내가 앞 장에서 열거한 수·당의 불교와 원·명의 소설 등은 모두 포함시켜 우리의 영역을 확대해야지 이를 양보해서는 안 된다. 구사란 다만 이런 구별에 어두워 흔히 각 전문분과의 경계를 침범하여 기술하였으되 그 각 학문에 대해서는 끝내 소상히 말하지 못했고 역사라고 서술한 문장은 너무 중복되고 번잡하여 읽혀질 수 없었다. 그뿐만 아니라 이런 식으로 역사 이외의 기술에 매달려서 본래 역사학의 범위 안에서 마땅히 짊어져야 할 책무를 망각함으로써 학인들로 하여금 만 권의 책을 읽어도 얻고자 하는 지식을 얻을 수 없게 만들었다. 오늘날 역사를 연구하는 사람들이 우선 이 점을 분명히 한다면 역사의 바깥에서 쓰는 정력을 줄이고 이를 역사의 범위 안에서 잘 활용할 수 있을 것이다.

그다음에, 우리가 오늘날 간절하게 바라는 것은 하나의 객관성을

떤 역사를 얻는 데 있다.[3] 중국인은 어떤 종류의 학문을 하든 모두 주관적 작용을 포함하고 있으며 다른 목적을 섞어 넣음으로써 순수한 객관적 연구가 되기를 결코 원하지 않는다. 가령 문학을 예로 들면, 유럽인은 그리스 이래 "문학을 위해 문학을 한다."라는 관념을 갖고 있었다. 중국은 그렇지 않아서 반드시 글을 통해 도(道)를 보여 주고자 했다[因文見道]. 도가 목적이고 문학은 그 수단인 것이다. "정성이 없으면 아무것도 이룰 수 없다."[不誠無物]라는 이치대로 그 결과는 도와 문학 양쪽 모두 그르쳐서 해를 입게 되었다. 역사학 역시 그러하며, 줄곧 역사를 위해 역사를 하려 하지 않고 반드시 "명도(明道, 도를 밝힘)나 "경세(經世, 세상을 다스림) 같은 한층 더 높고 아름다운 목적을 헛되이 내걸고 일체의 역사사실은 그 목적을 위해 제공되는 한 번 쓰고 버려지는 물건일 뿐이다. 그 결과 역사를 강박하여 자신의 필요에 짜 맞추게 되니 역사가의 신뢰가 땅에 떨어졌다.

이런 악습은 공자에서 시작되어 2천 년간 그 해독을 뿌려 왔다. 공자가 지은 《춘추》는 오늘날 가장 오래된 역사서이다. 송의 유학자들은 그것을 가리켜 "포폄을 함축하여 선과 악을 구별한다."라고 말했고, 한의 유학자들은 그것을 가리켜 "간결한 말 속에 큰 뜻을 담아[微言大義] 어지러움을 평정하고 질서를 회복한다."라고 말하였다. 두 견해 중 어느 쪽이 옳은지는 잠시 접어 두기로 하자. 요컨대 공자가 《춘추》를 지은 데에는 특별한 목적이 있었으니 거기에 기록한 역사적 사실은 단지 수단에 불과하다. 이는 의심할 여지가 없다. 그렇기 때문

3 2장에서는 관찬/합찬 사서와 사찬 사서를 비교하면서 개성, 곧 자신의 견해가 담긴 후자가 바람직하다고 강조하였으나, 여기서는 도덕주의적 포폄을 억누르고 최대한 객관성을 확보해야 한다고 강조하였다. 언뜻 보아 모순되는 듯 한 이 두 과제는 충분한 실증 위에서 해석을 가하되 과장과 무단을 배제할 때 비로소 양립할 수 있다. 연구자가 둘 사이에서 지적 긴장을 견지하기 위해서는 보론의 史德과 史識이 필수적으로 요청된다. 옮긴이 주.

에《춘추》가 다른 면에서 볼 때 어떤 가치를 갖는가 하는 것은 별개의 문제에 속하지만, 만약 역사를 쓰고 그것을 본받는다는 면에서 보면 어긋남이 매우 크다고 아니할 수 없다.

예를 들면, 240년 동안 노나라 군주 중 시해당한 자가 네 명(隱公, 閔公, 子般, 子惡)이고 쫓겨난 자가 한 명(昭公)이며 밖에서 살해된 자가 한 명(桓公)이나 되지만,《춘추》는 이에 관해 언급하지 않았다. 공자의 제자들은 "노나라의 임금과 신하가 서로 죽인 적은 없다."(《禮記》〈明堂位〉)라고 말한다. 또 예컨대 북방오랑캐[狄]가 위(衛)나라를 멸망시킨 것이 얼마나 큰일인데, 제나라 환공의 수치를 덮으려고 빼 버리고 서술하지 않았다(閔二年《谷梁傳》狄滅衛條 이하를 보라). 진(晋)나라 제후가 주나라 천자를 불러서 접견한 것이 얼마나 큰 변고인데, 진 문공의 악행이 폭로되지 않도록 하기 위해 서술하기는 하였으되 그 문장표현을 바꾸었다(僖28年《左傳》및《公羊傳》天王狩于河陽條 이하를 보라). 이러한 사례들은 모두 "가까운 사람을 어질게 보이도록 하기 위해 기피한다."[爲親賢諱]는 하나의 주관적 목적을 갖고서 거리낌 없이 사실을 뒤집어 이용한 것이다. 또한《춘추》는 기(杞)의 백희(伯姬)에 관한 일을[4] 앞뒤로 10여 조에 걸쳐 서술했는데 그 분량이 1만 7천 자 가까이 된다. 한 명의 부인을 위해 어찌 이렇게 많은 지면을 할애할 수 있는가를 살펴보면, 이렇게 해서 정절(貞節)을 장려하기 위함일 따름이다. 기타 기재의 부실함과 누락되고 고르지 못함은 이루 다 헤아릴 수 없다.

그러므로 한나라 때 금문경(今文經) 전문가들은《춘추》를 일러 경

4 백희는 춘추시대 노나라 왕족 宣公의 딸인데, 송의 公共에게 출가한 지 10년 만에 公共이 사망했다. 그 후 어느 날 밤 궁에 불이 나서 궁인들이 그녀를 대피시키려 하자 부녀자가 밤중에 집 밖으로 나가는 것은 부인의 도리가 아니라면서 義를 버리고 살길을 찾는 것은 의를 지켜 죽는 것만 못하다고 말하고 불에 타 죽었다고 한다. 백희는 禮教를 지키다 焚死한 것으로 칭송되었다. 杞백희는 紀백희, 宋백희로도 불린다. 옮긴이 주.

(經)이지 역사가 아니라 했으니 우리는 그 말을 믿고 따르지 않을 수 없다. 만일 《춘추》가 역사서라면 왕안석이 비난한 단란조보(斷爛朝報, 조각나고 낡아 문드러진 조정의 기록)와 같을 뿐만 아니라 그 추악함이 위수(魏收)보다 더할 것이다. 돌이켜보건대 가장 이해하기 어려운 것은 공노인(孔叟, 공자를 깎아내려 부른 호칭)은 이미 수많은 미언대의를 갖고 있어서 따로 책 한 권을 지어도 상관없었을 터인데 왜 하필 역사상의 사실을 어지럽혀서 후세 사람을 현혹하고 그에 따라 그 대의마저 모호하게 만들어 버렸는가 하는 점이다. 그 후 이는 진부하게 답습되어 공자를 떠받들고 본받으려 함이 독실할수록 그 해독은 더욱 심해져서 오늘날 우리가 항상 말하는 "(무턱대고) 책을 믿는 것은 책이 없는 것만 못하다"(맹자)는 한탄에 이르게 되었다. 구양수의 《신오대사》와 주희의 《통감강목》이 그 대표적인 예이다. 이와 관련해 정초는 다음과 같이 말했다. "역사서는 본래 해당 사건을 상세히 서술하는 것이어서 선과 악이 이미 분명하므로 따로 좋은 점을 칭찬하고 나쁜 점을 풍자할 필요가 없습니다. 소하(蘇何)와 조참(曹參)의 일처리를[5] 읽으면 어찌 그 충성스럽고 현량함을 모르겠습니까? 왕망(王莽)과 동탁(董卓)의 행위를[6] 보면 어찌 그 흉포하고 도리에 어긋남을 모르겠습니까? 사서편찬의 직책을 맡은 사람이 전장제도(典章制度)에 유의해야 함을 모르고 헛되이 말[言語]에 대해서만 숭상한 것입니다. 이는 마치 한 집안의 안주인이 밥 짓는 일은 돌보지 않고 오로지 수다만 떠는 것과 같

5 한 고조 유방의 재상 소하가 만든 법규를 그의 사후 조참이 그대로 계승한 것을 말한다. 옮긴이 주.

6 왕망은 전한 말기의 정치가로 38세에 재상에 해당하는 대사마가 되었으나, 자신의 딸을 平帝의 황후로 들여보낸 후 평제를 독살하는 등 권모술수로 신왕조(A.D. 8-24)를 세웠다. 동탁은 후한의 정치가이자 장군으로, 난을 일으켜 少帝를 폐위하고 獻帝를 옹립하여 수도를 낙양에서 장안으로 천도했는데 공포정치로 후한의 멸망을 재촉하였다. 옮긴이 주.

습니다."(《通志》總序) 이는 정말로 통절한 지적이 아닐 수 없다.

무릇 역사의 성질은 그 밖의 학문과 달라서 순수하게 객관적 역사를 쓰려고 할 때 실제로 해낼 수 있는지 없는지 나는 아직 감히 말하지 못하겠다. 비록 그렇지만 우리는 역사학이란 본래 객관적 역사를 목표로 스스로 부지런히 노력하지 않으면 안 된다는 뜻을 갖고 있다. 감공형평(鑑空衡平, 거울처럼 투명하고 저울대처럼 공평함)의 태도를 가지고 극히 충실하게 사료를 수집하여 극히 성실하게 그것을 논술함으로써 마치 그 본래의 모습과 같게 재현하도록 힘써야 한다. 그린넬(George B. Grinnell, 1849-1938, 미국의 인류학자)이 말한 바 "나를 그렸으면 반드시 나여야 한다."와 같아야 한다. 또 의사가 수술을 하면서 휙휙 칼질을 하되 측은지심을 갖고 환자의 속마음을 어지럽게 해서는 안 되는 것과 같다. 자기민족에 대해 지나치게 찬미하는 말을 즐겨 쓰는 것도 마땅히 힘써 경계해야 한다. 좋은 역사[良史]란 본래 국민의 자각을 촉진하는 것이지만 진정으로 자각한 사람은 결코 스스로 기만하지 않으며 스스로 깨달아 남을 각성시키고자 하는 사람은 더욱 서로 속여서는 안 된다. 그러므로 나는 이후 역사를 쓰는 사람은 가능한 범위 안에서 자신의 주관을 억누르고 객관에 충실하여 역사를 목적으로 삼아야지 수단으로 삼아서는 안 된다고 생각한다. 무릇 그러한 후에 비로소 역사에 대한 믿음이 생기고 역사에 대한 믿음이 있어야 비로소 좋은 역사가 있는 것이다.

그다음, 나는 전에 인류의 활동상에 대해 말하면서 그 정태(情態, 활동의 현재상)를 중시한 바 있다. 무릇 본체[體]를 그리기는 쉬워도 상태[態]를 묘사하기는 실로 어렵다. 시간 면에서 논하면, 상태란 이미 지나가서 머물지 않는다. 뒤 찰나의 상태가 막 나타나면 앞 찰나의 상태는 이미 사라진다. 공간 면에서 논하면 모든 사람은 하나의 상태를 만드는데 그것은 전신의 심리와 생리의 각 부분이 협동하여 동작한 결과이며 또한 환경과도 관련되어 있다. 만약 국부적으로 관찰하여 그 일면만 보고 나머지를 간과한다면 진정한 상태는 끝내 볼 수 없다. 시험 삼아 임의로 한 사람을 골라 하루 동안 그의 상태를 묘사해 보면 그 어려움이 매우 심하다는 것을 깨닫게 될 것이다. 하물며 역사란 천년만년 동안 수많은 사람들의 삶과 죽음이 서로 이어지면서 쌓인 것인 만큼 끊임없이 계속된 그 전체 협동동작을 보려고 하면 이것이 어찌 용이하다고 말할 수 있겠는가?

역사적 사실이란 명상으로부터 근거 없이 구성되는 것이 아니므로 구사(舊史)에서 도움을 받을 수밖에 없다. 그러나 구사가 우리에게 도움을 줄 수 있는 바는 마치 어린이가 남겨진 헌 교과서를 사용하는 것과 같다. 그것은 원래 편집이 부정확해서 문자상의 착오와 탈락이 페이지마다 가득할 뿐 아니라 한 페이지가 통째로 빠졌거나 여러 줄[行]이 빠진 곳이 한둘이 아니며 기름과 잉크가 배어 온전히 남은 글자는 몇 개 되지 않는다. 구사는 다만 토막 난 영화필름 같아서 몇 토막이 이미 사라져서 앞뒤가 서로 이어지지 않고 남은 것들도 군데군데 빠진 채여서 모호하고 분간하기 매우 어렵다. 일찍이 고염무(顧炎武)는 춘추·전국 두 시대 풍속의 급격한 변천에 대해 논하면서 중간의 133년간 관련 역사문헌이 빠지고 사라진 것을 탄식한 바 있다(《日知錄》 卷13). 역사문헌이 빠지고 사라진 것은 비록 133년 동안의 것일 뿐이지만 역사적 사실이 인멸된 것은 그 수량을 어찌 다 헤아릴 수 있겠는가? 모든 역사적 사실은 대부분 구사에 의지해 얻고 전한다. 그러나 구사를 전술한 목적은 우리가 오늘날 필요로 하는 것과 대부분 서로 상응하지 않는다.

우리가 극히 중요하다고 여기는 사료 중 구사에 의해 버려지고 마침내 영원히 인멸된 것이 얼마인지 알 수 없다. 만일 오늘 우리가 불타서 폐허가 된 성과 궁전을 연구하고자 한다면 기왓장과 자갈 무더기 속에서 끊어진 서까래와 깨진 벽돌을 수집하여 이쪽 것을 빼다가 저쪽을 보충하는 식으로 그 본래의 구조가 어떠한지 추측한다. 이런 종류의 일은 지극히 어렵고 겨우 일부분에 대해서만 성공할 가능성이 있을 뿐 또 다른 일부분에 대해서는 성공할 가능성이 없다. 이처럼 훼손되고 빠진 부분만 그러한 것이 아니라 줄곧 완전무결하게 갖추어진 것으로 인정된 사료, 예컨대 정사(正史)도 과학적 안목을 가지고 엄밀하게 조사해 보면 그중에 잘못되고 거짓된 것이 얼마인지 알 수 없다. 오늘날 우리는 이러한 역사적 사실에 대해서 거의 대부분 새롭게 평가할 필요가 있다. 그렇지 않으면 우리의 역사는 헛된 환상의 기초 위에서는 꼴이 되어 모든 탐구와 추론이 헛된 일이 될 것이다. 이런 종류의 일은 그 어려움이 전과 같이 많지만 소득은 더욱 미미할 수 있다.

이상 말한 두 가지의 수고스런 일을 찾아내어 보충하는 것이 하나의 일이고 고증하는 것이 다른 하나의 일인데 모두 극히 비경제적이며 노력에 비해 소득이 적다. 비록 그렇지만 최근 100년 동안 유럽 역사학이 혁신을 이룩한 까닭은 순전히 이러한 수고스런 일로부터 물꼬를 튼 덕분임을 알아야 한다. 우리 중국사도 진실로 이와 같은 한바탕의 수고스런 세련과정을 거치지 않고서는 완전한 역사의 저술을 기대할 수 없을 것이다. 지금 오직 그런 사람이 있어 손발에 못이 박히도록 밭을 갈아야 비로소 후세 사람이 수확하는 것을 기대할 수 있다. 일부 사람이 막대한 노력과 비용을 대가로 지불해야 비로소 다른 사람들의 노력과 비용이 절약될 수 있는 법이니 이는 오늘날 우리가 마땅히 해야 하는 각오이다. 이 같은 두 종류의 수고스런 일을 시작하는 방법에 대해서는 제5장에서 집중적으로 다루었으니 여기서는 중복하여 말하지 않겠다.

그다음, 고대의 저술은 대부분 짧은 단어와 간단한 구절로 이루어져 서로 연속되지 않는다. 마치 하등동물이 마디마디 분절되어 그 각각이 따로 움직이는 몸체인 것 같다. 이는 본래 당시의 문자가 써서 전달하기 곤란했기에 그럴 수밖에 없었기 때문이며 혹은 사상이 단순하고 조직적이지 못했음을 증명하는 것이기도 하다. 이런 예는 고서 중에서 흔히 보이는데, 가령《노자》,《논어》,《역전》(易傳),《묵경》등이 모두 그러하다. 역사서 중에서는《춘추》,《세본》,《죽서기년》등이 모두 그런 예에 속한다.

그 후《좌전》과《사기》등이 비로소 항상 장편의 기술로 내용을 채우고 각 편 안에 수미일관하게 서술함으로써 예전에 비해 크게 진보하였다. 그러나 이러한 경우에도 그 책 전체를 논하면 백수십 편의 글을 모아서 한 질(帙)로 엮은 것에 불과하다.《한서》이래의 각 역사서가《사기》를 본받고,《한서》와《통감》이《좌전》을 본받아 한 사람을 시작과 끝으로 삼거나 아니면 한 사건을 시작과 끝으로 삼아 서술하였다. 요컨대 역사적 사실을 종횡으로 절단하는 것을 면치 못한 것이다. 기사본말체가 이런 폐단을 다소 바로잡았으나 역시 한 사건을 시작과 끝으로 삼아서 사건과 사건 사이의 연관을 드러내지 못하였다. 그리고 사회활동의 상태란 원래 단지 제각각의 큰 사건 몇 개에 있는 것이 아니어서 설사 사건을 극히 정밀하게 잘 기술하더라도 이는 마치 살을 얻고 피를 놓치며 뼈를 얻고 골수를 놓치는 것과 같다. 일찍이 내가 역사란 과거 인류활동의 재현이라고 말하지 않았던가? 무릇 활동하고 지나가면 동물은 오래전에 이미 소멸한다. 그러니 어떻게 그것을 재현할 수 있겠는가 하면 극히 정교한 기술(技術)이 아니고는 해낼 수 없다.

그러므로 진실로 역사란 영화 필름과 같아서 그 본질은 수많은 사진으로서 인물은 사실에 가깝고 배경은 완전하며 앞의 사진과 뒤의 사진이 서로 긴밀하게 이어져서 하나의 축(軸)을 이루어야 하며 그런 후에야 비로소 전기불빛을 쏘아 돌리면 그 활동 상태[活態]가 나타나는 것이다. 낱낱의 사진을 버리고서는 축을 얻을 수 없다. 그러나 축이란 것은 스스로 하나의 조직적인 개체를 이루며 낱장의 사진은 그 구성분자에 불과하다. 만약 임의로 몇 장의 사진을 뽑아내면 그 상호간의 동영상[動相]은 완전히 사라져 버리고 멍청한 모양의 그림자만 비추게 되니 관람자는 곧 일어나 가버릴 것이다. 역사도 그와 같아서 인류의 활동 상태는 그 성격상 하나의 전체이며 하나의 세트이며 생명과 기능을 가진 것이며 방향을 가진 것이므로, 사실의 서술과 고증은 역사의 몸통을 세우지 않고서는 역사의 신묘한 이치를 다할 수 없다.

역사를 잘하는 사람은 사실을 다룰 때 횡적 방법으로 그 배경과 교광(交光, 엇갈리며 교차하는 빛)에 가장 주의하고, 그럼으로써 이 사실과 저 사실의 관계를 분명히 하여 하나의 전체가 부서진 낱개의 사건으로 변하지 않도록 한다. 그리고 종적 방법으로 그 원인과 결과에 가장 주의하여 앞 사실과 뒤 사실의 관계를 분명히 하여 하나의 세트가 끊어져 분리되지 않도록 한다. 그러므로 단지 서술로써 일을 끝내서는 안 된다. 반드시 설명이 있고 추론이 있어야 한다. 서술할 사항이 비록 천차만별이라도 그 각각은 연결고리를 갖고 있으며, 책의 분량이 비록 수백만 자일지라도 급소와 맥락을 짚은 것이어서 마치 잘 짜인 간결하고 명쾌한 짧은 글[短札]과 같다. 무릇 이와 같다면 거의 오늘의 역사학이라 할 수 있다. 애석하게도 중국의 옛 역사학계에서 이를 찾아보았지만 찾을 수 없었고 서양의 근대 저작 중에도 역시 흔치 않다.

오늘날 필요로 하는 역사는 전문사와 보편사의 두 부류로 나누어야 한다. 전문사는 법제사, 문학사, 철학사, 미술사 같은 것들이고 보편사는 일반의 문화사이다. 전문사를 연구하는 사람은 역사학의 소양을 가져야 할 뿐만 아니라 각 해당 분과학문의 소양도 갖고 있어야 한다. 각 분과학문을 연구하는 사람도 역시 다음과 같은 두 가지 각오를 해야 한다. 첫째, 어떤 종류의 문명이든 인류의 문명을 탐구할 때는 반드시 그 뿌리를 역사에서 구해야 한다. 한 분과의 전문학문을 연구하되 그 역사적 발전의 과정을 깊이 살피지 않으면 이는 시간관계를 전혀 무시하는 것으로서 이 학문의 계통을 끝내 명료하게 세울 수 없다. 둘째, 오늘날 중국학계는 이미 "역사의 기아"[歷史飢餓]상태에 빠져 있으며 우리가 이를 하루빨리 구제해야 함을 알아야 한다. 역사상 각 부분의 진상이 아직 밝혀지지 않아서 전체의 진상도 끝내 보이지 않는다. 각 부분의 진상을 밝히려면 분업의 방법으로 그 속에 깊이 파고들어 가지 않으면 안 된다. 이것은 결코 일반 역사가가 해낼 수 있는 바가 아니며 반드시 각 분과학문의 전문가들이 책임을 분담해야 비로소 이루어 낼 수 있으니 이것이 전문사의 전도에 대한 우리의 희망이다.

전문사가 다수 성립하면 보편사가 비교적 용이하게 힘을 쓸 수 있으며 이는 당연한 이치다. 비록 그렇지만 보편사가 곧 전문사의 집합으로 이뤄지는 것은 결코 아니다. 보편사를 하는 사람은 반드시 일종의 통식(通識)을 따로 갖추어서 각 전문사항을 넘어서 그것들 사이를 꿰뚫어야 한다. 그런 후에야 비로소 이 부분과 저 부분의 관계가 보이고 전체의 문화가 비로소 온전히 이해될 수 있다. 그러므로 이런 종류의 일은 마땅히 각종 분과학문과 그 범위를 달리하며 역사학 전문가가 그것을 떠맡지 않으면 안 된다. 일찍이 유지기 이래 만사동에 이르는 많은 학자들이 모두 여러 사람에 의한 역사편찬의 폐단을 신랄히 비판하고, 정초와 장학성이 뜻을 세우고 분발하여 "독창적 견해를 세우는 것"[成一家之言]을 목표로 삼은 것 등이 모두 그러하다.

비록 그렇지만 극히 복잡한 오늘의 사회를 살면서 한 사람의 열정에 기대어 국민에게 보통의 역사지식을 제공하려 한다면, 그 재주가 좌구와 사마천의 열 배이고 그 식견이 정초와 장학성의 백 배라도 그 일은 끝내 이루지 못할 것이다. 그렇다면 어떻게 해야 하는가? 역사학에 흥미를 가진 학자들을 연합하여 각자 자신의 성격상 좋아하는 바와 능력상 미치는 바에 따라 부분적인 정밀한 연구를 진행하되, 함께 추구하는 하나의 목적과 함께 사용하는 하나의 방법을 내걸고 분담하여 진행한 후 합쳐서 이루어 내는 길밖에 없다. 이렇게 하면 몇 년 후에 우리가 바라는 이상적인 새로운 역사가 출현할 수 있을 것이다. "이것은 학문이 미숙한 나 혼자 할 수 있는 일이 아니다"(《明儒學案》〈發凡〉)라고 한 황종희의 말이 아름답다.

제4장 사료의 종류와 출처

현학(玄學, 위진시대의 사상사조로서 노장과 주역에 대한 탐구)을 연구하는 사람과 신학(神學)을 연구하는 사람은 자료를 필요로 하지 않을지 모른다. 그가 힘쓰는 것은 명상이나 직각(直覺, 보거나 듣는 즉시 깨달음) 혹은 신앙에 있는 만큼 객관적으로 공인된 사실을 중시할 필요가 없기 때문이다. 이와 달리 과학을 연구하는 사람은 자연과학이든 사회과학이든 막론하고 객관적으로 얻은 자료를 그 연구대상으로 삼는다. 그 자료가 간단하고 고정된 경우일수록 그 분과학문의 성립은 더욱 용이하며 그 반대일수록 더욱 어렵다.

천문학이 연구하는 대상은 우리와의 거리가 가장 멀다고 할 수 있으나, 그 학문의 성립은 과학 중 가장 이르며 이미 결정된 문제가 가장 많다. 왜 그런가? 그 대상이 간단할 뿐만 아니라 우리의 사소하고 짧은 생명을 그것과 비교해 보면 그것은 거의 항구적으로 존재하며 망가지지 않는다는 점을 꼽을 수 있다. 이런 학문을 하는 사람은 자료가 걸리거나 누락될 것이 없고 자료가 흩어져 사라질 염려가 없으므로 성공할 가능성이 가장 높다. 지질학과 지문학(地文學, 산천과 구릉 등 대지의 온갖 모양을 연구하는 지형학)의 경우 그 자료는 비교적 복잡하지만 상대적으로 고정된 성질을 띠고 있어서 연구하기가 비교적 용이하다. 생물학의 경우 그 연구 대상은 무성하게 변하는 모습이 더욱 심해서 자료의 선택과 보존이 점차 어려워진다. 심리학의 경우 그 자료가 얼마든지 손쉽게 얻을 수 있어서 흩어져 사라지는가 아닌가의 문제는 없지만, 가리킬 수 있는 구체적 물상이 없고 또 그 모양이 잠시만 늦춰도 없어지기 때문에 극히 예민한 관찰력을 갖고 있지 않으면 포착할 수 없어서 학자들은 이를 어렵다고 여긴다.

역사학이 지금에 이르기까지 하나의 과학으로 완성되지 못한 까닭은 모두 그 자료를 구하는 방법이 다른 학문에 비해 유달리 어렵기 때문이다. 사료는 역사의 조직세포여서, 사료가 갖춰지지 않거나 부정확하면 그 위에서 말할 수 있는 역사란 없다. 사료란 무엇인가? 과거 인류가 생각하고 행동하여 남긴 흔적 중 증거를 갖고 오늘에 전해져 남아 있는 것이다. 사상과 행동이 남긴 흔적이란 본래 많지 않고 남겨진 흔적 또한 반드시 사료적 가치를 갖는 게 아니다. 가치 있고 흔적을 남긴 것은 또 그만큼 상실되기도 쉽다. 반드시 증거를 갖고 있어야 비로소 사료의 자격을 갖추는 것이다. 증거가 일단 사라지면 사료도 그에 따라 인멸된다.

사료가 흩어지고 사라지는[散失] 경로는 매우 다양하다. 우선 의도적으로 은닉되는 경우가 있으니 청조가 실록을 스스로 고친 것이 그런 예이다(제5장에서 상세히 다루었다). 또는 의도적으로 유린되는 경우가 있으니 진나라가 열국의 사기를 불태운 것이 그런 예이다. 또는 하나의 새로운 저작이 나오고 나서 그것이 의거한 구 자료를 즉시 없애는 경우이니 당이 《진서》를 편찬하고서 구사 18가(家)를 모두 폐기한 것이 그런 예이다. 또는 재난을 당하여 대부분의 역사문헌이 모두 파묻히는 경우이니 수나라 우홍(牛弘)이 말한 바 "책에는 다섯 가지 재앙이 있다."라고 한 것이 그런 예이다.[1] 또는 하나뿐인 책과 하나뿐인 증거는 사람들 사이에 흩어져 있어서 우연한 부주의로 인해 곧장 산실되는데, 이런 예는 극히 많아서 정확하게 다 열거할 수 없다.

요컨대 예부터 오늘에 전해진 사료는 거의 강 물결이 모래를 씻는 것과 같이 도도하게 대를 거듭하며 사라져 간다. 다행히 오늘에 이르기까지 남아 있는 것은 우리가 필요로 하는 것의 1/100도 채 안 된다. 또 그렇게 요행히 남겨진 것은 각종 유기(遺器)나 유적(遺籍) 속에 흩어져 있어 마치 용을 그릴 때 동쪽에 비늘 하나 그리고 서쪽에 발톱 하나 그려 용의 몸통이 보이지 않는 것과 같아서 찾아내기 어렵다. 그러므로 우연히 한두 개를 찾아낸다 해도 하나뿐인 증거로는 역사적 사실에 관한 주장을 세우기에 부족하므로 그런 것들을 최대한 많이 모아서 비교해 보지 않으면 안 된다. 그럴 경우 막대한 노력을 들이고도 얻는 게 없을 수 있다. 공인된 사료는 흔히 잘못되거나 위조된 것일 수 있어 특별한 판단과 검정을 거치지 않고서 함부로 인용해서는 안 된다. 또한 역사학은 그 포괄하는 범위가 너무 넓은 데다가 연구자의 관찰 지점이 각기 달라서, 비록 극히 우량한 현존 사료가 있다 해도 진실로 그것을 구하고자 하는 사람은 손에 넣지 못하고, 가까이서 늘 보는 사람은 보고도 못 본 듯이 지나친다. 이상의 여러 원인을 종합해 보면 역사학은 다른 분과학문들에 비해 자료의 수집과 선택 면에서 가장 수고스럽고 가장 어렵다. 역사학의 성취가 유달리 늦은 것은 이 때문이다.

시대가 지금으로부터 멀수록 사료의 유실은 더욱 많고 믿을 만한 것이 더욱 적다는 것은 누구나 인정하는 상식이다. 비록 그렇지만 가까운 시대라고 해서 꼭 사료가 많다고 말할 수는 없으며 가까운 시

---

1 우홍은 수나라의 당안자료 보관기구 책임자(비서감)이다. 그는 서적이 유실된 5대 재앙으로 진시황의 분서, 서한 말 赤眉의 난, 후한 말 董卓의 난, 서진 말 劉淵과 石勒의 난, 梁元帝의 분서 등을 꼽았다. 옮긴이 주.

대의 사료일수록 더 진실에 가깝다고 말할 수도 없다. 예컨대 중일갑오전역(中日甲午戰役, 청일전쟁)은 지금부터 30년 전의 일이지만 우리가 만족할 만한 하나의 사료를 얻고자 기록된 것 중에서 찾아도 얻을 수 없고 나이 많은 경험자의 진술에서 찾아도 얻을 수 없다. 역사를 쓰는 사람이 상세하고 확실하며 철저한 서술을 하고자 하면《통감》중의 적벽(赤壁)·비수(淝水) 두 대전[2]의 비교와 같이 쉬운 일이 결코 아니다. 또 다른 예로, 20년 전만 해도 "제전"(制錢)이 유일한 법정화폐였고 "산시표호(山西票號)가 전국의 금융을 장악하고 있었으나[3] 지금은 이 두 명사가 우리의 기억선 바깥으로 달아나 버려 그 자취를 말해 줄 수 있는 사람은 이 많은 중국인 중에도 만나기 힘들 것이다. 한두 가지 사례가 이와 같다면 다른 사례도 모두 그러할 것이다. 현대의 사례가 이와 같다면 오래전의 일들은 더욱 말할 필요가 없을 터이다.

공자가 이르기를 (기(杞)와 송(宋)의 예를) "밝힐 수 없는 것은 문헌이 부족하기 때문이니, 충분하다면 능히 밝힐 수 있다."(《논어》)라고 하였다. 역사학을 전공하지 않은 사람은 문헌의 귀중함과 문헌 산실의 아픔을 알지 못한다. 지금부터 약 70년 전 미국인 밴크로프트(H.H. Bancroft)가《캘리포니아주지》를 저술하려고 필생의 힘을 들이고 극히 많은 재산을 쏟아 부으면서 일체의 관련 사료를 수집하여 완전을 기하겠다고 맹세한 후 일에 착수하였다. 관청의 공문서부터 각 기업과 가

2 적벽대전은 동한 말년인 208년 적벽(후베이성 赤壁市)에서, 손권·유비 연합군이 조조의 군대를 대파하여 3국 정립의 전기를 마련한 전쟁이다. 비수대전은 남북조시대인 383년 비수(안후이성 壽縣 동남쪽)에서, 符堅이 이끄는 북조 前秦이 謝玄을 수장으로 한 남조 東晋을 공격했으나 대패한 전쟁이다. 둘 다 수적으로 현격한 열세인 군대가 우세한 군대를 대파한 공통점을 갖는다. 옮긴이 주.

3 제전은 명청대 국가가 제작한 동전이다. 표호는 청대에 환업무를 담당한 금융기관의 일종으로, 산시표호는 당시의 대표적인 원거리 상인인 산시상인(晉商)이 전국적 지점망을 갖고 환업무를 수행한 기관을 가리킨다. 옮긴이 주.

정의 문서와 장부에 이르는 일체의 문건 중 소유자가 팔고자 하면 거금을 아까워하지 않고 사들이고 팔지 않겠다면 빌려서 베껴 쓰고, 그 위에 다시 경험 많은 노인들에게 사람을 보내 인터뷰하고 구술자료까지 모았다. 그 책의 등장인물 중 생존자를 찾아가 각종 방법으로 면담하여 그의 경력과 활동들의 이야기들을 수집하였다. 이렇게 몇 년을 지나니 수집된 자료가 방 열 개에 가득 찼다. 그는 수시로 그 자료들을 과학적으로 분류해 먼저 "장편식"(長編式)의 사고(史稿)를 작성한 후 최후에 진정한 저술로 나아갔다. 엄격한 역사학에 의거해 말하면 사료를 수집하는 방법은 반드시 이와 같아야 비로소 합리적이다. 비록 그렇지만 오래된 나라의 역사를 쓰고자 한다면 어찌 새로 만들어진 캘리포니아주를 비교의 대상으로 삼을 수 있겠는가? 이런 종류의 "미국식" 수집법은 원래 다른 나라 사람들이 따라 배울 수 있는 바가 아니다.

그러므로 오늘날 우리는 사료를 수집하는 데 있어 남겨진 것을 끌어안고 모자란 것을 지키면서 스스로 만족해하는 수밖에 없다. 이미 역사에 뜻을 두고 충심을 다하고자 한 만큼 이 부족하지만 남겨진 범위 안에서 나의 힘이 미칠 수 있는 바를 다 바쳐 완벽함과 정확함을 추구해야 한다. 이것이 오늘날 역사학의 출발점이다. 그러므로 나는 이장에서 사료의 소재를 탐색하고 그것을 구득하는 경로를 말해서 두루 살피는 수고를 더는 데 도움을 주고자 한다.

사료를 구득하는 경로는 두 가지이다. 하나는 문자기록 밖에 있는 것이고 다른 하나는 문자기록에 있는 것이다.

1. 문자기록 밖에 있는 사료

이 부류에 속하는 사료의 성질은 대략 셋으로 나눌 수 있다. 현존하는 실제 유적, 말로 전해져 온 구비(口碑)자료, 남겨진 유물 등이 그것이다.

(1) 현존하는 실제유적과 구비자료

여기서 말하는 실제유적은 일부가 아닌 전부가 현존하는 것을 가리킨다. 바꿔 말하면 현재의 역사사실은 현재 날마다 발생하는 사실이며 그중 사료적 가치를 가진 것은 일부이다. 우리는 과거의 사료가 산실되는 것에 대해 항상 한탄한다. 그러나 우리는 후세 사람이 오늘을 보는 것이 오늘날의 우리가 옛날을 보는 것과 같음을 알아야 한다. 우리는 오늘날 눈으로 보고 귀로 듣는 사료를 수집해 보존하지 못하고 있으니 어찌 현재의 믿을 만한 역사를 기준으로 우리 자손들로부터 책망을 받지 않기를 바랄 수 있겠는가?

현재 매일 발생한 사실들 중 사료적 가치를 지닌 것은 무엇인가? 올해의 일을 예로 들면, 광둥, 광시, 쓰촨, 후난, 후베이의 전쟁(1921년 각 지방을 분할 점거한 군벌들 간의 전쟁), 산둥문제(독일의 세력범위였던 산둥을 1차대전 후 일본이 차지하려고 파리강화회의 등 국제회의 의제로 제기)에 대한 일본 측 교섭안과 중국 측의 거부, 각 성(省) 의회 선거의 추태, 베이징과 톈진의 중국은행 · 교통은행에서의 예금인출 소동, 상하이 상회 · 교육회 연합회의 활동 등등을 꼽을 수 있다. 이것들은 모두 그 원인과 결과를 갖고 있으며 장차 역사로 쓰일 때 상당한 비중을 차지할 것이 틀림없다.

그 자료는 지금 낭랑하게 우리들 눈앞에 펼쳐져 있음에도 우리는 재빨리 그것을 수습해 각 방면에 전하지 않고 헛되이 매일 흐느끼면서 오래된 전래가요집만 바라보고 있으니 어찌된 일인가? 그렇게 매일 발생하는 사실들은 점차 묵은 것이 되어 버렸다. 예를 들면 3년 전 5 · 4운동, 4년 전 장쉰(張勳)의 복벽(復辟, 만주황제 부활시도), 6년 전 위안스카이(袁世凱)의 공화제 부정과 황제 즉위시도, 10년 전의 신해혁명, 20년 전의 무술정변과 의화단의 난, 25년 전의 갑오전역 등등. 이런 사건을 직접 경험했거나 목격한 사람들이 아직 생존해 있으니 그들을 찾아가 인터뷰하고 구술을 받으면 이것이 바로 구비성질의 사료이다. 사마천도 이런 방법을 자주 사용했으며 이에 관해 "내가 회음(淮陰)에 갔더니 회음 사람들이 나에게 말하길…"(《史記》〈淮陰侯列傳〉), "내가 곽해(郭解)를 만나보았는데 그 생김새가 중국인 같지 않고 언어도 통하지 않아 채록하지 못했다."라고 했다(《史記》〈遊俠列列傳〉). 이상은 모두 현존하는 실제 유적과 구비 사료의 예들이다.

(2) 실제 유적의 일부만 남은 것

위 (1)에서 논한 것은 실제 유적의 전부이며 그 속에서 활동하는 사건과 그 활동의 결과 나타난 현상을 모두 갖춘 것이다. 지금 여기서 말하는 실제 유적에서는 그러한 사람과 활동상이 모두 보이지 않으며, 남겨진 것은 겨우 활동의 결과 만들어진 제조품의 일종인 활기 없는 껍데기일 뿐이다. 서양에서 예를 들어 보면, 이집트의 피라미드와 그 속의 부장품을 가지고서는 5-6천 년 전의 정황을 대략 볼 수 있고, 이탈리아의 3-4개 저명한 도시는 문예부흥시대의 유물로서, 눈에 보이는 게 다 그런데, 이것들은 보편적인 실제 유적이 남겨진 예이다. 또 다른 예로, 영국 스트랫포드 어폰 에이븐의 셰익스피어(William Shakespeare) 고택에 들어가면 이 시성(詩聖)의 환경과 그 성격 및 행실이 완연하게 눈에 들어오며, 펜실베이니아주 의사당에 올라가면 미국 독립 당시 13주가 헌법을 제정할 때의 상황이 시선을 집중시키는데, 이것들은 실제 유적이 부분적으로 남겨 전해진 예이다. 이것들 중 하나만 가질 수 있어도 역사가에게는 큰 보배가 아닐 수 없다.

중국인은 유물을 보존하는 관념이 매우 취약해서 이런 종류의 실제유적 중 온전한 것은 갈수록 드물지만 그렇다고 전혀 없는 것은 아니다. 시험 삼아 대략 몇 가지 예만 들어 보겠다. 만리장성의 일부는 진나라의 유물이며 이는 다 아는 사실이다. 진시황이 개설한 도로는 여러 책들을 종합해 보면 아직도 그 노선을 알아볼 수 있고 2천 년래 역대 왕조의 역참(驛站)의 일부는 거기서 유래하였다. 한나라가 서역과 통했던 톈산남로·톈산북로는 비록 그 중간의 일단이 사막으로 빠지지만 오늘날까지 그 60-70%가 이어지고 있다. 이런 예들은 사람의 힘으로 능히 인멸할 수 있는 것이 아니어서 역사가에게는 영원한 보배이다.

또 지금의 베이징은 명 영락 4-18년(1405-1420)에 조성된 것으로 여러 성첩(城堞, 성 위에 톱날모양으로 쌓은 낮은 담)과 궁전, 천단(天壇), 사직단 등이 모두 그때의 유적이다. 15세기의 도시 중에 그 규모가 이와 같이 웅장할 뿐 아니라 대단히 완전한 상태로 오늘까지 전해진 것은 전 세계에 실로 유례가 없다. 그 밖에 각 지방의 도시 중에는 연대가 더 오래된 것들도 많다. 베이징 창의문(彰義門) 밖의 천녕사(天寧寺) 탑은 수나라 개황(開皇)연간의 유물이며 이를 통해 6세기 말 중국의 건축술이 어떠했는지 알 수 있다. 산시성 다퉁(大同) 윈강석굴(雲岡石窟)의 불상은 북위 태안(太安)~태화(太和)연간(455-499)에 조성된 것으로 그 종류가 극히 다양하고 조각이 극히 정교하다. 이를 통해 5세기 중국 조각미술의 성취와 그것의 인도·그리스 미술과의 관계를 알 수 있다. 이것을 룽먼(龍門)의 여러 조각상들과 대조해 보며 당시 불교신앙의 상황을 대략 파악할 수 있다.[4] 베이징의 옛 흠천감(欽天監)에 있는 원대 관상의기(觀象儀器)와 지도 등을 보면 16세기 중국과학의 일

4 룽먼의 불상은 숫자는 많아도 그 규모는 작다. 윈강의 각종 조상은 높이가 6-7丈에 이르는 것이 극히 많고 일부가 아닌 全幅의 도화를 새긴 것도 적지 않으며 실로 중국 불교 미술의

부를 알 수 있다.[5]

일찍이 사마천은 〈공자세가〉를 지을 때 "노(魯)에 가서 중니(仲尼)의 묘당(廟堂)과 수레, 의복, 예기(禮器) 등을 보았는데 여러 학생들이 그 집안의 예로써 대하는 법을 익히고 있어 그곳을 떠나지 못하고 배회하며 머물렀다."라고 하였다. 역사를 쓰는 사람이 이와 같은 눈으로 목격한 사물에서 근거를 많이 구할 수 있다면 그렇게 써진 것이야말로 최상의 역사서라 할 수 있다. 기실 이런 종류의 사료는 몸을 굽혀 줍기만 하면 될 정도로 쉽게 손에 넣을 수 있으니 멀리서 거창한 예를 끌어 볼 필요도 없이 내 고향의 작은 사례를 하나 들어 보겠다. 내 고향(광둥성 新會縣)의 한 고가옥은 명 중엽 나의 조상이 처음 이주해 왔을 때 지은 것으로 굴 껍질을 쌓아 담장을 둘렀는데 그 두께가 2척 남짓이고 구조의 치밀함이 벽돌담을 능가하였다. 지금까지도 나의 종친이 그 집에서 살고 있다. 이를 통해 15-16세기 중국 남부 연해지구 향촌의 건축과 동족이 모여서 대를 이어 가며 살아가는 규칙을 볼 수 있다. 이것이 어찌 극히 좁은 사료의 한 예가 아니겠는가?

중국의 실제 유적이 이와 같이 남아 있다면 무엇이 걱정이겠는가? 애석하게도 옛날의 역사가들은 조정의 전장제도와 성현호걸의 언행 이외에는 역사로 여기지 않았으니 이런 종류의 사료를 팽개쳐 두고 돌보지 않은 것은 당연하다. 오늘의 역사가는 능히 그 관점을 바꿔 이러한 유적의 귀중함을 알고 그것을 조사·분류·수집한 후에 비교 통계학적 방법으로 추상적 사료로 편성하며 역사의 면목을 일신할 수 있다.

정화가 모여 있는 곳이다. 일본인 松本文三郞의 《支那佛教遺物》이 이에 관해 상세히 서술했을 뿐 아니라 인도 간다라 미술과의 공통점과 차이점에 대해서도 언급하였다. 근래 蔣希召의 《遊記》 제1집에 기재된 것도 상세하고 충실하다.

5 이들 천문 관측 기기는 대부분 원대 郭守敬이 만든 것인데 의화단의 난 때 독일인에 의해 약탈되었다가 2년 전 베르사유 조약에 의거해 중국에 반환되었다.

(3) 이미 인멸된 유적 중 그 전부가 뜻밖에 발견된 것

이것은 어쩌다 우연히 만날 수도 있고 만나지 못할 수도 있는데, 진실로 하나만 얻어도 역사에 주는 도움은 무한하다. 그 가장 뚜렷한 예는 16년 전에 이탈리아 나폴리 부근에서 발견된 헤르클라네움과 폼페이 도시유적으로 로마 공화정시기 폭발한 화산의 용암에 의해 파묻혔으니 2천 년 전의 일이다. 이 도시가 발견된 후 이탈리아 사람들의 발굴 열기가 갑자기 일어나 로마성 안에서 찾아낸 유적이 줄을 이었고, 이를 계기로 로마 고대사에 한바탕 혁명이 일어나 옛 역사서의 오류 중 90%가 바로잡혔다.

이런 종류의 뜻밖의 사료는 다른 나라에는 거의 없다. 오직 중국만이 1920년 허베이성 쥐뤼현(巨鹿縣)에서 옛 도시를 하나 발견했는데 실로 송 대관(大觀) 2년(1108) 황하의 범람으로 매몰된 것으로 900년 전의 일이다. 애석하게도 나라에 정치가 없고 국민에게 학문이 없다 보니 유적이 모조리 산실되고 파괴되어 우리에게 도움이 될 수 있도록 남겨진 것은 극히 드물다. 진실로 그것이 전부 보존되어 과학적으로 정리될 수 있다면, 우리는 최소한으로 송대 생활상황에 대하여 하나의 명확한 인상을 얻을 수 있을 터이니 어찌 유쾌한 일이 아니겠는가?[6] 그러나 나는 이로 인해 갑자기 멀리 내다보는 생각에 미치어 수

---

6 쥐뤼의 고성은 현재 그 원대의 성터에서 땅 밑으로 2丈 남짓 가라앉았다. 이로써 대관 2년의 옛 터임을 알 수 있고 이를 입증할 수 있는 비석도 있다. 2년 전 여름~가을 주민이 땅을 파다가 파손된 가옥을 발견했으며 도자기 등의 유물이 나와서 시장에 갖고 가 돈 받고 팔았다. 점차 그 옆을 파 보니 가옥이 즐비하였다. 이 일이 골동품 상인에게 알려지자 우르르 몰려들어 유물을 파냈고 그중 80-90%가 비싼 값에 외국인에게 팔렸다. 지금 그 작은 일부만 교육부에 의해 수습되었고 자금성의 역사박물관에 진열되어 있으나 너무 사소하다. 원래 가옥이 있었으나 남김없이 파괴되었다. 만일 정부에 약간의 기강이 있고 사회에 약간의 식견 있는 사람이 있어 처음 발견되었을 때 즉시 봉하여 고대 가옥의 구조가 전혀 훼손되

천 년의 황하범람의 재난이 그토록 심하고 옛 하도(河道) 양안에 인접한 성읍 중에 쥐뤼현처럼 재난을 당한 예가 한 번, 한 곳에 그치지 않았을 것이란 생각에 이르렀으며 후에 그런 유적이 또 발견되기를 고대한다. 과연 그렇게 된다면 국민이 좀 더 주의를 기울여 이번의 발견처럼 난잡하게 어질러지지 않도록 하기 바란다.

(4) 귀중한 원래 유물이 보존되거나 재현된 것

옛 기물(器物)이 사료의 일부라는 것은 누구나 다 아는 바이다. 기물의 성질은 재현될 수 있는 것과 재현될 수 없는 것이 있다. 재현될 수 없는 것은 회화, 수직(繡織), 일반 의복, 기구(器具) 등이며, 진기하게 여겨 소중히 수장하지 않으면 보존할 수 없다. 공공박물관이 없던 고대에는 대체로 왕의 재위기간이 길고 귀족가문이 바뀌지 않고 이어지는 나라의 경우 항상 이런 옛 유물의 일부를 보호하여 전해 줄 수 있었다. 중국처럼 혁명을 자주 겪어서 옛 가문의 유족이 끊어진 경우에는 그런 유물이 비록 있다 해도 많지 않다.

현존하는 그림 중 가장 오래된 것은 당대까지 거슬러 올라가지만 그 진위를 확실하게 판명할 수 있는 것은 없다. 대묘(岱廟, 태산의 산신을 모신 사당)의 벽화는 당나라 때 만들어진 것이라고 하지만 증명하기도 믿기도 어렵다. 다만 최근에 발견한 가오창(高昌)의 한 벽화는 절세

지 않게 보존하고 그 속의 유물들을 남김없이 수습하여 쥐뤼에 박물관을 설립할 수 있었다면 그것은 하나의 "작은 폼페이"가 되었을 것이다. 고성은 지금의 성보다 컸고 지금 이미 2년 동안 땅을 팠으나 성벽에도 미치지 못했으니 누군가는 더 얻은 게 있었을 것이라고 한다. 또 그 땅에 우물을 팠는데 반드시 20장 깊이로 파야 물이 나왔고 10장 남짓 땅속으로 들어가면 벽돌과 기왓장이 흔하게 나왔다고 하니 대관 2년 이전에 이미 한두 차례 매몰된 것일지도 모른다. 과연 그렇다면 상 · 주 시대 사회생활 상태에 대한 뜻밖의 발견을 하게 될 가능성도 있다. 이런 가설을 잠시 제기해 놓고 후일 과학자의 연구를 기다려 보자.

의 아름다움으로 알려져 있다.[7] 종이와 비단에 그린 그림과 자수[刺繡畫]는 7,8백 년 전의 송대까지 거슬러 올라간다. 의복과 기타 일용도구는 청 건륭·가경연간까지만 거슬러 올라가도 벌써 극히 보기 드물고 그보다 앞 시기의 것은 더 말할 필요도 없다. 그러므로 이런 종류의 사료는 특히 중국에서 극히 부족하다고 하겠다.

재현될 수 있는 유물은 금석과 도자기·기와 같은 것들인데 천 년 동안 땅속에 묻혀 있다가도 다시 발굴되어 우리의 연구에 제공될 수 있다. 그 예를 몇 개 들어 보겠다.

1) 은·주 시기의 예기

한나라 허신(許愼)의 《설문》(設文) 서문에 "군국(郡國)의 산천에서는 흔히 정이(鼎彝, 예기의 일종)를 얻을 수 있다."라고 하였으니 당시 학자들 중에 이미 예기(禮器)를 중시하는 이가 있었음을 말해 준다. 그러나 그것을 수집해 연구를 진행했다는 말은 듣지 못했다. 송대에 와서 비로소 연구의 단서가 열렸으나 찾아보니 도중에 끊어졌다.[8] 그로부터 한참 지난 청 중엽 이후에 연구가 극히 번성했다. 그런 연구자의 기술에 따르면 문자를 음양각으로 생긴 기물 중 송대의 기록에 남겨진 것이 643개, 청대의 기록에 남겨진 것이 2,635개인데 궁중에 소장된 것은 그 속에 포함되지 않았다.[9]

---

7 周와 秦대에 벽에 그림을 그리는 풍토가 극히 성했으나(나는 이를 다른 글에서 고증하였다) 그 후 왜 점차 쇠퇴하여 오늘날 전국에 남아 있는 것이 극히 적은지 알지 못한다. 泰安縣의 岳墓 두 벽화 "岳帝出巡圖"는 唐대의 그림으로 전해지고 있으나 나는 믿지 않는다. 후세 사람이 몇 차례 마구 덧칠한 것일 수 있기 때문이다. 가오창 벽화는 둔황 석실 遺書와 동시에 발견되었는데 근래 시중에 영인본이 나돌고 있다.

8 송대 사람이 銅器에 대해 전문적으로 저술한 책은 다음과 같다. 《宣和博古圖》, 呂大臨의 《考古圖》, 무명씨의 《續考古圖》, 薛尚功의 《鍾鼎款式》, 王厚之의 《復齋鍾鼎款式》, 張掄의 《紹興內府古器評》 등.

이런 종류의 기물에 새겨진 문자는 문헌사료의 부족함을 보충해 주는 데 극히 유용하여 이에 관해서는 다음에 따로 논하기로 한다. 그 수량이 많은 것을 볼 때 당시 사회가 이런 기물을 숭상한 정도를 미루어 알 수 있다. 그리고 그 종류의 다름을 볼 때 당시에 다른 종류의 기물의 배치를 미루어 알 수 있다. 그 성질과 모양이 순정하고 견고한 것으로 보아 당시 금속을 녹여 주조하는 기술[鑄冶術]의 우수함을 미루어 알 수 있다. 거기에 그려진 꽃무늬의 복잡함과 아름다움, 도안(圖案)의 신기함과 우아함을 볼 때 당시 심미관념의 발전을 미루어 짐작할 수 있다. 이것들은 모두 역사학자에게 큰 성취를 가져다줄 것이다.

2) 병기(兵器)

가장 오래된 병기로는 은·주 시기의 주벌(琱戈, 무늬를 새겨 넣은 창), 활과 화살촉 등이 있고, 가장 근래의 병기로는 한·진 시기의 쇠뇌[弩機] 등이 있다.

3) 도량형 기물

예컨대 진권(秦權, 진한대의 저울추), 진량(秦量, 진대의 용량을 재는 도구), 한건초척(漢建初尺, 한나라 초기의 길이를 재는 도구), 신망시건국척(新莽始建國尺, 왕망의 신나라 때 길이를 재는 도구), 진전척(晋前尺, 진대의 길이를 재는 도구), 한량(漢量, 한대의 용량을 재는 도구), 한종(漢鍾, 한대의 시간을 재는 도구), 한방(漢鈁, 한대의 술을 담아 재는 도구), 한곡(漢斛, 한대의 용량을 재는

9 여기서 제시된 수치는 오늘날의 王國維가 저술한《宋金文著錄表》와《國朝金文著錄表》에 의거한 것이며, 다만 병기와 잡기를 포함해 계산하였다.《宋金文著錄表》는 진 · 한 이후의 기물을 포함하지만 글자가 새겨지지 않은 관식은 제외하였다.

도구) 등이 있으며 이를 통해 제도의 연혁을 탐구할 수 있다.

4) 부새(符璽, 부적과 인장)

위로는 진의 호부(護符)로부터 아래로는 당송의 어부(魚符)에 이르기까지 그리고 진·한대의 새인(璽印)과 봉니(封泥) 등이 있으며 출토된 것이 수천 개이다. 당시의 군사제도와 관제를 연구하는 데 많은 도움이 된다.

5) 거울

진·한부터 원·명에 이르기까지 그 제작연대와 거기 새겨진 문자를 비교해 살리면 미술사상의 발전 추이를 알 수 있다.

6) 화폐

위로 주나라 말기의 열국부터 아래로 청말에 이르기까지 그것들을 조리 있게 관통해서 깔끔하게 비교하면 각 시대의 경제상황과 긴밀하게 연관되어 있음을 알 수 있다.

이상 여섯 가지는 모두 구리[銅]로 된 유물인데, 그 밖에 동제 잡기(雜器)도 현존하는 것이 많지만 여기서는 다루지 않겠다. 동은 금속 중에서도 내구성이 비교적 강하고 주조[冶鑄]의 기원이 오래되어서 이 종류의 사료는 상대적으로 풍부하게 공급될 수 있다. 그러나 금속기는 일단 훼손되면 망가지므로 산실되기도 극히 쉽다. 송대의 금속기 중 현존하는 것이 1-2%도 채 안 되는 것을 보면 미루어 알 수 있다. 청대 반조음(潘祖蔭)에 따르면 고대 금속기는 진, 후한, 수, 후주(後周), 송, 금에서 이미 여섯 차례 재앙을 겪었으며, 그 밖에도 수시로 땅속 깊이 파묻혀 버려지거나 도굴되어 다시 주조되었다.[10] 근래에 교통이 크게 발달하고 국내에 수집·보관을 담당할 전문기구가 없어 호가항(胡賈恒)이 큰 힘을 쏟아 그 책임을 자임하고 나서 애쓴 결과 수많은 옛 유물이 모두 그의 손에 수집되었다. 옛날에 풍부했던 것이 오늘날에 와서는 고갈되어 버렸으니 이는 동제유물에 있어서만 그런 것이 아니다.

7) 고옥과 석각

고옥(古玉)은 문자가 새겨진 것이 적어서 그 연대를 밝혀내기가 어렵지만 한 이전의 유물로서 오늘날에 전해진 것도 적지 않은데 이는 그것이 잘 훼멸되지 않기 때문이다. 우리는 고옥을 연구할 때 여러 가지 연상(聯想)을 해 볼 수 있다. 예를 들어 거기에 새겨진 문양의 아름다움을 보고 반드시 그 옥을 가공하는 날카로운 도구가 있었음을 알 수 있고, 고옥이 널리 유포된 것으로 보아 고대 옥 생산지와의 교통이 매우 밀접했음을 알 수 있다. 이런 예들은 모두 사료의 부족함을 보충하

---

10 潘祖蔭은《攀古樓彝器款式自序》에서 다음과 같이 말했다. "고대의 기물은 주·진대부터 오늘에 이르기까지 모두 여섯 차례의 재앙을 겪었다.《史記》에 말하기를 '진시황은 천하의 병기를 녹여 金人을 만들었다.'라고 하였다. 여기서 '兵'은 창 등의 무기를, '器'는 솥과 제기 등을 가리킨다. 진시황의 의도는 천하의 銅을 남김없이 거둬들여 전유하려 한 데 있음을 알 수 있다. 이것이 첫 번째 재앙이다.《後漢書》에 따르면, 董卓이 동전을 다시 주조하면서 뤄양과 장안의 종, 악기, 飛廉, 銅馬 등을 모조리 거둬들여서 녹였다. 이것이 두 번째 재앙이다.《隋書》에 따르면 '開皇 9년 4월 陳을 평정하고 손에 넣은 秦漢3大鍾과 越3大鼓를 파괴하였다. 11년 정월 陳을 평정하고 손에 넣은 古物 대부분을 화를 초래한다고 여겨 파괴하라고 명했다.' 이것이 세 번째 재앙이다.《五代會要》에 따르면, '周, 顯得 2년 9월 兩京과 각 道州府에 있는 각종 동상 및 기물을 50일 이내에 모두 파괴하고 관청에 보내라고 명하였다.' 이것이 네 번째 재앙이다.《大金國志》에 따르면 '海陵 正隆 3년 遼·宋을 평정하고 손에 넣은 古器를 파괴하라고 명하였다.' 이것이 다섯 번째 재앙이다.《宋史》에 따르면 '紹興 6년 민간의 銅器를 거둬들였다. 28년 황실 창고의 銅器 1,500개를 泉司로 넘겼다.' 이것이 여섯 번째 재앙이다." 이로써 古器가 훼멸된 대강을 알 수 있다. 4년 전 유럽에서 전쟁(1차세계대전)이 한창일 때 구리 값이 폭등하자 중국은 시골 벽촌의 구리까지 모두 수집해 외국에 수출했는데 그 와중에 훼손된 것이 얼마인지 알 수 없다.

기에 충분하다.

석각(石刻)의 연구는 이미 오래전에 전문적 학문으로 성립되었다. 기양석고(岐陽石鼓)와 이사각석(李斯刻石)으로부터 근대에 이르기까지 그 탁본편(拓本片)을 모으면 백 마리 소가 흘린 땀만큼이나 많을 것이다. 그 문자내용이 부동산 사료를 얼마나 잘 보충해 줄 수 있는지에 대해서는 다음에 논하겠다. 유교와 불교를 새긴 석경(石經)을 보면 옛 사람의 기력이 얼마나 웅장한지 미루어 두 종교가 사회적으로 의거한 바가 무엇인지 비교해 볼 수 있다.[11] 그리고 한대의 각종 석각 화상(畫像)을 보고 그 앞 시기인 위(魏)와 제(齊)의 조상(造像), 뒤 시기인 당대 소릉석마(昭陵石馬), 송대 영암나한(靈岩羅漢), 명대 벽운각각(碧雲刻桷), 청대 원명조루(圓明雕鏤) 등과 비교해 보면 연구할 수 있는 내용이 단지 미술의 변천사에 그치지 않을 것이다.[12] 또 교주(橋柱, 다리 기둥), 정란(井闌, 옛날에 성을 공략하던 무기), 석궐(石闕, 묘 앞 양측에 있는 비석), 지별(地莂, 토지 소유 사항이 기록된 석각) 등을 통해서는 제도의 차이나 풍속의

11 漢의 熹平, 魏의 正始, 唐의 開成, 宋의 嘉祐, 西蜀의 孟氏, 南宋의 高宗, 淸의 乾隆은 모두 石經을 만들었다. 그러나 지금은 오직 唐의 석경이 西安의 府學에, 淸의 석경이 北京 國子監에 있을 뿐이다. 불교 석경은 그 분량이 극히 많은데 가장 많은 것은 大房山의 雷音洞에 있는 것으로 2,300여 개의 돌로 이루어져 있다. 수대에 시작되어 遼대에 준공되었으니 700여 년이 걸린 셈이다. 실로 인류가 활동을 계속 이어 온 사업 중 가장 위대한 예이다. 나머지 석경에 대해서 오늘날 葉昌熾가 쓴《語石》권3, 권4에 매우 상세히 서술되어 있다.

12 漢대 사람들이 만든 石闕과 石壁은 대부분 평면에 조각한 畫像이다. 여러 학자들의 책에 저록된 것은 92종 329개이며, 그 소재지별 분포는 허난 30개, 쓰촨 44개, 장쑤 2개, 깐수 1개이고 나머지는 모두 산둥에 있다. 내가 전해 듣기로는 이런 석화가 오늘날 일본에 19개, 프랑스에 12개, 독일에 3개, 미국에 1개 있다고 하는데 최근 1-2년 사이에 더 유출된 것이 있을지도 모른다. 그 탁본을 모두 수집해 비교 연구할 수 있다면 실로 2천 년 동안 중국의 회화와 조각이 발달해 온 큰 추세를 파악할 수 있을 것이다. 위·제·수·당의 畫像은 그 수가 얼마인지 헤아릴 수 없고 다만 룽먼 한 곳에 있는 것 중 탁본을 할 수 있는 것이 2,300여 종이다. 그중에는 특히 기이하고 정교한 그림도 있으니, 唐대 昭陵의 6馬는 원형과 가깝고 宋대 靈岩의 40나한 조각은 그 표정이 살아 움직이는 듯하다. 이들은 모두 중국 석각 중 불후의 명작이다. 역대 석화에 대한 개략적 설명은《語石》권5에 잘 나와 있다.

차이를 짐작할 수 있으니 역사가의 취재에 도움이 되지 않을 수 없다.

8) 도자기

중국의 도자기 재료들은 세계 제일이어서 심지어 외국인은 도자기를 '차이나'라고 부르기까지 한다. 현존하는 도자기는 극히 많고 그 파별도 다양해서 전문가가 아니면 그에 대해 제대로 논할 수 없다. 도자기는 갈수록 많이 출토되는데, 그중에는 깨진 것도 있으며 극히 신기한 고문자로 모양을 낸 것과 3세대 넘게 유전(流傳)된 것도 있다. 이런 것들을 종합해 그것이 점차 좋게 변화해 온 자취를 살리면 우리 민족의 예술활동의 한 표징을 알 수 있다.

9) 기와와 벽돌

우리 민족은 대평원에 집을 짓고 살았기 때문에 석재가 부족해 인조의 "벽돌"과 기와를 건축의 주요 재료로 삼았으며 이 분야의 기술이 가장 일찍 발달했고 각종의 진보를 이룩하였다. 오늘날의 와당과 벽돌은 고고학의 한 전문분야가 되었다.

10) 지층 속의 석기

이것은 중국에서 옛 골동가(骨董家)들이 일찍이 주의를 기울이지 않았고 최근에 지질학이 점차 흥기하면서 비로소 관심을 갖고 연구하는 사람이 생겼다. 나중에 연구가 진척되면 선사시대의 생활 상태를 미루어 알 수 있을 것이다.[13]

　기물은 본래 인류활동의 결과들의 작은 일부분이며 그 성질은 이

---

13 오늘날의 章鴻釗가 지은 《石雅》는 국내외 지질학자의 연구가 얻은 결과를 기술하였는데 매우 볼만하다.

미 고정되어 있다. 겨우 하나만 살아남은 고대유물도 이러한 작은 일부의 한 단편일 뿐이다. 그러므로 위에서 예로 든 각 항의 유물들은 사료 중에서 두 번째 위치를 차지할 뿐이니 그 가치에 대하여 일부러 과대평가 하는 것은 내가 취할 바가 아니다. 비록 그렇지만 역사연구를 잘 하는 사람은 본래 스스로 듣고 본 바를 빠짐없이 사료로 활용할 줄 안다. 그러니 어찌 이들 소중한 유물을 빠뜨릴 수 있겠는가?

역사학자가 골동가와 다른 오직 한 가지는 골동가의 연구가 분석적으로 그 유물 속으로 깊이 들어가는 데 비해 역사학자들의 연구는 개괄적으로 그 유물의 바깥에 횡으로 통하는 것을 중시한다는 데 있다. 내가 앞에서 논한 것들 속에 이미 그 실마리가 제시되어 있다. 만일 이를 따라 좀 더 나아간다면, 동제유물의 연구를 통해 고대 중국인은 왜 동을 다루는 데에는 뛰어난 능력을 보였음에도 돌을 다듬는 데는 그리스인에 미치지 못했는지를 짐작해 볼 수 있다. 그리고 도자기 연구를 통해서는 중세 중국인이 왜 유달리 뛰어난 도요능력을 자랑하였음에도 남부 유럽인들처럼 유리를 만들지 못했는지를 짐작해 볼 수 있다. 이런 모든 자료들을 국민활동의 상황 속에 귀납시켜 그 인과관계를 살필 때 비로소 모든 죽은 자료는 살아 있는 자료로 거듭난다. 모든 자료가 그렇거니와 고대 유물은 그 하나의 단서일 뿐이다.

(5) 실물의 모형과 초상화

실물이 그 원형과 원질을 오늘에 전해 주는 것이라면 최상이다. 그러나 이런 경우는 극히 드물다. 그 형상을 그림으로 그려 오늘날에 전하는 것이라면 차선이라 할 수 있다. 예컨대 한·진(晋)의 가옥, 부뚜막과 맷돌, 절구와 절구공이, 당대 사람들의 복식, 두발, 악기, 연극용 도구 등은 오늘날 어디서 볼 수 있겠는가? 그렇지만 순장(殉葬)된 도제

(陶製) 부장품 중에서 특이한 형태와 종류의 것이 무더기로 있으니 하나의 표준을 확보해 그 연대를 측정하면 그 시대 사회상황을 파악할 수 있다. 또 당대의 그림 중에 나온 가옥, 복장, 기물, 그림 속 인물의 옷차림은 반드시 당대의 현상이나 당 이전의 현상이며 송대의 그림은 반드시 송대의 현상이거나 송 이전의 현상일 터이니 우리는 진본이든 모사본이든 구해서 진실로 특수한 관찰을 진행하면 반드시 다소 희귀한 사료를 발견할 수 있을 것이다. 만일 그럴 수 있다면 간접적인 목격과 같다고 할 수 있다. 무릇 저작자는 그의 식견이 얼마나 깊고 넓은가와 상관없이 자기가 보고 싶은 물건을 남김없이 다 볼 수 없다. 영인본을 통해 간접적으로 한 번 더 간접적으로 그 개황을 보는 것도 역시 없는 것보다 낫다.

2. 문자로 기록된 자료

앞에서 논한 기록 이외의 사료는 시간상 · 공간상 제약을 받는다. 수천 년의 역사를 쓰려고 하면, 그리고 또 사회의 일부가 아닌 전부에 걸쳐 기술하고자 하면 반드시 기록에 의거해 분명히 하지 않을 수 없다. 그러나 기록의 종류는 너무 복잡 다양하므로 이제 그것을 몇 개의 분류로 구분해 논하기로 한다.

(1) 구사

구사(舊史)는 오직 역사적 사실의 기재를 직분으로 삼으니 우리가 이를 정당한 사료로 간주해야 하는 것은 두말할 필요가 없다. 비록 그렇지만 똑같은 구사라 해도 저작 연대가 다르고 저작자의 성격과 학식이 다르고 저서의 취지와 체재 등이 다르며 그것이 내포한 사료적 가치 또한 다르다.

예컨대 《진서》(晋書)가 사람들의 신망을 받지 못한 까닭은 편찬연대가 편찬대상인 진대로부터 너무 멀고 관청의 주도하에 여러 사람의 손으로 편찬됨으로써 책임질 사람이 없기 때문이다.[14] 《위서》(魏書)가 사람들의 신망을 받지 못한 까닭은 저자인 위수의 인격이 너무 악하고 용렬해서 항상 곡필로 사실을 왜곡하였기 때문이다. 《원사》가 사람들의 신망을 받지 못한 까닭은 편수작업이 너무 건성으로 진행되었고 그 일을 담당한 사람들이 몽골어를 몰랐기 때문이다. 《신오대사》가 스스로 수준 높은 사서로 자부했음에도 식자층으로부터 경시된 까닭은 본래 문인(文人)에 속하는 사람들이 편수자로 나서서 글재주를 부려 곡필하였고 "글을 통해 도를 드러내는 것"을 목적으로 삼았기에 역사적 사실에 대해서는 오히려 깊이 마음을 두지 않았기 때문이다. 이상은 단지 정사 중에서 예를 몇 개 든 것일 뿐이고, 그 밖의 편년체 별사와 잡사 등도 모두 그러하니 이런 뜻을 가지고 각 사서를 균형 있게 평가하면 그 가치표준은 40-50% 정도 될 것이다.

인물본위의 역사는 우리가 존중하지 않는 바인데, 그렇다면 각 사서에 수록된 열전의 가치는 크게 감소하는 것이 아닌가? 그렇지 않다. 열전의 가치는 그것이 역사라는 데에 있는 것이 아니라 사료라는 데에 있는 것이다. 정말로 역사서에 "각기 다른 특색을 지닌 인물"의 열전이 없다면 역사서를 읽는 우리는 오직 각 시대의 역사에서 몇몇 반인반수(半人半獸) 같은 무부(武夫)가 출몰하여 사람들을 끌어 모아 서로 칼로 싸우는 모습, 그리고 그 중간에 백성의 이목을 호도하

14 당 태종의 명으로 房玄齡 등 21명의 학자가 2년 만에 완성했다. 옮긴이 주.

는 황제의 법령과 신하의 상주문을 몇 편에 걸쳐 나열한 것 등을 보는 데 불과할 것이다. (구사에서) 역사가 역사답다 함은 바로 이와 같을 뿐이다. 그러하니 그 속에서 소위 사회와 문화 방면에 대해서는 어찌 털끝만큼이라도 볼 수 있겠는가? 구사가 열전을 수록한 본래의 뜻은 그 주인공이 반드시 사회환경 속에서 생활할 수 밖에 없어 지나가는 식으로나마 그 사람의 환경에 대하여 서술하지 않을 수 없다는 것이다. 따라서 우리가 가장 절실하게 필요로 하는 사료는 정면서술[正筆]에서는 구하지 못해도 측면서술[涉筆]에서 구하는 경우가 왕왕 있다. 이것이 바로 열전을 귀하게 여길 만한 점이다.

그렇다면 구사에 대한 평가는 또 한 번 바뀌어야 한다. 앞에서 네 개의 구사에 대해 논평했는데, 예컨대 《진서》는 유지기 이래 많은 학자들로부터 난잡하게 소설을 채록하고 체재가 들쭉날쭉하다는 비난을 받았다. 지금 우리가 보건대 그게 어찌 슬퍼할 일이겠는가? 각 사서들이 진수의 《삼국지》처럼 한 글자 한 글자를 엄정하게 몇 번씩 갈고 닦아 쓸 경우, 만일 배송지의 주가 없었다면 우리는 수많은 사료를 잃어버렸을 것이다. 또 《위서》는 일찍이 추악한 책으로 알려져 있듯이 거기 등장하는 인물의 올곧음과 사악함, 탐욕스러움과 청렴함[貞邪貪廉]에 대해 사실대로 기재하지 않았지만, 오늘날 우리에게 시사하는 바는 무엇이며 역사로부터 취할 바는 무엇인지를 일깨워 준다. 위수에게 당시 사회의 크고 작은 상황을 책에 부수적으로 기재해 전해 주는 것만을 바란다면 내가 책망하는 바는 그것으로 이미 족하고 다른 것은 따지지 않아도 된다. 《원사》는 난잡하기 그지없으며 그중의 절반은 관청의 공문을 수록했는데, 유치하게도 하나같이 원문이다. 그러니 《북주서》(北周書)의 "글을 쓸 때는 반드시 《상서》처럼 하고, 말을 할 때는 반드시 《좌전》처럼 해야 한다."라고 한 것과 비교해 보면, 어느 쪽이 진면목이며 어느 쪽이 의거할 만한 사료인가? 나는 차라리 《원사》를 택하겠다. 그러므로 우리가 구사를 역사로서 읽는다면 사마천과 반고가 감히 분별없이 허락하지 않을 것이니 나머지는 더 논할 필요가 없다.

만일 우리가 구사를 사료로서 읽는다면 24사는 각기 장단점을 갖고 있다는 점에서 대략 비슷하다. 만일 역사로서 읽는다면 오직 간명하지도 치밀하지도 못한 것을 우려한다. 간명함과 치밀함은 바로 우리가 추구하는 방향으로서 우리의 정력을 절약해 준다. 만일 사료로서 읽는다면 오직 잡다하게 널리 수록하지 않을 것이 우려된다. 잡다하고 넓은 것은 우리에게 범위를 확장하고 다른 선택을 할 수 있는 여지를 준다. 일찍이 만사동은《명사고》를 지으면서 다음과 같이 말한 바 있다. "옛사람들은《송사》(宋史)에 대해 그 번잡함을 비난했지만 내가 서술한 것은 그것의 두 배이다. 간명하게 서술하는 것이 얼마나 귀중한지 모르지 않으며 (그래서) 나는 후세 사람이 넓게 두루 수록하는 것에만 힘쓰고 쳐내어 간략히 하는 것을 모를까 걱정한다. 그러므로 제일 먼저 할 일은 내가 이미 취한 것은 덜어 낼 수 있고 취하지 않은 것은 반드시 그 사건과 말이 진실이 아닐 수 있음을 알게 하는 것이다."(淸國史館,《斯同傳》) 우리는 구사를 모두 사고(史稿)로서 읽기 때문에 만사동의 책처럼 번잡하게 널리 수록한 것을 오히려 가장 환영하는 바이다.[15]

그렇다면 별사, 잡사, 잡전, 잡기 등은 그 가치가 정사와 다르지 않으며 때때로 정사를 능가한다. 그 예를 몇 가지 들어 보자. 우리가《상서》와《사기》를 읽을 때 단지 죄 있는 통치자를 징벌하고 고생하는 백성을 위로하는 주나라 무왕의 군대를 만나게 되는데, 그 문명정

15 량치차오는 1901-1902년 신사학을 제창할 때 舊史 특히 正史를 황실의 족보에 불과하다고 깎아내렸다. 그러나 20년이 지나는 동안 正史(중국 전통)에 대한 평가가 일부 긍정적인 쪽으로 바뀌어 正史가 지닌 사료로서의 가치와 역사로서의 가치를 일부 인정하였다. 옮긴이 주.

도가 거의 '초인적'이다. 만일 《일주서》 〈극은편〉(克殷篇)과 〈세부편〉(世俘篇) 등이 없었다면 누가 "혈류표저"(血流標杵, 흐르는 피가 절구공이를 떠내려가게 할 정도로 전쟁이 치열했다) 네 글자가 뜻하는 바를 알 수 있겠는가? 그리고 내가 앞에서 말했듯이 진수의 《삼국지》 〈제갈량전〉에는 제갈량의 남정(南征) 사실이 겨우 20자로 서술되어 있다. 그러나 상거(常璩)의 《화양국지》에는 그것이 700여 자로 기술되어 있으니 우리에게 이 전역(戰役)의 시말을 알려 주는 것은 상거의 책이다. 원의 순제(順帝)가 영국공(瀛國公)[16]을 구금한 일과 청의 도르곤(多爾袞)이 그 태후(태종 홍타이지의 부인이자 형수인 효장문 황태후)를 아내로 맞이한 일은 구사에서 극히 큰 사건에 속하지만 정사가 한 마디라도 언급한 적이 있는가? 그 진상을 밝히려면 각종의 야사에서 사료를 구하지 않으면 안 될 것이다. 그러므로 우리가 구사를 사료로서 읽는다면 진수가 위수와 별로 다르지 않게 보일 뿐만 아니라 사마천·반고와 비교해도 누가 왜 썼는지 알 수 없는 내용의 필기가 서로 다르지 않게 보일 수도 있다.

(2) 역사적 사실과 관계된 문건

이들 문건은 문헌을 아끼는 국민에 의해 수집되고 보존되거니와 그들은 오직 자기 힘을 다해서 행할 따름이다. 예를 들면 영국의 〈대헌장〉, 프랑스의 〈인권선언〉, 미국의 〈13주 헌법〉 등은 그 원고가 오늘날에

16 영국공은 남송 度宗의 아들 趙㬎을 가리킨다. 그는 1271년 태어나 네 살 때 부친 탁종이 죽자 황제에 즉위하였다. 그가 남송의 마지막 황제인 恭帝인데, 1276년 몽골군이 수도 臨安을 공격하자 항복하여 元 順帝에 의해 영국공에 봉해진 후 원의 수도 大都로 끌려갔다. 그는 18세에 티벳으로 가서 승려가 되었다. 옮긴이 주.

도 모두 소중하게 보존되어 공중(公衆)에게 열람되고 있다. 그 밖의 각 시대 크고 작은 공·사 문건으로 약간의 가치를 가진 것이라면 모두 수집되어 보관되고 있다. 각지의 도서관과 박물관에 들어가 보면 눈에 가득 들어오는 선반 위의 진열품이 모두 그런 물건들이다. 형안(炯眼)의 역사가가 이것을 얻어 연구하면 새로운 발견을 날마다 발표할 수 있을 것이다.

그에 비해 중국에서는 공중이 수장한 것은 없고 개인이 보관한 것은 그 수가 유한하며 게다가 여기저기 흩어져 있어 역사적 사실을 입증할 수 없고 인멸되기는 오히려 극히 쉬우며 귀중하게 보존된 경우라도 오직 미술품에 한정되어 있어서 역사적 사실을 밝히는 데 도움이 되는 것은 극히 적다. 오늘날 각 가문의 저록과 필사본은 대부분 송이래 단절되었고 더 거슬러 올라가면 당인(唐人)이 필사한 경전류가 있지만 모두 골동가의 손에 들어갔을 뿐이다. 따라서 중국의 이런 종류의 사료 중 진실로 유용한 것은 아무리 많이 거슬러 올라가도 3,4백 년 전보다 더 오래된 것일 수는 없을 것이다.[17] 이런 종류의 사료를 널리 수집한 것은 근래에 와서야 비로소 시작되었다. 그중 가장 대종을 이루는 것이 당안(檔案, 분류하여 보관하는 공문서)과 함독(函牘, 편지)이다.

역대 관서의 당안은 한우충동(汗牛充棟, 책 실은 수레를 끄는 소가 땀을 흘리고 집의 대들보까지 책이 가득함)이라 할 만큼 많지만 역사적 사실과 관련된 것은 천백 중에 한둘일 뿐이고 이 한둘도 다른 곳에서는 결코 얻을 수 없는 것이다. 당안의 성질은 본래 극히 싫증나게 하는 것

17 로마 교황청 도서관에 南明의 永歷帝가 교황에게 보낸 頌德書가 있는데, 붉은 비단에 극히 작은 글자를 썼으며 근세의 壽屛(생일 축하용의 작은 對聯)과 대략 비슷하다. 이런 류의 사료가 산실되지 않고 다시 발견되어 원형 그대로 오늘에 전해진 것 중 이것이 가장 오래된 것이다. 중국 수·당대의 원물 사료가 일본에 많이 있다는 얘기를 들었지만 애석하게도 아직 보지 못하였다.

이어서 평소에는 높은 누각에 다발로 묶인 채 두어져 벌레가 좀먹고, 전란을 겪을 때마다 쓸려 나가 사라진다. 구사의 본기[紀]와 지(志)는 그 근거 자료의 90%가 당안에서 나왔는데, 그렇게 채택된 당안은 그 책에 덧붙여져서 전해지지만 배제된 당안은 영영 소멸된다. 그 취사 선택이 적절한지의 여부는 역사가의 식견에 달려 있다. 극히 귀중한 사료임에도 역사가에 의해 가볍게 한 번 문질러져 영구히 사형을 선고받은 것들이 수없이 많다. 2천 년간 이처럼 억울하게 가혹한 처분을 받은 사료가 얼마나 많은지 계산하려 해도 할 수 없다. 이미 지나가 버린 것은 추적할 수 없고 현존하는 것의 운명도 아침 이슬처럼 위태롭다.

나는 30년 전 베이징에서 선배로부터 총리아문의 구당안 초본(鈔本) 1천여 책을 빌려 보았는데, 아편전역(鴉片戰役, 아편전쟁)과 관련된 것이 사오십 책이고 다른 사건에 관한 당안들도 많았다. 그중에는 극히 가소로운 말이 많았지만 일부의 사실이 포함되어 있음을 부인할 수 없다. 그중에는 특히 청조가 강희연간에 러시아 및 프랑스와 주고받은 문건이 극히 많다. 당시 프랑스의 황제는 루이 14세이고 러시아의 황제는 피터 대제였다. 이 문건에 대해서 사료상의 가치를 따져 보면 어느 정도나 될까? 지금 외교부가 여전히 전체 당안을 갖고 있는지,[18] 이 초본이 아직도 존재하는지, 그리고 장차 편찬될 이른바 "청사"(淸史)가 그 요점의 1/100이라도 전할 수 있는지의 여부를 알아야 판단할 수 있는데 지금으로서는 이를 알 수 없다. 이로써 당안은 일정한 기준에 따라 선택하여 보존해야 하니 이와 관련된 일의 소중함을 알 수 있다.

---

18 외교부 당안 중《籌辦夷務始末》을 비롯한 주요 당안은 1949년 국민당정부가 대만으로 퇴각할 때 가져 갔고, 지금 대만의 중앙연구원 근대사연구소에 소장되어 있다. 옮긴이 주.

편지류의 사료는 예컨대 명대 장거정(張居正)의 《태악집》(太岳集)과 청말 호림익(胡林翼), 증국번(曾國藩), 좌종당(左宗棠), 이홍장(李鴻章)의 문집에 기재된 내용들이 있다. 그들의 편지는 당시의 역사적 사실과 크게 관련되어 있으니 이는 누구나 다 아는 바이다. 역사 연구를 잘 하는 사람은 이러한 자료들을 결코 가벼이 지나치지 않으니 그것이 옛 역사가들에 의해 이미 활용된 것이든 아니든 각자의 안목이 같지 않은 만큼 다른 사람에 의해 버려진 것이라도 나는 얼마든지 스스로 취하여 사료로 삼을 수 있다.

사가(私家)의 행장(行狀), 가전(家傳), 묘문(墓文) 등은 옛 역사가에 의해 극히 중시된 사료이고 우리도 이를 부인한 적이 없다. 그러나 그 가치가 지나치게 과장되어서는 안 된다. 한 개인의 이른바 위대한 공적과 아름다운 언행은 우리가 이상으로 여기는 새로운 역사에서는 하찮은 것이다. 더구나 허영과 미사여구로 가득 찬 이러한 글들은 그 태반이 역사적 사실이 아니다. 그러므로 내가 세운 표준에 의거해 사료를 평가해 보면 임방(任昉)이 휘황하고 장중한 말들을 끌어모아 쓴 《경릉문선왕행장》(竟陵文宣王行狀)의 가치는 그가 자질구레하고 잡다한 일을 서술한 《주탄유정》(奏彈劉整)만 못하다. 그리고 한인(漢人)의 글 중 채옹(蔡邕)의 극히 유명한 비뢰(碑誄, 윗사람이 아랫사람을 애도하여 쓴 비문) 10여 편의 가치는 왕포(王褒)가 강남지방의 익살스런 재담을 모은 《동약》(僮約)만 못하다.[19] 이것은 사람들을 놀라게 하기 위해 하는 주장이 아니다. 전자는 오로지 한 개인을 표창하는 것을 목적으로

19 任昉의 글 두 편은 《文選》에서 볼 수 있다. 그중 하나인 《奏彈劉整》은 당시의 法庭 진술 900여 자를 전문 수록했는데 모두 재산 다툼, 채무 분쟁, 절도, 노비 학대 등 잡다한 내용이며 진술의 대부분은 당시의 白話로 쓰여 있다. 王褒의 《僮約》은 《藝文類聚》 권35에서 볼 수 있다. 그 성격이 순전히 문학적인 것이어서 구체적인 역사 사실과 무관하지만 다루어진 소재는 모두 당시 巴蜀의 농촌 생활이다.

한 글이며 그 요점은 대부분 이미 구사 속에 기재되었다. 그에 비해 후자는 당시 사회의 일부 실제 상황을 묘사한 글로서, 동시대의 저작 중에는 그와 짝을 이룰 만한 글이 한 편도 없다. 이로부터 미루어 보면 어느 쪽이 사료로서 가치를 더 갖고 있는지 분명히 알 수 있다.

3. 사부(史部) 이외의 여러 서적들

구사를 역사로서 읽으면 현존하는 수만 권의 사부서는 모두 역사가 아니라 할 수 있다. 그러나 구사를 사료로서 읽으면 어찌 이들 사부서 수만 권만 사료이겠는가? 문자로 이루어진 모든 기록은 모두 그 속에 사료에 해당하는 글을 담고 있다. 그 예를 들어 보겠다.

수많은 경전 중에서 《상서》와 《좌전》은 수록된 모든 내용이 거의 사료라 할 수 있다. 《시경》 중에는 역사시[史詩] 성격을 가진 내용이 들어 있는데, 이는 모두 순수한 사료에 속한다. 이는 이미 앞에서 말한 대로이다. 《역경》의 괘사(卦辭, 주역의 골자인 괘 64개에 대한 뜻풀이)와 효사(爻辭, 괘를 구성하는 효 386개의 뜻풀이)는 은·주 시대의 극히 좋은 사료이다. 《시경》의 모든 내용과 《의례》(儀禮)는 주대 춘추 이전의 극히 좋은 사료이다. 당시의 역사적 사실이 너무 부족하므로, 작은 쪽지에 글자 하나만 쓰여 있어도 모두 진귀한 보물로 간주되었고 그 속에서 약간의 추상적, 소극적 사료를 구할 수 있다.

이로부터 미루어 보아 《논어》와 《맹자》는 공자·맹자 시대의 사료라 할 수 있다. 《주례》(周禮) 중의 일부는 전국시대의 사료라 할 수 있다. 대덕(戴德)과 대성(戴聖)의 《예기》는 주말·한초의 사료라 할 수 있다. 소학류의 《이아》(爾雅)와 《설문》 등은 그 명물훈고(名物訓詁, 사물의 이름과 글자의 뜻풀이)로부터 미루어 고대 사회의 정황을 파악할 수 있는 무진장한 사료를 담고 있다. 이런 책들 속에서 사료를 수집하는 방법에 관해서는 다음 장에서 상세한 예를 들어 설명하겠다. 원서(原書)에서 그 이전 시대의 일에 관해 기재한 것은 당연히 사료적 성질을 가지며 이는 더 논할 필요도 없다.

자부(子部)의 책은 유가·도가·묵가 등의 책과 같은 철학 분야에 속하며, 철학사나 사상사의 주요 사료이다. 그중 과학 분야에 속하는 의술, 천문, 산학 등의 책은 해당 과학사의 주요 사료이다. 이는 누구나 다 아는 바이다. 그렇지만 그 외에도 추상적 사료를 수집할 수 있는 곳은 극히 많다. 대체로 책이 오래된 것일수록 그 사료적 가치는 더욱 귀중하다. 가령 당·송 이후에 쓰인 필기류의 책은 한우충동이라 할 만큼 많지만 그중에는 전혀 가치 없는 책도 매우 많다. 그러나 그 안에서도 소중한 사료가 왕왕 나오는데 이는 역사 연구자가 형안으로 식별해 찾아낼 때만 비로소 가능하다.

집부(集部)의 책에 대해서 보면, 그중 오로지 역사적 사실만을 기재한 글은 당연히 중요한 사료의 일부이니 이는 두말할 필요가 없다. 그중 시사가부(詩辭歌賦) 같은 '순전히 문학적인' 글은 문학사의 주요 사료로 제공되는 외에 그 밖의 분야와는 별 관계가 없는 것처럼 보인다. 그러나 실제로는 그렇지 않다. 가령 굴원의 《천문》(天問)은 고대사 연구자에게 극히 필요한 사료이다. 반고의 《양도부》(兩都賦, 전한의 수도 장안과 후한의 수도 뤄양을 찬양한 글)와 장형(張衡)의 《양경부》(兩京賦, 한대의 서경과 동경을 찬양한 글)는 한대의 연혁을 연구하는 데 극히 중요한 사료이다. 두보와 백거이(白居易)의 여러 시도 그들이 직접 겪은 사건을 기술하거나 직접 목격한 바를 묘사한 사회정황은 최고의 가치를 지닌 사료이다. 장학성은 "문집이란 한 사람의 역사이다."라고 말한 바 있는데(〈韓柳年譜書後〉) 그 말의 의미를 능히 알 수 있다.

시사가부만 그러한 것이 아니라 소설도 그러하다. 《산해경》은

《사고전서》에 소설로 분류되어 수록되었다. 이 책은 비록 황당한 얘기가 많아서 끝까지 따져 물을 수 없지만 기록된 내용의 대부분은 반(半)신화 · 반(半)역사의 성격을 가진 것이니 약간의 분야에서는 극히 귀중한 사료를 경전류와 제자류보다 더 많이 포함하고 있다. 중세와 근대의 소설은 사실이 아님을 그 작자가 사람들에게 분명하게 밝혔음에도 역사연구를 잘 하는 사람은 기어코 사실이 아닌 것들 속에서 사실을 찾아낼 수 있다. 예를 들어 《수호전》에서 노지(魯智)가 술에 취해 불교 사찰을 공격했다고 한 것은 사실이 아니지만, 원 · 명대에 죄를 지은 사람들이 도첩(度牒, 관청이 발급한 출가증명서)을 얻어 사찰을 은신처로 삼을 수 있었던 것은 사실이다. 《유림외사》에서 호도호(胡屠戶, 오랑캐 출신의 도살업자)가 새로 맞은 거인(擧人) 사위에게 아첨하는 장면이 나오는데 이는 물론 사실이 아니지만 명 · 청대 시골 사람도 일단 과거시험에 합격하면 곧바로 사회적으로 특별 계급이 된 것은 사실이다. 이런 종류의 사실은 다른 책에서는 얻을 수 없으나 소설에서는 얻을 수 있다. 소설의 작자가 자신의 상상을 어느 정도까지 펼치는가와 상관없이 일단 붓을 들어 서사를 하면, 결국 그가 처한 환경을 벗어날 수 없고 무의식중에 당시의 사회적 배경을 부분적으로 써냄으로써 후세 역사가에게 자료로 제공한다는 것을 우리는 알아야 한다. 소설이 그러하다면 다른 장르의 글은 더 말해 무엇하겠는가? 역사연구를 잘 하는 사람이 이와 같은 안목으로 사료를 수집할 수 있다면 고금의 어떤 책도 그의 손에서 빠져나가 숨을 곳이 없을 것이다.

또한 어찌 오직 서적만 그러하겠는가? 수많은 보통의 문중(門中)에 남겨진 오래된 종이 무더기 속에서도 극히 진귀한 사료를 찾을 수 있는 예가 왕왕 있다. 그 예를 몇 개 들어 보겠다. 한 상점의 몇 년치 매상고를 기재한 장부나 한 집안의 금전출납부는 상식적으로 논해 천하에 가장 쓸모없는 물건이다. 그렇지만 역사가의 안목으로 살펴 동인당(同仁堂, 베이징에서 1669년 설립된 한약방), 왕마자(王麻子, 청대 베이징에서 설립된 가위 가게), 도일처(都一處, 청대 설립된 유명한 만두집) 등의 개점 이래 오늘까지의 장부와 도시·농촌의 가난한 집과 부유한 집의 장부 각 수종씩을 과학적 방법으로 연구·정리하면 그 귀중함은 실로 다 헤아릴 수 없을 정도로 크다. 100년간의 물가 변동에 관한 확실한 자료를 바로 여기서 얻을 수 있으니, 사회생활 상황의 대략적인 추세를 여기서 역력히 목도할 수 있다. 또한 각 집안의 족보와 가보(家譜) 역시 어찌 천하에 가장 쓸모없는 물건이 아니겠는가? 그러나 상세하고 충분히 기재된 백수십 종을 구해 비교 연구하면 인구의 출생률과 사망률 및 평균 수명에 관한 어느 정도 실상에 가까운 통계를 얻을 수 있을 것이다.

이런 것들을 다 버려둔 채 자료를 구하려 하면 어찌 얻을 수 있겠는가? 이로부터 말하면, 사료란 진실로 "소 오줌과 먼지 버섯처럼 하찮은 것도 다 쓸모가 있다"는 말처럼 학자가 잘 활용하기에 달려 있을 따름이다.

4. 유서와 사라진 고서의 편집본

고대의 책은 세대를 거듭하는 동안 흩어지고 없어져서 백 개 중 한 개도 남아 있지 않으니 우홍의 "5액"론(서적이 유실된 다섯 가지 재앙)을 보면 크게 한탄할 만하다.[20] 다른 항목의 책들은 말할 것도 없고, 《수서》〈경적지〉 중의 사부서만 해도 만약 그중의 60-70%가 《화양국

20 牛弘의 다섯 가지 재앙설(五厄說)은 《隋書》 本傳에 보인다. 역대 서적이 산실된 상황에 관해서는 《文獻通考》 經籍考序에 가장 상세히 나와 있다.

지》, 《수경주》(水經注, 중국 남북조시대 역도원이 저술한 지리서), 《고승전》 등과 운명을 같이하여 오늘날까지 원본 상태로 전해졌다면 우리는 어찌 크게 즐겁지 않겠는가? 그렇지만 이미 오래전에 사라져 구할 수 없다.

이런 유감스러운 점은 오직 유서(類書)에 의지해 약간 보충할 수 있을 뿐이다. 유서란 당시의 모든 책을 분류하고 발췌하여 만든 것으로서 그 자체는 원래 별 가치를 갖고 있지 않지만 세월이 흐른 뒤 그 시대의 책이 대부분 사라지고 그 일부가 유서에 실려서 다행히 남아 있게 되면 유서가 귀하게 여겨지는 것이다. 고서 중 유서체에 가까운 것으로 《여씨춘추》가 있으며, 삼대(三代)의 문장 중 그에 의거해 전해진 것이 적지 않다. 현존하는 유서는 당의 《예문유취》(藝文類聚), 송의 《태평어람》, 명의 《영락대전》 이래 청의 《고금도서집성》에 이르기까지 모두 분량이 방대하고 내용도 풍부하다. 대체로 그 책이 오래된 것일수록 학문상의 가치도 더 큰데, 그 가치는 체례(體例)의 좋고 나쁨에 의해 정해지는 게 아니고 실로 수록된 고서가 얼마만큼 남고 사라졌는가에 따라 정해진다.[21] 유서는 이미 분류가 이루어진 책이므로 학

---

21 類書를 편찬하는 사업은 문화의 한 징표이기도 하다. 유럽의 체제는 대략 백과전서(Encyclopedia) 형태를 취하고 있으며, 이는 15세기 이후에 시작되었다. 중국에서는 梁武帝 시기(502-549)에 이런 사업이 번성하였다. 지금 《隋書》 〈경적지〉에 보이는 것으로는 《皇覽》 680권, 《類苑》 120권, 《華林遍略》 620권이 있다. 그러나 《壽光書苑》 200권, 《聖書堂御覽》 360권, 《長洲玉鏡》 238권, 《書鈔》 174권, 그리고 그 밖에 수십 권 분량의 책들도 많은데 애석하게도 모두 사라졌다. 지금 오늘날 《사고전서》에 현존하는 古類書 중 중요한 것은 다음과 같다.

《北堂書鈔》 160권, 唐 虞世南 撰, 北堂書는 隋代에 만들어짐.
《藝文類聚》 100권, 唐 歐陽詢 등이 황명에 따라 撰, 唐 貞觀연간(627-649)
《初學記》 30권, 唐 除堅 등이 황명에 따라 撰
《太平御覽》 1,000권, 宋 李昉 등이 황명에 따라 撰, 太平興國 2년(977)
《册府元龜》 1,000권, 宋 王欽若 등이 황명에 따라 撰, 景德 2년(1005)
《玉海》 200권, 宋 王應麟 撰

자가 검색하기 편리하고 따라서 그 속에서 사료를 구하면 소득이 유달리 많다.

청대 건륭연간에 《사고전서》를 편찬한 이래 《영락대전》 안에서 여러 종의 일서(逸書, 사라져 전하지 않는 책)를 뽑아 편집한 이후 일서 편집의 풍조가 크게 번성하였다. 예컨대 《세본》과 《죽서기년》, 그리고 위·진대의 사람들이 저술한 역사서에 대하여 오늘날 우리가 그 면목을 조금 엿볼 수 있는 것은 선배들이 이렇게 일서를 편집해 넘겨 준 덕분이다.

5. 사라진 고서와 문건의 재현

유럽의 근대학자가 이집트 역사와 바빌론 역사를 연구한 것은 모두 발굴하여 얻은 고서에 의지하고 있다. 그 이전에 억측에 의해 만들어진 모든 말들이 갑자기 새로운 증거를 얻어 그 면목을 바꾼 경우가 한둘이 아니다. 중국에서 진(晋) 이후 이와 같이 재발견된 고서로 역사서와 전(傳)에 보이는 것이 셋이다. 서진 시기, 남제 시기, 북송 시기의 그것인데 모두 죽간·목간에 기록된 문자들이다.[22] 원래의 것은 모두

《永樂大典》 22,900권, 명 解縉 등이 황명에 따라 편집, 영락연간(1403-1424)

청대에 편집된 유서는 생략한다. 위에 열거한 책들 중 오직 《永樂大典》만은 간행하지 않고 그 사본을 청 황실에 소장하였는데 의화단 난리 때 연합군에 의해 약탈되었다. 그렇게 약탈된 책들이 지금 유럽과 일본의 여러 도서관에 보관되어 있으며 그 책 수는 도서관마다 1-2책부터 10여 책으로 각기 다르다.

22 西晋 시기 汲冢竹書의 내력에 관해서는 이 책의 2장 각주9에서 이미 간략히 언급하였다. 여기서 그 요점을 좀 더 보충하겠다.

책은 汲郡에 있는 魏나라 安釐王의 무덤에 묻혀 있었다. 현지인 不准이 무덤을 도굴하다가 죽서를 발견했으며 모두 수십 수레 분량이다. 모두 죽간과 흰 비단이다. 죽간의 길이는 2척 4촌이며 죽간마다 먹으로 40자씩 쓰여 있다. 죽간은 부준이 처음 도굴할 때 어둠

오래지 않아 사라져서 남제와 북송대에 얻은 것은 문자와 목록 모두 전하지 않는다. 그중 학계에 반향을 일으킨 것은 오직 서진 시기에 얻은 것으로 앞에서 말한 급총의 죽서가 그것이다. 급총의 죽서는 수십 수레 분량이며 그중 정리해 옮겨 적은 것이 75권이다. 당시에 학계의 큰 관심거리가 되어 연구에 나선 학자로는 위항(衛恒), 왕정견(王庭堅), 순욱(荀勗), 화교(和嶠), 속함(續咸), 지우(摯虞), 사형(謝衡), 반도(潘滔), 두예(杜預) 등이 있으며 그들이 토론한 내용의 개략은 역사서에 보인다.[23]

그 원서가 완전한 형태로 오늘에 전해진 것은 오직 《목천자전》뿐

을 밝혀 보물을 취하려고 태웠으며 나중에 왕릉이 도굴되었다는 소식을 듣고 나온 관리들에 의해 수습되었으나 이미 대부분 불타거나 끊어진 상태였다. 武帝가 그것을 비서성에 보내 순서를 짜 맞추고 교감해 당시의 문자(今文)로 베껴 오게 하였다. 그렇게 하여 필사된 책은 다음과 같다.

①《紀年》13편, ②《易經》1편, ③《易繇陰陽卦》2편, ④《卦下易經》1편, ⑤《公孫段》2편, ⑥《國語》3편, ⑦《名》3편, ⑧《師春》1편, ⑨《瑣語》11편, ⑩《梁丘藏》1편, ⑪《繳書》2편, ⑫《生封》1편, ⑬《穆天子傳》5편, ⑭《大歷》2편, ⑮《雜書》19편이며 그중에는《周食田法》,《周穆王盛姬死事》등도 포함되어 있으며 모두 합쳐 75편이다. 이는《晋書》〈東晳傳〉과 〈荀勗傳〉에 기재된 대략이다.

蕭齊 때(479-501) 襄陽에서 楚王의 것으로 알려져 온 무덤이 도굴되었다. 玉屐(옥으로 만든 신발), 王屏風, 竹簡書, 青絲編 등의 보물이 다량 출토되었다. 도굴꾼이 어둠을 밝히려고 불태우고 남겨진 죽간을 나중에 사람들이 10여 개 수습해 王僧虔에게 보내 주었더니 그가 이를 科斗文(周대의 올챙이 모양 글자)으로 써진《考工記》라 하였다. 이에 관해서는《南齊書》〈文惠太子傳〉을 보라.

宋 政和연간(1111-1119) 죽간과 목간 한 항아리가 출토되었는데 대부분 漢대의 것으로 흩어지고 어지럽혀져서 내용을 파악할 수 없었다. 다만 永初 2년(421)에 羌符를 토벌하고 문자가 완성되어 모두 章草(초서의 일종)로 써졌다. 吳思道가 그것을 梁師成의 집에서 본 적이 있으나 그 후 金나라에 함락되어 사라졌다. 黃伯思,《東觀余論》卷上과 趙彦衛,《雲麓漫抄》卷7을 보라.

이상은 역사상 竹簡書의 3대 발견이라 할 만하지만 애석하게도 현존하지 않는다.

23 晋의 汲冢書가 발견된 후 학계에는 별안간 파란이 일었다. 荀勗과 和嶠가 먼저 황명을 받들어 편집하고 衛恒이 고증하였으며, 東晳이 해석을 가했는데 모두 고증의 의미가 있다. 王庭堅의 저서는 난해하지만 역시 증거를 갖고 있다. 潘滔가 王接에게 권하여 두 사람의 견해차에 관해 따로 논하게 했는데 摯虞와 謝衡이 그것을 보고 모두 공평하다고 하였다. 《晋書》〈王接傳〉을 보라.

이다. 유서 중 가장 저명한《죽서기년》은 이에 위조본만 남아 있다. 특히《명》(名)과《주식전법》(周食田法) 등의 책은 극히 좋은 사료라 하겠으나 지금은 볼 수 없다. 그리고《죽서기년》에는 백익(伯益), 이윤(伊尹), 계력(季歷) 등의 일(왕위 다툼에 개입)이 기재되어 있으나 이는 유가의 전해 오는 말과 극히 상반되는 내용이어서 일찍이 사람들의 비난을 받았으며 오늘날 우리는 역사의 진상을 알고 있다.[24]

《목천자전》에 서술된 내용은《산해경》과 상응하는 것이 많으며 현대에 화종서래설(華種西來說, 중국민족이 서방에서 기원했다는 주장)을 주장하는 사람들이 의지하는 바가 되었다. 이 발견의 영향은 지대하다고 아니할 수 없다.

최근에는 깐수·신장에서 발견된 간서(簡書)가 수백 편(片)이며 그 연대는 서한부터 6조에 이르기까지의 약 7백 년 사이의 것으로 추정된다. 그것들은 모두 자질구레한 비단 쪼가리나 끊어진 죽간이지만 과학적 고증을 거치면 사료에 도움되는 바가 무한할 것이다.

예를 들면 죽간·비단·종이의 세 가지가 교대로 흥한 순서, 예서·초서·해서의 글자체가 변모해 온 추세, 한·진(晋)대의 봉화대 위치와 국경 수비 상황 등을 알 수 있다. 그런 면에서 진(晋)·제·송대에 이런 종류의 발견이 없는 것에 대하여 우리는 심히 유감스럽다.[25]

---

24 《竹書紀年》이 듣는 사람을 가장 놀라게 하는 것은 夏啟가 伯益을 죽이고 太甲이 伊尹을 죽이고, 文丁이 季歷을 죽인 것 등이며, 또한 夏나라의 수명이 은나라보다 길다고 했는데 이는 모두 儒家의 학설과 부합하지 않는다.《東晳書》에 관련 문장이 보이는데 오늘날 僞本은 삭제되었다.

25 光緒 34년(지금부터 13년 전) 영국인 스타인(A. Stein)이 둔황 부근 로브노르(신장성 동남쪽의 염호) 부근, 위텐(于闐) 부근에서 고대 간독 몇 종을 발견했는데 가장 오래된 것은 漢 宣帝의 연호 元康, 神爵, 五鳳이 쓰여 있다. 대략 그 절반은 兩漢 때의 것이고 나머지 절반은 晋 이후의 것이다. 프랑스 인 샤반느(Chavanes)의 이에 관한 저서가 있고 羅振玉, 王國維의 공저《流沙墜簡考釋》은 고증이 극히 상세하다.

최근에 발견된 고서적의 대부분은 깐수성의 둔황석굴에서 나온 것이다. 그중에 당대 사람들이 불경을 써 넣은 것이 가장 많고 가장 오래된 것은 부견(苻堅) 시기(4세기 중엽)의 전진(前秦)보다 이르다. 그 최상품은 오늘날 90%가 파리에 있다. 그러나 중화민국 교육부 도서관이 그 나머지를 수습해 모은 것만 7천여 수레나 된다. 그 밖에 개인이 나누어 감춘 것도 1천여 수레이니 이는 실로 세계의 서적 역사상 전에 없던 대발견이다. 그중에는 옛 경전과 역사서의 필사본으로 능히 교감(校勘)할 수 있는 것과 오늘날 대장경으로 분류되지 않은 불경이 이루 다 헤아릴 수 없이 많다. 그 밖에 오래전에 사라진 저작도 그 안에 흔하다. 내가 알기로, 혜초(慧超)의《왕오천축국전》은 당말에 이미 사라졌는데 갑자기 그 안에서 책의 일부가 발견됨으로써 법현(法顯), 현장(玄奘)의 명저와 더불어 정족(鼎足)을 이루게 되었으니 어찌 통쾌한 일이 아니겠는가? 애석하게도 그 밖의 다른 책들은 옛날의 서적을 초록한 것이 대부분이어서 새로운 지식을 얻는 데 별 도움이 안 된다. 그러나 나는 누군가가 그것을 총괄적으로 정리해 연구할 수 있다면 역사학계에 새로운 자료를 계속 제공할 수 있는 바가 적지 않을 것으로 확신한다.[26]

---

26 光緒 말년 프랑스인 펠리오(Paul Pelliot)가 깐수성 둔황을 여행하던 중 현지 주민 한 사람을 만났는데 그가 오래된 종이를 불태워 재를 물에 타 저으면서 병을 치료할 수 있는 神符라 했다. 종이를 자세히 보니 唐代 사람이 쓴 불경이었다. 그 입수 경위를 추적해 본 결과 한 石室에서 나온 것임을 알았다. 석실에 가 보니 아름답고 귀한 물건이 가득했다. 고찰해 보니 西夏의 藏書府였다. 펠리오는 가장 좋은 것들을 수레에 싣고 돌아왔는데 그중에는 전 세계 어디에도 없는 마니교 경전이 들어 있었다. 고대의 그림도 여러 점 있었다. 그는 일찍이 나에게 "큰 수레로 열 대 분만 가져 왔다. 더 가져 오면 염치없는 짓이 될 것 같았다."라고 말한 적이 있다. 그가 그렇게 가져 간 것은 대부분 오늘날 파리 국립도서관에 소장되어 있다.

그가 베이징으로 돌아가 그곳 사대부들에게 이 일에 관해 얘기한 후 오랜 시간이 지나 청조 學部가 사람을 파견해 그 나머지 유물을 수습했는데 겨우 1만 점이었다. 베이징으로 싣고 왔더니 고관 명사들이 혹은 교묘한 방법으로 혹은 권세로 탈취하여 특히 좋은 것들

6. 석각, 금문, 갑골문

금석이 가장 귀중한 사료라는 것은 따로 더 설명할 필요가 없다. 함무라비 왕궁의 석주(石柱)가 있어서 거기 새겨진 글자를 통해 바빌로니아 법전의 내용을 대략 파악할 수 있으며, 아유브 왕의 풍부한 비석이 있어서 인도 불교가 전파된 자취를 드러낼 수 있었다. 서방 고대의 역사적 사실은 대부분 이런 경로로 도움을 받아 규명되었다. 애석하게도 중국의 현존하는 금석문은 전장문물(典章文物)에 관한 것이 극히 적다. 내가 각종 역사서에서 본 바에 따르면, 춘추시대 정나라에 형서(刑書)가 있고 진(晋)나라에 형정(刑鼎)이 있었는데 그 목적은 모두 법률 조문을 금속에 새겨 영원히 후세에 전하기 위함이었다. 삼대의 종묘(宗廟) 제기가 적잖이 출토되었으나 이 정도로 귀중한 것이 없는 것은 실로 우리 학계의 큰 불행이다.

금석학은 청 후기에 이르러 크게 번성하였다. 그것은 먼저 석각에서 시작하여 금문으로 이어지고 최후에 전혀 다른 갑골문 순으로 발달하였다. 이제 순서대로 각각의 사료적 가치를 따져 보기로 하자.

예부터 석각에 대해 말하는 사람들은 매번 그것이 역사 연구에 큰 도움을 준다고 열렬히 칭송하였다. 비록 그렇긴 하지만 나는 이를 과대평가하고 싶지 않다. 중국의 석각은 규모가 방대한 석경(石經) 외

은 대부분 자기 집에 가져다 두었다. 지금 중화민국 교육부 도서관에 보존되어 있는 것이 약 7천 점인데 그렇게 탈취되고 남겨진 것들이다. 그러나 당시 학부가 수습한 것은 아직 미진한 바가 있었고 머지않아 일본인이 가서 손에 넣은 것이 1천여 점이다. 그중 儒書에 속하는 일부는 羅振玉에 의해 영인되었다. 그 90%는 불경인데 오늘날의 佛藏 중에는 없는 것들이다. 경전 외의 잡다한 것들도 있다. 내가 본 바로는 토지 문서나 편지 등이 있는데 연대가 명시되지 않았지만 가장 오래된 것은 秦대에 해당한다.

1천여 년 전의 옛 도서관이 발견되었으니 세계 문화의 일대 경사가 아닐 수 없다. 애석하게도 原物은 지금 각국에 흩어져 있고 총 목록조차 편찬되지 못하고 있다.

에 상이 새겨진 경당(經幢, 불교의 經文을 새긴 돌기둥)이 50%이고 명묘문(銘墓文)이 40%이다. 경당의 문자가 역사연구와 무관하다는 것은 말할 나위도 없다. 명묘문의 가치는 경당보다 훨씬 뛰어나다. 금석학자는 어떤 사람의 비문(碑文)에서 그의 작위, 출신지, 연대, 기타 소소한 행적을 인용해 서술할 때마다 역사서의 본전(本傳)과 다른 것을 특별히 귀중하게 여기곤 하지만, 이런 사소한 일이 역사서와 전기에서는 쓸데없는 것으로 간주되어 배척된다는 것을 알지 못한다. 지금 그 결함을 보충하고자 '점귀부'(點鬼簿, 죽은 이의 이름을 따다가 지은 글)를 위하여 '교감기'(校勘記)를 짓는 것은 우리의 아까운 시간을 낭비하는 일이 아닐 수 없다. 그러므로 석각에서 사료를 구하는 것은 소득이 극히 적다고 생각한다. 그중에 확실히 가치 있는 것으로 당 건중(建中) 2년(781)의 〈대진경교유행중국비〉(大秦景教流行中國碑)가 있는데, 이는 기독교가 중국에 처음 들어온 경위를 보여 주는 유일한 증거이며 그 하단에 시리아 문자가 부가되어 있다는 점에서도 전 세계에서 보기 드문 비석이다.[27] 원 지정(至正) 8년 거용관(居庸關)에 새겨진 불경은 몽골문, 위구르문, 여진문, 산스크리트문, 한자 등 5개 언어로 써졌다. 상부대상국사(祥符大相國寺)에는 원 지원(至元) 3년에 세워진 성지비(聖旨碑)가 있는데 몽골문, 위구르문, 한자로 쓰여졌다. 원 지정 8년의 〈막고굴조상기〉(莫高窟造像記)는 그 첫 줄이 6개의 서로 다른 문자로 써졌으며 이로써 영구히 전해질 수 있었다.[28]

27 〈景教碑〉는 오늘날 장안의 碑林에 있다. 그 원문은 《金碎編》 이래의 여러 책에 수록되어 있다. 이전에 어떤 사람들은 景教가 조로아스터교나 이슬람교일 것으로 의심하기도 했으나 현재에는 확실히 기독교라는 것이 학계의 정설로 되었다. 오늘날의 錢恂이 쓴 《歸潛記》에 발문이 한 편 있는데 고증이 가장 精緻하고 확실하다.

28 居庸關에 城門洞 같은 곳(행인이 반드시 거치는 길)이 있는데 돔과 양 벽에 불상이 가득히 새겨져 있으며 조각이 극히 정교하다. 사이사이에 불경이 다섯 가지 문자로 새겨져 있으며 학자들의 고증에 따르면 한자 이외에 몽골, 위구르, 여진, 산스크리트 문자이다. 위

당 장경(長慶)연간(821-824)의 〈당번회맹비〉(唐蕃會盟碑)는 맹약의 원문을 양국 문자로 새겨서 당시 조약의 형식과 기타 사실을 알 수 있게 해 준다.[29] 카이펑(開封)의 유대교인이 세운 절에는 명 정덕(正德) 6년(1511)의 뛰어난 비석이 하나 있는데 유대인과 유대교가 중국에 들어온 지 오래되었음을 보여 준다.[30] 이상과 같은 예는 진실로 진귀한 것들이다. 사방의 변경지대에 있는 비석들은 역사 연구에 크게 도움이 된다. 예컨대 동부에는 〈환도기공각석〉(丸都紀功刻石, 魏 正始연간),

---

구르는 畏兀, 畏吾 등으로 표기되며 唐대에는 回鶻이라 하였다. 이 조각은 모두 元대의 것이며 지금도 훼손되지 않아 완전한 형태로 남아 있다.

막고굴에는 아래와 같은 여섯 종류의 문자가 새겨져 있다. 어느 민족의 어떤 문자인지 나는 아직 알지 못한다.

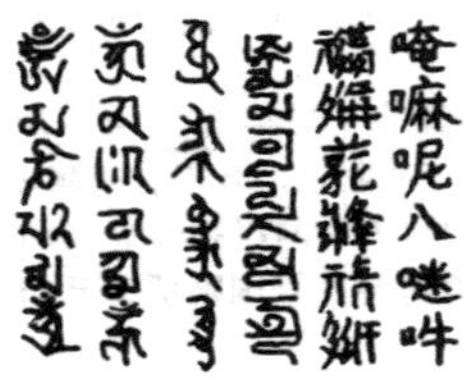

1923년 桑原騭藏은《중국역사연구법》에 대한 서평에서 이 문구의 의미에 대해서는 언급하지 않은 채 오른쪽으로부터 한자, 서하문, 파스파문, 몽골문, 위구르문, 티벳문, 산스크리트문이라고 하였다. 그러나 오늘날 국내 연구자들은 일부 글자를 다르게 본다. 설배환 교수(전남대 사학과)와 그의 동료 연구자들에 따르면, 오른쪽부터 한문, 서하문, 팍파(일명 파스파) 몽골문, 위구르 몽골문, (초기) 굽타문, 티벳문이다. 이들 문구는 모두 "옴 마니 반메 훔"이라는 呪文으로 불교 천수경에 나오는 관세음보살의 진언인데, 누구든 이를 외우면 재난으로부터 보호받고 성불한다고 알려져 있다. 桑原騭藏, 〈梁啓超氏の『中國歷史研究法』を讀む〉,《支那學》2卷 12號, 1923, 17면. 옮긴이 주.

29 〈唐蕃會盟碑〉의 탁본을 나는 아직 보지 못했다. 羅振玉의《西陲石刻錄》에 그 전문이 실려 있다. 비 한문을 양각하고 당대의 古式文을 음각했으며 양자를 합친 것이 맹약의 正文이다. 양 측면에는 맹약에 임한 양국 관리의 관직과 이름을 새겼다. 이것은 刻石文 중에서 가장 특별한 것이다.

30 開封의 유대교 사원(挑筋教寺)은 錢恂의《歸潛記》에 인용된 清 同治 5년 영국인의 한 보고서에 따르면, 절 안에 비석이 두 개 있고 사원은 宋 隆興 2년(1164) 창건된 후 明 成化 4년(1469) 개축되었다. 지금 그 비석은 사라지고 없다. 清代 芝鈞의《元史譯文證補》권29에서 이 일에 관해 "땅에 유태비가 있으며 비문은 뒤에 붙어 있다"고 하였다. 그러나 지금 芝鈞의 책에는 비가 없으니 아마도 책이 간행될 때 사라진 듯하다. 이것은 하나밖에 없는 사료인데 그 후 인멸된 것으로 보인다.

〈신라진흥왕정계비〉(新羅眞興王定界碑, 陳 光大 2년), 〈평백제비〉(平百濟碑, 당 顯慶 3년), 〈유인원기공비〉(劉仁願紀功碑, 당 麟德 · 龍翔연간) 등이 있다. 서부에는 〈배잠기공각석〉(裴岑紀功刻石, 漢 永和 2년), 〈사남후획각석〉(沙南候獲刻石, 漢 永和 5년), 〈유평국작관성송〉(劉平國作關城頌, 연대 미상), 〈강행본기공송〉(姜行本紀功頌, 당 貞觀 14년), 〈색훈기덕비〉(索勛紀德碑, 당 景德 1년) 등이 있다. 북부에는 〈필가가한비〉(苾伽可汗碑, 당 開元 23년), 〈퀼테킨비〉(闕特勤碑, 당 개원 20년, 퀼테킨은 돌궐 제2카간국의 장군이다), 〈구성회흘가한비〉(九姓回鶻可汗碑, 당대의 것이지만 연대는 미상) 등이 있다. 남부에는 〈찬보자비〉(爨寶子碑, 진 대향 4년), 〈찬용안비〉(爨龍顔碑, 劉宋 대명 2년), 〈평만송〉(平蠻頌, 당 大歷 12년), 〈대리석성비〉(大理石城碑, 송 개보 5년) 등이 깨어진 파편을 남기고 있는데 그 값어치가 여러 성(城)을 합한 것만큼 크다.[31] 왜 그런가? 변방의 사무에서는 우리 민족과 타 민족의 교섭에 관한 일이 매우 큰 비중을 차지하지만 옛 사서는 이에 관해 상세히 다루지 않았는데 이는 석각의 도움을 받지 않고 또 이 방면의 사료가 인멸되었기 때문이다.

내지의 일반적인 묘지명(墓志銘)의 경우 그 무덤의 주인공이 하찮은 사람이라면 우리가 그의 일에 관해 알아야 할 필요가 없다. 만일 그가 역사상의 중요인물이라면 역사서에 그의 전기가 이미 있을 터이다. 비문에는 아름다운 말로 가득 차 있어 오히려 믿기 어려우니 사료에 도움 되는 바가 극히 적다. 보통의 비문을 연구할 때는 장편의 묘지명 중에서 사실을 고증하려 하기보다 차라리 보통사람들이 하찮게

31 각 비석의 비문은 清代 王昶의 《金碎編》, 陸耀適의 《金石續編》에 수록되어 있다. 다만 〈丸都紀功刻石〉은 새로 출토된 것이고(1906년 輯安에서 발견되었고, 毌丘儉이 고구려 환도성을 함락한 후 그 공적을 새긴 것이라 한다. 국내에서는 다른 해석도 있다. 옮긴이 주) 〈苾伽可汗碑〉와 〈九姓回鶻可汗碑〉는 러시아인이 영인본으로 만들어 총리아문에 보내 준 것이어서 위의 책들을 비롯한 관련 서적에 수록되지 않았다.

여기는 글과 글 중의 하찮은 구절에 주목하는 게 낫다. 예컨대 서한(西漢)의 〈조왕상수〉(趙王上壽)와 〈노왕반지〉(魯王泮池) 이들 두 석각의 연호를 보면, 당시 제후왕들이 자기 나라에서 각자 연대를 기록한 것을 알 수 있다.[32] 한대 비석의 뒷면에 기록된 출연금액을 보면 당시 품삯과 물가를 대략 유추할 수 있다.[33] 이것은 이른바 하찮은 자구의 예이다. 또 다른 예로 각종 토지매매 사항이 기록된 석각을 보면 사회의 미신과 익살스런 심리를 살필 수 있다.[34] 원대의 여러 성지비(聖旨碑)를 보면 당시의 기이한 문체와 공문격식을 볼 수 있다.[35] 이런 것들도 이른바 하찮은 글의 예에 속한다.

내가 석각 중에서 사료를 수집하는 것은 옛날의 금석학자들과 그 방향을 달리한다. 내가 가장 선호하는 방법은 대규모의 비교 관찰을 통해 그 총괄적 윤곽을 파악하고 그 까닭을 미루어 탐색하는 것이다. 예를 들어 보자.

나는 일찍이 석화(石畫) 연구에 종사한 적이 있는데 한대의 석각 중에는 그림이 무수히 많지만 위·진 이후 점차 감소하다가 사라지는 추

32 이 두 석각은 실로 漢代 석각 중 가장 오래된 것이며, 그 수록문은 《金碎編》을 보라.

33 漢代의 비로서 이런 내용을 기재한 것으로는 〈禮器碑〉, 〈倉頡廟碑〉, 〈成陽靈臺碑〉, 〈魯峻碑〉, 〈堯廟碑〉, 〈曹全碑〉, 〈張遷碑〉 등이 있다.

34 宋의 周密은 《癸辛雜識》에서 뤄양의 한 석각을 보았는데, 거기에 다음과 같은 내용이 있다고 소개하였다. "장남 楊紹가 土公으로부터 冢地를 매입했다. … 땅값은 400만이고 당일 전액 지불하였다. 해와 달로 증명하고 四時(춘하추동)로 감당하였다. 太康 5년 9월 29일 對共破莂." 이런 류의 卷莂 석각은 唐 이후 상당히 많았고 현존하는 탁본도 10개가 넘는다. 《語石》 권5를 보라.

35 元代의 聖旨碑 중 현존하는 것은 〈泰安嶽廟〉, 〈襄陽五龍廟〉 등 10여 개가 있다. 《語石》 권3에 일찍이 그중 하나의 전문이 수록되어 있는데, 문장 표현이 촌스럽고 황당하여 웃음을 자아낸다. 〈嶽廟碑〉에는 "和尙, 也裏可溫, 先生, 達識蠻每, 不拘揀什麼差發, 休當者."라고 새겨져 있다. 이 문장은 淸 顧炎武의 《山東考古錄》에 수록되어 있다. 그에 따르면 "也裏可溫"은 천주교도이고, "先生"은 道士이며, "達識蠻"은 회교도이며, "每"는 복수를 뜻하는 們이다. 이렇게 볼 때 위 문장의 의미는 불교도, 천주교도, 도교도, 이슬람교도는 모두 부역을 면제한다는 뜻이다. 이로써 당시 이미 종교 신앙의 자유가 제도화되었음을 확인할 수 있다.

세를 발견하였다. 그 까닭은 무엇인가? 석화는 산둥성에 가장 많고 쓰촨성이 그다음이며 다른 성에는 거의 없다. 그 까닭은 무엇인가? 나는 일찍이 불교 석각의 연구에 종사한 적이 있는데 조상(造像)은 6조시기에 가장 많고 그 이전에는 없으며 그 이후에는 점차 감소하는 추세를 발견하였다. 그 까닭은 무엇인가? 똑같이 6조시기라 하더라도 북조의 위와 제에 유달리 많고 남조와 북주에는 극히 적었다. 왜 그런가? 허난성 룽먼(龍門)의 조상은 천여 개인데 그 70-80%가 위·제 시기의 것이고 나머지 30%는 수대의 것이다. 산둥성 천불산(千佛山), 윈문산(雲門山), 옥함산(玉函山)의 조상은 모두 수대의 것이고 허베이성 선무산(宣霧山), 남향당산(南向堂山)의 조상은 거의 모두 당대의 석각이다. 그 까닭은 무엇인가? 수나라 때부터 경당이 조상을 대신해 흥기하였고 당에 이르러 극히 번성하였다. 왜 그런가? 송 이후에는 이런 종류의 소규모 불교 석각이 거의 사라졌다. 그 까닭은 무엇인가? 역대 불교도가 새긴 불경, 마애, 장동(藏洞, 경전을 보관하는 동굴), 경당 등은 어디에나 흔히 있지만 유교 경전이나 도교 경전을 새긴 석각은 극히 드물다. 왜 그런가? 나는 일찍이 묘문(墓文) 연구에 종사한 적이 있는데 북위 이후에는 묘지(墓志)가 헤아릴 수 없이 많지만 양한(兩漢)대에는 비석은 있어도 지석(志石)은 없다. 왜 그런가? 남조의 동진, 송, 제, 양, 진(陳)대에는 묘문이 극히 드물어 같은 시기인 북조의 2-3%에 못 미친다. 그 까닭은 무엇인가?

이상은 내가 머릿속에 떠오르는 대로 예를 든 것에 불과하며 만일 나의 방법을 채용한다면 종합적으로 분석하고 연구할 수 있는 사람이 더욱 많아질 것이다. 나의 방법이란 먼저 그 윤곽을 평가한 후 그 원인을 탐구하는 것이며, 앞에서 '그 까닭은 무엇인가?'라고 한 것 중에는 내가 능히 답할 수 있는 것도 있고 전혀 답할 수 없는 것도 있다. 그러나 어느 쪽이든 그 원인은 모두 매우 복잡하여 사회의 다른 분야의 사실과 각종의 유대 관계를 맺고 있다고 단언할 수 있다. 이와 같은 사료수집 방법은 쓸데없이 번잡하다는 의심을 받을 수 있지만 실은 그렇지 않다. 불교 석각을 예로 들어, 내가 그것을 통관(通觀)하여 개략적으로 생각해 보면 당시 4,5백 년간 맹목적으로 신봉한 사회 상황을 눈앞에 재현할 수 있다. 맹목적으로 신봉한 지방의 분포와 시대적 추이도 대략 파악할 수 있다. 이를 버리고서는 옛 사서[舊史]에서 이와 같이 명확한 인상을 얻으려 해도 극히 어렵다. 내가 앞에서 말한 추상적 사료란 이런 종류의 사료를 말한다. 백 가지가 다 그러하며 석각의 연구는 그중의 한 사례일 뿐이다.

금문의 연구는 상·주의 이기(彝器, 제기의 총칭)를 위주로 한다. 나는 앞에서 그것이 미술 방면에서 갖는 가치에 대하여 말했거니와 여기서는 문자의 관식(款識, 음각과 양각)에 대해 논해 보겠다. 금문이 역사적 사실을 고증하는 공은 석각보다 크다. 연대가 멀수록 사료는 더욱 잘 인멸되므로 그 편린과 부서진 껍데기도 귀중하지 않을 수 없다. 예컨대 주 선왕(宣王)의 험윤(玁狁, 고대 중국의 서북에 거주하던 족속인데 춘추시대에 산융으로, 진한 이후 흉노로 불림) 정벌은 실로 중국 고대의 대외관계상 일대사건인데 그 자취는 단지 《시경》에만 보이지만 너무 소략해서 사정을 파악할 수 없었다. 소우정(小盂鼎), 괵계자백반(虢季子白盤), 불기돈(不期敦), 양백과(梁伯戈) 등의 각종 기물이 출현하여 경학자들이 심혈을 기울여 고증한 이후에 비로소 이 정벌의 연월, 전선(戰線), 전략, 병력 수 등이 모두 역력히 미루어 알 수 있게 되었다.[36] 또 서주시대 민간 채권(債權)의 교역과 할인 상황 및 민사 사건의 재판 등은 고대의 서적에서 전혀 확인할 수 없다. 물정(曶鼎)이 나오자 이를 가지고 미루어 해석한 끝에 비로소 그 대개를 파악할 수 있게 되었

36 王國維의 《鬼方昆夷玁狁考》와 《不期敦蓋銘考釋》이 그 예인데 고증이 치밀하고 새로운 해석이 많다.

다.[37] 그 밖에 극정(克鼎), 대우정(大盂鼎), 모공정(毛公鼎) 등은 거기에 새겨진 글자 수가《상서》의 한 편에 이를 정도이며 그에 의지해 전해진 전장제도가 적지 않다. 그리고 진(秦)의 〈저초문〉(詛楚文)은 당시 종교 신앙의 정황과 양국의 대립 경위를 담고 있으며 비록 원래의 기물은 이미 사라졌지만 모사본이 남아 있어 더욱 소중하다.[38] 내가 말한 추상적 사료를 가지고 가늠해 보면, 일찍이 금문 중에서 내가 수집한 고대의 국명(國名)이 90여 개에 이르는데 그중 80-90%가 춘추시대에 이미 망했다. 만일 이 방법을 각 방면에 적용하면 그 소득은 분명 적지 않을 것이다. 문자 변천의 자취도 이런 방법으로 밝혀졌다는 것은 다 아는 대로이니 따로 설명할 필요가 없을 것이다.

지금으로부터 14-15년 전 허난성 안양현(安陽縣) 현소재지에서 서쪽으로 5리(里)에 위치한 샤오툰(小屯)에서 갑골문이 무수히 발견되었으니 이를 일러 "은허서계"(殷墟書契, 羅振玉의 은허 갑골문 연구서의 제목. 書契는 죽간이나 갑골에 새긴 문자를 뜻함)라 한다. 그것이 처음 나왔을 때에는 그 문자를 해독할 사람이 없었던 것은 물론이고 그것을 무엇이라고 이름 붙여야 할지도 몰랐다. 10여 년 간 여러 학자들이 고심에 찬 연구를 거쳐 비로소 그것이 귀갑수골(龜甲獸骨)이며 그것이 발견된 지점은 은의 옛 수도이며 거기 새겨진 것은 은대의 문자라는 사실을 확정해 냈다. 그 문자들 중 식별 가능한 것이 1천여 개 있고 점차 그 의미가 해독되었다. 이는 고대사 연구자들에게 막대한 도움을 주었다. 우리가 아는 은대의 역사적 사실은《상서》중의 7편,《사기》의 은 본기와 3대 세표(世表) 외에 전혀 없었는데, 이 갑골문을 얻음으로써 갑자기 마치 새로운 식민지를 개척한 것과 같아졌다. 이 갑골문 중

---

37 淸대 劉心源의《奇觚室吉金文述》은 曶鼎에 대한 가장 훌륭한 해설을 담고 있다.

38 〈詛楚文〉의 모사본은《絳帖》에 있고,《古文苑》에는 해석문이 있다.

에 포함된 사료는 은대 역사를 서술할 때 인용해야 마땅하며 지금 여기서 미리 거론하지 않겠다. 요컨대 이번의 발견은 단지 문자원류학상의 한 신국면을 열었을 뿐만 아니라 그 효과가 고대사 전체에 미친다고 확언할 수 있다. 금석문이 역사를 증명하는 가치는 여기서 절정에 달했다.[39]

7. 외국인의 저술

서양의 각국 사이에는 교통이 일찍부터 열리고 문화 수준도 서로 엇비슷하여 한 나라의 사료는 늘 다른 나라와 관계되어 있다. 바꿔 말하면 A국 사람의 전문적 저서임에도 B국의 일에 관해 말하는 것이 적지 않다. 그에 비해 중국은 서아시아, 유럽·아프리카의 여러 문화국가들과 격절되어 있어 고대 이래 서로 간에 듣고 물은 적이 없다. 서북 변경에서 중국과 접촉한 민족은 비록 극히 많지만 대개 몽매하고 문자도 갖고 있지 않았으니 저술에 관해서는 말할 나위도 없다.

인도는 문화 수준이 극히 높고 중국과의 교통도 이른 시기에 열렸으나 인도인들은 명상에 침잠하기를 좋아하고 세상의 일을 귀찮아하였으며 역사 관념 역시 극히 취약하다. 그러므로 중국에 있는 법현, 현장, 의정(義淨)의 저서는 오늘날 인도사 연구자에게 소중한 자료가 아닐 수 없다.[40] 인도의 석학으로 일찍이 중국을 다녀간 자가 백 명을

39 殷虛書契 중 최초의 영인본은 劉鐵雲의 《鐵雲藏龜》이다. 이 분야의 가장 정통한 학자는 羅振玉이며, 관련된 그의 저서는 《殷商貞蔔文字考》, 《殷虛書契》, 《殷虛書契後篇》, 《殷虛書契菁華》, 《殷墟書契考釋》, 《書契待問編》 등이 있다. 王襄의 《簠室殷契類纂》도 있다.

40 晋의 法顯, 唐의 玄奘과 義淨은 모두 인도를 다녀온 고승이다. 법현은 《佛國記》, 현장은 《大唐西域記》, 의정은 《南海寄歸傳》을 남겼다. 이 세 책은 영국, 프랑스, 러시아, 독일에서

헤아리지만 산스크리트어로 된 그들의 저서에 중국에 관해 기재된 것을 들은 적이 없다. 만일 일본이라면 문화의 계통상으로 볼 때 50년 전까지 순전히 우리 중국의 부용(附庸)이어서 그 저술 중 우리에게 도움을 줄 수 있는 것은 극히 드물었다. 그러므로 중국의 역사적 사실은 우리 선조들이 몸소 기록한 것을 제외하고 타 민족이 우리를 위해 수고를 분담해 기록한 것이 없다.[41]

당대 중국에 와서 상업에 종사하던 아랍인이 저술한 여행기에 황소(黃巢)가 광둥을 함락하는 정황이 서술되어 있는데 이는 진실로 봉황의 털과 기린의 뿔처럼 매우 드물고 진귀한 것이다. 유럽인의 전에 없던 저술로는 오직 마르코 폴로의 여행기가 있을 뿐인데 지금도 유럽인의 동방학(원문은 東學) 연구에 소중한 자료이다.[42] 다음에는 라시드 앗 딘의 《원사》(元史)가 몽골인의 세계정복에 관한 사정을 서술하였으나 중국에 관한 내용은 극히 미미해서 겨우 서북변경의 연혁과 흥폐에 참고 자료가 될 뿐이다.[43]

번역본이 나왔고 인도학을 전공하는 유럽인의 필독서이다.

41 이처럼 인접한 조선과 일본의 기록을 무시하면서 페르시아인, 아랍인과 유럽인이 남긴 기록을 중시하는 태도에 대하여, 그리고 뒤에 보이듯 중국 관련 외국인 논저로 서양인의 저작만 소개한 것에 대하여 일찍이 구와라 지츠조가 비판하였다. 桑原騭藏, 앞의 글, 12면. 옮긴이 주.

42 마르코 폴로는 이탈리아 베니스 사람이다. 1251년 출생하여 1324년 사망했다. 元 世祖에 의해 관리로 임명되어 16년간 중국에 머물렀으며, 돌아가서 견문록을 저술하였다. 오늘날 각국에 그 번역본이 있으며 최근 중국어 번역본이 나왔다. 元대의 큰 사건과 사회 상황을 연구하는 데 극히 유익한 참고서이다.

43 라시드 앗딘은 페르시아인이다. 元 태조 칭기스 칸에 의해 관리로 임명되어 황명에 따라 《元史》를 편찬하였고, 책이 완성되자 이를 페르시아문으로 필사했는데 지금은 鈔本만 남아 있다. 러시아, 독일, 영국, 프랑스에 그 개요를 간추린 번역본이 있다. 淸代 洪鈞은 러시아에 사절로 파견되었을 때 그 책을 구했으며 이를 참고해 《元史譯文證補》 30권을 지었는데, 元史 방면에서 가장 뛰어난 책이다. 그러나 중국의 내지 18성에 관한 내용은 극히 적은데, 이는 라시드 앗딘이 책을 쓸 당시 元人이 아직 중국에 들어오지 않았기 때문이다.

그러나 저자의 이 주석에는 부정확한 면이 있다. 라시드 앗딘(1240 또는 1247-1318)은 몽골 지배하의 옛 페르시아인 일 칸국에서 태어나 가잔 칸 치세에 고위 관리로 있으면

50-60년 전 유럽인의 동방학은 마치 우리 중국인의 서방학(원문은 西學)만큼이나 보잘 것 없어서 그들의 저술에 나오는 중국 관련 내용과 비평은 대부분은 웃음을 자아내었다. 그러나 최근에는 달라져서 중국의 고대유물, 불교, 중국과 외국의 교섭 등에 관해 정치하고 수준 높은 연구서를 내고 있어 우리가 찾아 읽지 않으면 안 되게 되었다.[44]

서 칸의 칙령에 따라 몽골사를 편찬하여 칸의 사후인 1306년 완성하였다. 다음 칸인 울제이투 칸은 거기에 세계 각 민족의 역사와 각 지역의 지리를 추가하라는 지시를 내렸고 그가 이를 마저 완성하여《集史》라 하였다. 제1부가 몽골사(1권 부족지, 2권 칭기스 칸기, 3권 칭기스 칸의 후예들), 제2부가 세계 각 민족의 역사(상하권), 제3부가 세계 각 지역의 지리지(하천, 도로)이다. 제2부의 하권과 제3부는 현존하지 않는다. 그래서 량치차오는 이 책을《元史》라 한 것으로 보인다. 1927년 이스탄불의 도서관에서 각국 왕실 족보(아랍, 유대, 몽골, 프랑크, 중국)가 발견되었는데,《집사》의 일부로 간주되고 있다. 쿠빌라이가 1271년 燕京에 도읍을 정하고 大元을 세웠으므로, 이 책이 쓰여질 당시 元人이 중국에 들어오지 않았다고 한 것은 착오이다.《집사》는 최초의 세계사로 불리며 사료적 가치가 높은 명저로 알려져 있다. 김호동 역주,《부족지》, 사계절, 2002의 해설 참조. 옮긴이 주.

44 현대 유럽인의 중국사에 관한 저술 중 뛰어난 것을 열거하면 다음과 같다.

① 옛 유물에 관한 것

Munsterbery: *Geschichte der Chinesischen Kunste*.

B. Laufer, *Jade: Its History and Symbolism in China*, Chicago, 1912.

B. Laufer, *Sino-Iranica. Chinese Contributions to the History of Civilization in Ancient Iran*, Chicago: Field Museum of Natural History, 1919.

B. Laufer, 다수의 관련 논문들.

É.E. Chavannes, 다수의 관련 논문들.

P. Pelliot, *La Mission Pelliot en Asie Centrale*, Hanoi: Imprimerie d'Extreme-Orient, 1909.

A. Stein, *Ancient Khotan: Detailed Report of Archaeological Explorations in Chinese Turkestan*, Oxford: Clarendon Press, 1907.

A. Stein, *Ruins of Desert Cathay: Personal Narrative of Explorations in Central Asia and Westernmost China*, London: Macmilan & Co., 1912.

② 불교에 관한 것

L.A. Waddell, *Lhasa and Its Mysteries: With a Record of the Expedition of 1903-1904*, London: [s.n.], 1905.

R. Hoernle, *Manuscript Remains of Buddhist Literature Found in Eastern Turkestan: Facsimiles with Transcripsts*, Oxford: The Clarendon Press, 1916.

G. Huth, Jigs-Med Nam-Mkà, *Geschichte des Buddhismus in der Mongolei: Mit einer Einleitung: Politische Geschichte der Mongolei*, Strassburg: K.J. Trübner, 1892-96.

이는 모두 그들이 과학적 방법을 역사연구에 응용해 사료를 잘 수집하고 다룸으로써 새로운 발견을 이끌어 낸 결과이다. 비록 그렇지만 그들은 좁고 깊은 국부적 연구를 할 수 있을 뿐 중국통사 연구에 종사한다는 이야기는 듣지 못했다. 이 일은 원래 극히 어렵고 큰일이어서 외국인을 책망할 수는 없다. 일본은 서구화를 추진하고 그 방법에 의거해 동방학을 연구하여 많은 계발을 받았으나 아직 이렇다 할 성과를 내지 못하고 있다.[45] 책방 거리에는 "동양사", "지나사"(중국사) 등의 책이 서가에 가득 꽂혀 있으나 대부분 거칠고 산만하여 볼만한 것이 없다. 지금 중국의 학교에서 사용되는 국사 교과서는 대개 소상인이 장삿속으로 번역 출판한 것이어서 정말로 국민의 크나큰 수치가 아닐 수 없다.

이상 열거한 것들은 비록 잘 준비해서 말한 것은 아니지만 사료

Thomas Watters, *On Yuan Chwang's Travels in India, 629-645 A.D.*, Oriental Translation Fund(Series), new ser., v.14-15, London: Royal Asiatic Society, 1904-1905.

③ 외국과의 관계에 대한 것

E. Blocher, *Introduction a l'Histoire des Mongoles*, "E.J.W. Gibb Memorial" Series, 12, Leyden, 1910.

F. Hirth, *China and the Roman Orient: Researches into Their Ancient and Mediaeval Relations as Represented in Old Chinese Records*, Leipsic: Georg Hirth, 1885.

R. Mookerji, *A History of Indian Shipping and Maritime Activity from the Earliest Times*, London: Longmans, Green and Co., 1912.

V. Stael-Holstein, *Tocharisch and die Sprache 1*, St. Petersburg: Buchdruckerei der Kaiserlichen Akademie der Wissenschaften, 1908.

V. Stael-Holstein, *Tocharisch and die Sprache 2*, St. Petersburg: Buchdruckerei der Kaiserlichen Akademie der Wissenschaften, 1909.

É.E. Chavannes, *Documents sur Les Tou-kiue Occidentaux*. Paris: Librairie d'Amerique et d'Orient, 1903.

O. Franke, *Beitrage aus Chinesischen Quelleo Zur Kenntniss der Turkvolker and Skythen Zentralasien*, Berlin: 1904.

45 일본에서 동양학을 연구하는 저명학자로는 고대사 및 지리분야의 白鳥庫吉, 那珂通世와 불교분야의 松本文三郎, 목록학과 금석학의 後藤虎次郎, 古石器분야의 鳥居龍藏 등이 있다. 모두 탁월한 성과를 내었으나 대부분 학술잡지에 논문으로 발표했을 뿐 아직 전문적 저서로 출간되지는 않았다.

의 출처에 대해서는 대략 설명된 것으로 볼 수 있다. 이런 예들을 따라서 옆으로 통한다면 이른바 "좌우에서 취하다가 근원과 마주친다." 라고 할 수 있겠다. 나는 이 장의 초고를 쓰면서 갑자기 무한한 감개(感慨)가 치솟았으니 중국에는 공공의 수장기관이 모자라 학술이 진보할 수 없는 극히 큰 원인이 되고 있다는 것이다.

유럽 각국은 중세 이래 교회와 왕실이 문헌을 보존하는 중추가 되었고 거기에 수장된 것은 천 년이 지나도 산실된 적이 없으며 시대를 거듭할수록 계속 증가하였다. 서화와 기물은 수장한 기관에 따라 반(半)공개 성질을 띠고 있으며 상당한 요건을 갖춘 시민은 편안하게 관람할 수 있다. 근세 이래 이런 종류의 기관은 모두 국유와 시유(市有)로 바뀌었다. 이에 인민은 이미 편리함을 느낄 뿐 아니라 그 관리·보존 방법이 적절하다고 믿으며 사가에 보관된 진귀한 것들을 기증하였으니 기관의 소장품은 날이 갈수록 풍부해졌다. 학자가 역사상의 어떤 사항을 연구하고자 도서관이나 박물관에 들어가면 그가 보고자 하는 자료가 눈부시게 보존되어 있다.

중국에서는 수많은 기물이 잘 보존되지 않은 것을 제외하면 문헌 자료의 경우 줄곧 "천록각(天祿閣)·석거각(石渠閣, 모두 漢 황실의 서고)에 소장되어 있는 전적(典籍)"이 가장 풍부하였다. 그러나 이들 서적은 "중비(中秘)"라 하는 데서 알 수 있듯이 결코 일반 시민이 열람할 수 없다. 그리고 중국에서는 야만스런 혁명이 끊임없이 일어났으므로 그런 혼란을 겪을 때마다 오래된 수장품들이 쓸려 나갔다. 예컨대 후한 때 동탁(董卓)이 난을 일으켜 헌제(獻帝)를 옹립하고 수도를 뤄양에서 장안으로 천도했는데 그 과정에서 난대(蘭臺, 漢 황실의 문고) 석실의 도서와 기록된 비단이 군인들의 손에 들어가 휘장과 자루로 변했다. 양(梁) 원제(元帝)가 장링(江陵)에서 패하자 천부(天府)의 장서를 취해 몸에 둘둘 감고 불지르면서 "문무(文武)의 도는 오늘로서 다하였도

다."라고 탄식하였다. 이런 종류의 참극은 수십백 년이 지날 때마다 한 번씩 재연되었다. 《수서》 〈경적지〉와 《문헌통고》 등에 기술된 내용을 읽으면서 눈물을 뚝뚝 흘리지 않은 적이 없다. 사가(私家)에 수장된 것들은 그 자손이 무능하여 가업을 잇지 못하거나 난리를 당할 때마다 사라져 버렸다. 천일각(天一閣), 강운루(絳雲樓), 백송전(百宋廛)[46] 등은 지금 어디에 있는가?

오늘날에 이르러 교통이 크게 열리고 각국은 세계 속에서 문화를 가지고 서로 만난다. 그런데 우리는 수도로부터 각 성의 성도에 이르기까지 어디에도 도서관 하나 박물관 하나 없고 화원(畵苑, 미술관) 하나 없다. 이것이 국민의 크나큰 수치임은 말할 필요조차 없고 학자가 문헌을 연구하려 해도 의지할 곳이 없다. 그러니 내가 이 장에서 거론한 각종 사료는 개인의 힘으로 어떻게 손에 넣을 수 있겠는가? 나는 흥미진진하게 말했으니 가난한 사람이 금(金)에 관해 말한 것과 같을 뿐이다. 개인의 힘으로 간신히 약간의 자료를 얻는다 해도 한 사람의 연구에 제공되는 것에 불과하고 사회적으로 같은 흥미를 가진 사람들이 함께 덕 볼 수 있는 길은 끝내 없다. 만일 각종 학술이 평민식으로 발전하기를 원하면 그 방도는 없다. 우리는 이미 몸소 여러 가지 고통을 받았으므로 한편에서는 역사적 사실을 증명할 문헌이 쉽게 산실된다는 것을 깨닫고 방법을 강구해 가장 안전한 곳에 보존해야 하며, 다른 한편으로 일국의 학술자료는 마땅히 그 나라 국민과 함께 공유해야 한다. 서로 도와 함께 모색하며 이 수요에 부응하는 사람에게는 반드시 길이 열릴 것이다.

46 천일각은 1561년 范欽이 자기 고향 저장성 寧波에 세운 장서각이다. 강운루는 청대 錢謙益이 장쑤성 常熟에 세운 장서각이다. 백송전은 청 건륭-가경연간 黃丕烈의 장서재로, 송대 문헌이 백 종을 넘는다 해서 얻은 이름이다. 옮긴이 주.

제5장 사료의 수집과 감별

앞 장에서는 여러 가지 사료들에 대해 말했는데 그 초점은 사료의 출처 혹은 소재에 있었다. 그러나 이런 사료들은 이곳저곳에 흩어져 있기 때문에 정밀하고 명민한 방법으로 수집하지 않으면 구할 수 없다. 또 참된 것과 거짓된 것이 뒤섞여 나오므로 엄밀한 선택을 거치지 않으면 적절한 사료인지 분간해 내기 어렵다. 그러기 위해서는 상당한 기술이 필요한데 이 장에서는 그에 관해 사료의 수집과 감별로 나누어 설명하겠다.

1. 사료를 수집하는 방법

보통의 사료는 이른바 옛 사서[舊史]에 잘 갖춰져 있으므로 특별한 수집이 필요하지 않을지도 모른다. 그러나 우리가 오늘날 구하려는 사료는 이것으로는 충분하지 않다. 무릇 사료란 왕왕 단지 한 개만 떼어서 놓고 보면 하찮은 것이고 비슷한 종류의 것을 여러 개 모아서 비교해 보면 한 시대의 상황이 꿈틀거리며 나타난다. 이는 마치 정원을 가꾸는 사람이 꽃을 한 그루만 심으면 볼만한 게 없고, 천만 그루를 옮겨 심어서 두둑을 이루면 눈이 어지러울 정도로 찬란하게 아름다운 것과 같다. 또 마치 동물학을 전공하는 학자가 표본을 수집할 때 조개 한 개와 매미 한 마리만을 가지고는 연구에 도움을 주기 부족하고 수천만 마리를 모으면 도움 되는 바가 무한한 것과 같다. 우리가 사료를 수집하는 것도 바로 이와 같다. 내가 일찍이 힘을 쏟았던 몇 가지 사례를 들어 보겠다.

① 나는 일찍이 춘추 이전 시기 부락의 분립 상황을 연구하려고 《좌전》과 《국어》에 이미 망한 것으로 기재된 나라들을 뽑아서 적어 보았더니 60여 개였다. 같은 방법으로 《일주서》에서 30여 개, 《한서》〈지리지〉와 《수경주》에서 70여 개 사례를 수집했다. 그리고 금문관식(金文款式) 중에서 90여 개, 기타 각기 다른 책에 산견되는 사례 30-40개를 모았다. 중복되는 것을 제외하고 하·상·주처럼 국명을 확인할 수 있는 것이 무려 300개 나라다. 황하 이남 강회(江淮) 이북에 위치한 나라가 거의 2/3이다. 그중 가장 조밀하게 집중된 것은 산둥성, 허난성, 후베이성이며, 당시의 3-4개 나라 국경 혹은 지금의 1개 현에 걸쳐 있는 경우도 있었다. 이를 그림으로 나타내면 고대사회의 구조가 오늘날과는 크게 다름을 알 수 있다.

② 나는 일찍이 중국이 인도와 문화교류를 한 자취를 연구하려고 중국인으로 인도에 유학한 인물에 관해 논구한 적이 있다. 일반인의 상식에 따르면 법현과 현장 등 몇 명에 불과하다. 내가 각종 전기를 세밀히 조사하여 계속 수집했더니 105명이고, 그 성명이 사라져 확인되지 않는 것이 82명, 합계 187명이었다. 처음에는 혜교(慧皎)의 《고승전》과 의정(義淨)의 《구법전》(求法傳)에 의거해 60-70명을 얻었고, 그것만으로도 예상 밖이어서 크게 기뻤다. 그런데 그 후에 책을 한 권씩 읽을 때마다 이런 예를 만나게 되었고 분류하여 기록했더니 수개월 후에 이 수치를 얻은 것이다. 나는 이들 180여 명에 대해 생몰연대,

적관(籍貫), 학업성적, 왕래한 경로 등을 조사해 각종 통계를 만들어서 중국-인도 간의 고대 교통 유적과 수당시기 학술·사상 변천의 원인을 규명할 수 있었다.

③ 나는 일찍이 중국인종(中國人種)의 변천과 혼합의 자취를 연구하던 중 역사서에서 우연히 모 황제 몇 년에 모처의 백성 약간 명을 모처로 이주시켰다고 기록되어 있는 것을 보았다. 그 문장의 표현이 극히 짧은 몇 마디로 되어 있어서 사람들의 주의를 끌기에는 턱없이 부족하였다. 이런 종류의 사례가 자주 눈에 띄게 됨에 따라 그것들을 모아서 적었더니 60-70개 정도 되었으나 여전히 미진하였다. 그중 이족(異族)을 이주시킨 사례가 비교적 많고 가장 오래된 것이 요순(堯舜) 시기의 분배삼묘(分背三苗, 苗族과 작별하다)이다. 본족(本族: 漢族)을 이주시킨 예도 왕왕 있으며 가장 대표적인 예가 한대에 6국 호족(豪族)을 관중(關中)에 이주시킨 것이다. 나는 이런 종류의 사실을 목도할 때마다 책을 덮고 '저 소민(小民)이 마침내 정부의 사민정책에 의해 마치 장기를 두듯이 우리 지역에 이주되었구나' 하고 크게 탄식하곤 했다. 그렇지만 다른 방향에서 보면 이 수억의 사람들을 뭉쳐서 하나의 민족으로 만드는 것이었으므로 그 간접적인 힘은 아마도 작지 않을 것이다. 나는 또한 각 사서와 전기 중에서 외국적관(外國籍貫)의 인물을 따로 조사한 적이 있다. 예컨대 흉노인 김일제(金日磾), 돌궐인 아스나충(阿史那忠), 위텐인(於闐人: 신장의 西夷族) 웨이츠징더(尉遲敬德), 인도인 아나러순(阿那羅順)과 중원에 들어와 주인이 된[入主中夏] 호족(胡族)의 군신(君臣)과 그 후예를 계통적으로 배열해 표를 작성함으로써 종족(種族) 혼합의 정황을 더욱 잘 보여 줄 수 있었다.

④ 나는 일찍이 6조와 당대의 조상(造像)을 연구하여, 초기에 만들어진 것은 대부분 석가모니상이고 그다음 시기에는 대부분 미륵상이었고 후기에 가서 비로소 아미타상과 관세음상이 만들어졌음을 발견

하고, 이로써 각 시대별 신앙 대상의 변천과 차이를 미루어 알 수 있었다. 그와 더불어 인도 교의(教義)의 변천도 대략 미루어 파악할 수 있었다.

⑤ 나는 이에 선학의 고증에 의거해 원대의 이른바 "에르케운"(也裏可溫)이 기독교(천주교)를 가리킨다는 것을 알았다. 그 후 《원사》와 원대의 비문 및 기타 잡서를 읽으면서 "에르케운"이란 글자가 나올 때마다 적어 두었다. 그것들이 모여서 100개가 넘었을 때 종합적으로 분석하여 당시 기독교 전파의 구역 및 정황을 파악할 수 있었다.

이상은 몇 개의 예를 든 것에 불과하다. 요컨대 나는 우리가 사료를 구하고자 하면 반드시 이와 같은 방법을 많이 이용해야 한다고 생각한다. 이런 방법은 청대의 경학자들이 아주 잘 활용한 바 있고 《경전석사》(經傳釋詞)와 《고서의의거례》(古書疑義擧例) 등이 그 대표적인 모범 사례이다. 다만 역사학 방면에서는 이 방법이 활용된 예가 극히 적다. 송대 홍매의 《용재수필》과 청대 조익의 《22사차기》는 이런 정신을 매우 잘 살린 예인데, 애석하게도 그 응용 범위가 좁다. 이 방법은 일반적으로 사람들이 주의하지 않는 곳에, 일반적으로 사람들이 사료로 여기지 않았던 것에 항상 주의를 기울이며, 그럴 때 우리는 기어코 그 사이에서 귀중한 사료를 찾아내게 된다.

이 방법을 응용하려면 무엇보다도 우선 두뇌 훈련을 능숙하게 하여 항상 예민한 감각을 유지하고 있어야 한다. 그래야 어떤 한 가지 사항이 내 눈앞에 나타날 때마다 항상 신기해하는 눈으로 그것을 맞이하고 특별한 관찰의 흥미를 불러일으킬 수 있다. 세계의 어느 해 어느 날에도 사과가 땅에 떨어지지 않은 적이 없지만 어찌하여 오직 뉴턴(Isaac Newton) 한 사람만 그것을 보고 중력을 발견할 수 있었겠는가? 세계의 어느 해 어느 날에도 끓는 물을 병에 담지 않은 적이 없지만 어찌하여 와트(James Watt) 한 사람만 그것을 보고 증기기관을 발명할 수 있었겠는가? 이는 모두 예민한 감각을 갖고 특별한 관찰을 했기 때문이다.

두 번째로는 번거로움을 견뎌 내야 한다. 어떤 한 가지 사항과 마주칠 때마다 나는 그것을 마땅히 연구할 만한 가치가 있는 문제로 여기고 철저하고 정밀한 연구를 진행하였고, 동일한 종류나 비슷한 사항들을 수집하여 종합적으로 분석·비교하였으며 그 진상을 파악할 때까지 계속하였다. 이런 종류의 연구방법은 극히 많은 수고를 필요로 하며 그 소득은 극히 적다는 것을 알아야 한다. 예컨대 내가 앞에서 말한 ①항에서 그 목적은 "춘추시대 전반기에는 부락식의 국가들이 극히 많았다."라는 짧은 결론을 구하는 것에 불과했다. 또 ②항의 목적은 "6조와 당 시기에는 중국인의 인도유학 풍조가 극히 번성하였다."라는 짧은 결론을 구하는 데 있었을 뿐이다. 결론은 겨우 10여 자이지만 연구자는 매번 1년 혹은 수개월간의 정력을 쏟아야 했으니 너무 수고스럽지 않은가? 어떤 학문이든 과학적 연구법을 활용할 경우 모두 이와 같다. 진실로 그렇게 하지 않는다면 그것은 과학적이라 할 수 없으며 오늘날의 세상에서 학문이라 칭할 수도 없다. 우주 간의 과학 중 어느 하나라도 괴로운 노고를 무한히 쏟아 넣지 않고서 몇 마디의 결론을 얻어 낸 예가 있는가? 다윈(Charles R. Darwin)은 수십 년간 할미새를 기르고 과실나무를 심고 수십만 자의 책을 썼는데, 그 결과 겨우 "물경천택(物竟天擇, 자연도태), 적자생존(適者生存)"이란 여덟 글자를 우리에게 남겨 주었을 뿐이다. 그러나 19세기의 학계에서 이 여덟 글자를 빼 버린다면 과연 그 정황이 어떠할지 생각해 보라. 중국 역사학계는 고대 이래 아직 과학적 연구의 1단계도 통과하지 못했다. 만일 오늘날 1년간의 연구결과가 장차 학교 역사교과서의 한 구절로 채택될 수 있다면 그것만으로도 나의 바람은 이에 충족되었다고 여길 것이다. 이것이 바로 역사 연구자가 마땅히 가져야 할 각오이다.

특히 일종의 소극적 성질을 가진 사료가 매우 중요하다. 어느 시대에 어떤 종류의 현상이 있다고 말해 주는 것은 적극적 사료이고, 어느 시대에 어떤 종류의 현상이 없었다고 말하는 것은 소극적 사료이다. 그 예를 들어 보자.

① 우리는《전국책》을 읽고《맹자》를 읽을 때 황금 약간 일(鎰, 중량 단위로 20兩을 가리킴)이 1문(文, 동전 한 닢을 文이라 함)과 같다는 표현을 자주 보게 되며, 이를 통해 당시에 이미 금속이 화폐로 사용되었음을 확실히 알 수 있다. 그러나 한자 중에 재화와 관련된 글자는 모두 조개패(貝)변에 쓰지 쇠금(金)변에 쓰지 않으며 이로써 고대 교역의 매개물은 조개껍질이지 금속이 아님을 알 수 있다. 더 나아가 종과 솥의 관식을 연구해 보면 貝변을 사용해 기재된 일은 극히 많으나 金변을 사용해 기재된 일은 하나도 없으며,《시경》 역시 그러하다. 은허에서 발굴된 고대 유물 중에도 패폐(貝幣)는 있으나 금폐(金幣)는 없는데, 이로써 서주 이전에는 금속을 화폐로 사용하지 않았음을 대략 추론할 수 있다. 한 걸음 더 나아가《좌전》,《국어》,《논어》 등을 연구해 보면 금속을 화폐로 사용한 흔적이 전혀 없다. 이로써 우리는 마침내 대담하게 "춘추 이전에는 아직 금속 화폐가 사용되지 않았다."라는 결론을 내릴 수 있다. 만약 좀 더 신중을 기한다면 최소한 "춘추 이전에는 아직 금속화폐가 통용되지 않았다."라는 결론을 내릴 수 있다.

② 중국에서는 종이가 발명되기 전에는 문자를 모두 "죽간이나 비단에 썼다." 그러나《한서》〈예문지〉의 각 서목(書目)은 편수를 기재한 것이 70-80%이고, 권수를 기재한 것이 겨우 20-30%뿐인데, 권수를 기재한 것은 대부분 한대 중엽 이후의 저술이다. 이로써 비단이 (책을 만드는 데) 쓰인 시점은 매우 늦다는 것을 추정할 수 있다. 또한《사기》와《한서》에 따르면 당시 법령 · 공문 · 개인서신의 90%는 죽간이나 목간에 쓰였고 당시 대나무가 비단보다 훨씬 광범하게 활용되었음을 알 수 있

다. 또 최근 발견된 유사추간(流沙墜簡, 1900년대 둔황 부근에서 발견된 한대의 木簡)을 가지고서는 거기에 비단류의 재료가 사용된 것은 왕망의 신(新)나라 이후이며 종이류의 재료가 사용된 것은 양진(兩晉) 이후임을 증명할 수 있다. 이로써 "전국 이전에는 문서를 등사(謄寫)할 때 비단·종이류가 사용되지 않았고 양한(兩漢) 때 사용되기 시작했으나 아직 성행하지는 않았다."라는 가설을 세울 수 있다. 또는 "위·진 이후 죽목간독(竹木簡牘)의 사용은 급속히 사라졌다."라는 가설을 세울 수 있다.

③ 우리가 역대 《고승전》을 읽으면 당 이전 여러 승려의 중요한 사업을 보게 되는데, 대체로 무슨 경(經) 무슨 논(論) 약간 권을 번역했다거나, 무슨 경 무슨 논 약간 편(遍)을 강(講)하였다거나, 또는 무슨 경 무슨 논을 위해 주소(注疏) 약간 권을 지었다고 기재되어 있다. 그런데 송 이후 여러 승려의 전기 중에는 이런 종류의 기사가 전혀 보이지 않고, 다만 어떻게 동철심원(洞徹心源, 길을 꿰뚫어 이해하다)하다거나 어떻게 기봉경오(機鋒警悟, 날카롭고 기민하게 깨닫다)했다고만 기술되었다. 이로써 "송 이후 승려는 학문을 강하지 않았다."라는 결론을 내릴 수 있다.

④ 우리가 청대 도광(道光) 및 함풍(咸豊) 이후 중외교섭 당안을 검토해 보면 교안(敎案)에 관한 것이 60-70%에 이름을 깨닫게 된다. 또 당시 사대부의 시사관련 논저도 역시 교안을 극히 큰 문제로 여기고 있었다. 그런데 광서(光緖)연간에서 선통(宣統)연간으로 넘어가는 시점에 이르면 이른바 교안은 날로 줄어들었다. 민국 성립 이후에는 거의 없어졌다. 이로써 "의화단 사건 이후 중국인민과 기독교가 서로 적대하는 현상은 거의 사라졌다."라는 결론을 내릴 수 있다.

이상은 모두 소극적 사료의 예들이다. 이들 사료는 그 중요성의 정도 면에서 적극적 사료보다 못하지 않다. 후대의 극히 일반적인 현상이 왜 그 이전에는 발생할 수 없었는지, 이전에는 극히 일반적이었던 현상이 왜 시간이 지난 후 갑자기 멸절되는지, 그 사이에는 왕왕 극히 중대한 역사적 의의가 내포되어 있거니와 만일 이를 소홀히 하여 간과한다면 역사의 진정한 모습을 온전히 재현할 수 없다. 이들 사료는 역사적 사실이 없는 것을 역사적 사실로 여기는데, 이는 마치 작곡자가 소리 내지 않는 곳에 음절을 두고 서화를 짓는 사람이 필묵을 대지 않은 곳에서 생동감을 느끼게 하는 것과 같다. 그러나 그것은 반드시 없는 곳에서 구해야 하기 때문에 주의할 수 있는 사람이 극히 드물다.

우리가 간절히 구하고자 하지만 실제로 거의 구할 수 없는 사료도 있다. 가령 어느 시대 중국의 인구가 얼마인가 하는 문제는 일체의 역사적 사실을 연구하는 데 있어 중요한 기초이다. 이는 우리가 매우 알고 싶은 바이지만 불행하게도 우리의 바람을 충족할 방법이 없다. 중국에는 통계가 없었고 현재의 인구수조차 정확히 파악할 수 없으니 하물며 고대의 인구를 어찌 파악하겠는가? 각 사서의 식화지와《문헌통고》등에 비록 간간이 기재된 것이 있으나 우리는 결코 그것을 감히 믿을 수 없으며 그 기재된 내용이 끊겼다 이어졌다 해서 각 시대를 두루 갖추지 못했으니 우리가 수집할 수 있는 길은 거의 막혀 버렸다. 또한 각 시대 물가의 비율도 우리가 극히 알고 싶은 바이다. 그러나 그 기재 상태의 부실함은 인구의 경우보다 더 심하고 게다가 각 시대에 가치표준으로 사용된 화폐의 종류가 복잡하고 수시로 변하였기에 우리가 수집할 수 있는 길은 더욱더 없다.

이런 종류의 사항에 대해서는 사료가 없다고 말해도 좋다. 그렇다 하더라도 우리는 완전히 절망할 수 없다. 인구 문제를 가지고 말하면, 우리는 각 사서의 본기와 식화지에 기재된 내용을 바탕으로 가설을 세운 후, 각 지리지에 나뉘어 기재된 각 지방의 호구수를 더하고, 다시 상거의《화양국지》나 범성대(范成大)의《오군기》(吳郡記) 같은 지방지에 특별히 상세히 기재된 내용을 더해 이들을 종합해 비교 검토해 볼 수 있다. 또 각 정사와 잡사 및 필기 중의 공문서든 담화(談話)

든 인구수에 관해 언급된 모든 내용들, 예컨대 《좌전》의 "위(衛)나라 대공(戴公)시기에 백성은 5,730명이다."라는 기록과 《전국책》에 나오는 소진(蘇秦)이 제(齊) 선왕(宣王)에게 "린쯔(臨淄, 산동성의 현 이름)는 7만 호이고 각 호에는 3명의 남자가 있다."라고 한 말 등 인구와 관련된 문구를 남김없이 하나하나 초록한다. 또 각 시대의 징병제도와 인구계산제도를 하나하나 연구하고 각 시기의 실제 병력수 및 조세액과 더불어 추산해 본다. 이렇게 하여 비록 정확하다고는 할 수 없지만 적어도 결국에는 한두 시대의 한두 지방에 관해 비교적 실상에 가까운 자료를 얻을 수 있을 것이고 그런 후에 이를 기초로 삼아 각 시대 각 지방의 그에 상당하는 비례를 구한다. 만일 이와 같은 수고로움을 무릅쓰고 한바탕 힘을 쏟을 수 있는 사람이 있다면 역사상 인구에 대한 우리의 지식은 오늘보다 반드시 진보할 것이다.

물가문제는 비록 그보다 더 복잡하지만 이 방법을 사용해 구하면 소득은 틀림없이 적지 않을 것이다. 그러므로 사료가 완전히 멸절된 사항의 경우, 우리가 그것이 없다고 믿지만 실은 남겨진 것이 적고 수집하기가 어렵다는 것을 말할 뿐이다. 특히 반드시 알아야 할 것은, 이런 종류의 사료를 한두 개만 열거해서는 결코 아무런 의미도 가치도 없다고 할 수 있으며, 그 가치는 오직 널리 수집해서 비교할 때에만 발생한다는 사실이다.

이상 열거한 사례들은 모두 내가 앞에서 말한 추상적 사료이다. 그러나 구체적 사료도 이 방법으로 구할 수 있다. 한 인물의 언행이나 한 사건의 시말에 관해 정사에서 찾을 수 있는 사료는 극히 부족하지만 위와 같은 방법으로 힘써 수집하면 그 소득은 의외로 풍부하다. 예컨대 《사기》의 묵자에 관한 서술은 겨우 24자이며 해당 구절은 다음과 같다. "묵적(墨翟)은 송의 대부인데 수비[守禦]를 잘하여 물자를 절약했다. 어떤 사람은 그가 공자와 같은 시대 사람이라 하거나 그 이후의 사람이라 한다."(《史記》〈孟子荀卿列傳〉) 묵자에 대한 사료는 이처럼 극히 부족했는데, 2천 년 후에 출생한 손이양(孫詒讓)은 수천 자에 달하는 《묵자전》을 썼으며 그 내용이 풍부하며 상세하고 확실하다(《墨子閑詁》를 보라). 또 다른 예로 주 선왕이 엄윤을 정벌하는 전역에 대해서 보면, 《시경》·《사기》·《죽서기년》에 서술된 내용은 겨우 몇 마디일 뿐이지만 3천 년 뒤에 출생한 왕궈웨이(王國維, 1877-1927)는[1] 그 장수·전선·전황을 상세히 고증하여 마치 그림처럼 역력히 서술하였다(〈雪堂叢刻〉을 보라). 이는 그가 특별한 재주를 갖고 있어서 가능했던 게 아니고 남들도 누구나 다 보지만 무심코 지나친 사료를 광범하게 샅샅이 수집하는 기술이 그만큼 뛰어났기 때문에 이룩한 성과일 뿐이다. 또 나침반은 중국인이 발명한 것으로 서양 역사에서 칭찬을 받았지만, 그것의 내력과 연혁에 대하여 중국인이 할 수 있는 말은 극히 적다. 미국인 히르트(Freidrich Hirth)는 《중국 고대사》라는 저서에서 그에 관해 극히 상세히 고증하였다.[2] 거기에 인용된 자료를 열거하면 다음과 같다. 《한비자》(韓非子), 《태평어람》에 인용된 《귀곡자》, 《고금주》(古今注), 《후한서》〈장형전〉(張衡傳), 《송서》〈예지〉, 《남제서》〈일행전〉(一行傳), 《격치경원》(格致鏡原)에 인용된 《본초연의》(本草衍義), 《몽계필담》(夢溪筆談), 《조야첨재》(朝野僉載), 《평주가담》(萍洲可談), 《도서집성》

1 왕궈웨이는 청말-민국 초의 사상가, 문학가, 역사가로 갑골학, 둔황학, 금석학, 역사지리학 등 다방면에 조예가 깊었다. 1898년 상하이의 東文學社에 입학하여 羅振玉의 가르침을 받고 그의 지원으로 일본유학을 다녀온 이래 줄곧 국학연구에 매진하였다. 1925-27년 베이징의 칭화대학 교수로 재직하며 梁啓超, 趙元壬, 陳寅恪과 함께 중국 안팎으로 이름을 떨친 칭화대학 국학연구원의 4대 명교수로 꼽혔다. 옮긴이 주.

2 히르트(1845-1927)는 독일 출신으로 코타(Cotha) 등지에서 공부한 후 1870-1897년 중국 海關에 근무했고 1902-1917년 미국 컬럼비아대학교 교수를 지냈다. 주요 저서로 《중국과 로마동방》, 《중국연구》, 《중국고대사》 등이 있다. 미국에 있을 때, 미국 시민권을 획득한 독일계 미국인이었을 가능성도 있지만 한 인명사전은 그를 독일인으로 간주하였다. 《外國人名辭典》, 上海: 上海辭書出版社, 1988, 409면. 옮긴이 주.

〈차여부〉(車輿部) 등이다. 이상의 자료가 충분한지의 여부는 비록 단언할 수 없지만 우리가 그것들을 읽어 보면 나침반의 연원에 대하여 비교적 명확한 관념을 얻을 수 있다. 이런 자료는 중국의 고문헌 중에 분명히 현존하지만 학자의 괴롭고 수고스런 수집을 거쳐서만 얻을 수 있을 뿐 일반인이 탐지해 내기는 어렵다.

옛 사서에 전혀 기재하지 않았거나 누락된 사실 중 광범한 자료 수집과 방증에 의해 뜻밖에 발견된 경우도 있다. 예컨대 당말 황소의 난은 외국 교민을 대량으로 참혹하게 살해했기에 천 년 전의 의화단 난이라 할 수 있다. 그런데 옛 사서는 이에 대해 단지 "오두막집을 불사르고 풀을 베듯 사람을 죽였다."라는 한 마디 말로 서술했을 뿐이어서 달리 증거가 없다. 그런데 10세기 초 아랍인이 지은 《중국견문록》에 "Gonfu라는 곳이 있었는데, 이는 상선(商船)이 모여드는 곳이다. … 기원 264년 반란을 일으킨 Punzo가 Gonfu를 함락하고 이슬람교도·기독교도·유태인·페르시아인 등 12만 명을 죽였다. … 그 후 다섯 왕조가 서로 다투는 난리가 발생하여 무역은 두절되었다. …"라고 기록되어 있다. 유럽인은 이 기록을 처음 번역해 읽을 때 이른바 "Gonfu"가 어디인지 "Punzo"가 누구인지 알지 못했다. 동서양 학자의 세밀한 고증을 거친 끝에 이슬람력 264년은 경교(기독교) 기원 877-878년, 곧 당 희종(僖宗) 건부(乾符) 4-5년에 해당하며 바로 그해 황소가 광저우(廣州)를 노략질했음을 알게 되었다. 광저우란 중국 광둥인이 지금도 "광푸"(廣府)라고 부르는 곳이니, "Gonfu"는 곧 "廣府"의 음역 표기이며 "Punzo"는 틀림없이 황소임을 알 수 있다.[3] 우리는

3 구와바라에 따르면, 《중국견문록》(저자는 아랍인 Abou Zeyd)에 Gonfu라는 지명과 Punzo라는 인명은 보이지 않으며, 각각 Khanfou(Khanfu)와 Banschoua의 오기라고 한다. 桑原騭藏, 앞의 글, 15면. 옮긴이 주.

이 한 단락의 기록을 통해 극히 중요한 역사상의 새로운 지식을 얻을 수 있다. 즉 피살된 외국인이 12만 명이나 될 정도로 많았으니 당시 중국에 와서 살고 있던 외국인이 얼마나 많았는지를 짐작할 수 있다는 것이다.

우리는 이로부터 말미암아 연구해야 할 문제들을 다양하게 제기할 수 있다. 첫째, 당시 중국과 외국의 통상은 어째서 그토록 번성했는가? 둘째, 통상 항구는 광저우에만 있었는가, 다른 곳에도 있었는가? 그 발달 정도를 비교하면 어떠한가? 셋째, 우리는 당시 "시박사"(市舶司)라는 것이 있었음을 떠올리는데 그 기원은 언제이며 그 조직은 어떠하고 그 권한은 어떠한가? 넷째, 통상의 결과 전 국민의 생계에 미친 영향은 무엇인가? 다섯째, 관세제도는 어떠하였는가? 여섯째, 오늘날의 이른바 영사재판권 제도라는 것이 당시에도 존재하였는가? 일곱째, 당시에 외국인만 중국에 와서 거주했는가, 아니면 중국인이 그 틈을 타고 밖으로 발전하였는가? 여덟째, 수많은 외국인이 중국에 와서 살았던 만큼 그들과 중국인 간의 혼합의 관계는 어떠한가? 아홉째, 서양인이 말하는 '중국의 3대 발명'인 나침반·제지·화약이 유럽에 유입된 사실과 그것들의 역사적 자취와의 관계는 어떠한가? 등등.

우리가 진실로 이러한 경로를 따라 연구를 진행할 수 있다면 한 가지 사항의 역사적 사실을 발견함으로써 무수히 많은 역사적 사실의 발견을 연쇄적으로 촉발시킬 수 있다. 이런 종류의 이미 유실된 역사적 사실은 비록 대부분 우연히 구해질 수 있는 것이 아니지만 우리는 끝내 어느 한 곳도 빠뜨리지 않고 도처에 주의를 기울여야 하며 마주치는 사항마다 결코 그냥 지나치지 말아야 한다. 그리고 이처럼 유실된 역사적 사실은 외국인의 기록 속에만 있는 게 아니라 중국의 오래된 종이 더미 속에도 적지 않게 존재하며 그것을 찾아내는가의 여부는 학자들이 특별한 관찰을 할 수 있느냐 없느냐에 달려 있다는 것을 알아야 한다.

사료에는 옛 역사가에 의해 그 증거가 고의로 인멸되거나 교란된 것들도 있으며, 이런 경우를 만날 때에는 역사가가 특별히 증거를 찾아내어 그것을 보충하거나 바로잡아야 한다. 명대의 진정(陳霆)은 당 희종(僖宗)이 말에 밟혀 죽었고 송 태종이 화살에 맞아 생긴 종기 때문에 죽었다는 사실을 밝혀냈는데, 이 두 가지 일에 대해서는 어느 사서도 비밀로 붙이고 일절 말하지 않았다. 진정은 전자를 《행촉기》(幸蜀記)에 의거해 고증하고 후자를 신종(神宗)이 등장민(滕章敏)에게 한 말에 의거해 고증하였다(《兩山墨淡》 권14). 전자는 역사상 별 가치가 없는 일이어서 고의로 은폐된다 해도 애석해할 필요가 없다. 그러나 후자는 태종이 거란 정벌에 나섰다가 포로가 되어 패한 후 부상당한 채로 돌아왔으나 졸지에 종기가 생겨 죽었는데 이는 실로 송대의 매우 큰 사건이다. 그 후에 잇따른 전연의 맹약[澶淵之盟], 변법논쟁, 정강의 화[靖康之禍]가 모두 이것과 직간접적으로 관련되어 있기 때문이다.[4] 만일 이 사실이 인멸되면 원인과 결과의 계통이 문란해진다. 각 사서에서 이와 같은 사례를 뽑아 보면 적지 않고 단지 한두 사건에 대해서만 그러한 것이 아니라 관찬 사서가 통째로 개찬된 경우도 왕왕 있다. 《송신종실록》은 일록(日錄)과 주묵본(朱墨本)이 있는데,[5] 조정의 신료

---

4 전연의 맹약은 1004년 송과 거란족의 遼가 황하 북안의 전연에서 맺은 평화조약. 강성해진 요가 고려를 굴복시킨 후 장성을 넘어 남하하여 연운16주를 점령하자 송이 이에 맞서 대치하다가, 형제관계를 맺고 송이 요의 점령지를 인정하고 매년 비단 20만 필과 은 10만 냥을 주며 국경지대에 互市를 열어 주었다. 변법논쟁은 그 후 송의 왕안석이 국력을 증강하기 위해 변법개혁을 시도하자 기득권 세력이 반발하면서 일어난 논쟁이다. 정강의 화(또는 變)는 정강연간(1126-1127) 여진족의 金이 송의 수도 카이펑을 침략하여 휘종과 흠종을 비롯한 3천여 명을 포로로 잡아가 송의 멸망을 초래하였다. 옮긴이 주.

5 원래 범조우가 편찬한 실록을 장돈과 채변이 개정한 후 범조우의 아들 범충이 다시 개정했

들이 당파적 견해에 따라 각자 임의로 개찬하여 동일한 사건에 대하여 서로 다르게 심지어 상반되게 서술하였다(清 蔡鳳翔,《王荊公年譜》 권24 神宗實錄考를 보라).

청대에 와서는 이런 경향이 더욱 심해졌다. 청조정은 건국 당시의 악행을 감추려고 여러 차례 실록을 스스로 고쳤다. 예컨대 실록의 고본(稿本) 중 왕선겸(王先謙, 1842-1917)의 《동화록》(東華錄, 청초~10대 동치제까지의 실록)에 수록된 것과 장량기(蔣良騏, 1723—1790)의 《동화록》(청초~5대 옹정제까지의 실록)에 수록된 것이 있는데 둘 사이의 차이가 매우 크다. 전자는 건륭연간에 여러 차례 고쳐진 것이고 후자 역시 전자보다 단지 한 번 덜 고쳐졌을 뿐이다. 그러므로 태종의 황후가 섭정왕에게 시집가고 세종이 은밀하게 탈적(奪嫡, 서자가 적자의 상속이나 지위를 가로채는 것)을 도모한 것 등 궁정 내의 비밀을 깊이 숨긴 것은 말할 나위도 없다. 청초에 발생한 각종 대규모 옥사(獄事)의 흔적도 숨겼지만 비밀이 유지되기는 어려웠다. 예컨대 순치(順治) 18년(1661)의 "강서주소안"(江西奏銷案)으로 일시에 전 현직 관료 10여 명이 살해되고, 4,5백 명이 체포되고, 1만 3천 명이 파직되었으며 그로 인해 사대부의 기개가 역사상 유례가 없을 정도로 가혹하게 짓밟혔지만 관찬 사서에서는 그에 관한 흔적을 찾아볼 수 없다. 오늘날의 멍싼(孟森, 1869-1937)은 수십 종의 문집·필기 등에 의거해 비교 검토한 결과 사건 전체에 대한 믿을 만한 역사서를 펴내었다(《心史叢刊》 제1집을 보라). 무릇 사료가 우연히 산실된 것은 찾아서 보충하기가 비교적 쉬우나, 고의로 인멸되거나 왜곡된 것은 다루기가 더욱 어려울 수밖에 없으며 그에 대한 보충과 교정은 학자의 정찰(偵察) 능력이 어느 정도인가에

는데, 그때 기존 본에서 남겨 둘 부분은 검은색, 자신이 첨가한 부분은 붉은색, 삭제할 부분은 노란색 글씨로 적어서 모두 남겼다. 이를 주묵본이라 한다. 옮긴이 주.

달려 있다.

오늘날 역사가의 가장 큰 책임은 이 장에서 말하는 각종 특별한 사료를 수집하는 데 있다. 이런 종류의 사료가 유럽 각국의 역사에서는 이미 선배들에 의해 70-80% 수집되어 있으므로 지금의 역사가는 그것을 바탕으로 자신만의 독특한 역사적 통찰력[史識]을 운용하여 비판적으로 해석하는 일을 소중히 여길 따름이다. 중국 역사에서는 이런 단계를 아직 거치지 못해 정당하고 충실한 사료가 없으니 도대체 무엇에 의거해 비판적 독해를 하겠는가? 내키는 대로 비판을 하면 한 마디 한 마디가 모두 틀린 이야기가 될까 염려된다. 그러므로 나는 이 장에서 이 점을 특별히 중시하였다. 그 밖의 일반적인 사실의 경위에 대해서는 옛 문헌에 기록되어 있어서 자료 수집이 어렵지 않으며 연구자가 어떻게 그것을 취사선택하는가가 관건이다.

2. 사료를 감별하는 방법

사료를 다룰 때에 우리가 중시하는 것은 진실여부이다. 진실이 아닌 것에는 잘못된 것[誤]과 거짓된 것[僞]의 두 종류가 있다. 잘못을 바로잡고 거짓을 가려내는 것이 바로 감별이다. 명백히 사실(史實)이 아닌데도 세상 사람들이 사실로 오인하는 것이 있다. 임의로 한 사람을 붙잡고 '오늘날의 만리장성은 어느 시대의 유물인가?' 물어보라. 그 사람은 반드시 오래 생각할 것도 없이 곧바로 진시황 때라고 답할 것이다. 이 답이 최소한 대부분 틀리거나 결국에는 전부 틀렸다는 것을 모르는 것이다. 진시황 이전에 연(燕)의 장성, 조(趙)의 장성, 제(齊)의 장성이 있고, 진시황 이후에는 북위의 장성, 북제의 장성, 명의 장성이 있으며 이에 관해서는 각종 역사서에 서술되어 있다. 기타 각 시대에 소소하게 증축한 것도 많다. 각 성의 길이를 일일이 재어서 세밀하게 비교해 보면 진나라 때의 성이 차지하는 길이는 단지 작은 일부분일 뿐임을 알 수 있거늘 어찌 성 전체를 들어 진에게 갖다 붙일 수 있겠는가? 이 작은 일부분조차 진의 유적인지 아닌지 여전히 논란거리여서 더욱 그렇다.

이 문제를 해결하려 할 때 관건은 진대의 축성이 벽돌을 사용한 공법인지 판축(版築)을 사용한 공법인지를 고증하는 데 있다. 나는 이 일에 관해 비록 확증을 갖고 있지는 않지만 판축 공법은 지금으로부터 가까운 후대의 것이라고 추정한다. 만일 그렇다면 현존하는 성은 1척 1촌도 진대의 유적이 아닐 수 있다. 또 다른 예로, 일반적으로 사람들은 도교의 교주를 말할 때마다 늘 노자가 교주라고 말한다. 노자가 남긴 5천 자의 저서를 읽어 보면 후세 도교의 각종 기만적인 주장과 아무런 상관이 없다. 한 초기의 군신(君臣)인 두후(竇後)·문제(文帝)·조참(曹參) 등과 저술가인 유안(劉安)·사마담(司馬談) 등이 연구한 노자의 도가언(道家言)은 후세의 도교(道敎)와 털끝만큼이라도 비슷한 점이 있는가? 도교의 기원은 각종 역사서에 분명하게 나와 있으니 예컨대《후한서》〈양해전〉(襄楷傳)에 기재된 양해의 일과 궁숭(宮崇)·우길(于吉) 등의 일,《삼국지》〈장로전〉(張魯傳)에 기재된 장로의 조부 장릉(張陵)·부친 장형(張衡)과 낙요(駱曜)·장각(張角)·장수(張修) 등의 일은 그 요망한 선동과 전파의 자취를 역력히 보여 주는데, 이것은 주대에 지어져 역사로 보존된 노자와 털끝만큼의 관계도 없다.

이러한 일들은 본래 비교적 잘 갖춰진 사료가 있어서 반증(反證)할 수 있지만 세상의 풍속이 쉽게 잘못에 이르는 것은 실로 심리상 일종의 환상에 뿌리를 두고 있다. 장성에 대해 말할 때마다 진시황을 연상하고, 도교에 대해 말할 때마다 노자를 연상하는 식이다. 이는 사료의 잘못이 아니라 우리 자신의 잘못이며 그로 인해 사료를 잘못 날조하는 셈일 따름이다. 우리가 만일 감별 능력을 양성하고 싶다면 반드시 이러한 심리상의 누습을 깨끗이 씻어 내고 그런 후에 보통 사람들이 의심하지 않는 점에 대해 의심해 보아야 하며 평소에 문제가 되지 않았던 사항에 대하여 문제를 제기할 수 있어야 한다. 무릇 학문의 길에서는 의심을 가진 연후에 비로소 새로운 문제가 생겨나고, 새로운 문제가 생긴 연후에 비로소 연구가 있으며 연구가 있은 후에 비로소 새로운 발견이 있는 것이다. 모든 학문이 다 그러하며 역사의 연구는 그중의 하나일 뿐이다.

앞에서 열거한 사례들은 내가 국부적 환각이라 일컫는 것이며 그 밖에 일반적 환각도 있다. 오늘날에 전해진 모든 역사적 사실은 대체로 언제인가 누군가의 구전이나 서술을 통해 그 개요가 파악된다. 각 시대마다 사람들의 심리가 다르고 관찰점도 그에 따라 다르며, 각종 역사적 사실은 시대가 바뀔 때마다 새 시대 사람의 뇌리 속에서 여과되어 자기도 모르는 사이에 문득 미세한 질적 변화를 일으킨다. 마치 긴 강의 물이 발원지로부터 바다에 흘러 들어가는 동안 거쳐 가는 땅과 받아들이는 물에 함유된 각종 잡다한 광물로 인해 그 색깔과 맛이 변화하는 것과 같다. 그러므로 심리상의 역사적 사실은 원시 상태의 역사적 사실로부터 벗어나 그 본래의 모습을 상실한 경우가 왕왕 있다. 예컨대《좌전》에 나오는 이른바 5대전역 즉, 홍(泓), 청푸(城濮), 안(鞌), 삐(邲), 얜링(鄢陵)에서의 싸움은 우리 뇌리에 지금까지도 심각한 인상을 남겨 우리는 그것을 중국 역사상 규모가 굉장히 큰 전역으로 느끼고 있다. 그러나 기실 역사서의 기록을 자세히 조사해 보면 5대전역은 단지 하루 만에 끝났을 뿐이며 그 전선도 100리를 넘은 것이 거의 없으니 두 마을 간의 계투(械鬪, 동족 부락 간의 무력 충돌)에 비길 만하다. 우리는 걸핏하면 그것을 후세의 국제적 대전쟁과 동일시하곤 하는데, 이는 본래《좌전》의 문장이 아름답고 지나치게 겉치레를 중시한 서술로 채워져 있어 독자의 의식을 부풀린 결과이다. 또 다른 면에서는 2천 년 후에 태어난 우리가 습관적으로 근세의 이른바 국가나 전쟁이란 이러 저러하다고 여기면서 걸핏하면 오늘을 기준으로 옛날을 판단할 뿐 동일선상에 놓고 비교할 수 없음을 모른 때문이다. 무릇 화폐교역이나 신용교역의 시대에 살면서 실물교역 시대의 역사적 사실을 말하고, 토지사유의 시대에 살면서 토지공유 시대의 역사적 사실을 말하고, 군현관치(郡縣官治)나 도시자치의 시대에 살면서 봉건시대나 부락시대의 역사적 사실을 말하고, 평민자유의 시대에 살면서 귀족시대나 교권(教權)시대의 역사적 사실을 말할 경우 모두 가장 쉽게 이런 환각을 불러일으킨다. 일단 환각이 일어나면 진상은 완전히 가려질 수 있으니, 이는 학문하는 사람이 가장 경계하고 두려워해야 하는 바이다.

사료가 잘못된 것이라든지 거짓된 것을 감별하는 가장 좋은 지름길은 하나의 극히 유력한 반증(反證)을 찾아 제시하는 것이다. 예컨대, 지금까지 줄곧 중국 불교의 기원은 한 명제(明帝) 영평(永平) 7년 사신을 파견해 서역의 36국을 거쳐 인도에 들어가서 불상과 불경을 구해 온 것이라고 말해져 왔다. 그러나 우리가 《후한서》〈서역전〉과 기타 여러 책에 의거해 보건대 서역 각국은 왕망 때부터 이미 중국과 통교가 단절되어 65년간이나 왕래가 없었고 명제 영평 16년에 이르러 비로소 통교를 재개하였으며, 영평 7년은 바로 서역이 흉노와 결탁해 중국을 노략질할 때임을 확실히 알 수 있으니 어떻게 사신을 파견해 그 나라들을 통과할 수 있었겠는가? 또 다른 예로, 상하이(上海)의 역사를 말하는 사람들은 그 시원을 전국시대 초나라의 춘신군(春申君) 황헐(黃歇)에게서 구하며, 따라서 그곳을 신장(申江)이라 부르기도 하고 황푸(黃浦)라 부르기도 하며 시에푸(歇浦)라 부르기도 한다. 그러나 근대의 학자가 각 방면에서 연구한 결과 상하이는 당 이전에는 아직 육지가 아니었음을 확실히 말할 수 있으니 어찌 2천여 년 된 춘신군의 고대 유적이라 할 수 있겠는가? 이와 유사한 예들은 그 반증력(反證力)이 매우 강해서 오직 하나의 반증을 얻는 것으로 이미 족하다. 진실로 반증에 대한 더 강력한 반증을 얻지 못하면 그 잘못과 거짓은 끝내 비호될 수 없다. 이는 마치 사람들이 직불의(直不疑)가 형수를 훔쳤다고 무고하자 "나는 형이 없다"고 말했을 때, 만일 직불의에게 형이 있다는 확실한 증거를 구할 수 없다면 형수를 훔친 문제는 이미 더 이상 토론할 여지가 없는 것과 같다.[6]

그러나 역사상의 사실은 모두 이와 같이 간단하며 쉽게 결말이 나는 것이 아니어서 그 일이 전혀 믿을 수 없음을 분명하게 알면서도 명확한 반증이 없어 뒤집지 못해 괴로워하는 경우도 왕왕 있다. 우리가 이런 종류의 사료에 대하여 취할 자세는 다음과 같다. 그 제1보로, 단지 소극적으로 의심하는 태도를 밝혀 진상이 은폐되지 않도록 해야 한다. 그 제2보로, 그로부터 우연히 파생되는 계기가 있으면 방향을 바꾸어 연구에 종사하여 가설을 세우고 향후의 재검토를 기다린다. 예컨대 옛 역사서에는 복희와 여와가 모두 머리는 사람이되 몸통은 뱀으로 묘사되어 있고, 신농(神農)은 소의 머리에 사람의 몸통으로 묘사되어 있고 치우(蚩尤)는 구리 머리에 쇠 이마로 그려져 있다. 우리는 오늘날 그에 대한 직접적인 반증을 끝내 구할 수 없지만 그들의 몸통·머리·이마 등은 우리의 그것과 동일하다고 확증할 수 있으며, 사리(事理)로 헤아려보아도 세상에는 이와 같은 생물이 결코 존재하지

6 한나라 때 그와 함께 기숙하던 이가 잘못하여 다른 사람의 金을 갖고 나갔는데 금을 잃어버린 이가 직불의를 의심하자 아무 말 없이 금을 사다 주었다. 얼마 후 금을 잘못 가져간 이가 돌아와 자신의 잘못을 고하고 금을 돌려주자 직불의에 대한 오해가 풀렸다. 옮긴이 주.

않는다고 단언할 수 있다. 또 다른 예로, 은의 시조 설(契)과 주의 시조 후직(後稷)은 옛 역사서에서 제곡(帝嚳)의 아이들이며 제요(帝堯)의 이복동생이며 제순(帝舜)의 신하라고 한다. 오늘날 우리는 그렇지 않음을 밝혀 줄 반증을 전혀 구할 수 없다. 비록 그렇지만 옛 역사서가 말하는 바에 따르면, 요(堯)는 70년간 재위하면서 순(舜)을 재상으로 등용하였고, 순은 요의 재상으로 28년간 일했으며, 요의 즉위는 반드시 곡(嚳)의 사망 이후이니, 설령 설과 후직이 모두 곡의 유복자라 하더라도 순이 즉위할 때에는 이미 100세가 되었을 터인데 어찌 더 이상 일을 맡아 볼 수 있겠는가?

요는 이처럼 훌륭한 동생을 갖고 있었으나 알지 못했으니 어찌 요라 하겠는가? 《시경》에 기재된 바에 따르면, 은나라 사람들이 설을 칭송해 말하기를 "하늘이 현조(玄鳥, 제비)에게 명하니 내려가서 상(商)을 낳으셨네."라고 하였다. 주나라 사람들은 후직을 칭송하여 말하기를 "맨 처음 백성을 낳은 분은 바로 강원(姜嫄)이시네."라고 하였다. 이 두 편의 시는 모두 조상의 덕을 과장하고 설과 후직을 존숭하려고 제곡에게서 나온 것으로 계통을 세웠다. 그러니 어찌 끌어다가 중시하지 않을 까닭이 있겠는가? 그러므로 우리는 비록 적극적인 반증을 가지고 후직과 설이 다른 누구의 아들임을 밝힐 수 없지만 최소한 소극적으로 그들이 곡의 아들도 요의 동생도 아니라는 것은 인정할 수 있다. 또한 옛 역사서에서는 주나라 무왕이 죽은 후 성왕(成王)이 뒤를 이었고 성왕의 나이가 어려서 주공(周公)이 섭정했다고 말한다. 오늘날 우리는 그렇지 않음을 밝힐 만한 직접적인 반증을 갖고 있지 않다. 그러나 옛 역사서에서는, 무왕이 93세에 죽었다고 기록되어 있으니 설사 그가 70세에 성왕을 낳았다 하더라도 성왕은 즉위할 때 이미 23세였을 터이니 어린 나이라 할 수 없다. 칠팔십 세에 아들을 낳는다는 것은 비록 생리상으로는 불가능하지 않지만 실로 드문 일이다. 우리는《좌전》에 의거해 성왕에게 한(邗), 진(晉), 응(應), 한(韓)의 네 동생이 있었음을 분명히 알 수 있다. 그렇다면 성왕은 맏이로서 손아래에 여러 동생들을 갖고 있으니 93세 된 늙은 아버지의 왕위를 계승할 때 아직도 어린 나이였다고 하는 것이 어찌 사리에 부합하겠는가? 극히 이해할 수 없는 일은 또 있다.《상서》〈강고〉(康誥)편은 강숙(康叔, 주나라 무왕의 동생)을 위(衛) 제후에 봉할 때의 책명(策命)인데 그 서두에서 "왕이 이렇게 말했다. '맹후(孟侯)는 짐의 동생인데 어린 아들[小子]에 봉(封)한다'."라고 하였다. 여기서 말하는 "왕"은 누구를 가리키는가? 무왕을 말하는 것일까? 위나라가 건국된 시절은 분명히 무왕 때가 아니다. 그렇다면 성왕을 가리키는 것인가? 강숙은 성왕의 숙부인데 어떻게 동생이라 하면서 "어린 아들"이라 부를 수 있겠는가? 그렇다면 무왕의 뒤를 이어 왕위를 계승한 사람은 성왕인가 아닌가? 주공은 섭정인가 아닌가? 혹은 다시 섭정에 나아갔는가? 우리는 크게 의심하지 않을 수 없다.

의심한 결과 새로운 이해가 나오는 것이다. 앞에서 첫 번째 예로 든 사람의 머리에 뱀의 몸뚱이를 가진 동물은 사리에 맞지 않는다. 그렇다면 왜 이런 전설이 있는 것일까? 우리는 복희와 신농 등이 모두 신화적 인물이지 역사적 인물이 아니라는 가설을 세울 수 있다. 모든 야만시대의 사람들은 환상세계와 실제세계를 명료하게 구별하지 못했으므로 어느 족속의 경우에도 최초의 역사에 등장하는 인물은 반신반인의 성격을 띠고 있다. 그렇다면 우리는 복희와 신농은 고대의 우리 족속이 제사지내던 신이며 사람의 머리에 뱀의 몸통을 한 동물은 환상 속의 신상(神像)이며 환상과 실제가 구분되지 않았기 때문에 일찍이 이와 같은 형상의 사람이 정말 있었던 것으로 구전되었다고 가정할 수 있다. 참[眞]이라고 하는 것은 본래 참이 아니고 거짓[僞]이라고 하는 것도 본래 사람들이 일부러 꾸민 것이 아니다.

앞에서 두 번째 예로 들었듯이 후직과 설은 곡의 아들이 결코 아니며 그가 누구의 아들인지 알 수 없다. 한대의 유학자들 사이에는 "성인(聖人)은 아버지가 없고 하늘과 감응하여 태어났다."라는 학설이 있었다. 그렇다면 후직과 설은 과연 아버지가 없는 것일까? 우리는 후직과 설은 아버지가 있기도 하고 없기도 하며, 그들은 모계시대의 인물이지 부계시대의 인물이 아니라는 가설을 세울 수 있다. 우리는 근대 구미 사회학자의 연구를 통해 사회진화의 단계상 모계가 먼저이고 부계가 나중이며, 고대에는 흔히 한 부락의 남자가 다른 부락의 여자들에 의해 공유되었고 한 부락의 여자는 다른 부락 남자들에 의해 공유되었다는 사실을 알고 있다. 그때 사람들은 "어머니가 있음을 알 뿐 아버지가 있음을 알지 못했다." 이는 알려고 하지 않아서가 아니라 도저히 알 수 없었기 때문이다. 설은 다만 자신의 어머니가 간적(簡狄)임을 알 뿐이었고 후직은 다만 자신의 어머니가 강원임을 알 뿐, 아버지가 누구인지 알 수 없었다. 이에 "새 알을 삼키고 낳았다"거나 "대인(大人)의 발자국을 따라가서 낳았다"는 등의 각종 신화가 생겨난 것이다. 그 후 부계시대가 되자 이제 자손은 아버지가 없음을 수치로 여기고 아버지를 찾으려 해도 못 찾으면 어느 고제(古帝)에 가탁하여 자신을 높였으니 이것이 "곡의 아들"이라는 주장이 나온 까닭이다. 아버지를 찾으려 해도 못 찾을 경우 더 이상 찾으려 하지 않고 생각을 바꿔 "하늘과 감응하여"라는 식으로 하늘에 가탁하여 스스로를 높였다. 그럼 이는 하늘과 감응하여 태어난 고대인이 반드시 성인인 것은 아니며 누구든지 그렇게 하였음을 모르고서 하는 말이다.

앞에서 세 번째 예로 들었듯이 성왕이 만일 무왕의 왕위를 계승했다면 그 나이는 결코 어리지 않았을 터이고 따라서 섭정도 필요하지 않다. 위나라의 강숙이 제후에 봉해졌을 때 그 왕은 확실히 강숙의 조카가 아니라 형이었다. 우리는 여기서, 무왕의 왕위를 계승한 자는 주공이지 성왕이 아니며 당시의 왕위계승법은 형이 동생에게 물려주는 제도[兄終弟及]이지 아버지가 장자에게 물려주는 제도[傳子立嫡]가 아니었다. 우리는 은대의 여러 왕들이 형제간에 왕위를 계승한 경우가 전체의 절반을 넘었으며 주나라 초에도 은의 제도를 이어받은 것이 사리에 부합한다는 것을 알고 있었다. 더구나《사기》〈노세가〉(魯世家)편과 비교해 보면 형제간에 왕위를 계승한 사례가 정말로 적지 않다. 그렇다면 주공이 무왕의 왕위를 계승하는 것도 당연하며 그 후의 "아들에게 왕위를 회복해 준다"[復子明辟]는 것은 특별히 창안된 새로운 제도이며 당시에는 아직 모두 알지 못했을 따름이다.

이상의 여러 사례는 잠시 가설로서 말한 것일 뿐 감히 정론(定論)이라 할 수 없으나 일종의 새로운 이해임이 분명하다. 그렇다면 오늘날 우리가 능히 이와 같은 새로운 이해를 할 수 있음에도 옛사람들이 그러지 못한 것은 무엇 때문인가? 단지 옛사람들의 사고가 환각에 의해 가로막혀 있었기 때문이다. 후세의 가족제도가 엄정한 사회에서 살아가는 사람들은 어머니만 알고 아버지를 모르면 금수라고 여기지만 후직과 설이 어머니만 안다고 해서 어찌 이런 일이 있겠는가? 후세의 풍속과 명분이 엄정한 사회에서 살아가는 사람들은 탈적(奪嫡, 서자가 적자상속이나 적자의 지위를 가로채다)을 찬역(簒逆, 신하가 임금의 자리를 빼앗다)으로 여기며 주공을 위대한 성인이라 일컫는데 어찌 아버지를 모르는 것을 용인해 서로를 더럽힐 수 있겠는가? 그렇기 때문에 수천 년 동안 감히 이런 말을 할 사람이 없었을 뿐 아니라 감히 이런 생각을 하는 사람도 없었다. 역사적 사실에 비추어 이해할 수 없는 모순이 있을 경우 사람들은 차라리 사실을 왜곡하거나 버리고 우회하여 부회(附會, 억지로 갖다 붙이다)하였을 뿐이다. 그에 비해 오늘을 살아가는 우리는 "경전의 말씀에서 벗어나 상도(常道)를 어기는" 사회진화설을 가지고 우리들 머릿속의 견식을 쉽게 바꾸기 때문에 감히 의심하고 감히 가설을 세우는 것이다. 가설은 일단 세워지면 몇 차례 귀납적 연구를 거친 후에 마침내 하나의 정해진 주장이 되는데 아직은 역시 생각 속의 일일 뿐이다. 그렇다면 이런 종류의 의심과 이런 종류의 연구는 학문적으로 유용한가? 쓸데없는가? 나는 감히 유용하다고 단언한다. 표면상으로 말하면 수천 년 전에 죽은 몇 사람의 연령관계를 연구의 출발점으로 삼아 일일이 고증하는 것은 현대생활과 아무런 관련도 없으니 이를 완물상지(玩物喪志, 좋아하는 것에만 푹 빠져서 원래한 뜻을 잃어버림)가 아니겠는가? 그러나 이는 진실로 이러한 연구로부터 하나의 새로운 주장이 나올 수 있음을 모르고 하는 소리이다. 이런 연구가 소극방면에서는 최소한 견강부회적 주장으로 오랫동안 의견이 분분한 공허한 의론을 일소하여 사람의 무한한 정력을 절약할 수 있으며, 적극방면에서는 최소한 사회학계에서 제기된 사회조직 진화단계의 가설에 대하여 유력한 증명을 수행할 수 있다. 이와 같이 할 수 있다고 믿는다면 그러한 연구가 학계에 대하여 할 수 있는 공헌은 이미 많은 게 아닌가?

동일한 역사적 사안에 대하여 서로 모순된 사료가 있을 경우 어느 쪽을 따라야 하는가? 원칙상으로 말하면 해당 사안으로부터 가장 앞선, 가장 가까운 것이 가장 믿을 만하다. '앞선 것'이란 시간상으로 말하는 것이며 해당 사안의 발생으로부터 가까운 시점에 만들어져 남겨진 사료일수록 더 믿을 만하다. '가까운 것'이란 공간상으로, 그리고 사람들 간의 관계상으로 말하는 것이며 사안의 발생지점으로부터 가까운 곳에 있고 해당 사안과 관계가 깊은 사람이 작성한 사료일수록 더 믿을 만하다.

예를 들어 이번에 일어난 유럽전쟁(1차세계대전)의 사료를 놓고 말하면 100년 후의 사람이 기록한 것은 지금의 사람이 기록한 것만큼 상세하거나 정확하지 않고, 지금의 사람이 기록한 것은 5년 전의 사람이 기록한 것만 못하다. 이것이 선후의 기준이다. 똑같이 5년 전의 사람이라도 중국인이 기록한 것은 틀림없이 유럽인이 기록한 것만 못하다. 유럽의 보통사람이 기록한 것은 종군 신문기자가 기록한 것만 못하고, 신문기자가 기록한 것은 현역군인이 기록한 것만 못하다. 똑같이 현역군인이라 하더라도 명령을 따르는 졸병이 기록한 것은 전투를 지휘하는 장교가 기록한 것만 못하다. 똑같이 장교라 하더라도 하나의 특정 전선을 전담하는 장교가 기록한 것은 전쟁의 전체 국면을 총람하는 총참모가 기록한 것만 못하다. 이것이 원근의 기준이다. 그러므로 바로 그때[當時], 바로 거기[當地]에서 바로 그 문제를 담당[當局]하는 사람이 남긴 사료를 제1등급 사료로 간주해야 한다.

예를 들면, 1876년의 프로이센-오스트리아 전쟁에 관해서는 전쟁이 끝난 후 양국 참모본부가 각기 인재를 엄선해 전사를 편찬하였으니 이것이 제1등급 사료이다. 19세기 말 유럽 외교계의 내막을 알고자 하면 《비스마르크 일기》가 제1등급 사료이다. 루소와 크로포트킨의 행적 및 사상을 알고자 하면 그들 스스로 지은 자서전이나 참회록이 제1등급 사료이다. 사마천의 《사기》 〈태사공자서〉(太史公自序), 왕충(王充)의 《논형》(論衡) 〈자기〉(自記), 법현·현장·의정의 유기(遊記)나 자전(自傳)은 그들의 행적과 사상, 그들이 거쳐 간 곳의 당시 상태를 고증하는 제1등급 사료이다.[7] 가령 신기질(辛棄疾, 1140-1207)[8]의 《남신기문록》(南燼記聞錄)과 《절분록》(竊憤錄)에 담긴 아계체(阿計替) 필

---

7 법현은 《佛國記》를 지었고 이를 《法顯行傳》이라고도 부른다. 현장은 《大唐西域記》를 지었고 그의 제자 慧立은 《慈恩三藏法師傳》을 지었다. 의정은 《南海寄歸內法傳》과 《西行求法高僧傳》을 지었다.

8 신기질은 남송의 문인으로 蘇軾, 李清照와 함께 칭송된다. 金나라에서 태어났으나 금에 항거하고 송에 귀순했다. 량치차오는 병마와 싸우던 생의 마지막 순간에도 그의 연보를 작성하다가 숨을 거두었을 정도로 그에 대해 큰 관심을 기울였다. 옮긴이 주.

기는 송의 휘종(徽宗)과 흠종(欽宗)이 금나라로부터 모욕당한 정황을 고증하는 제1등급 사료이다.[9] 이수성(李秀成)이 체포되었을 때 남긴 진술서는 태평천국 내부 사정을 고증하는 제1등급 사료이다.[10] 이런 종류의 사료는 어느 나라에서도 쉽게 많이 구할 수 있는 것이 아니며 해당 사안으로부터 시간이 멀어질수록 전해지는 것은 더욱 적어진다. 한 개만 구해도 역사가는 그것을 보물로 여긴다. 그런 사료는 그 자체로서 다른 종류의 사료가 그것과 모순되는 내용을 갖고 있을 때에는 그에 의거해 바로잡을 수 있다.

앞에서 논의한 것은 사료감별의 개괄적 원칙을 들어 그 대략적 표준을 보여 준 것에 불과하다. 그러나 이 원칙의 응용은 때때로 반드시 구분하여 살펴볼 필요가 있다. 이번의 유럽전쟁 사료를 다시 한 번 예로 들어 보자. 만일 오직 시간상의 근접정도를 기준으로 사료가치의 고하를 정한다면, 지금은 이미 전쟁이 끝난 지 2-3년 후이니 지금 편집한 것은 전쟁 당시의 출판물만 못하지만 실제로 꼭 그런 것은 아니다. 전쟁 당시 기술한 것은 단편적 사실에 불과해서 그것들의 연관관계를 전면적으로 보여 줄 수 없다. 모든 사물의 시간적 연관관계는 왕왕 시간이 완전히 경과한 뒤를 기다리지 않으면 비교고찰을 할 수 없으며, 따라서 완전한 전사는 전시에는 나올 수 없고 전후에 가서야 비로소 나올 수 있다. 만일 해당 사안에 관련 업무상의 접근정도를 기준으로 사료가치의 고하를 정한다면 종군 신문기자가 편술한 것은 군인이 편술한 것만 못하고, 일반 저작가가 편술한 것은 당연히 종군 기자

9 辛棄疾의 두 저서에 관해서는《學海類編》을 참고하라. 阿計替는 당시 金나라 조정이 송의 휘종과 흠종을 감시하기 위해 파견한 인물이다. 두 저서에는 그에 관한 日記式 원고가 모두 채록되어 있다.

10 이 진술서는 某部의 필기 중에서 잊혀졌는데, 15년 전 내가《신민총보》에 한 차례 게재한 바 있다. 애석하게도 이 진술서는 요약된 곳이 있어서 진술의 전모를 파악하기는 어렵다.

가 편술한 것만 못해야 하지만 실제로 반드시 그렇지는 않다. 사안의 내부자는 극렬한 감정에 의해 시야가 닫혀 있어서 진상을 놓치기가 극히 쉬우며, 설사 그렇지 않다 하더라도 지엽적인 사항에 사로잡혀 사안 전체에 대해서는 핵심을 파악할 수 없으니, 이른바 "여산의 진면목을 보지 못한 채 산속에 있는" 것과 같다. 또한 사안의 내부자만 그런 것이 아니고 외부자라 하더라도 종합적으로 헤아려 관찰하는 능력이 어떠한지, 그것을 유기적으로 잘 꿰어서 서술하는 능력이 어떠한지에 따라 그 작품의 가치는 서로 현저히 다르다.

그러므로 전쟁사를 가지고 논할 경우 만일 문학적 기술능력이 극히 뛰어난 전문 역사가이면서 군사학에도 정통하여 총사령부에서 총서기가 된 사람을 구한다면 하나의 전쟁에 대하여 그 시말을 다 파악하고 있을 터이니(교전하는 쌍방 총사령부의 총서기를 겸할 수 있다면 최상이다) 그가 기술한 것은 자연이 사료의 최상품이다. 그러나 이러한 조건을 갖춘 사람을 어찌 구할 수 있겠는가? 그런 사람을 구할 수 없다면 전장에 있는 한 보통 군인이 기술한 것은 전투에 참가하지 않고 바라만 보는 상식 있는 신문기자가 시술한 것만 못하고, 분주히 전선을 뛰어다니지만 상식밖에 없는 신문기자가 시술한 것은 실내에 편안히 앉아 전보(戰報)를 비교 분석하는 전문 역사가가 기술한 것만 못하다.

가장 일찍, 가장 가까운 곳에서 작성된 사료가 가장 믿을 만하다고 하는 것은 하나의 원칙이다. 그러나 이 원칙을 지나치게 믿으면 때때로 큰 잘못에 빠질 수 있다. 내가 겪은 두 가지 에피소드를 예로 들어 보겠다.

(1) 명말의 대탐험가이자 대지리학자인 서하객(徐霞客, 1587-1641)이[11]

11 서하객은 본명이 弘祖로 명대의 지리학자이자 여행가이다. 30년 동안 당시 중국의 16개 성을 걸어서 여행하고 각지에서 견문한 각종 현상, 인문, 지리, 동식물 등을 상세히 기록

죽은 후 그의 절친한 친구가 그를 위해 묘지명을 지었는데 당연히 가장 믿을 만하다고 생각했다. 어느 날 나는 친구 딩원장(丁文江, 1887-1936)과[12] 서하객에 관해 이야기하면서 서하객이 일찍이 티벳에 가 본 적이 있다고 말했더니 딩원장은 아니라고 했다. 내가 묘지명을 증거로 제시했더니 딩원장은 《서하객유기》(徐霞客遊記)를 조사해 보라 하였다. 함께 읽어 보니 서하객은 비록 티벳에 갈 생각이 있었으나 병이 나서 뜻을 이루지 못하고 윈난성 리장(麗江)까지 갔다가 돌아와서 1년 남짓 안에 죽었음을 알 수 있었다. 《서하객유기》는 나도 전에 읽은 적이 있어서 주의 깊게 읽지 못한 것을 후회했지만, 그를 위해 묘지명을 지은 친구의 세심하지 못함은 나보다 더 심했으니 참으로 이상한 일이다.

(2) 현장은 우리나라 유학생의 시조이자 사상계의 거목이다. 나는 그의 일생 동안 학업이 진보한 자취를 연구하고자 마음을 다해 그의 연보를 작성하였다. 이를 위해 내가 의거한 자료는 매우 풍부해서 합계 20여 종을 넘는다. 그중 가장 중요한 것은 도선(道宣)의 《속고승전》(續高僧傳)과 혜립(慧立)의 《자은법사전》(慈恩法師傳)인데 이 두 책은 모두 현장으로부터 직접 가르침을 받은 제자가 자기 스승을 위해 지은 전기여서 내가 말하는 제1등급 사료이다. 그런데 나의 연구가 진전될수록 느끼는 곤란은 더욱 커졌다. 두 전기의 내용 중 서로 모순되는 점이 너무 많아서 어떤 경우는 도선 것이 틀리고 어떤 것은 혜립 것이 틀리고 또 어떤 것은 둘 다 틀렸다. 나는 몇 가지 문제를 열거하여 하나씩 참을 구하려고 했으며 거의 해결한 것도 있고 끝내 해결하지 못한 것도 있다. 내가 거의 해결했다고 여기는 한 가지 일을 예로 제시

한 지리명저 《서하객유기》를 남겼다. 옮긴이 주.

12 딩원장은 중화민국시기 저명한 지질학자로 《서하객연보》, 《중화민국신지도》 등을 편찬했다. 옮긴이 주.

하여 내 연구의 경로를 보여 주고자 한다.

현장이 유학한 기간은 17년이며 이는 기정사실이다. 그가 귀국한 시점은 정관(貞觀) 19년 정월이며 이 역시 기정의 사실이다. 그렇다면 그가 처음 유학길에 나선 것은 몇 년인가? 위의 두 전기와 기타 자료는 모두 정관 3년 8월이라고 일치되게 말한다. 그럼에도 나는 회의가 생겨 연구를 하였고 그 결과 정관 1년이라고 추정하였다. 나는 왜 정관 3년설에 대하여 회의하게 되었는가? 정관 3년부터 19년까지라면 햇수로 꼭 17년이며 이에 대해 크게 의심할 필요는 없다. 나는《자은법사전》을 읽다가 현장이 위텐(于闐)에서 올린 표(表) 중에 "정관 3년 유학길에 나섰고 지금 이미 17년이 되었다."라고 한 것을 보았는데, 표를 올린 연월에 대해 전기가 잘못 기재한 것은 아니지만 글의 전후 맥락을 따져 보면 그것이 정관 18년 봄에서 여름으로 넘어가는 시점임을 확실히 알 수 있다. 나는 갑자기 이 말에 모순이 있다고 느꼈으며 이것이 내가 회의하게 된 출발점이다.

정관 18년부터 거슬러 올라가면, 이른바 17년을 햇수로 17년이라고 이해한다면 그가 유학길에 나선 해를 정관 2년이라 할 수 있고, 만 17년으로 이해한다면 정관 1년이어야 한다. 이에 나는 잠정적으로 정관 1년과 2년이라는 두 개의 가설을 세우고 연구를 진행하였다. 나는《자은법사전》에 기재된 여정과 각지에 머문 기간을 상세히 조사하여 현장이 처음 장안을 출발해 위텐에 도착한 해는 최소한 16년 6개월을 꽉 채운 시점이어야 한다는 것을 알았다. 이에 나는 정관 2년이라는 가설을 버리고 정관 1년이라는 가설 쪽으로 기울었다. 비록 그렇지만 현존하는 수십 종의 자료는 모두 정관 3년이라고 말하기 때문에 단지 이 구구한 반증에 의지해 멋대로 고치는 것은 학자가 취할 태도가 아니다.

그러나 나는 나의 가설을 차마 버리지 못하고 계속 연구에 매진하였다. 나는 현장이 월경(越境)금지라는 국법을 무릅쓰고 유학길에 나섰음을 알고 있었다. 그런데도 그는 왜 국경을 넘을 때 저지당하지 않았을까? 나는《속고승전》의 〈현장전〉을 조사하여 "정관 3년에 만났는데 그때는 마침 서리[霜]의 피해로 흉년이 들어서 황제의 칙령에 따라 사람들이 풍족한 곳을 찾아 사방으로 나갔다."라는 구절을 찾아냈다. 이로부터 나는 현장이 바로 기민(飢民) 무리 속에 섞여 국경을 넘었으며 그해의 기근이 서리로 인한 재해[霜災] 때문임을 알았다. 이에 나는 정관 3년에 서리로 인한 재해가 있었는지의 여부를 확인하려고《신당서》와《구당서》의 〈태종기〉(太宗紀)를 조사하였으나 그런 일은 없었다. 이로써 3년설은 이미 소극적으로 유력한 하나의 반증을 얻은 셈이다.

곧이어 정관 1년의 기사를 조사한 결과《신당서》에 "8월, 허난성 농여우(隴右) 주변 여러 주(州)에 서리가 내렸다." "10월 정유(丁酉), 기근이 들어 식사를 줄였다."라고 기록되어 있음을 확인했다.《구당서》에는 "8월, … 관동(關東)과 허난성 농여우 주변 여러 주에 서리가 내려 가을작물에 해를 입혔다." "이 해에 관중에 기근이 발생해 심지어 남녀불문하고 사람을 팔아먹은 일까지 생겼다."라고 하였다. 이는 정관 1년에 확실히 기근이 있었고 이 재난은 서리피해로 인해 발생했음을 보여 준다. 따라서 나의 정관 1년 가설은 적극적으로 하나의 유력한 증거를 얻게 되었다.

다만《구당서》에는 정관 2년에 "8월, 허난성과 허베이성에 큰 서리가 내려 사람들이 굶주렸다"는 기록이 있지만《신당서》에는 관련기록이 없다.《구당서》가 잘못 기재한 것일까? 아니면 2년 연속 서리로 인한 재해가 발생했기에《신당서》는 정관 2년 기사에서 이를 빼 버린 것일까? 만일 후자라면 정관 2년의 가설은 성립할 여지가 있는 것이다. 나는 다시 증거를 찾아 이 의문을 풀기로 했다.

이를 위해 나는 현장이 도중에 만난 인물들을 연구하였다. 그중 이름을 알 수 있는 사람을 징저우도독(涼州都督) 이대량(李大亮), 고창

왕(高昌王) 국문태(麴文泰), 서돌궐의 가한(可汗) 엽호(葉護) 등 세 명이다. 《신당서》와 《구당서》의 〈대량전〉과 〈고창전〉을 조사해 보니 두 사람은 모두 정관 1년-4년 각각 그 직위에 있었으므로 문제가 되지 않는다. 〈서돌궐전〉을 조사한 결과 뜻밖의 소득이 있었다. 즉 신구당서는 모두 엽호가 정관 초에 그 숙부에 의해 시해되었으며 그 숙부는 가한 자리를 찬탈하여 스스로 사비가한(俟毗可汗)이라 칭했다고 하였다. 그러나 엽호가 시해된 것이 몇 년의 일인지 둘 다 분명히 하지 않았다. 다만 《신당서》에 "정관 4년 사비가한이 청혼해 와서 태종이 이르기를 '돌궐은 지금 한창 난을 일으켰는데 어떻게 혼인을 한단 말인가'라 하였다."라는 구절이 있다. 이는 엽호의 피살시점이 아무리 늦춰 잡아도 정관 3년 이전임을 말해 준다. 다시 《자은법사전》에 기재된 현장의 여정을 따져 보았다. 만일 그가 정관 3년 8월 장안을 출발했다면 4년 5월 초에는 돌궐에 도착했어야 하며, 그때의 가한은 이미 엽호가 아니라 사비이다. 그렇다면 3년설은 성립할 수 없으며 강력한 반증을 하나 더 얻게 된다. 나는 여전히 만족하지 못하고 반드시 엽호가 피살된 정확한 연도를 알아내야만 마음이 편해질 것 같았다. 나는 《자치통감》을 조사해 그것이 정관 2년의 일임을 확인하였다. 나는 본래 《자치통감》의 기사들은 모두 반드시 그 의거하는 바를 갖고 있어서, 끝내 정사(正史)에서 그것을 뒷받침할 근거를 얻지 못하면 혼자서 만족해할 수 없음을 알고 있었다. 이에 더욱 발분하여 신구당서의 여러 만이전(蠻夷傳) 중 돌궐과 관계 있는 나라들에 대한 기사를 두루 검토한 끝에 마침내 《신당서》 〈설연타전〉(薛延陀傳)에서 "정관 2년에 돌궐가한 엽호가 시해되었다."라는 기록을 찾아냈다. 이로써 엽호의 피살연도는 해결된 것이다.

현장의 출국이 서리로 인한 재해를 틈타 이루어졌다면 정관 1년이든 2년이든 3년이든 모두 의심할 여지없이 8월 이후에 출발했어야 하며, 그렇다면 3년설은 성립할 수 없을 뿐 아니라 2년설도 성립할 수 없다. 왜 그런가? 2년 8월 이후에 출발했다면 반드시 3년 5월에는 돌궐에 도착했어야 하는데 그때는 이미 엽호를 만날 수 없기 때문이다. 여기에 이르러 나는 크게 기뻤고 나의 회의가 유효하며 나의 연구가 헛되지 않았음을 깨달았으며, 내가 세운 "현장은 정관 1년 유학길에 나섰다."라는 가설은 거의 흔들릴 수 없는 사실이 되었다!

이와 관련해 이해할 수 없는 소소한 사항들이 있었다. 왜 각기 다른 책이 모두 보조를 같이하여 아무런 차이도 보이지 않았는가? 이는 이해하기 어렵지 않다. 각기 다른 책들이 동일한 출전에 의거했는데 그 출전이 잘못되어 있으니 모두 그에 따라 잘못된 것이다. 그렇다면 출전인 원본은 왜 잘못되었을까? 아마도 햇수로 17년을 거슬러 올라가다 보니 자기도 모르게 세심히 생각하지 못한 결과 이런 실수에 이른 것이 아닌가 싶다. 심지어 옮겨 적을 때 잘못 적었는지도 모른다. 다시 묻거니와, 정관 18년 현장이 올린 표문(表文)은 왜 잘못되었다는 것인가? 후세 사람이 다른 책에 의거해 수정한 것이 사리에 맞는 것으로 보인다. 이 문제를 밝히기 위해 3일 동안 집중한 끝에 도달한 결과이다.

독자들은 이상과 같은 나의 연구에 틀림없이 싫증을 느낄 것이라는 것을 나는 알고 있다. 이는 본래 극히 사소하고 지엽적인 문제이며, 구구하게 한 사건에서 2-3년 차이가 나는 것은 전체 역사의 큰 흐름과 무관할 뿐만 아니라 현장의 전기 속에서도 큰 뜻과 무관하다. 내가 이런 문제를 붙잡고 씨름한 이상 이미 좋아하는 것에만 빠져 원대한 뜻을 잃어버렸다는 비웃음을 면할 수 없을 것이며, 게다가 1천여 자나 되는 분량으로 상세히 적어서 이 책의 지면을 잡아먹었으니 독자에게 사죄하지 않을 수 없다. 비록 그렇지만 내가 이 책을 쓰는 취지는 실제 사례를 통해 의미를 분명히 하려는 데 있을 따름이다. 나는 이 사례를 상술하여, 독자들에게 독서할 때 왜 맹종해서는 안 되는지, 설사 혜립과 도선이 지은 현장전기와 같은 제1등급 사료라 하더라도 그 오류가 이와 같으니, 우리가 사료감별을 위해 투입해야 할 수고가 이처럼 크다는 것을 말하려는 것이다. 그리고 학문을 하는 사람은 어떻게 조금도 두려워하지 말아야 하는지, 비록 수십 종의 책과 만인이 이구동성으로 지지하는 설(說)이라 하더라도 진실로 내 마음에 흡족하지 않으면 다른 견해를 제시해도 괜찮으며 다만 완전한 증거를 구할 수 있을 때에는 믿고 따르는 사람이 없는 신설(新說)이라도 저절로 성립할 수 있음을 독자에게 말하려는 것이다.

또한 학문을 잘하는 사람은 연구해야 할 문제를 그 대소(大小)를 기준으로 차별해서는 안 된다고 생각한다. 문제의 대소는 있으나 한 문제를 연구하는 정신은 대소가 없으며 똑같이 진리를 구하는 과정일 따름이어서, 큰 문제를 통해서도 진리를 구할 수 있지만 작은 문제를 통해서도 진리를 구할 수 있다. 어떤 하나의 문제가 내 손 안에 들어오지 않으면 그만이지만, 일단 들어오면 크든 작든 반드시 정중하고 충실하게 그것에 다가가야 한다. 크고 작음에 어찌 절대적인 기준이 있겠는가? 작은 문제를 가볍게 지나치면 어느 틈에 큰 문제도 가볍게 지나치게 되며 그렇게 되면 연구의 정신이 쇠퇴하기 마련이다. 학자라면 모름지기 연구한 것을 진실로 남들에게 주려고 해야 하는데 이 때 자기가 연구해서 얻은 결과만을 주어서는 안 되고 그런 결론에 이르기까지의 연구 경로와 진행 순서도 함께 제공해야 한다. 그래야 비로소 그렇게 제공된 것은 수원(水源)을 가진 물이 되어 아무리 떠먹어도 마르지 않는 샘물과 같은 것이 된다.

나는 진실로 연구를 잘하는 사람이라고 감히 자신할 수 없지만, 이 책이 제목을 "연구법"이라고 명명한 이상 기회를 잡아 나의 연구가 겪은 고락과 곡절을 전해 주면 틀림없이 학인들에게 약간의 도움이 될 것으로 생각하였다. 내가 여기서 작은 한 문제를 택해 1천여 자나 되는 말로 남김없이 설명하여 나의 사고경로[思路]가 어디서 나와서 어디로 들어갔으며 고증에 어떤 자료들이 이용되었는지 등을 독자들이 지나치다고 느낄 정도로 상세히 서술한 것은 이런 생각에서다. 내가 이 문제를 연구하여 얻은 결과는 비록 극히 미미하고 지엽적이지만 매우 좋다고 말하지 않을 수 없으며, 거기에 이용된 연구법은 순전히 청대 건륭·가경연간 학자들의 엄격한 고증법이며 근대과학자들도 응용하는 귀납적 연구법이다. 독자들은 하나를 보고 열을 안다. 아무리 큰 문제를 연구할지라도 그 정신은 모두 이와 같을 뿐이다. 나의 경험사례를 여기에 소개한 것은 이 책 전체의 체재와 상응하지 않으니 독자의 양해를 구한다. 이제부터는 원래의 체재를 따라갈 것이며 다시는 이처럼 재잘거리지 않겠다.

사료는 직접 사료와 간접 사료로 나눌 수 있다. 직접 사료란 해당 사안이 발생했을 때 또는 그 직후에 이미 만들어진 것을 말한다. 앞에서 서술했듯이 《자은법사전》과 《절분록》 같은 종류가 이에 속한다. 이런 종류의 사료는 구하기 어렵고 귀하다고 말했지만 그것을 많이 영구히 보존하려 해도 현실적으로 불가능한 면이 있다. 서적의 신진대사는 본래 일반 공례(公例)에 속하며 역사서가 쉽게 인멸되는 데에는 특별한 원인이 있다.

(1) 기재된 사실은 매번 당시 군주의 금기사항과 저촉되므로 진시황은 분서를 단행했고 "제후의 사기(史紀)"는 가장 극렬하게 화를 당했다. 명대와 청대에 금지되어 소각된 책의 목록을 조사해 보면 90%가 역사서이다.

(2) 이런 종류의 책 중 정말로 가치 있는 것은 많지 않으며 어떤 것은 지나치게 번쇄하고 어떤 것은 황당무계한 얘기여서 세상의 주목을 끌지 못한 채 쉽게 사라졌다. 본래 책에 정요(精要)한 내용이 들어

있었으나 조악한 재료와 함께 섞여 있었기에 인멸된 경우가 있을 뿐만 아니라 그것과 같은 성질의 책들도 동일시되어 함께 인멸된 경우도 있다.

(3) 책이 정요한 것일수록 그 서술된 내용은 더욱 국부적이다. 모든 국부적이고 치밀한 연구는 전문가가 아니면 그다지 흥미를 가질 수 없고 일반인은 그런 책에 대해 냉담하여 유실되어도 상관없다는 듯 방치한다.

이상과 같은 몇 가지 이유로 직접 사료는 파도에 모래가 씻겨 나가듯 시간이 흐름에 따라 도도하게 사라지므로 많이 남겨질 수 없는 것이 피할 수 없는 형세이다. 설사 남겨진 사료가 많다고 하더라도 사람의 유한한 정력으로 어찌 그것을 다 읽어 낼 수 있겠는가? 그렇기 때문에 역사학계에서 가장 중요한 위치를 차지하는 사료는 간접사료이다. 간접사료란 예컨대 좌구가 120국의 귀중한 책을 자료로 삼아 지은《국어》, 사마천이《국어》·《세본》·《전국책》 등의 책을 자료로 삼아 지은《사기》 같은 것들이다.《국어》와《사기》는 그 책 속에 서술된 역사적 사실들이 발생한 시대로부터 백 년, 천 년 뒤에 지어졌다. 거기에 서술된 내용은 모두 자기 눈으로 목격한 사람에 의해 작성된 직접사료를 저본으로 삼았으나 오늘날 우리는 그 대부분을 다시 볼 수 없다. 그래서 그것을 간접사료라 부르는 것이다. 옷을 짜는 방적(紡織)에 비유하자면 직접사료는 그 원료인 면화이고 간접사료는 그 면화로 만든 실[紗線]이다. 역사를 읽을 때에도 역사를 지을 때에도 우리가 접촉하는 것은 대부분 간접사료에 속하며 따라서 이런 종류의 사료를 감별하는 방법이 당면한 가장 중요한 문제의 하나이다.

간접사료를 감별하는 제1보는 연대를 기준으로 삼는 데서 출발한다. 연대가 이를수록 증거의 신뢰도는 더욱 강하다. 왜 그런가? 당시 사람이 본 직접사료는 많아도 후세 사람이 본 것은 적다. 예컨대 3대 이전의 역사를 연구할 경우 우리는 당연히 사마천의 《사기》를 믿고 초주(譙周)의 《고사고》(古史考), 황보밀(皇甫謐)의 《제왕세기》, 나필(羅泌)의 《노사》(路史)를 믿지 않는다. 왜 그런가? 우리는 초주, 황보밀, 나필이 본 직접사료는 사마천이 본 것을 벗어날 수 없다고 추론할 수 있으며, 그렇다면 사마천이 모르는 것을 초주 등이 결코 알 수 없기 때문이다. 그러므로 그들의 책에 《사기》와 다른 점이 있으면 우리는 《사기》를 인용해 그들의 책을 반박해야 한다. 반대로, 만일 《죽서기년》에 《사기》와 다른 내용이 있다면 우리는 《죽서기년》을 인용해 《사기》를 반박해야 한다. 왜 그러한가? 위나라 사관이 본 직접사료는 대부분 사마천이 보려 해도 볼 수 없는 것이기 때문이다. 이것이 가장 간단한 감별 기준이다.

비록 그렇지만 이런 기준을 적용하더라도 각종의 예외가 있기 마련이다. 극히 귀중한 사료가 있어도 늦게 나왔거나 나중에 발견되어서 후세 사람은 그것을 볼 수 있지만 이전 사람은 보려 해도 볼 수 없는 경우가 있다.

'늦게 나왔다'는 것은 무엇을 말하는가? 예컨대 독일황제 빌헬름 2세와 러시아 황제 니콜라이 2세가 주고받은 개인 서신 수십 통은 19세기 말 외교사를 연구하는 극히 좋은 사료이지만 1920년 이전의 사람들은 보려 해도 볼 수 없었고 그 이후의 사람들은 볼 수 있게 되었다. 또 《원사》는 명초부터 편찬되기 시작했으니 그 연대가 극히 이르지만, 그럼에도 우리는 차라리 500년 뒤 위원(魏源)이나 커샤오민(柯劭忞)의 《신원사》(新元史)를 믿고 송렴(宋濂) 등의 구 《원사》를 믿지 않는다. 왜 그런가? 우리가 원대의 중요한 사료로 인정하는 《원비사》(元秘史), 《친정록》(親征錄) 등의 책은 위원과 커샤오민 연배의 사람들은 볼 수 있었으나 명초의 사람들은 보려 해도 볼 수 없었다.

'나중에 발견된' 것이란 무엇을 말하는가? 가령 로마의 헤라클라네움과 폼페이의 고대도시는 2천 년간 땅속에 묻혀 있다가 근래에 발견되었으므로 19세기 말 사람들의 저서보다 더 믿을 만하다. 또 은허의 갑문(甲文)이 최근에 출토되어서 이를 통해 우리는 은대에 있었던 두 명의 왕이 《사기》 3대 세표(世表)에 누락되었음을 알게 되었다. 이는 관련 사료를 오늘의 우리는 볼 수 있으나 사마천은 보려 해도 볼 수 없었기 때문이다.

그 밖에도 그 사람의 사덕(史德)이 어떠한지, 그 사람의 사식(史識)이 어떠한지, 그리고 그 사람이 처해 있는 위치가 어떠한지를 잘 살펴야 한다. 이른바 '사덕'이란 저자의 품성을 가리키며 그것이 저열하면 그가 기재한 내용을 특별히 신중하게 살펴야 한다. 위수의 《위서》는 비록 그 편찬 연대가 위나라 때와 극히 가깝지만 우리는 그에 대하여 결코 사마천이나 반고처럼 믿지 않는다. 이른바 '사식'이란 분별능력을 가리키며 똑같은 직접사료를 이용하더라도 그것을 취사선택하는 능력은 사람에 따라 다르다. 만일 유지기가 스스로 역사서를 하나 지었다면 그것은 반드시 이연수(李延壽)나 영호덕분(令狐德棻, 583-666)[13] 등이 미칠 수 없는 훌륭한 것이었을 터이다. 또 원대 사람이 《송사》를 편찬하고 청대 사람이 《명사》를 편찬한 것은 똑같이 이족왕조가 전대의 역사를 편찬한 것이지만, 만사동의 사고(史稿)를 저본으로 삼아 지은 《명사》는[14] 결코 톡토(脫脫, Toqto'a, 1314-

13 이연수는 당나라의 역사가로 생몰연대를 알 수 없으나 태종과 고종시기의 약 30년간 주로 활동하였으며, 《남사》, 《북사》, 《신당서》 등을 편찬하였다. 영호덕분은 당나라의 역사가로 태종에게 전대 왕조(梁, 陳, 齊, 周, 隨)의 정사 편찬을 주청하고 직접 《주서》 등을 편찬하였으며, 북주-수-당의 계승관계 속에서 갓 건립된 당 왕조의 정통성을 확립하는 데 기여하였다. 옮긴이 주.

14 만사동은 황종희의 제자로, 스승이 명사편찬의 주편을 맡아 달라는 강희제의 요청을 거절한 뒤에 明史館 총재 徐元文의 부름에 응해 그 일을 맡았다. 그러나 명조의 유신인 스승

1356)[15] 등이 감수한《송사》가 미칠 수 있는 바가 아니다. 이른바 '위치'는 해당 사안과의 관계를 가리킨다.

한 사건의 진상은 때로는 그로부터 가까운 시대에는 상세히 공개할 수 없으나 먼 시대에는 공개할 수 있다. 예컨대 진수가 시간상 범엽보다 이른 시대의 사람이지만 한이 망하고 위가 건립되는 사정에 대한 기록은 범엽의 책이 진수의 책보다 믿을 만하다. 두 사람이 본 직접사료는 거의 비슷하더라도 진수의 책에서 공언할 수 없었던 내용을 범엽의 책에서는 공언할 수 있었기 때문이다.

요컨대 우리는 역사를 읽거나 역사를 지을 때 간접사료에 의지하지 않을 수 없다. 따라서 어떤 시대 어떤 분야의 사료를 감별해야 할 경우, 우선 먼저 비교적 학술적 가치가 높은 한두 종의 저술을 택해 거기에 사용한 기초자료 선택법을 살펴 참고하고 위에 제시한 몇 가지 기준을 합쳐서 판단하면 큰 잘못은 거의 없을 것이다. 그런 저서에서 서술된 사실은 아무리 명저라 하더라도 부분적으로 부실하거나 불완전할 수밖에 없다. 그러므로 어떠한 사료이든 기록된 내용을 그대로 믿지 말고 어느 정도 깎아 내려 읽어야 한다. 우리가 순간순간 회

의 입장을 고려하여 관직도 봉록도 거부한 채 민간인 신분으로 19년간 일하였고, 그 스스로 명사의 초고에 해당하는《明史稿》500권을 지었다.《명사》는 그의 사후 이를 바탕으로 몇 차례 수정을 거쳐 완성되었으며, 관찬 정사 중 가장 잘 된 사서로 평가받는다. 그러나 강희 2년에 숭정제와 남명 관련 기사를 써 넣은 초고가 문제되어 편찬작업 참여자 200여 명 중 70여 명이 처형되는 일이 있었고, 편찬기간이 90년에 달할 정도로 길어져 주관자가 여러 차례 바뀜에 따라 불비한 점도 생겼고 황제의 간섭으로 여진 관련 기사가 왜곡되었다. 옮긴이 주.

15 톡토는 원말의 정치가이자 군사전략가. 순제 때 실권을 장악한 伯顔의 조카로 어사대부와 중서우승상에 올랐으며 백안이 축출된 후 백안의 폐정을 개혁하고 과거제를 시행하였다. 그의 주관하에 1343년 요사, 송사, 금사 편찬에 착수하여 3사를 2년 반이라는 단기간에 완성하였다. 송사는 송왕조가 남긴 기거주 · 일력 · 실록 · 국사 등에 의거해 편찬되었기에 장점도 있으나 원의 패전 사실을 삭제하고 남송 관련 내용을 축소하는 등의 편향을 보였다. 옮긴이 주.

의의 정신으로 주의를 환기하고 충실한 연구를 힘껏 진행하면 진상은 차차 거의 드러날 것이다.

이상으로 정오(正誤)에 대한 감별법을 논했으니 이제 진위(眞僞)에 대한 감별법을 논하겠다. 거짓을 판별하는 방법은 거짓된 책[僞書]을 판별하는 것과 거짓된 일[僞事]을 판별하는 것으로 나누어진다.

거짓된 책이란 그 책의 전체 혹은 일부가 순전히 후세 사람의 위작(僞作)에 속함에도 이를 고인(故人)의 저작이라고 가탁하는 것이다. 예컨대 현존하는 《본초》(本草)는 신농(神農)의 저작으로 일컬어지며, 《내경》(內經)은 황제(黃帝)의 저작으로, 《주례》는 주공(周公)의 저작으로, 《육도》(六韜)와 《음부》(陰符)는 태공(太公)의 저작으로, 《관자》(管子)는 관중(管仲)의 저작으로 일컬어진다. 그 밖에도 비슷한 예는 많은데, 이런 책들이 모두 진짜라면 중국의 역사는 하나의 괴물이 되고 만다. 사회진화설이 전혀 적용될 수 없어 원인과 결과의 이치가 파괴될 터이기 때문이다. 문자가 아직 흥기하지 않은 시대의 신농이 이미 《본초》를 지을 수 있었다는 것은 원인이 없음을 말하고, 《본초》가 출판된 후 수천 년이 되도록 의학과 약학상으로 다른 외관이 없었다는 것은 결과가 없음을 말한다. 원인도 없고 결과도 없으면 진화도 있을 수 없다. 그렇다면 우리의 역사연구는 헛수고일 뿐이다. 그러므로 진실로 위서를 감별하는 능력이 없다면 역사사실에 충실할 수 없을 뿐만 아니라 자신의 사상경로를 큰 혼란에 빠뜨릴 수밖에 없다.

책은 오래된 것일수록 가짜가 많다. 무릇 전국시대와 진한시대의 교체기에 대량의 위서가 출현했으며, 《한서》〈예문지〉에 기재된 3대 이전의 책들 중에 위서가 적지 않다. 왕망의 신나라 때 대량의 위서가 다시 한 번 출현했으니 《주례》와 기타 고문경(古文經)이 그에 속한다. 진(晉)대에 다시 한 번 출현했으니 《고문상서》, 《공자가어》(孔子家語), 《공총자》(孔叢子) 등이 그런 예이다. 기타 각 시대에 영세하게 나타난 위작도 적지 않고 위서가 다시 한 번 조작된 이중의 위서도 있으니《귀곡자》와《합관자》(鶡冠子) 등이 그런 예이다. 신나라 때와 진나라 때 유흠(劉歆)과 왕숙(王肅)은 위작의 고수였고 그 동기와 위서에 대해서는 청대 학자들이 많이 얘기했으므로 지금 여기서 쓸데없이 덧붙이지 않겠다.

전국-진한의 교체기에 위서가 많이 나온 이유는 다음 세 가지로 정리할 수 있다. 첫째, 당시 학자들은 본래 탁고(托古)를 좋아하는 기풍을 갖고 있어서 자기가 주장한 바를 항상 고인(古人)에 가탁하여 스스로 중시하였다(뒤에서 상술함). 본래 그 책을 고인이 지은 것이라고 날조할 의도를 갖고 있었던 것은 아니지만 후세 사람이 그걸 읽으면 거짓으로 가탁한 것과 거의 차이가 없게 된다. 둘째, 당시의 저술가들은 일정한 책이름을 붙인 적이 없고 정본(定本)으로 완성한 것도 적었다. 나중에 여러 사람을 거치면서 필사되었는데, 여러 종의 서로 다른 책이 합쳐져서 하나의 책이름이 붙여진 경우도 있고, 그 책에서 많이 언급되는 사람이 그 책의 저자로 내세워지기도 하였다. 셋째, 진시황의 분서를 겪은 후 한초 조야의 인사들이 남은 책을 구하는 데 급급해 한 탓도 있다. 책을 기증하는 사람들이 왕왕 옛날 책을 베껴서 고대의 아무개가 지은 것이라고 가탁하여 그 가치를 과시하려 하였다. 위에 열거한 첫째와 둘째 것은 전국 말에 위서가 많이 나온 원인이고, 셋째 것은 한초에 위서가 많이 나온 원인이다.

이미 선학들에 의해 확실하게 위서로 판명된 것들이 있으니 우리는 이를 반드시 알고 있어야 한다. 그렇지 않으면 증거를 찾아 그것을 고증하는 데에 쓸데없이 정신을 낭비하게 된다. 예컨대 현존하는《상서》에〈유정〉(胤征)편이 있는데 하나라 중강(仲康)시기의 일식(日食)에 관한 기사가 기재되어 있어 근래 수십 년간 유럽학계가 주목하는 문제가 되었다. 서로 다른 견해가 분분하게 제기되어 십수 종이 되었고 한학 전문가가 공동으로 전문서를 써서 토론하였다.[16] 그들은 〈유정〉편이 완전히 동진 말에 나온 가짜 고문[僞古文]이며 청대 유학자 염약거(閻若璩)와 혜동(惠棟) 등의 고증을 거쳐 이미 오래전에 판명되었음을 모른다. 중강이란 인물의 존재여부를 모르고서 어찌 그 시대의 역사적 사실을 논할 수 있겠는가? 유럽인은 이 사안을 모르면서 지금까지도 여전히 떠들썩하게 논란을 벌이고 있으니 우리가 보기에 가소롭고 가련하다. 이 책이 위서임을 알려면《사고전서서목제요》만 자세히 살펴봐도 그 개략을 알 수 있다.《서목제요》에서 진짜라고 한 책들이 꼭 진짜는 아니지만 가짜라고 한 책은 대부분 가짜이며 이는 학자들이 마땅히 갖고 있어야 할 상식이다.

그렇지만 위서는 매우 많아서 현재까지 고증을 거쳐 판명된 것은 20-30%밖에 되지 않는다. 그 밖에 고서 중 한 권이 통째로 위서이거나 진위가 섞여 있는 것이 얼마나 되는지 아직 모른다. 우리는 위서를 감별하는 약간의 공례(公例)를 집어내어 자기 연구의 기준으로 삼아야 한다.

(1) 이전에 줄곧 기록에 남지 않았거나 전혀 인용되지 않다가 갑자기 출현한 책은 90%가 위서다. 예컨대《삼분》(三墳),《오전》(五典),《팔색》(八索),《구구》(九丘) 등의 이름은 비록《좌전》에 보이고, 진(晉)의《승》(乘)과 초의《도올》(檮杌) 등의 이름은《맹자》에서 보이지만,

16 일식이 일어난 날짜에 대한 몇 개의 견해를 소개하면 다음과 같다. Ganbil은 BC 2154년 10월 11일, Largeteay와 Chalmers는 BC 2127년 10월 12일이라 하였다. Freret와 D. Cassini는 BC 2106년 10월 24일이라 하였다. Gumpaeh는 BC 2155년 10월 22일이라 하고 Oppolzer는 BC 2135년 10월 21일이라 하였다. 유명한 중국학자 G. Schlege와 저명한 천문학자 F. Kuhnert는 공저서《서경의 일식》(*Die Schuking Finsterniss*, 암스테르담: 네덜란드 學士院, 1889)에서 BC 2165년 5월 7일이라 하였는데 매우 설득력이 있다. 그 후 중국학 연구자 F. Eitel이 이 책에 대해 상세히 반론한 글이 *China Review* 18권에 실려 있다.

《한서》·《수서》·《당서》의 〈예문지〉와 〈경적지〉에 줄곧 기재되지 않았고 사마천 이래 더는 누구에 의해서도 인용된 적이 없다. 이로써 우리는 그런 책이 고대에 아예 없었거나 있었다 해도 진시황의 분서 전후에 이미 사라졌음을 미루어 알 수 있다. 명대 사람이 찍어 낸《고일사》(古逸史)에는 갑자기《삼분기》(三墳紀),《진사승》(晋史乘),《초도올》(楚檮杌) 등의 책이 기재되었다. 이런 종류의 책은 거의 대부분 그 내용을 조사할 필요도 없지만 이름만 듣고도 그것이 위서임을 알 수 있다.

(2) 비록 이전의 기록에 남아 있는 책이라 하더라도 오래전에 산실되었는데 어느 날 갑자기 그것의 다른 판본이 출현했을 경우, 그 편수와 내용 등이 구판본과 완전히 다르면 90%가 위서다. 예컨대 최근에 갑자기 발견된 명대의 필사본《신자》(愼子)는 현존의 사고전서본 및 수산각본(守山閣本)과 전혀 다르고《수서》·《당서》의 〈경적지〉와 〈예문지〉,《숭문총목》(崇文總目),《직재서록해제》(直齋書錄解題) 등에 기재된 편수와 하나도 부합하지 않는다. 그리고 그것이 언제 어떻게 누구에 의해 전해져 왔는지도 전혀 알 수 없다. 우리는 이런 종류의 책 제목을 보자마자 의심해야 하며 그런 다음 그 내용을 검열해 보면 곧 명대 사람의 위작이라고 판정할 수 있다.[17]

(3) 그 책의 구판본이 있든 없든 현존본의 내력이 불명확한 것은 가볍게 믿을 수 없다. 예컨대 한대의 하내(河內, 황하 이북) 여자가 얻었다는《태서》(泰誓), 진(晋)의 매색(梅賾)이 올렸다는《고문상서》와《공안국전》은 모두 그 내력이 모호하며, 따라서 후세 사람들의 의심을 받

17 明 鈔本《愼子》는 繆荃蓀이 소장하고 있었다. 최근 上海 涵芬樓가 출간한《四部叢刊》에 수록되었는데 놀랄 만한 비밀 책상자로 의심받았다. 繆荃蓀은 목록학 전문가로 일컬어졌으나 이 燕石(玉같이 생겼으나 옥이 아닌 돌. 宋의 어리석은 이가 이를 진짜 옥으로 믿어 세상의 웃음거리가 된 고사가 있다-옮긴이 주)을 귀중히 여겼고 고고학 방면에도 조예가 있었다.

다가 결국 고증을 거쳐 위서로 판명되었다. 그리고 현존본《열자》(列子) 8편은 장잠(張湛)의 서언에 따르면 여러 판본을 합쳐서 이루어졌는데, 그 여러 판본은 모두 장잠의 모친 쪽 집안에서 나왔고 당시 사회에는 이런 책이 전혀 없었음을 증명할 수 있으니 우리는 현존본을 의심하지 않을 수 없다.

(4) 그 책이 언제 어떻게 전해졌는지는 다른 방면에서 확인할 수 있으므로 현존본의 제목이 옛날의 아무개에 의해 지어졌다는 것이 부정확함을 증명할 수 있다. 예컨대 오늘날 우리가 일컫는《신농본초》는《한서》〈예문지〉에 그 서목이 기재되어 있지 않으니 유향의 시대에는 이 책이 없었음을 알 수 있다. 그런 다음 다시《수서》와《당서》〈경적지〉 이후의 여러 서목과 기타 역사서 및 전기를 검토해 보면 이 책은 채옹(蔡邕), 오보(吳普), 도홍경(陶弘景) 등과 매우 깊은 관계를 갖고 있으며 송대 이후에 이르러 규모가 커졌음을 알 수 있다. 바꾸어 말하면 이 책은 1천여 년 간 많은 사람들의 뜻과 힘에 의해 집성되었지 신농에 의해 만들어진 것이 아닐 뿐만 아니라 서한 이전 사람들의 참여도 극히 적었다고 단언할 수 있다.[18]

(5) 진서(眞書)의 원본이 이전 사람들에 의해 확실한 증거를 갖고 있다고 증빙되었는데, 현존본이 그와 다른 경우에는 현존본이 위서다. 예컨대 고본(古本)《죽서기년》에는 하나라의 계(啓)가 백익(伯益)을 죽이고 상나라의 태갑(太甲)이 이윤(伊尹)을 죽인 일 등이 기재되어 있으니 그 책은 하나라 우임금 이전의 일에는 미치지 못한다.[19] 이는 원

---

18 고서 중에는 각 시대의 무수히 많은 사람들이 이어받아 계속함으로써 완성된 책들이 많다.《神農本草》는 그런 대표적인 예이다. 나는 일찍이 이 책이 언제 저술되어 점차 어떤 과정을 거치면서 증보되었는지 밝히려고 많은 자료를 수집했으나 애석하게도 완결된 문장으로 정리하지 못했다.

19 伯益은 하나라 우임금 때의 재상으로, 우임금이 아들 啟가 있음에도 왕위를 백익에게 물

서가 처음 출토될 당시 여러 사람이 직접 보고 믿어서 증빙된 경우이다.[20] 현존본에 기재된 백익과 이윤 등에 관한 기사의 전문은 그것과 상반되며 그 연대 또한 황제(黃帝)에서 시작하는 것으로 가탁했으니 급총의 구판본이 결코 아님을 알 수 있다.

(6) 책의 제목은 아무개가 지었는데 책에 기재된 내용이 그 사람 이후 시기의 것이면 그 책은 전부 혹은 일부가 위서이다. 예컨대《월절서》(越絕書)는《수서》〈경적지〉에 자공(子貢)이 그 제목을 지은 것으로 처음 기재되었다. 그러나 그 책이《한서》〈예문지〉에는 보이지 않고 게다가 그 책에는 한 이후의 사실이 언급되어 있으므로 그 책은 자공이 지은 것도 아니고 한대에 있었던 것도 아님을 알 수 있다. 다만《관자》와《상군서》(商君書)는《한서》〈예문지〉에 기재되어 있고 그 제목은 관중과 상앙(商鞅)이 지은 것으로 되어 있으나 두 책에는 관중과 상앙이 죽은 이후의 인명과 사건이 기재되어 있다. 따라서 두 책은 관중과 상앙의 저작이 아니며 전체가 위작이거나 최소한 그 일부가 뒤섞인 것임을 알 수 있다.

(7) 책이 비록 진짜라 하더라도 그 일부 내용이 후세 사람에 의해 멋대로 고쳐진 흔적이 확실하다면 그 책 전체에 대해서도 신중하게 감별해야 한다. 예컨대《사기》가 사마천의 저작임은 분명한 사실이지만 사마천은 자서에서 "인(麟)에 이르러 끝났다."라고 분명히 말했다.[21] 현존본은 태초(太初)와 천한(天漢, 한 무제의 연호로 태초 1년은 BC 104년, 천

려주려 했으나 계가 군대를 동원해 백익을 죽이고 왕위를 계승했다. 부자상속제가 성립되는 계기가 되었다. 伊尹은 상나라 탕임금 때의 재상으로, 왕위가 탕의 아들 中壬을 거쳐 손자 太甲에 이어졌을 때 태갑과 이윤 사이에 왕위다툼이 발생하여 태갑에 의해 살해되었다. 옮긴이 주.

20 《晋書》束晳傳과《王接傳》, 그리고 杜預의《左傳集解後序》참조.

21 공자가 쓴《춘추》는 그 마지막 문장이 "西狩獲麟"으로 끝난다. 그래서 춘추를 麟經이라 부르기도 한다. 옮긴이 주.

한 1년은 BC 100년) 이후의 일을 기재하였을 뿐 아니라 선제(宣帝)·원제(元帝)·성제(成帝) 이후의 일도 기재하였으니 그 전체가 사마천의 원본이 아님은 극히 분명하다. 이 부분은 후세 사람에 의해 개찬된 것이니 어찌 다른 부분도 반드시 개찬되지 않았다고 보증할 수 있겠는가?[22]

(8) 책에 기재된 내용이 확실히 사실과 상반된 경우 그 책은 반드시 위서이다. 예컨대 현존하는《도장》(道藏) 중에 유향이 지은《열선전》(列仙傳)이 포함되어 있는데 이 책은《수서》〈경적지〉에도 기재되어 있다. 책에 언급된 여러 신선에 관한 황당무계한 내용은 판별할 필요도 없으며, 그 자서에 "74명이 이미 불경을 보았다"고 하였으나 불경은 후한 환제(桓帝)·영제(靈帝) 때에 처음 번역본이 생겼다. 유향이 죽은 지 20년 뒤의 일이니 유향이 어찌 불경이 있음을 알 수 있었겠는가? 이 한 구절만 봐도 이 책이 통째로 위서임은 이미 숨길 수 없다.

(9) 두 책이 한 가지 사안에 대하여 완전히 모순되게 기재했을 경우 그중 하나는 반드시 위서이고 둘 다 위서일 수도 있다. 예컨대《열반경》(涅槃經)에는 부처가 "오늘부터 제자들에게 육식을 금지한다."라고 말했다는 구절이 있으며,《입릉가경》(入楞伽經)에는 부처가 "나는《상액》(象腋),《앙굴마열반》(央掘魔涅槃),《대운》(大雲) 등 모든《수다라》(修多羅)에서 육식을 금지한다."라고 말했다는 구절이 있다.《열반경》은 다 알다시피 부처가 죽기 직전 불과 몇 시간 동안 말한 것이고《상액》등의 경전에도 이런 사실이 언급되어 있다. 그렇다면 어떻게 "오늘부터"라고 말할 수 있겠는가? 또《열반경》은 부처가 자신의 생애 최후에 설파한 경인데《입릉가경》이 어떻게 그것을 인용할 수 있겠는가? 이로 미루어 볼 때《열반경》과《입릉가경》중 최소한 하나는 반드

22 王國維의《太史公年譜》와 崔適의《史記探原》참조.

시 위서이고 둘 다 위서일지도 모른다.

이상의 아홉 개 사례는 모두 구체적 반증을 갖추어 감별을 진행한 것인데, 추상적 반증에 의거해 감별할 수 있는 사례도 있다.

(10) 각 시대의 문체는 각기 자연스럽게 형성된 특징을 갖고 있어서 책을 많이 읽는 사람들은 그 차이를 알 수 있다. 그러므로 후세 사람에 의해 위조된 책은 반드시 그 자구(字句)로부터 지엽적인 반증을 구할 필요가 없으며 단지 문체를 한눈에 살펴보기만 해도 이내 그것이 위서인지 아닌지 판단할 수 있다. 예컨대 동진 말기에 나온《고문상서》는 금문으로 쓰인 주나라의《고》(誥)나 은나라의《반》(盤)[23]과 비교해 볼 때 그 문체가 전혀 다르므로 그것이 삼대 이전의 글이 결코 아니라는 것을 알 수 있다. 또한 현존본《관윤자》(關尹子) 중에 "코뿔소가 달을 바라보니 달그림자가 뿔에 들어오고, 특별한 인연으로 깨달음이 생겼도다. 원래 달의 형상이 있었으니 그 진짜 달은 처음엔 뿔에 있지 않았네."[譬犀望月, 月影入角, 特因識生, 始有月形, 而彼眞月, 初不在角]이라는 구절이 있느니, 이는 완전히 진(晋)·당대의 번역불경 문체이므로 진(秦)·한 이전에는 결코 있을 수 없음을 한 번만 봐도 곧 알 수 있다.

(11) 각 시대의 사회상태는 우리가 각 방면의 자료에 의거해 개략적으로 파악할 수 있으므로, 만일 어느 책에 기재된 특정시대의 상태가 그런 이치와 현격히 다르다면 그 책은 분명히 위서이다. 예컨대《한서》〈예문지〉에《신농》20편이 실렸는데 거기에 "6국시기에 여러 학자가 신농에게 가탁하였다."라는 주석이 있다. 이 책은 비록 오늘날

23 誥는《書經》〈周書〉속의 大誥·康誥·酒誥·召誥편으로 주나라 때의 告示文이다. 盤은《書經》〈商書〉속의 盤庚편으로 은나라 왕 반경이 도읍을 옮길 때 백성들이 싫어하자 그들을 깨우치기 위해 지은 公告文이다. 옮긴이 주.

전하지 않지만 《한서》 〈식화지〉에는 조조(晁錯, 서한의 학자이자 관료)가 신농의 가르침을 인용해 "석성(石城)이 10인(仞, 1인은 7-8자. 주·한대의 1자는 22.5cm)이고 탕지(湯池)가 100보(步)이며 대갑(帶甲, 갑옷으로 무장한 병사)이 백만이라도 식량이 없으면 지킬 수 없다."라고 말했다 한다. 이는 아마도 조조가 본 《신농》이란 책의 원문일 것이다. 그러나 석성, 탕지, 대갑 100만 등등의 사항은 신농 시대에는 결코 있을 수 있는 바가 아니다. 그러므로 유향과 반고가 6국 사람이 거짓으로 가탁했다고 지적한 것은 결코 근거 없는 판단이 아닌 것이다.

(12) 각 시대의 사상은 그 진화의 단계가 일정해서 만일 책 속에 표현된 사상이 그 시대와 서로 부합하지 않으면 그 책은 틀림없이 위서이다. 예컨대 현존본 《관자》에 "휴전설이 우세하면 아무리 험난한 요새라도 지켜 낼 수 없고 겸애설이 우세하면 병사들이 싸우지 않는다."라는 말이 있다. 이는 분명히 묵적(墨翟)과 송형(宋鈃)[24] 이후의 사상이며, 관중 시대에는 휴전과 겸애 등의 학설이 아직 없었으니 어찌 그것을 이용해 반대자를 비판할 수 있겠는가? 《소문》(素問, 일명 황제내경 소문) 〈영추〉(靈樞)에 음양오행이 언급되어 있는데, 이는 분명히 추연(鄒衍) 이후의 사상이거늘 황제(黃帝) 때에 어찌 있을 수 있겠는가?[25]

이상 열두 개 사례가 비록 위서 감별법에 관한 충분한 설명이라고 할 수는 없지만 그에 의거해 미루어 판단하면 큰 실수는 나오지 않을 것이다. 이제 거꾸로 어떤 책이 진짜임을 증명하는 방법에 대해 설명하겠다.

(1) 예컨대 《시경》에, "10월 초 삭일(朔日) 신묘(辛卯)에 일식이 있

---

24 송형은 전국시대 宋나라 사상가로 노자사상을 계승해 정욕을 줄이고 겸병전쟁을 그만두라고 역설하였다. 옮긴이 주.

25 胡適, 《中國哲學史大綱》, 上海: 商務印書館, 1919, 21-22면.

었는데 구멍이 추하다."라고 했다. 6조 · 당 · 원 · 청의 여러 학자들이 추산한바, 주나라 유왕(幽王) 6년 10월 신묘삭(辛卯朔)에 분명히 일식이 있었다. 음력과 양력을 대조해 보면 그해는 기원전 776년이고 유럽학자들도 그해 음력 8월 29일 중국 북부에서 일식을 보았음을 고증하였다. 이는 앞에서 언급된 〈유정〉편의 "일식에 관한 이견이 분분하다." 라는 말과 완전히 상반된다. 그러므로 《시경》이 틀림없이 진서임을 증명할 수 있으며, 거기에 실린 사료는 모두 믿을 만하다.

(2)위와 똑같은 예를 하나 더 들어 보자. 《춘추》에, "환공(桓公) 3년 가을 7월 임진삭(壬辰朔)에 일식이 있었다." "선공(宣公) 8년 가을 7월 갑자에 일식이 있었다."라고 기재되어 있다. 유럽학자의 추산에 의하면 전자는 기원전 709년 7월 17일에 해당하고 후자는 기원전 601년 9월 20일에 해당하며 지금의 산둥성 옌저우부(兗州府)에서 일식이 보였다. 이로써 당시 노나라 사관의 기사가 매우 정확하다는 것을 증명할 수 있고 《춘추》는 공자가 포폄에 뜻을 두고 사용한 필법을 제외하고 그것이 의거한 노나라 역사의 원문은 모두 매우 믿을 만하다.

(3) 거의 같은 예는 또 있다. 예컨대 《상서》 〈요전〉(堯典)에 "중춘(仲春, 음력 2월) 정오에 별이 떠올랐고, 중하(仲夏, 음력 5월) 정오에 별똥별이 나타났다."라고 했는데 일본 천문학자의 연구에 따르면 기원전 2천 4,5백 년에 확실히 이와 같았다. 이로써 〈요전〉은 최소한 부분적으로 요 · 순 시대의 진서임을 증명할 수 있다.

(4) 한 측면에서는 가짜이고 다른 측면에서는 진짜인 책도 있다. 예컨대 현존하는 《손자》 13편의 구제목[舊題]은 춘추시대 오나라의 손무(孫武)가 지은 것이다. 우리는 그 책의 문체와 내용에 의거해 그 책이 춘추시대 책이라고 확실히 믿을 수 없다. 비록 그렇지만 만약 그것이 진 · 한 이후에 나왔다고 한다면 문체와 그 내용이 모두 닮지 않

았으니 그렇다고 말할 수도 없다. 《한서》〈예문지〉의 병가(兵家)에 본래 〈오손자〉(吳孫子)와 〈제손자〉(齊孫子)의 두 글이 실렸는데, 오손자는 춘추시대의 손무이고 제손자는 전국시대의 손빈(孫臏)이다. 이 책을 만일 손무의 저작이라고 한다면 틀림없이 가짜이고 만일 손빈의 저작이라고 한다면 진짜라고 말할 수 있다. 그 밖에 《관자》와 《상군서》 등의 성질도 이와 대략 같다. 그것을 만약 관중·상앙의 저작이라 한다면 틀림없이 가짜이지만 그 책의 대부분 내용은 전국시대 사람의 손에 의해 지어졌을 것이다. 만일 그것을 가지고 전국 말기의 사람과 사회상황을 연구한다면 극히 좋은 사료가 될 것이다. 《주례》가 주공의 저작이라 하는 것은 원래 거짓이지만, 만일 그것으로 전국·진한 시대 사상제도를 연구한다면 역시 극히 좋은 사료가 될 것이다.

(5) 책 속의 어떤 사항에 대하여 사람들은 늘 함께 지탄하며 이를 근거로 그 책이 가짜라고 증명하곤 하지만 우리는 오히려 그것으로 그 책이 진짜임을 증명할 수 있다. 예컨대 앞에 말한 《죽서기년》에서 "계가 백익을 죽였다." "태갑이 이윤을 죽였다."라고 한 두 사건은 후세 사람들이 습관에 따라 《맹자》와 《사기》의 주장을 들어 왔기에 보자마자 크게 놀란다. 그들은 《맹자》라는 책이 위나라 안리왕(安釐王) 때의 사관과 같은 시기의 것이며 맹자 자신이 사관의 직책에 있지 않아서 그 견문이 본래 사관만큼 정확하지 못하다는 것을 생각하지 못한다. 사마천은 진시황이 불태운 제후사기를 보려 해도 볼 수 없었기에 그 기술은 《맹자》를 따를 수밖에 없었으니, 어찌 그에 의거해 《죽서기년》에 나오는 두 사건을 불편하게 대할 수 있겠는가? 어떤 사람은 이것을 근거로 《죽서기년》 전체를 위서라 의심하기도 하는데 이는 모든 위작자들이 시대의 심리에 영합하지 않으면 안 되며 한·위 시대 유학자들의 도덕주의적 고취를 거친 이후에 백익과 이윤이 일찍이 신성불가침의 존재처럼 되어 버렸음을 모르는 소리이다. 진(晋)대

에 위서를 지은 사람이 어찌 스스로 이와 같은 이설(異說)을 세워 자기를 공격할 화살을 모으도록 도울 리가 있겠는가? 실제로 사리에 의거해 논하면 백익과 이윤은 이미 초인적인 특이한 존재가 아니며 따라서 그들이 힘으로 왕위를 찬탈하려 도모하는 것을 어찌 괴이하다 할 수 있겠는가? 계와 태갑은 스스로를 지키기 위해 백익과 이윤을 죽였다는 것 역시 예상할 수 있는 일이다.

그러므로 우리는 차라리 《죽서기년》에 기재된 내용이 고대의 사회상황과 비교적 부합한다고 생각한다. 《죽서기년》에 이와 같은 기록이 있는 만큼 그것이 위서가 아님을 증명하기 충분하고 현존본 《죽서기년》이 그것을 삭제한 것이야말로 그것이 위서임을 증명하기 충분하다. 그러나 맹자는 《상서》 〈무성〉(武成)의 "흐르는 피가 절구공이를 떠내려가게 할 정도로 전쟁이 치열했다"는 문장 때문에 "(《상서》가 비록 경전이지만) 그 책을 모두 믿는 것은 책이 아예 없는 것만 못하다"고 한탄하면서 "인정(仁政)을 위한 정벌조차 불인(不仁)하게 되었으니" 이와 같아서는 안 된다고 말했다. 맹자의 뜻을 추론해 보면 《일주서》 중의 〈극은편〉과 〈세부편〉이 위작임은 의심할 여지가 없다. 기실 맹자가 이상으로 여기는 "인의지사"(仁義之師)는 본래 역사상 있을 수 없는 사실이며 《일주서》에 기재된 주나라 무왕의 잔폭한 행적이 오히려 진실일 수 있다. 우리가 《일주서》를 위서가 아니라고 믿는 까닭은 바로 여기에 있다.

(6) 어떤 책을 위서라고 판정할 만한 극히 강력한 반증이 없을 경우에 우리는 단지 잠시 그것을 참이라고 간주할 수 있다. 예컨대 《산해경》과 《목천자전》은 내가 앞에서 든 12가지 사례를 가지고 판단해 보건대 적용되는 예가 하나도 없다. 그러므로 그 책은 비록 괴이하지만 그렇다고 근거 없이 속단하여 내쳐서는 안 되며 오히려 극히 귀중한 사료일지도 모른다.

이상으로 위서를 감별하는 방법에 관해 말했으니 이제부터는 위사(僞事)를 감별하는 방법에 대해 설명하겠다.

위사는 위서와 달라서 위서 중에 진사(眞事)가 있고 진서 중에 위사가 있다. 일의 거짓된 것과 잘못된 것은 서로 달라서 잘못된 것에는 잘못의 의도가 없으나 거짓된 것에는 날조한 의도가 있다. 위사의 종류를 열거해 보겠다.

(1) 그 역사적 자취가 원래 작위적(作僞的) 성질을 띠고 있는 경우, 역사가는 그것이 거짓임을 분명히 알면서도 그대로 따라서 그것을 서술한다. 예컨대 한·위·6조의 왕위 찬탈과 선양 과정에서 있었던 각종 작태가 그런 예에 속한다. 역사가의 기재 중 거짓을 따른 예로 진수가 있고 진상을 폭로한 예로 범엽이 있다. 몇 가지 열거해 서로 비교해 보면 다음과 같이 큰 차이가 드러난다.

진수의 《위지》 무제기(武帝紀)	범엽의 《후한서》 헌제기(獻帝紀)
天子以公領冀州牧 (천자가 公을 기주목에 임명하였다)	曹操自領冀州牧 (조조가 스스로 기주목이 되었다)
漢罷三公官置丞相, 以公爲丞相 (漢은 삼공의 관직을 혁파하고 승상을 설치해 公을 승상으로 삼았다)	曹操自爲丞相 (조조가 스스로 승상이 되었다)
天子使郗慮策命公爲魏公, 加九錫 (천자는 치려로 하여금 사령장을 내게 하여 公을 위공으로 삼고 九錫을[26] 누리게 하였다)	曹操自立爲魏公加九錫 (조조가 스스로 위공이 되어 九錫을 누렸다)
漢帝以衆望在魏, 乃召群公·卿士, 使張音奉璽綬禪位 (漢 獻帝는 뭇사람의 기대가 魏에 있었기에 백관과 공경을 불러서 장음으로 하여금 옥새를 받들게 하고 선위하였다)	魏王丕稱天子, 奉帝爲山陽公 (위왕 조비가 천자를 칭하고 헌제를 산양공으로 받들었다)

26 九錫은 한나라 때 천자가 공이 큰 신하나 황족에게 주는 아홉 가지 특전이다. 두 대의 수레를 타고 이동할 수 있고, 곤룡포를 입고 면류관을 쓰며, 집 대문과 기둥에 붉은색을 칠하며, 호위병 300명을 거느리고 붉은 활 한 벌과 붉은 화살 백 개, 검은 활 열 벌과 검은 화살 3천 개를 갖고 다닐 수 있는 것 등을 포함한다. 옮긴이 주.

이 비교에서 진수처럼 행적을 위조하여 현창하는 것은 비록 그대로 따른다 해도 사람들을 극심하게 오도하는 것은 아니지만 사덕(史德)으로 말하건대 그렇게 해서는 절대로 안 된다.[27]

(2) 위사를 날조하여 스스로 책에 기재하고 그 내용을 채워 넣은 경우도 있다. 이런 종류의 사례는 역사상 보기 드문데 그 가장 대표적인 예는 수나라 말기의 황당무계한 사람 왕통(王通)이다. 그는 스스로를 공자에 견주면서 하약필(賀若弼), 이밀(李密), 방현령(房玄齡), 위징(魏徵), 이적(李勣) 등 당시의 장상(將相)을 모두 끌어들여 자기 제자라 하고 이른바 《문중자》(文中子, 왕통의 시호)를 스스로 짓거나 자제의 손을 빌려 지었는데 그 속에서 왕통과 여러 사람 간의 문답을 일일이 빠짐없이 서술해 실제 그런 일이 있었던 것처럼 채워 넣었다. 이런 미치광이와 황당무계한 책은 실로 인간 세상에 찾아보기 어렵다. 그럼에도 1천 년 이래 소위 "하분도통"(河汾道統)이란[28] 말이 대다수 속된 유자(儒者)의 뇌리에 깊이 스며들어 진짜 역사적 사실인 것처럼 둔갑하였다. 슬프도다! 예나 지금이나 황당무계한 사람은 단지 왕통 하나에 그치지 않고 대대로 전해 온 묘지명과 가묘의 전기 및 행장 등 한우충동이라 할 만큼 많은 위작들이 있음을 독자들은 알아야 한다. 《문중자》와 다른 점이 있다면 아마도 정도의 차이일 뿐이리라.

---

27 량치차오는 이들 인용문의 표현상 차이를 작자의 사덕의 차이로 설명하고 있지만 다른 견해도 있다. 가령 한스 빌렌슈타인은 왕조마다 서로 다른 틀에 박힌 관용어를 빌려 기술하는 것이 정사 서술의 관행이었고 그 차이를 반영한 것이라고 보았다. 반면 신승하는 《삼국지》가 《후한서》보다 100여 년 앞서 나왔다는 점에 착안하여, 조조 관련 사실에 대한 서술에서 위수는 그것이 자기와 가까운 시대였기에 하고 싶은 말을 할 수 없었지만 범엽은 그것이 자기와 먼 시대였기에 하고 싶은 말을 할 수 있었다고 보았다. 한스 빌렌슈타인, 〈후한서 서술의 분석적 고찰〉, 민두기 편, 《중국의 역사인식》 상, 창작과비평사, 1985, 215-216면; 신승하, 《중국사학사》, 고려대학교출판부, 2011, 98면. 옮긴이 주.

28 왕통이 河汾에서 키운 제자가 많다 하여 생긴 말로 河汾門下라고 한다. 옮긴이 주.

(3) 일의 내용은 완전히 허구이지만 이미 공공연히 "제1등급 사료"의 자격을 취득했고 후대의 사람들이 반박할 증거를 갖고 있지 않은 경우도 있다. 예컨대, 태평천국의 난 때 그 무리들 중에 홍대전(洪大全)이란 주모자가 있었는데 초기에 광시성의 지방관리에게 잡혀 죽었다는 말이 전해 온다. 그러나 우리는 그 사람이 실제로 존재한 적 없는 허구의 인물이며 아마도 당시 지방관이 공을 탐내 홍수전(洪秀全)이란 이름을 빗대어 날조한 것이 아닌지 깊이 의심하고 있다. 비록 그렇지만 그는 이미 상주문에 나와 있고 실록에 등재되어 있으니 우리는 하나의 완전하고 강력한 반증을 구하려 해도 극히 구하기 어렵다. 이 일은 오늘날 이미 엄연한 역사적 사실로 되어 있지 않은가. 내가 헤아려 보니 역사적 사실 중에 이와 같은 예가 적지 않으니 역사연구자는 소송사건을 판결하는 노련한 관리의 태도로 임해야 하며 심리 중의 사건기록에 대하여 결코 경솔하게 믿지 말아야 한다. 만일 확실한 증거를 찾아 의문을 풀 수 없다면 차라리 빼 버리는 게 낫다.

(4) 일이나 사건 자체는 비록 거짓이 아니지만 그에 관한 진술이 지나친 경우가 있다. 자공(子貢)은 "주(紂)의 포악함은 이것만큼 심하지 않다."라고 말했으며, 장자(莊子)는 "선행을 두 번 하면 반드시 과분한 칭찬의 말을 많이 듣고 악행을 두 번 하면 지나친 비판의 말을 많이 듣는다."라고 말했다. 또 왕충은 "보통사람은 기이한 것을 좋아해서 기이하지 않으면 말할 필요도 없다. 그러므로 명예로운 사람이 아름다운 언행을 더하지 않으면 듣는 사람이 그 뜻을 불쾌히 여기고, 망가진 사람이 악한 언행을 더하지 않으면 듣는 사람이 마음에 흡족해하지 않는다."라고 말했다. 그러므로 어떤 분야의 역사이든 아마도 "진상을 과장하려는" 폐단을 피하기 어려울 것이다. 왕충이 쓴 《논형》의 〈어증편〉(語增篇), 〈유증편〉(儒增篇), 〈예증편〉(藝增篇)에 열거된 여러 사안들이 그런 예이다. 더구나 책을 저술하는 사람이 아무리 순결하

다 할지라도 그 사이에 주관적 감정이 섞여 들어가는 것은 끝내 피할 수 없다. 예컨대 왕개운(王闓運)의 《상군지》(湘軍志)는 이치로 보아 제1 등급 사료로 간주되어 마땅하다.[29] 곽숭도(郭崇燾)의 《상군지》〈증군편 서후〉(曾軍篇書後)를 읽어 보면 그 책에도 부실한 곳이 매우 많음을 알 수 있다. 또 내가 20년 전에 지은 《무술정변기》(戊戌政變記)는 뒷날 청사(清史)를 쓰려는 자가 무술년의 일을 기술할 때 귀중한 사료로 인정하지 않는 사람이 없다. 그렇지만 거기 기술된 내용이 모두 믿을 만한 역사라고 말하는 것은 나 스스로도 감히 받아들이기 어렵다. 왜 그런가? 감정의 작용에 자기도 모르는 사이 지배되어 진상을 확대하고 과장하는 것을 피할 수 없기 때문이다. 역사를 연구하는 사람은 이런 사정을 분명히 감안하여 자료를 읽을 때 항상 어느 정도는 깎아내려야 큰 잘못을 피할 수 있다.

(5) 역사서의 문장은 그 90%가 후대의 편찬자에 의해 윤색된 것이어서 사후에 꾸미기 위해 추가된 말들이 많다. 예컨대 《좌전》 장(莊) 22년에 진경중(陳敬仲)[30]의 복사(卜辭)가 기재되어 있는데 이른바 "규(嬀, 허베이성의 지명)의 제후가 장차 강(姜)씨 집안에서 길러질 터이니 5대에 번성하여 정경(正卿)에 함께 오르고 8대 뒤에는 서울의 주인이 될 것이다."라고 하였다. 이는 진실로 전씨(田氏)가 제나라를 찬탈한 뒤에 기록한 것이 아니며 천하에는 아마도 이처럼 확신하는 예언이 없을 것이다. 양(襄) 29년에 오계찰(吳季札)이 진(晉)나라에 가서 조

29 湘軍은 태평천국을 진압하기 위해 황제의 명에 따라 증국번이 후난인(湘人)을 주축으로 조직한 군대다. 상군지는 상군의 편제와 구성 및 배치 등을 기사본말체로 서술한 軍史이다. 옮긴이 주.

30 陳敬仲은 춘추시대 인물로 제나라에 망명했는데 懿仲이란 자가 그에게 딸을 주려고 점을 쳐 보니, 봉황이 날아 화합하며 8대를 지나면 더할 수 없이 높을 것이라는 점괘가 나왔고 실제 그 자손이 제나라 왕이 되었다고 한다. 옮긴이 주.

문자(趙文子), 한선자(韓宣子), 위선자(魏獻子)에게 "진나라는 세 가문을 중심으로 모이겠구나."라고 말한 것으로 기재되어 있다. 그러나 진실로 세 가문이 진나라를 분할한 후에 기록한 것이 아니며 아마도 이처럼 확신하는 예언은 없을 것이다. 심지어 제갈량의 〈융중대〉(隆中對)는 나중에 펼쳐지는 3국 정족의 국면을 마치 계약서를 들고 기다리는 것처럼 예언하였다. 멀리 바라보는 식견을 가진 사람은 지난 일에 비추어 다가올 일을 예견할 수 있다 하는데, 이는 비록 일의 이치로 보아 불가능한 것은 아니지만 이처럼 작은 차이도 없이 맞아떨어지는 경우는 실로 극히 괴이하다. 당시 유비와 제갈량의 대담(對談)을 생각해 보면 누가 알았을까? 둘 중 한 사람이 필기했어야 비로소 가능하고, 그렇지 않다면 둘 중 한 사람이 사후에 다른 사람에게 얘기해서 알게 됐을 것이다. 사후에 하는 말은 그 본질이 바뀌지 않을 수 없으며 그 위에 다시 역사편찬자의 문식(文飾)이 덧붙여진다. 그러므로 우리는 그가 적은 책에 대하여 반드시 어느 정도는 깎아내려 보는 평가절하를 하지 않으면 안 된다.

(6) (사후에 추가하는) 본래 의도는 서술 속에 있지 않고 옛사람에게 의지하며 자기의 이상을 가탁하려는 데 있다. 그러므로 책 속에 기재된 것은 그 기록자가 이상으로 여기는 인물의 언행이지 역사상 실재한 인물의 언행이 결코 아니다. 이런 종류의 수단은 선진제자(先秦諸子)가 많이 이용해서 한때 풍조를 이루었다. 《맹자》에 "신농(神農)의 말씀을 실천하는 자로 허행(許行)이 있다."라고 했는데,[31] 이 말은 진상을 가장 잘 담고 있다. 선진의 제자는 모두 오늘날의 사람으로 하여금 옛사람의 말을 하게 하는 것을 가장 좋아했다. 앞에서 조조(晁錯)가

31 許行은 춘추시기 農家의 대표적 사상가로, 왕을 포함한 모든 사람이 자신의 노동으로 생활에 필요한 의식주를 해결해야 한다고 주장하였다. 옮긴이 주.

"신농의 가르침"을 인용했다고 말했는데, 그것은 "신농의 가르침"이 아니라 거의 허행 무리의 가르침이다. 어찌 꼭 허행뿐이겠는가? 제자(諸子)가 모두 그러했다. "말할 때마다 요 · 순을 들먹이는" 저 맹자에 대해서도 우리는 그 자신의 표현을 따서 비난하자면 "요 · 순의 말씀을 실천하는 자로 맹가(孟軻)가 있다."라고 말할 수 있다. 그 밖에 묵자가 대우(大禹)에게, 도가와 음양가가 황제(黃帝)에게, 병가가 태공(太公)에게, 법가가 관중에게 모두 다 그러하였다. 그 사람을 높이 존숭하면 할수록 자기가 품고 있는 이상을 더욱 높이 받들게 되어 그 사람의 진면목은 더욱 어지러워진다. 《한비자》에 이르기를 "공자와 묵자가 모두 요와 순을 말하는데 취사선택하는 내용은 서로 다르지만 모두 자기가 진짜 요 · 순이라고 자처했다. 요 · 순은 다시 살아나지 않으니 누가 장차 유가와 묵가의 진심을 안정시키겠는가?"라고 하였다. 그러므로 우리는 고대의 사료에 대하여 한편으로 그것이 너무 적은 것을 걱정하며 다른 한편으로 너무 많음을 걱정한다. 많은 것을 탐내다가 진실을 잃어버리는 것은 적은 것에 만족하면서 의문스러운 것을 잠시 보류해 두는 것만 못하다.

인간은 기계가 아니므로 "글자를 인쇄하는" 방식으로 열람하여 역사적 사실을 발견한 적은 없으나 중국의 저술가들이 기록한 역사 사실 중에는 그렇지 않은 경우가 왕왕 있다. 예컨대 요임금에게 아들 단주(丹朱)가 있으면 순임금에게 반드시 아들 상균(商均)이 있어야 하고, 순이 요의 아들을 난허(南河)에서 피했으면 우는 반드시 순의 아들을 양청(陽城)에서 피해야 한다. 걸(桀)에게 말희(妹喜)가 있으면 주(紂)에게 반드시 달기(妲己)가 있어야 하고,[32] 걸에게 주지(酒池)가 있으면

32 중국 역사상 왕의 총애를 받으면서 나라를 기울게 한 4대 요녀로 하의 말희, 은의 달기, 주의 褒姒, 진의 麗姬를 꼽는다. 옮긴이 주.

주에게 반드시 육림(肉林)이 있어야 한다. 걸에게 경궁(傾宮, 말희가 원하는 대로 크고 화려하게 지은 궁궐)이 있으면 주에게 반드시 경실(瓊室, 옥으로 지은 화려한 집)이 있어야 하고, 걸에게 옥배(玉杯)가 있으면 주에게 반드시 상저(象箸)가 있어야 한다. 걸이 용봉(龍逢)을 죽이면 주는 반드시 비간(比干)[33]을 죽여야 하고 걸이 하대(夏臺)에서 탕(湯)을 잡아 가두면 주는 반드시 유리(羑里)에서 문왕을 잡아 가둬야 한다. 하나라가 장차 망하게 되어 태사령이 상나라로 영원히 망명하면 상나라가 장차 망하게 되어 내사(內史)가 반드시 기다렸다는 듯이 주나라로 망명해야 한다. 이런 종류의 문장은 변체문(騈體文, 정제된 대구와 음율의 조화, 화려한 수식을 요구하는 문체)의 대우(對偶)와 같아서 마치 가지 하나하나를 서로 대응시키고 잎사귀 하나하나를 서로 마주보게 하는 듯하다. 천하에 어찌 이와 같은 일이 있을 수 있겠는가? 또한 제 태공이 화사(華士)를 죽이고 자산(子産)이 등석(鄧析)을 죽이고 공자가 소정묘(少正卯)를 죽인 세 사건은 시간상 서로 수백 년의 거리가 있음에도 사람을 죽인 목적과 절차, 그리고 살해된 사람의 성격이 동일하며 심지어 그 죄명까지 똑같으니 천하에 어찌 이런 일이 있을 수 있겠는가? 그렇다면 걸과 주가 어떠어떠한 사람이라고 하는 말은 단지 저술가의 이상 속에만 존재하는 제왕의 악덕 기준이 아닌가? 이른바 등석을 살해하고 소정묘를 살해했다는 말은 단지 해당 시대의 전제통치자가 날조하여 구실로 삼은 것이 아닌가?(등석이 자산에 의해 살해되지 않았다는 증거는 《좌전》에 나와 있다.) 우리는 이런 종류의 사료에 대하여 가장 마땅하고 엄밀한 방법으로 감별해야 비로소 이상을 사실로 혼동하는 잘못에 빠지지 않을 수 있다.

33 比干은 주의 숙부이자 승상으로서 주의 폭정을 비판하고 직언하다가 살해되었다. 箕子·微子와 함께 은나라 말기의 三仁으로 일컬어진다. 옮긴이 주.

(7) 순전히 문학에 속하는 저술에서 그 서술된 내용이 완전히 우화(寓話)이고 그 저자가 그것을 진짜 있었던 사실이라고 말한 적이 없음에도 어리석은 사람들이 뱃전에 표시를 새겨 방금 못에 빠뜨린 칼을 찾으려는 것처럼 이유 없이 역사적 사실에 대한 분규를 일으킨다. 예컨대《장자》에 "물고기 알이 변하여 붕새[鵬]가 되었는데 그 크기가 수만 리이다."라고 한 말을 두고 만일 이전 사람이 장주(莊周)가 새로 발명한 물리학이라고 하거나 또는 반대로 장주는 물리학을 모른다고 비난한다면 우리는 반드시 그를 비웃을 것이다. 왜 그런가? 장주는 본래 우리와 물리에 대해 얘기를 나눈 적이 없다. 어찌 장주가 우리와 물리에 대해서만 얘기한 적이 없겠는가? 역사에 대해서도 얘기를 나눈 적이 없다. 어찌 장주만 우리와 역사에 대해서 얘기한 적이 없겠는가? 고금의 무수한 저작가들도 대부분 우리와 역사에 대해 얘기한 바 없다.《장자》의 〈덕충부〉(德充符)편에[34] 의거해 누군가가 역사상 올자(兀者, 한쪽 다리가 없는 사람) 왕태(王駘)가 분명히 있어서 일찍이 공자와 함께 노나라를 양분했다고 믿는다면 사람들이 모두 그를 비웃을 것이다. 또《장자》의 〈인간세〉(人間世)편에 의거해 역사상 열어구(列禦寇)라는[35] 인물이 실존했다고 믿는, 그런 사람은 수없이 많다.《열자》(列子) 8편을《노자》,《장자》와 동등하게 놓고 찬양하기도 한다. 〈이소〉(離騷)에 의거해 굴원이 원래 무함(巫咸)과[36] 대화한 적이 있으며 제혼(帝閽, 제왕이 있는 궁성의 문)을 열고 닫게 한 적이 있다고 믿는

34 〈덕충부〉에 인용된 공자의 말은 다음과 같다. "서로 뜻이 다른 입장에서 보면 간과 쓸개도 초나라와 월나라 사이처럼 멀고(肝膽楚越), 같은 마음으로 보면 만물은 하나다. … 사람에게 다리 한쪽 없는 것도 흙 한 덩이 잃어버린 것과 같다." 옮긴이 주.

35 列御寇는 전국시대 정나라 사상가로, 列子라고 불리며 도가학파의 선구이자 우화 작가로도 알려져 있다. 옮긴이 주.

36 巫咸은 黃帝 때의 무당으로 하늘과 땅을 오르내렸다고 전해진다. 옮긴이 주.

다면 모든 사람이 그를 비웃을 것이다.

〈구가〉(九歌)에 의거해 요임금의 두 딸이 상군(湘君) · 상부인(湘夫人)이라고 믿는, 그런 사람은 수없이 많다. 도잠(陶潛)은 〈도화원기〉(桃花源記)를 지어서 자신의 유토피아적 이상을 피력하였는데, 타오화현(桃花縣)이 이로써 이름을 얻었고 천 년이 지나도록 바뀌지 않았다. 석숭(石崇)은 〈왕소군사〉(王昭君辭)를 지어 왕소군이[37] 변방으로 시집갈 때 오손공주(烏孫公主)가[38] 비파를 켠 것처럼 말했고, 이것이 구전되어 비파는 왕소군의 전문 분야로 알려졌다. 우리가 만일 이러한 습관에 따라 사료를 평정(評定)한다면, 한의 공융(孔融)이 조조(曹操)에게 보낸 서신에서 "무왕이 주를 토벌하고 달기(妲己)를 주공에게 주었다."라고 했다는데 우리는 이를 믿을 것인가? 청대 황종희가 엽방애(葉方藹)에게 보낸 서신에서 "수양산의 백이(伯夷)와 숙제(叔齊)는 상보(尙父)에게 외로움을 의지하고 3년간 고사리를 먹어도 안색이 나빠지지 않았다." 라고 말했다는데 우리는 이를 믿을 것인가? 그러나 불행하게도 현재 많은 사람들이 믿고 있는 역사 사실들 중에는 이와 유사한 성질의 것들이 적지 않다. 어찌 오직 개인의 역사적 사실만 그러하겠는가? 모든 문인들이 묘사한 경읍(京邑), 궁실(宮室), 여복(輿服, 수레와 의복), 그리고 기타 각 분야의 사회 상황이 대부분 이와 같다.

이상 일곱 가지 예는 거짓된 일과 사건의 유래를 논한 것인데, 비록 온전하다고는 말할 수 없지만 학인들은 그로부터 유추해 볼 수 있

---

37 한나라 황실이 강성해진 흉노와 우호관계를 맺기 위해 궁녀 왕소군을 공주로 가장하여 시집보냈다. 옮긴이 주.

38 오손공주는 한 무제의 조카로 서쪽 변방의 오손과 손잡고 흉노를 치기 위해 무제에 의해 오손왕에게 시집보내졌다. 옮긴이 주.

을 것이다. 이제 우리가 위사를 판별할 때 취해야 할 태도에 관해 간략히 말하겠다.

첫째, 판별이 다루는 문제의 바깥으로 갈라져 나가지 않도록 해야 한다. 예컨대《맹자》에는 "만장(萬章)이 '요임금은 천하를 순임금에게 주었다는데 실제로 그렇습니까?' 하고 물으니 맹자가 '아니다'…" 라고 답했다는 구절이 있다. 우리는 이 대목을 읽고 잠시 책을 덮고 다음 문장이 어떻게 이어질지 한 번 상상해 볼 수 있다. 아! 뜻밖에도 맹자는 (곧 이어) "천자는 천하를 남에게 줄 수 없다."라고 말했다. 이는 마치 내가 "갑은 을을 죽였습니까?"라고 물었는데 당신은 "아니다. 사람은 사람을 죽여서는 안 된다."라고 답하는 것과 같다. 사람이 사람을 죽여도 되는가 안 되는가는 하나의 문제이고 갑이 을을 죽였는가 아닌가는 또 다른 문제이므로, 당신의 대답은 내가 물은 것에 대한 답이 아니다. 만장은 계속하여 "그렇다면 순이 천하를 갖고 있으니 누가 준 것입니까?"라고 물었다. 맹자는 이미 천하를 요가 준 것이 아니라고 주장했으니 순에게 그것을 준 사람을 지적하거나 아니면 순 스스로 취했다고 말해야 한다. 이때 맹자는 "하늘이 그에게 주었다"고 답했다. 우주 간에 하늘이 있는지 없는지, 하늘은 사물처럼 사람에게 줄 수 있는 것인지 아닌지 만장은 증명할 수 없으니 맹자도 역시 증명할 수 없다. 원고와 피고 양쪽이 모두 자신의 주장을 증명할 수 없으니 변론은 더 이상 진행되지 않는다. 맹자는 백리해(白里奚)가[39] 자신을 진(秦)나라에 팔았다는 말을 부인하지만 증거를 제시해 거짓임을 밝혀내지 못한 채 백리해가 지혜로운가 아닌가 어진가 아닌

39 百里奚는 춘추시기 초나라(虞나라 출신이라는 설도 있다) 사람으로 탁월한 능력을 지녔으나 빈한한 가문 출신이어서 걸식하며 지내다가 秦나라 목공에 발탁되어 나라의 흥성을 위한 기초를 다졌다. 옮긴이 주.

가 하는 것으로부터 하나의 커다란 순환논리를 만들고 말았다. 이와 같이 원래의 문제를 벗어나 판별의 공례를 위반하는 것은 학인이 첫 번째로 경계해야 할 태도이다.

둘째, 옳고 그름을 가리고 진짜와 가짜를 판별하려면 반증을 제시하는 것이 중요하다고 내가 이미 누차 말했다. 반증은 밝히고자 하는 해당 사안 속에서 나온 것이 가장 강력하며, 소위 "자기 창으로 자기 방패를 공격한다"[以矛陷盾]는 것이 이를 말한다. 예컨대《한서》〈예문지〉에 이르기를 "무제 말년 노공왕(魯共王)이 공자의 옛 집을 허물고《고문상서》를 얻었다. … 공안국이 그것을 무제에게 헌상했는데 무술(巫術)에 미혹되어 학관(學官)에 들지 못했다."라고 했다. 우리는《한서》의 본문으로부터 이 일이 거짓임을 증명할 수 있다. 우선〈경13왕전〉(景十三王傳)에 "노나라 공왕(共王) 유여(劉餘)는 효경제(孝景帝) 전원 2년에 봉해졌고[40] … 28년에 죽자 아들 안왕(安王) 유광(劉光)이 뒤를 이었다."라고 한 것을 주목해 보자. 경제(景帝)가 16년간 재위했으니 공왕은 무제가 즉위한 지 13년째가 되는 해 즉, 원삭(元朔) 1년에 죽었어야 맞다.(《王子侯表》에서는 "원삭 1년 안왕 유광이 뒤를 이었다."라고 했으니 정확히 일치한다.) 무제는 54년간 재위했으므로 그 말년에 어찌 공왕이 있을 수 있겠는가? 그다음에는 공안국에 주목해 보자.《한서》에는 그에 관한 전전(專傳)이 없고《사기》〈공자세가〉에서 "공안국은 현재 황제의 박사인데 일찍 죽었다."라고 하였다.《한서》〈아관전〉(兒寬傳)에는 "아관이 박사를 찾아가 글을 배웠고 공안국의 뒤를 이어서 정위사(廷尉史)가 되었는데 정위(廷尉) 장탕(張湯)이 그를 추천했다."라고 하였다.《한서》〈백관표〉(百官表)를 살펴보면 장탕이 정위직에서 물러

40 (효)경제 때의 연호는 前元, 中元, 後元으로 나누어져 있어 전원 2년은 BC 155년이다. 옮긴이 주.

난 것은 원삭 3년이다. 따라서 공안국이 박사가 된 것은 원삭 3년 이전이라야 한다. 설사 그의 나이가 갓 20세를 넘었다 하더라도 무당에 현혹되어 화를 당했을 때 이미 50세를 넘었으니 어찌 일찍 죽었다고 말할 수 있겠는가? 이미 일찍 죽었다면 어찌 무당에 현혹된 그해에 책을 헌상할 수 있었겠는가? 그러므로 이 일은 본서의 다른 편들의 문장과 곳곳에서 충돌한다. 왕충은 "두 가지 온전함을 얻지 못하면 반드시 하나는 잘못된 것이다."라고 했다(《論衡》〈語增篇〉). 이에 다른 편이 거짓임을 증명할 방법이 없으므로 《한서》〈예문지〉에서 말한 위의 두 가지 일은 틀림없이 거짓이다.

셋째, 위사를 증명하기 위해서는 "직접 사료"를 구하는 것이 최상이다. 예컨대 어환(魚豢)의 《위략》(魏略)에서 "제갈량이 먼저 유비를 찾아가 만났는데 유비가 그의 나이가 어리다는 이유로 경시하였다. 제갈량은 형주(荊州) 사람이 적으니 객호(客戶)의 원적(原籍)을 드러내게 함으로써 뭇 사람을 이롭게 해야 한다고 말했다. 유비는 이로써 제갈량이 유능한 인물임을 알았다."라고 했다. 진수의 《삼국지》는 "선주(先主)가 제갈량을 찾아갔으며 모두 세 차례 찾아간 끝에 마침내 만났다."라고 하였다. 어환과 진수는 생존 연대가 대체로 비슷한데 두 사람의 말이 이처럼 다르니 누구의 말을 믿어야 할까? 오늘날 우리는 이에 가장 유력한 증거를 갖고 있으니, 곧 제갈량의 〈출사표〉(出師表)에 "선제(先帝)께서 신을 낮고 천하다 여기시지 않고 몸소 세 번이나 신의 누추한 초막으로 찾아 주셨다."라고 한 것이다. 〈출사표〉가 위작임을 증명할 수 없다면, 그리고 제갈량이 터무니없는 말을 좋아한다는 것을 증명할 수 없다면 우리는 곧 유비가 먼저 제갈량을 찾아간 것이지 제갈량이 먼저 유비를 찾아간 것이 아니라고 단언할 수 있다.

또 다른 예로, 《당서》〈현장전〉에는 현장이 57세에 죽었다 했고,

〈현장탑명〉(玄奘塔銘)에는 69세에 죽었다고 했는데 어느 쪽이 믿을 만한가? 우리는 가장 유력한 증거를 갖고 있으니, 곧 현장이 현경(顯慶) 2년 9월 20일 표(表)를 올렸는데 거기서 "60세가 되니 이미 기력이 쇠락하였습니다."라고 한 것이다. 그러므로 현장이 60세를 넘게 산 것은 의심할 여지가 없다. 더구나 현경 2년은 현장이 사망한 인덕(麟德) 1년보다 9년 빠르므로 〈현장탑명〉이 틀리지 않음을 뒷받침하기에 충분한 증거가 된다. 이런 것들은 모두 본인 자신이 남긴 사료를 증거로 삼았기에 절대로 뒤집을 수 없는 권위를 갖고 있다.

또 다른 예로, 《위략》에 "유비는 소패(小沛)에서 아들 선(禪)을 낳았다. 후에 조공(曹公)이 쳐들어와서 황급히 달아났는데 그때 선의 나이는 불과 몇 살밖에 되지 않았고 사람들을 따라 한중(漢中)으로 들어갔으며 유괄(劉括)이란 사람이 그를 양자로 삼았다. …"라고 하였다. 이것이 거짓임을 증명하려면 후주(後主, 禪)가 즉위한 다음 해에 제갈량이 익주목(益州牧)을 점령하고 주부(主簿) 두미(杜微)에게 보낸 서신에서 "조정(朝廷)은 올해 18년째다."라고 한 것을 주목해야 한다. 이로써 후주는 분명히 17세에 즉위했음을 알 수 있다. 만일 그가 소패에서 태어났다면 그때 이미 30여 세였을 것이다. 이 사료는 비록 선이 몸소 남긴 것이 아니지만 그와 관계가 극히 긴밀한 제갈량에게서 나온 것이므로 그 권위도 역시 서로 대등하다.

또 다른 예로 《논형》은 회남왕 유안(劉安)이 승선(昇仙)이 아님을 판별하여 말하기를 "유안이 반역죄로 죽은 것은 천하가 다 안다."라고 하였다. 유안은 사마천과 동시대 사람이니 사마천은 《사기》에서 그가 반란을 일으킨 사정과 죽음에 이른 사정의 시말을 상세히 서술하였다. 그러므로 사마천이 기술한 내용이 갖는 권위는 맞설 수 없는 것이다.

이상으로 열거한 네 가지 사례 중 첫째와 둘째 것은 당사자가 스스로 반증을 제시한 경우이고, 셋째 것은 관련자가 제시한 반증이며, 넷째 것은 곁에서 상황을 지켜본 증인이 제시한 반증이다. 모두 가장 유력한 반증이라 할 수 있다.

넷째, 이와 같은 강력한 반증을 얻을 수 있으면 참과 거짓은 거의 한 마디로 결정할 수 있다. 비록 그렇지만 우리가 본 사료는 일이나 사건마다 이처럼 완비되어 있지 않다. 예컨대《맹자》에 만장이 공자에게 위나라에 갔을 때 종기를 치료하는 사람 집에 머물렀는지 아닌지를 물었는데 맹자는 "위나라에서는 안수유(顔讎由, 子路의 처형) 집에 머물렀다."라고 답했다는 말이 있다. 이 답변은 극히 논리에 부합하여 내가 말한 반증에 해당하는 주장이다. 비록 그러하지만 맹자와 만장은 공자를 만나려 해도 만날 수 없었고, 맹자도 만장도 역시 하나의 전설에 의거하였으며 맹자는 우리에게 그가 어떤 경전에 의거했는지 말한 적이 없고 만장도 그러했다. 우리는 맹자가 의거한 주장의 가치가 만장이 의거한 주장의 가치보다 뛰어난 것인지 아닌지 판단할 방법이 없다. 그러므로 비록 우리가 "종기를 치료하는 사람 집에 머물렀다"는 설을 극히 불신하지만 "안수유 집에 머물렀다"는 설에 대하여 맹자가 주목하도록 도울 법률상의 권한도 없다.

이런 종류의 문제와 마주치게 되면 제시된 반증에 대해 정밀한 심사를 거칠 필요가 있다. 예컨대 옛사람들은 모두 석가모니가 주나라 목왕(穆王) 52년에 멸도(滅度, 열반)했다고 말하는데, 그해는 기원전 950년에 해당한다. 그런데 유독《불조통재》(佛祖通載) 제9권에 소위 "중성점기"(衆聖點記)라는 것이 기재되어 있는데, 양 무제 때 승려 가발타라(伽跋陀羅)가 전래한 것으로 일컬어지는《선견율》(善見律)에 의하면 책 끝부분에 무수한 흑점이 있으며 부처(석가모니)가 멸도한 해로부터 전하기 시작하여 부타의 제자 우파리(優波離)가 이 책의 끝에 점을 하나 찍은 이후 스승과 제자가 대대로 전하면서 매년 점 하나를 찍어 제나라 영명(永明) 6년에 이르러 승려 가발타라가 마지막 점 하나를 찍으니 모두 975개였다. 이에 따라서 추론해 보면 부처가 멸도한 해는 주나라 경왕(敬王) 35년이어야 한다. 이는 기원전 485년에 해당하여 구설과 530여 년이나 차이가 난다. 이 추론이 맞다면 구설의 거짓과 잘못은 명백히 강력한 반증을 얻은 셈이다. 비록 그렇지만 가장 중요한 관건은 "중성점기"라는 것을 믿을 수 있는가 없는가에 있다. 우리나라 사람들은 이전에 그것을 감히 가볍게 믿지 않았으니 따라서 잠시 그와 다른 이설이 존재했음에도 구설은 끝내 사라지지 않았다. 근래에 유럽인이 티벳문자로 쓰여진 《석가전》(釋迦傳)에 의거해 아사세왕(阿闍世王)의 연대를 판정했고, 인도의 석주각문(石柱刻文)에 의거해 아육왕(阿育王)의 연대를 판정했으며, 팔리문자로 쓰인 《스리랑카섬의 역사》[錫蘭島史]에 의거해 스리랑카 여러 왕들의 연대를 판정하였다. 다시 이를 각종 자료 중에 나온 부처의 멸도년을 각 왕의 연대와 비교해 추산한 결과, 부처의 멸도년을 기원전 485년으로 확정하였다.(혹은 487년이라 하기도 한다. 그래 봐야 겨우 2년 차이이다.) 이에 따라 "중성점기"의 가치가 갑자기 10배로 높아졌다. 우리는 이로써 석가모니가 대략 공자와 같은 시대의 사람임을 분명히 알 수 있으며 서주 시대 사람이라고 하는 구설을 절대 믿을 수 없고 기타 서적에서 말하는 공자·노자 이전의 부처 행적도 모두 믿을 수 없다.

다섯째, 시대가 잘못되었으면 그 일은 반드시 거짓이며 이는 가장 확실한 반증이 된다. 예컨대 《상군서》(商君書)의 〈내민〉(倈民)편에 "위양(魏襄) 이래"란 말과 "장평(長平)의 승리"란 말이 있다. 위나라 양왕이 사망한 것은 상군이 죽은 후 42년의 일이며 장평 전투는 상군이 죽은 후 78년의 일이므로, 상군이 이 두 가지 일에 대하여 말하였으니 묻지 않아도 거짓임을 알 수 있다. 《사기》 〈편작〉(扁鵲)전에 편작은 조(趙)나라 간자(簡子) 때의 사람이며 그가 치료한 사람 중에 괵 태자(虢

太子)와 제 환후(齊桓侯) 등이 있다고 하였다.[41] 그러나 간자가 즉위하기 139년 전에 이미 괵나라는 멸망했고, 제나라 환후 전오(田午)가 즉위한 것은 간자가 죽은 지 72년 뒤의 일이다. 시대의 차이가 이와 같으니 편작전에 기재된 그의 행적 전체가 모두 믿기 어렵다.

이와 비슷한 예로, 《상서》 〈요전〉(堯典)에 "요임금이 말하기를 "고요(皐陶)야, 만이(蠻夷)가 하(夏)를 넘보고 있다."라고 하였는데 이 말은 심히 의심스럽다. 하는 우임금 때 얻은 천하의 호칭이며, 우임금의 위덕(威德)이 흥성하여 중국민족은 비로소 "제하"(諸夏)란 이름을 갖게 되었으니, 순임금 때 어찌 이런 말이 있었겠는가? 만일 공자가 가르침을 남겨서 중국인을 한인(漢人)이라 칭하고 사마천이 저서에서 중국인을 당인(唐人)이라 칭했다 한다면 이치에 맞겠는가? 이는 비록 성인(聖人)이 손수 지은 경(經)에서 나왔지만 우리는 끝내 의심하지 않을 수 없다.

이상 거론한 사례들은 모두 매우 간단하여 설명하기 쉽지만, 약간 복잡하여 반드시 선결문제를 순서에 따라 언급해야 비로소 본문제를 논단할 수 있는 것들도 있다. 예컨대 《상서》 〈요전〉에 "금(金)으로 형벌을 면제받았다"[金作贖刑]는 말이 있는데, 우리는 3대 이전에는 아직 금속화폐가 없었다고 보기에 이 말은 아마도 춘추 이후 사람이 써넣었을 것이다. 또 《맹자》에 "순임금이 상(象)을 유비(有庳)에 봉했는데 상이 그 나라에서 정치를 잘하지 못하자 천자는 관리로 하여금 그 나라를 다스리게 하여 공부(貢賦)를 납부하게 하였다."라고 한다. 우리가 아는 바로는, 봉건은 주나라 이후의 제도이며 "관리로 하여금 그

41 편작이 괵나라 태자의 병을 고쳤다는 소리를 듣고 제 환후가 편작을 초청했는데, 편작이 환후의 안색을 보고 병이 있다 했으나 치료를 거부해 죽었다는 얘기가 전해 온다. 옮긴이 주.

나라를 다스리게 하였다." 운운한 것은 전국 후반기의 제도이니 모두 순임금 시대에 있을 수 있는 것이 아니다. 비록 그렇지만 이 문제에 대한 판단을 내리기는 극히 어려우며 반드시 "3대 이전에는 금속화폐가 없었다."라는 것과 "봉건은 주나라 때부터 시작되었다."라는 두 가지 선결문제를 여러 가지 귀납적 연구를 거쳐 뒤집힐 수 없는 사실로 확립한 후에 비로소 위의 두 가지 사항이 거짓임을 믿고 판결할 수 있다.

이런 종류의 고증 작업에는 처리하기 매우 어려운 곳이 있다. 예컨대 나는 3대 이전에는 금속화폐가 없었다고 주장하지만 사람들은 《상서》 요전의 "금으로 형을 면제받았다"는 말을 반증으로 삼는다.[42] 나는 봉건이 주나라 이후에 시작되었다고 주장하지만 사람들은 《맹자》의 "상을 유비에 봉했다"는 것을 반증으로 삼는다. 《상서》와 《맹자》는 본래 상당한 권위를 갖고 있다. 그러므로 책에 대한 신임과 일에 대한 신임이 서로서로 상승작용을 일으켰으니 이를 극복하는 것은 학자들이 얼마만큼 열심히 주도면밀하게 심리하는가에 달려 있다.

여섯째, 비록 거짓에 가까워 보이지만 정면에서 직접적으로 반박할 증거를 구할 수 없는 사안도 있으니 이 경우에는 측면에서 간접적으로 추론해 판단할 수밖에 없다. 나는 이를 "사실비교의[比事的] 추론법"이라 부르고자 한다. 예컨대 앞에서 언급한 바 있는 만장은 "공자가 위나라에 갔을 때 종기를 치료하는 사람의 집에 머물렀는지" 묻고 동시에 또 "제나라에서는 내시(內侍) 척환(瘠環)의 집에 머물렀는지" 물었다. 맹자의 답은 위나라에서는 반증을 제시했지만 제나라에서는

42 근래 古泉文 연구자는 이를 "乘正尙金當爰"의 일종으로 해석하고 唐虞 시기에 돈으로 형벌을 면제받는 데 쓰인 것을 가리킨다고 보았는데, 모두 古物에 억지로 끌어다 붙인(府會) 것이다.

반증을 제시하지 못한 채 "송나라를 빠져나와 사성정자(司城貞子)의 집에 머물렀다"는 방증(傍證)을 따로 제시했다.

우리는《사기》〈공자세가〉에 의거해 공자가 제나라에 갔을 때 고소자(高昭子) 집에 머물렀고 두 번째, 세 번째 위나라에 갔을 때에는 모두 거백옥(蘧伯玉)의 집에 머물렀다고 말할 수 있다. 공자는 모두 정인군자(正人君子)의 집에 머물렀으며 종기 고치는 사람과 척환의 집에 머물렀다는 말은 거짓이라고 추정할 수 있다. 또한 노공왕·공안국과《고문상서》의 관계에 대해서는 이미 확실한 증거가 있어 그 거짓됨을 증명했다. 하간헌왕(河間獻王) 등과《고문모시》(古文毛詩)의 관계, 장창(張蒼) 등과《고문좌전》(古文左傳)의 관계에 대해서도 다른 확실한 근거가 있어 그 거짓됨을 증명했다. 그러므로 당시 이들 세 책과 함께 유흠의 표창을 받은《고문주관》(古文周官),《고문일례》(古文逸禮)는 비록 반증이 완비되지 못했지만 "뒤늦게 나온 고문경은 모두 거짓이다."라는 가설을 이용해 대략 추정할 수 있다.

이런 종류의 추론법은 자연과학계에 응용하면 매우 믿음직하지만 역사에 응용될 때는 위험을 면키 어렵다. 역사는 인간이 만든 것이기 때문에 인간의 의지와 감정이 항상 자유롭게 발동하여 하나를 가지고 나머지를 규율하기 어렵다. 예컨대 공자가 정인군자를 가까이 하기를 즐겼다는 것은 본래 증거가 있지만 임시변통할 줄도 알았다는 것[通變達權] 역시 증거가 있다. 남자(南子)라도 기꺼이 만났고, 불힐(佛肸)과 불요(弗擾)가 불렀을 때도 가려고 했으며[43] 이는 모두《논어》

43 南子는 송나라 衛靈公의 부인으로 친오빠와 사통했으며 위나라에서는 공자를 유혹했다고 한다. 불힐은 晋나라에서 반란을 일으켜 정권을 잡았다. 弗擾는 노나라 季氏의 가신으로, 나라의 실권을 독점한 季桓子를 제거하는 반란을 일으키고 나서 공자를 불렀다. 계환자의 전횡을 혐오하며 여러 나라를 떠돌던 공자는 가려고 했으나 결국 제자 子路가 말려서 가지 않았다. 옮긴이 주.

에 나오는 이야기이다. 만일 이 세 가지 일이 거짓이 아니라면 공자가 종기 고치는 사람과 척환의 집에 절대로 머물려 하지 않았다고 어찌 속단할 수 있겠는가? 그러므로 이런 종류의 추론법을 가지고는 '개연적' 결론을 내릴 수 있을 뿐 '필연적' 결론을 가벼이 내려서는 안 된다.

일곱째, 일이나 사건의 증거[事證]를 구하지 못해 물적 증거[物證]나 논리적 증거[理證]로 거짓을 밝힐 수 있는 경우가 있다. 나는 이를 "추도적(推度的) 추론법이라 부르고자 한다. 예컨대 명나라 건문제(建文帝, 숙부인 영락제에 의해 축출됨)가 나라를 넘겨주고 도망했다는 설이 오래전부터 있으나 만사동은 이를 거짓이라 여겨 배척하고 "자금성에는 성 밑으로 뚫린 수문이 없어 탈출할 도리가 없다."라고 했다(錢大昕,《萬季野傳》). 이것이 바로 물증이란 것이다. 또 "안연과 공자가 태산에 올라 창문(閶門, 蘇州城의 서문)과 백마(白馬)를 바라보았는데 안연의 머리카락은 하얘지고 이가 빠졌다."라는 설이 오래전부터 있으나 왕충은 이를 거짓이라 여겨 배척하고 "사람의 눈은 결코 천 리 밖을 볼 수 없다."라고 했으며 "육안으로 잠시 바라보는 것은 머리카락과 이빨에 그런 영향을 미칠 수 없다."라고 말했다(《論衡》〈書虛篇〉).[44] 이는 모두 생리학상의 정리(定理)에 근거해 입론한 것으로서 비록 문헌상으로는 별다른 반증이 없을지라도 이미 극히 가치 있는 결론을 얻은 셈이다. 이것이 바로 논리적 증거라는 것이다. 우리는 이런 방법을 이용

44 《논형》의 해당 부분을 소개하면 다음과 같다. "공자가 안연과 함께 태산에 올라 동남쪽 천 리 밖의 吳나라 수도 서쪽 성문 바깥에 매여 있는 백마를 보고 안연에게 무엇이 보이느냐고 물었다. 안연은 마치 하얀 비단을 걸어놓은 것 같다고 답했다. 공자는 안연의 눈을 비벼 주며 그의 대답을 바로잡아 주고 하산하였다. 그 후 안연의 머리카락은 하얗게 변하고 이가 빠져서 결국 병사하였다. 정신을 집중해도 공자에 미칠 수 없었기 때문에 너무 정신을 쏟아 자신의 정기를 모두 소모한 때문이라고 한다. 이는 전설일 뿐 실제로 따져보면 근거 없는 거짓말이다." 왕충, 성기옥 옮김,《논형》, 행길, 2011, 52-53면. 옮긴이 주.

해 역사상의 각종 사리에 맞지 않는 일들을 다스려 자연스럽게 끝없는 짙은 안개를 일소할 수 있다. 그러나 이런 방법의 응용에도 제한이 있어서 그 확실함의 정도는 모두 과학지식과 함께 병진하게 마련이다. 예컨대 고대에 지남거(指南車)[45]라는 것이 있었다고 하는데, 수백년 전의 사람들은 아마도 이를 거짓이라 여겼을 터이지만 오늘날에는 이치를 헤아려 거짓이 아님을 증명할 수 있다. 그러므로 사서에 기재된 귀신에 관한 수많은 이야기들은 지금 우리가 사리에 맞지 않음을 지적하지만 훗날 일종의 "귀신심리학" 같은 게 발명될 경우 모두 극히 귀중한 자료가 될지 어찌 알겠는가? 비록 그렇다 하더라도 우리가 오늘날 하는 학술연구는 오늘의 지식범위 안에서 수행할 수밖에 없으며 오늘의 지식이 알지 못하는 바는 대개 빈칸으로 남겨 두는 것이 끝내 과오를 줄이는 길이다.

이상으로 이 절에서 나는 잘못을 바로잡고 거짓을 판별하는 두 가지 일에 대해 길게 논의하면서 극히 사소하고 지엽적인 사항까지 예로 들었다. 이는 역사 연구자가 반드시 자신의 모든 정신을 이러한 고증에 쏟아 넣어야 한다고 말하는 것이 아니며, 고증의 기술이 이처럼 번쇄한 사항에까지 꼭 미쳐야 한다는 말을 하는 것은 더욱 아니다. 다만 나는 우리가 한순간도 잊어서는 안 되는 하나의 가장 중요한 관념이 있다고 생각하며, 앞에서 이미 여러 번 말한 "진실추구"[求眞]가 그것이다. 바꿔 말하면 청 건륭·가경 시기의 여러 학자들이 제창한 "실사구시"(實事求是)주의라 할 수 있다. 우리의 역사연구는 단지 이런

45 옛날 중국에서 만들어진 수레의 하나로, 수레 위에 나무인형을 장치하고 그 손가락이 수레의 달리는 방향과 관계 없이 항상 남쪽을 가리키도록 만들었다. 지남침을 이용하지 않고 수레바퀴에 연결된 기계의 전동 계통이 인형의 손에 전달되도록 하여 그런 효과를 가져오게 하였다. 옮긴이 주.

일이 있었다는 사실을 알려고 하는 데 그쳐서는 안 되고, 그것을 안 후에 반드시 그에 대해 자신의 사상을 움직여 비평을 펼쳐야 한다.

비록 그렇지만 이때 사상과 비평은 반드시 실제 사실의 기초 위에 있어야지 그렇지 않으면 그 사상은 장차 무엇인가를 왜곡하는 데 이용될 것이고 그 비평은 헛된 것을 위해 표출될 것이다. 최근 100년 이래 유럽과 미국 역사학계의 진보는 그들이 과학적 방법으로 사료를 검토해 잘못과 거짓을 판별해 낸 데서 비로소 시작되었음을 알아야 한다. 그런데 우리나라의 송·명 이래 학술이 날로 황당하고 아득한 데로 흘러간 것은 모두 그 사상과 비평이 사실에 근거하지 않았기 때문이며, 그 결과 말의 시비를 가리면 가릴수록 학자를 오도하는 정도 또한 더욱 심해졌다. 한비자(韓非子)는 "비교하며 고증함이 없이 (옳다고) 보증하는 것은 어리석고 보증할 수 없는데도 그에 의거하는 것은 속이는 것이다."라고 하였다. 공자는 "잘 알지도 못하면서 (새로운 학설을) 지어 내는 사람이 있지만 나는 그런 적이 없다. 많이 듣고 그중에 좋은 것을 골라서 따르며, 많이 보고 그것을 머릿속에 새겨 두는 것은 앎의 두 번째 좋은 방법이다."라고 하였다.[46] 공자는 또 말하기를 "많이 듣고 의심스러운 것은 빼고 그 나머지만 신중하게 말하면 허물을 줄일 수 있다."라고 하였다.

우리나라의 역사 연구자는 일찍이 과학적 방법으로 사료를 다룬 적이 없어서 알지 못하면서도 (무엇인가를) 지어 냈으니 어리석거나 그렇지 않으면 속이는 폐단이 왕왕 있어 왔다. 우리는 오늘날 온갖 고생을 다하더라도 이 진창에서 벗어나 정확한 사료를 힘써 구해 가지고

---

46 공자가 말한 앎의 두 번째 좋은 방법은 "배워서 아는 것"(學而知之)이며, "태어나면서부터 아는 것"(生而知之)이 첫 번째 좋은 방법이고, "곤경에 처해서 배우는 것"이 세 번째 좋은 방법이다. 옮긴이 주.

자기 사상에 의거한 비평의 기초를 세워야 한다. 그리고 후세 사람을 위한 계획을 수립하여 역사 연구자가 되려는 후학들로 하여금 이제부터라도 고증 방면에 쏟는 정력을 절약해서 사상비평 방면에 쏟아 붓도록 해야 하며 이것이 우리가 오늘날 역사학에 대해 짊어져야 할 일대 책임이다.[47]

47 량치차오는 그 후 1927년 1학기 燕京大學에서 고서의 진위를 판별하는 방법을 주제로 강의하였다. 그 원고를 정리한 〈古書眞僞及其年代〉가 林志鈞 編,《飮氷室合集: 專集》第24冊, 上海: 中華書局, 1936에 수록되어 있다. 학생시절 고증학에 남다른 흥미와 능력을 보인 데서도 짐작되는 저력이 여기에 잘 드러나 있다. 옮긴이 주.

제6장 역사적 사실들의 상호관계

나는 일찍이 우발적·고립적이며 단기간에 마멸되는 사실(事實)은 역사의 범위에 들지 않는다고 말한 바 있다. 그와 달리 역사의 범위에 속하는 모든 사실은 반드시 횡적 방면에서 최소한 다른 사실과 약간의 연계 관계를 갖고 있으며, 종적 방면에서 최소한 그 전의 사실에게 부분적으로 원인이 되고 또는 그 후의 사실에 대하여 부분적으로 결과가 되기도 한다. 그러므로 역사 연구자는 각 개별 사실에 힘을 쏟을 뿐만 아니라 사실과 사실 사이의 관계에 주목해야 하며 이것이 가장 긴요하다. 이것은 사실의 순서를 따지는 작업이다.

역사적 사실은 수천 년 혹은 수백 년을 시작과 끝으로 삼는다. 그러한 사실의 발생은 으레 항상 의식과 무의식의 사이에 있는 것 같아서 결코 어떠한 공공의 일관된 목적을 갖고 있지 않은 것처럼 보인다. 그러나 몇 년간의 파란기복(波瀾起伏)을 종합해서 그 사실을 살펴보면 이른바 민족의 뜻과 힘이라는 것이 그 내부에 엄연히 존재하는 듯하다. 역사 연구자는 이런 일을 만날 때마다 천백 년간 끊어진 듯 이어진 듯 하는 사실을, 근육이 움직이고 핏줄이 뻗어 있는 하나의 전체 사안으로 파악해야지 마디마디 갈라져 있는 것으로 파악해서는 안 된다.

예를 들면 우리 민족[我族]의 묘만족(苗蠻族)에 대한 역사적 사실은 황제(黃帝)가 치우(蚩尤)와 싸우고 요순(堯舜)이 삼묘(三苗)와 갈라선 이래,[1] 중간에 초나라 장교(莊蹻)가 야랑(夜郎)을 개척하고 한 무제가 서남이(西南夷)와 통하고 마초(馬超)가 제갈량의 남정(南征)을 지원하고, 당(唐)이 6조(六詔)를 통일시키고, 송이 농지고(儂智高)를 치는 등의 일을 거쳐,[2] 청대 옹정·건륭연간의 개토귀류(改土歸流, 현지의 추장에 의한 자치를 중앙에서 파견하는 관료에 의한 통치로 바꿈), 함풍·동치연간의 두문수(杜文秀)를 수령으로 하는 묘족반란의 재평정에 이르기까지 전후 5천 년 동안의 일이다. 이 문제는 거의 완전히 해결된 것으로 보인다.

우리 민족의 강(羌)·회(回)족에 대한 역사적 사실은 탕왕 때 저(氐)와 강(羌)이 조공해 오고 무왕이 강모(羌髳)에게서 군사를 징집한 이래, 중간에 진(晋)의 5량(五凉, 5호16국 시대의 5국으로 河西走廊과 靑海河皇 지역에서 활동)과 송의 서하(西夏) 등을 거쳐서 청대 건륭연간의 준가르와 위구르족 평정, 광서연간 신장성 설치와 서부 변경의 각 판사대신(辦事大臣) 설치에 이르기까지 전후 4천 년 동안의 일이다. 이는 지금까지 해결하려 해도 아직 다 해결하지 못하였다.

우리 민족의 흉노에 대한 역사적 사실은 황제(黃帝)가 훈육(獯鬻)을 정벌하고 은 고종이 귀방(鬼方, 당시 서쪽 변경에 거주하던 유목민)을 정벌하고 주 선왕이 험윤을 정벌한 이래 중간에 춘추시대의 진(晋)과 전

---

1 요순시대의 華夏族은 황하 중류의 위수평야를 거점으로 삼고 있으면서, 장강 중하류 지역에 거주하던 족속들을 南蠻이라 불렀다. 그중의 苗族이 苗蠻이며 三苗란 오늘날의 동정호와 파양호 일대인 江·淮·荊州에 살고 있던 묘족을 가리킨다. 옮긴이 주.

2 六詔는 오늘날 윈난성 洱海(昆明池) 지구에 있던 소수민족 부락 6개를 가리키며, 738년 唐 왕조는 6조 중 하나인 蒙舍詔를 도와 6조를 통일하고 南詔國을 세우게 한 다음 그 수장을 雲南王으로 봉했다. 儂智高는 11세기 중국-베트남 국경지대에 살던 儂族의 지도자로 베트남의 李王朝에 반기를 들고 중국 남부의 廣州·邕州 등지를 공략하였으나 송나라 군대에 패하였다. 옮긴이 주.

국시대의 진·조(秦·趙)의 상호대치를 거쳐 한 무제와 화제(和帝)의 대규모 응징에 이르기까지 전후 3천 년 동안의 일이다. 이 문제는 일단락되었다. 동호(東胡)에 대한 역사적 사실은, 춘추시대 산융(山戎)이 연(燕)을 괴롭힌 이래 중간에 오호 여러 선비(鮮卑)를 거쳐 근세의 거란·여진·만주(滿洲)에 이르기까지 전후 3천 년 동안의 일이다. 이 문제는 신해혁명으로 청 황실이 물러남으로써 완전히 해결되었다. 조선문제는 기자(箕子)가 주 무왕으로부터 조선후(朝鮮后)에 봉해진 이래 한과 수·당대를 거쳐 역시 3천여 년에 이르는데, 광서연간 갑오청일전역에서의 패배로 인해 이 문제의 해결은 잠시 우리 역사의 범위 밖으로 벗어났으니 아직 끝난 것은 아니고 훗날 우리 자손들이 애써 해결할 것으로 본다. 티벳문제는 당의 토번(吐蕃)시대부터 명·청에 이르기까지 시종 해결된 듯 해결되지 않은 듯한 상태로 1,500여 년을 지나 오늘에 이르고 있다.

이상은 전적으로 본족(本族, 漢族을 말함)의 타족에 대한 관계를 말한 것인데, 기실 본족 내부의 일도 그 성격상 이와 유사한 예들이 많다. 예를 들면 봉건 제도가 그런 경우로, 주대 800년간을 시작과 끝으로 하지만 폐지된 후에도 여전히 2천여 년 간 때때로 그 죽은 재를 흩날렸으니 한대의 7국의 난, 진(晋)대의 8왕의 난, 명대의 정난(靖難)의 역(役), 청대의 3번(三藩)의 난 같은 것들이[3] 그 그림자이다. 또 불교

3 한의 7국은 西漢의 제후국들로, 景帝가 제후왕의 세력을 약화시키고 중앙집권을 강화하자는 趙錯의 "削藩策"을 받아들여 기원전 154년 제후왕의 봉토를 몰수하자 7개 제후국이 상호 연대하여 반란을 일으켰다가 진압되었다. 진의 8왕은 西晋의 제후왕들로, 292-306년 국가의 대권을 서로 장악하려고 다투어 살육을 일삼아 나라의 멸망을 재촉하였다. 명의 정난이란 태조 홍무제가 여러 아들을 변방의 제후에 봉한 상태에서 죽고 그의 손자인 건문제가 제후왕들을 제거하려 하자 燕王이 반란을 일으킨 것을 말한다. 연왕의 반란이 성공해 조카인 건문제 대신 황제가 되니 그가 영락제이다. 청의 삼번은 청군이 명의 수도를 점령할 때 협력한 명나라 한인 장군 세 명(오삼계, 상가희, 경정충)이 남쪽 변방의 藩王으로 봉

사상도 양진(兩晋), 6조, 수당 800년을 처음과 끝으로 하지만 그 선구와 여신(餘燼, 타다 남은 불기운)이 추가로 수백 년이다. 이런 부류에 속하는 모든 사실들은 마땅히 수백 년 혹은 수천 년간 해당 분야의 총사실(總史實)을 하나의 개체(個體)로 삼고 각 시대에 발생한 이 분야의 부분 사실을 그 세포로 삼아야 한다. 그리하여 각 세포를 낱개로 분리하면 그 각각이 전혀 의미 없는 행동으로 보이게 되지만 그것들을 종합해서 보면 이른바 국민의 뜻과 힘이란 것이 뚜렷이 드러난다. 나는 옛 사서가 기사본말체를 중시했음을 논했는데 무릇 기사(記事)란 반드시 이와 같아야 하며 그래야 이른바 본말과 진정으로 상호 부합한다.

역사가 움직이는 모습은 마치 솟구치는 물과 같아서 한 개의 파도만으로도 만 개의 파도를 불러일으킬 수 있다. 비록 샌프란시스코 금문교 앞 바다의 정오 무렵 물결은 중국 상하이 인근 우송(吳淞) 항구의 야간 조수(潮水, 밤에 밀려왔다 빠져나가는 썰물)와 물고기 비늘처럼 서로 잇닿아 있어 마치 끊어짐이 없는 고리와 같다. 그 발동력에 크고 작은 차이가 있어 그에 따라 물결의 흔들림과 솟구침도 달라진다. 사방 1촌에 불과한 한 개인의 움직임이 한 국가에 영향을 미치고, 한 민족의 크고 작은 행위가 세계에 영향을 미치는 것은 흔한 일이다. 여기서 그 예를 자세히 들 겨를은 없으므로 다만 큰 사례 하나에 대해 간략히 말해 보겠다. 그 제목을 "항우와 유방의 권력 다툼이 중앙아시아 및 인도 각국의 흥망과 관계가 있으며 그리스인의 동부 육지영토에 영향을 미쳤다."로 붙이고 싶다. 듣는 사람은 대체 그것들 사이에 무슨 상관이 있는지 의아해할 터이지만 나는 여러 역사적 사실을 수립

해져 독자적으로 다스린 지배영역이다. 나중에 강희제가 藩을 취소하려 하자 반란을 일으켰으나 진압되었다. 이들 세 사건은 모두 군현제와 봉건제를 대비해 그 장단점을 논할 때 봉건제의 폐단으로 지목되는 대표적인 예이다. 옮긴이 주.

해 그 상호 연관성을 증명할 수 있다.

우선 그 물결이 움직이는 노선을 살펴보면 중국에서는 이목(李牧)·몽염(蒙恬) 때 파도가 장대해서 흉노를 북방으로 몰아붙여 "10여 년 간 감히 조(趙)나라의 변경을 넘보지 못하게 하였"고(《史記》〈李牧傳〉) "700여 리를 물러나게 하였다."(晋誼, 《過秦論》) 중국이 이러한 국면을 유지할 수 있었기에 흉노는 세계의 전체 국면을 어지럽힐 수 없었다. "진나라 말기에 교란이 일어나자 진이 변경 수비를 위해 이주시켰던 죄수들이 모두 달아났고 그로 인해 경계가 느슨해진 틈을 타고 흉노가 다시 조금 남하하였다. … (게다가) 한의 군대와 항우가 서로 다투어 중국이 전쟁으로 약해지니 묵특(冒頓, 흉노의 군주인 單于)이 스스로 강해질 수 있었다. … 동호를 대파하고 서쪽으로 월지(月氏)를 격파하였다."(《史記》〈흉노전〉) "월지는 본래 둔황과 치렌(祁連) 사이에 거주하였으나 이때 흉노에게 패하여 멀리 달아났고 완(宛)의 서쪽을 지나 대하(大夏)를 쳐서 복속시켰다."(《史記》〈大宛傳〉)

이처럼 중국에서 오랑캐에 맞선 높은 파도가 한 차례 퇴락하자 흉노가 그 틈을 타고 남하하여 큰 파동을 일으켜서 우리의 깐수성 변경 산간지대의 월지를 뒤흔들었다. 월지는 그 파도에 떠밀려 다시 큰 파동을 불러일으켰고 도도하게 총령(葱嶺, 파미르 고원)을 넘어 대하를 압박하였다. 대하란 서방의 역사서에서 말하는 박트리아(Bactria)로 알렉산더 대왕의 부하 장수가 세운 나라이다. 이 나라는 실로 그리스인이 동쪽 육지에 건설한 식민지의 중추로서 우리의 옛 사서에서는 그 나라 사람을 가리켜 새종(塞種)이라 표기하였다. "월지는 서쪽으로 대하에게 군주 행세를 하고 새왕(塞王)은 남쪽으로 계빈(罽賓)에게 군주 행세를 하였다. 새종은 분산되어 몇 나라로 분열된 적이 왕왕 있었다."(《漢書》〈서역전〉) 계빈이란 오늘날 북인도의 카시미르인데(《大唐西域記》의 迦濕彌羅) 알렉산더 대왕에게 정복되었으나 오래지 않아 그 지배로부터 벗어났다. 이 무렵에 그리스인(새왕)은 월지가 일으킨 큰 파도에 떠밀렸고 또 다른 파도를 불러일으켜 인도를 뒤흔들었다. 그러나 월지의 파도는 여기서 그치지 않았으니 월지가 대하로 이동해 그 나라를 5부(部)의 영후(翎侯)로 분할하였다. "100여 년 뒤 귀상(貴霜, 인도말로 큐사)의 영후 구취각(丘就却, 인도말로 쿠줄라 카르피세스)이 자립하여 왕이 되었고 국호를 귀상이라 하였다. 안식국(安息國)을 침략하여 고부(高附) 땅을 취하고 복달(濮達)과 계빈을 멸하였다." 그의 아들 염고진(閻膏珍)이 다시 천축(天竺, 인도)을 멸하였다(《後漢書》 〈서역전〉). 이 파동은 쿵쾅 소리를 내면서 남쪽으로 치달아 페르시아[安息] · 아프간[濮達]을 물에 빠뜨려 약탈하고 인도를 침수시켰으며 그리스의 예봉을 꺾어 서쪽으로 돌려놓고 그 아시아대륙에서 다시는 유럽세력이 발을 들여놓지 못하게 하였다. 그러므로 만일 이목과 몽염이 수십 년 늦게 죽었거나 혹은 위청(衛靑)과 곽거병(霍去病)이 수십 년 일찍 태어났다면 이 같은 거대한 일련의 역사적 사실은 전혀 발생할 수 없었을지도 모른다.

나는 여기서 하나의 예를 더 제시하고자 한다. 그 제목을 "한이 흉노를 물리친 것, 서로마의 멸망, 유럽 근대국가의 건설은 서로 연관되어 있다."로 붙이고 싶다. 듣는 사람들은 앞에 말한 사례의 경우보다 더욱 황당해할 터이지만 나는 중국과 서방의 여러 역사서를 비교 검토하여 그 인연이 밀접함을 알게 되었다. 한 무제가 응징을 위한 군사를 크게 일으킨 후 흉노는 쇠약해져 남과 북으로 분열되었다. 남흉노의 호한야선우(呼韓耶單于)는 요새를 지키면서 복속하였는데[稱臣] 그 통할하에 내지에서 잡거하던 자들은 점차 화족(華族)에 동화되었다. 북흉노의 질지선우(郅支單于)는 여전히 강력하여 여러 차례 변경을 노략질했다. 화제(和帝)가 북흉노를 다시 크게 무찔렀으며 영원(永元) 1년과 2년 연속하여 격파하였다(《後漢書》 和帝傳). 영원 3년에 두헌

(竇憲)의[4] 군사가 금미산(金微山)에서 북흉노를 대파하자 "북선우는 도망쳤으나 어디로 갔는지는 알 수 없다."(《後漢書》〈竇憲傳〉) 서기 88년의 일이다. "어디로 갔는지 알 수 없다."라고 한 것은 당시 한의 역사가들이 실제로 몰랐기 때문인데, 오늘날 우리는 다른 역사서로부터 그 종적을 확인할 수 있다. "북흉노는 두헌에 의해 축출되어 금미산을 지나 서쪽의 강거(康居)로 가서 자리잡고 열반국(悅般國)을 건설하였으니" 그 땅은 사방 수천 리이며 그 인구는 20여 만 명이다."(《魏書》〈西域傳〉 悅般條) 금미산은 알타이산을 가리키며 강거는 일리(伊犁) 이서(以西)부터 이해(里海) 사이의 드넓은 땅이다. 《후한서》〈서역전〉에는 강거전을 따로 두지 않고 속익(粟弋)·엄채(奄蔡)조에서 둘 다 "강거에 속한다."라고 하였는데, 이 강거가 곧 흉노에 의해 새로 건설된 열반국이며 "강거에 속한다."라는 것은 강거의 새 주인인 흉노의 지배를 받는다는 뜻이다.

그러면 속익과 엄채는 어떤 족속인가? 둘 다 게르만족의 한 지파이다. 속익은 서방의 역사서에서 말하는 수에비(Suevi)인이고, 엄채는 전한시기의 옛 이름으로 후한시기에 와서 "아란료"(阿蘭聊)로 개명하였으니(《後漢書》〈西域傳〉) 서방의 역사서에 나오는 알란(Alan)인이다. 이 두 족속은 실로 그 후 동고트(East Gothes)인의 기본을 이루게 된다. 중국인은 그들을 묶어서 속특(粟特)이라 통칭한다. 《위서》〈서역전〉에 따르면 "속특국은 옛 이름이 엄채이고 일명 온나사(溫那沙, 서방 역사서에 나오는 Vandals로 추측되며 이 역시 동고트인의 한 지파이다.)라고도 일컬어지며 강거의 서북방에 위치한 큰 습지[大澤]에 거주한다. 강거 서북쪽의 큰 습지는 곧 흑해(黑海)라는 것이 이미 학계의 정설로 되어 있으

4 두헌은 章帝 황후의 오빠로 후임 황제인 화제 때 두 황후와 함께 권세를 부리다 옥에 갇히자 자원하여 흉노토벌에 나서 공을 세웠다. 옮긴이 주.

며 2~3세기에 흑해를 끼고 동북부에 거주한 사람들이 바로 동고트인이므로 속특이 곧 동고트임은 의심할 여지가 없다.

이 기간 중에 유럽 역사상 하나의 큰 사건이 일어났으니, 이는 조금의 상식을 가진 사람이라면 모두 다 아는 사실이다. 3-4세기에 이른바 훈족(Huns 또는 Fins)이 있었는데 처음에는 볼가(Volaga)강 동부 연안에 거주했으며 오랫동안 동·서고트인의 지배하에 있었다. 374년(晋 효무제 寧康 2년)에 강을 건너 서쪽으로 동고트인을 공격해 그 땅을 빼앗았다. 훈족 왕 아틸라(Attila)는 무적이라 할 정도로 용맹스러웠고 전쟁을 거듭하면서 서쪽으로 진군하여 로마에 들어갔고 그 위세가 이베리아 반도에 이르기까지 유럽 전체를 진동시켰다. 동고트인은 훈족에게 쫓겨 모두 서쪽으로 이주하였고 다뉴브강을 따라 나아가서 라인강을 건너 서고트인과 서로 땅을 차지하려고 싸웠으니 서고트인 역시 모두 서쪽으로 이주하였고 그 후 각각 동고트 왕국과 서고트 왕국을 세웠으나, 결국 서쪽의 로마에 의해 멸망하였다. 이들 두 고트왕국은 오늘날의 독일·프랑스·영국·이탈리아의 전신이며 훈족은 헝가리·불가리아·세르비아를 건국하였다. 이는 1천 년래 유럽의 국제적 형세에 의해 조성된 일로서 역사가들은 "민족의 대이동"이라고 부른다. 일련의 대사건에서 그 시초를 연 사람은 훈족임을 묻지 않아도 알 수 있다.

훈족은 누구인가? 두헌의 공격을 받아 서쪽으로 이주한 흉노의 잔여 세력이다. 《위서》 〈서역전〉의 속특조에 이르기를 "이전에 흉노가 속특왕을 죽였으니 그 나라가 남아 있어 홀예기(忽倪已) 왕에 이르러 3대였다."라고 하였다. 미국 컬럼비아대학 교수 히르트(Hirth)의 고증에 따르면 홀예기는 서방 역사서에 나오는 Hernae이며 실로 아틸라의 어린 아들로서 훈족 왕이 된 자이다(홀예기는 魏 문성제 시기에 와서 우호관계를 맺었고 문성제의 재위기간은 452-256년인데 Hernae는 452년에 즉위하였다). 이로써 우리는 3세기에서 4세기로 넘어가던 무렵 이른바 동고트가 훈족의 지배를 받았다고 말할 때 지배받는 그 고트는《후한서》에서 말하는 강거에 복속한 속익과 엄채이고 그들을 지배한 훈족은《후한서》의 강거,《위서》의 열반으로서 한나라에 패하여 금미산을 지나 건국한 자이다. 훈족왕 아틸라는 로마를 상대로 오늘날 프랑스 국경에서 451년 크게 싸웠고, 이는 훈족이 볼가강을 건너 고트왕 하이얼만(亥耳曼)을 공격해 죽인 지 64년 뒤의 일이다. 따라서《위서》에서 "흉노가 속특왕을 공격해 죽였으나 그 나라는 남아 있었다."라고 했을 때 죽임을 당한 왕은 하이얼만이고 남겨진 나라는 동고트임을 알 수 있다. 그를 죽인 흉노왕은 아틸라의 아버지이자 홀예기의 할아버지이며 그해는 서기 374년으로 위로는 두헌이 공격한 때로부터 290여 년 뒤이며 아래로는 위 문성제와 우호관계를 맺은 홀예기로부터 3대째이다.

이상 여러 종류의 자료를 종합해 보면 우리는 한나라 영원연간에 일어난 하나의 (국부적인) 전쟁이 실로 전체 세계사의 가장 중요한 관건이라 할 수 있으며, 그것이 중국에서는 당우(唐虞, 요순시대)·3대(三代, 하·은·주시대) 이래 2천 년간 지속된 훈육·험윤의 변국(變局)을 끝냄으로써 그 후 중국에 흉노가 변경을 노략질하는 화를 더 이상 없게 하였다(劉淵 등 귀화한 흉노가 내지에서 난을 일으킨 사례는 논외로 한다). 반고가 〈봉연연산명〉(封燕然山銘)에서 말한 "고조(高朝)와 문제(文帝)의 묵은 원한을[5] 풀어 조상들의 혼령을 영광스럽게 하고, 한 번 수고로움으로 오래도록 편안하며 잠시 돈을 써서 영원히 평안하네."라고 한 것

5 원문의 "高文"은 한나라 高祖와 文帝의 약칭이다. 그들의 묵은 원한이란, 고조 7년(BC 200) 흉노의 선우 묵특(冒頓)이 30여 만 명의 정예 기마병을 이끌고 공격하여 白登에서 7일 동안 고조를 포위하였고, 文帝 14년(BC 166) 남선우가 14만 명의 기마병을 이끌고 쳐들어와 北地都尉를 죽이고 백성들을 해친 것을 가리킨다. 옮긴이 주.

은 결코 헛된 말이 아니다. 그렇지만 마침내 이것이 유럽에 화를 전가하여 그 안에 중세 1천 년의 암흑기를 조성하였다. 뿐만 아니라 오늘에 이르러서는 흉노의 잔여세력인 세르비아와 헝가리가 5년에 걸친 세계대전의 참극을 야기하였다. 인류가 어떤 일을 벌일 때 그것이 불러일으키는 파장이 이처럼 장대하고 그 변화무쌍함이 이처럼 괴상한 것은 참으로 불가사의하다.

우리는 이상의 두 사례만으로도 인류의 활동이 마치 '동산(銅山)의 서편이 무너지니 뤄양의 종이 동편에서 따라 울렸다'[6]고 한 것처럼 서로 긴밀하게 연관되어 있음을 증명할 수 있다. 우리 중국과 저 서방의 문화 중심지는 서로 그토록 멀리 떨어져 있지만 그와 우리 사이의 상호 영향은 이처럼 크다. 그렇다면 국내에서 일어나는 사건들 사이의 시작과 끝이 연속되고 원인과 결과가 복잡한 사정을 우리는 더욱 미루어 알 수 있다. 또한 우리는 일국의 역사가 (상호 연관된) 하나의 '전체'일 뿐 아니라 전 인류의 역사도 (상호 연관된) 하나의 '전체'임을 알 수 있다. 우리 중국인은 이전에 우임금이 다스리는 지역을 '천하'로 여겼고 유럽인은 지중해를 둘러싸고 있는 여러 나라를 '세계'로 여겼는데 양쪽 모두 시야가 좁고 얕기는 마찬가지다. 실로 세계사란 지구상 각 부분의 문화국가들로 이루어진 인류가 쌓은 공동의 업적으로

---

6 남조 宋 劉義慶(403-444)이 《世說新語》에서 "銅山西崩而靈鐘東應"라 하였는데, 淸의 紀昀(1724-1805)이 그 뜻을 분명히 하기 위해 "銅山西崩而洛鐘東應, 不以遠而阻也."(《閱微草堂筆記》)라 하였다. 량치차오는 후자를 인용한 것이다. 중대한 사건들은 서로 영향을 주고받으며, 비록 거리상 멀다 해도 그 상호작용은 막히지 않는다는 뜻이다. 원래 이 말은 남조 宋 孝武帝 때의 고사에서 유래하였다. 수도 뤄양의 未央宮 앞에 있던 종이 아무 까닭 없이 저절로 울어서 3일간 그치지 않으므로, 東方朔에게 물었더니 "구리(銅)는 산에서 나왔으므로 비유하자면 자식이고 산은 구리를 생산했으니 어미입니다. 음양의 이치로 말하건대 자식과 어미는 서로 감응하므로 산이 무너질까 두려워 종이 먼저 우는 것입니다."라고 하였다 한다. 옮긴이 주.

구성된다. 우리가 진실로 이러한 안목으로 역사적 사실을 관찰할 수 있다면 마치 비행기를 타고 하늘로 5천 척(15,150m) 이상 높이 올라가 손금을 가리키듯이 산천의 형세를 두루 살펴보면 또렷해지는 것과 같다. 이는 진실로 이른바 "굽어보고 올려다보며 우주를 다 보니 즐겁지 않고 다시 어쩌리오."[7]라는 형국이다. 하지만 아무나 그럴 수 있는 것이 아니므로 극히 뛰어난 필법으로 이 즐거움을 대다수 사람들이 공유할 수 있도록 하는 것이 역사를 쓰는 사람의 책임이다.

맹자는 일찍이 "지인논세(知人論世, 글을 정확히 이해하려면 그 글의 지은 이를 알아야 하고 그가 산 세상을 알아야 한다)"의 의미를 제기하였는데 "논세"란 무엇인가? 오늘날의 말로 해석하면 시대의 배경을 관찰하는 것을 가리킨다. 인류는 횡적인 방면에서 사회적인 생활을 영위하고 종적인 방면에서 시대적인 생활을 영위하므로, 만일 사회와 시대를 떠나서 근거 없이 한 개인이나 한 집단의 사상과 행동을 관찰한다면 반드시 대부분 이해할 수 없을 것이다. 이해하지 못한 채 경솔하게 비평을 가하면 착오가 없을 수 없다. 그러므로 역사를 쓰는 것은 그림을 그리는 것과 같아서 반드시 먼저 배경을 설계해야 하며, 역사를 읽는 것은 그림을 읽는 것과 같아서 배경을 주의 깊게 관찰하는 것이 가장 필요하다.

옛 사서 중에 배경을 잘 써낸 예로는 《사기》 〈식화열전〉이 가장 좋은 모범이다. 이 편은 크게 네 단락으로 나눌 수 있다. 편의 서두 "《노자》에 이르기를 지극한 정치의 최고[至政之極]는…"으로부터 시작하여 "하물며 필부편호(匹夫編戶)의 백성임에랴"까지가 그 첫 단락으로, 경제원칙과 그것의 도덕과의 관계를 간략히 논하였다. "옛날 월왕(越王) 구천(句踐)이 후이지(會稽)에서 곤경에 처하였다."부터 "어찌 부

7 도연명의 시 〈讀山海經〉의 일부이다. 옮긴이 주.

유함 때문이 아니겠는가?"까지가 두 번째 단락으로, 한나라 이전에 재산을 증식한 사람들에 대해 기술하였다. 문장의 구조로부터 논하면, 그 밖의 열전과 전혀 다르다. 그 전편의 취지는 경제사항이 인류생활에서 절대적 의의를 가지며 모든 정치와 문화[政敎]는 이를 기초로 삼는다고 보는 것이다. 이 견해는 근대 유물사관파의 견해와 매우 가깝고 고대중국에 이미 특별하였다. 그중 가장 정요(精要)한 내용은 특히 세 번째 단락에 있으며 전국을 몇 개의 경제구역으로 구분하였다. 구역마다 그 지리상의 특색, 특산물과 교통상황을 제시하고 그럼으로써 해당 구역경제의 물적 기초를 규정하였다. 구역마다 그 역사적 경과를 서술하고 그 주민의 특수한 습성의 유래를 설명하고 이로써 해당 구역경제의 정신적 기초를 규정하였다.

우리가 이것을 읽으면, 비록 2천 년 뒤에 태어났지만 당시의 경제와 사회에 대하여 대단히 명료한 인상을 얻을 수 있다. 그 뛰어난 점은 배경의 서술에 전력을 다했다는 데 있으며, 열전에 제시된 재산증식자[貨殖家] 10여 명은 이 배경을 설명하는 예증에 불과할 뿐이다. 이런 종류의 서술방법은 옛 역사가의 안목으로 보건대 가히 특별하다고 하지 않을 수 없다. 그 후 각 역사서의 열전 중에 감히 이러한 방법을 따른 예는 한 편도 없으며 표(表)와 지(志)의 기사 중에 간혹 이와 유사한 바가 있지만 이 식화열전처럼 살아 있는 사회 상황을 묘사해 내려 한 예는 없다. 우리는 그로부터 2천여 년이 지난 시대에 역사를 연구하고 있지만 식화열전이 사용한 방법을 확대하여 각 방면에 응용할 수 있다면 아마도 나쁘지 않을 것이다.

역사적 사실은 복잡해서 그 두서를 분명히 하지 않으면 서술이 상세하고 광범할수록 독자를 더욱 헷갈리게 만든다. 이는 역사를 쓰는 이의 머리가 어느 정도 명석한가, 그의 문장기술 능력이 어느 정도인가에 따라 좌우된다. 이러한 서술의 가장 좋은 모범사례는 《사기》

〈서남이열전〉이다.

> "서남이의 군장(君長)은 대략 열 명인데 그중에 야랑(夜郎)이 가장 크다. 그 서쪽의 마막(靡莫) 무리는 전(滇)이 가장 크다. 전 이북의 군장도 열 명인데 그중에 공도(邛都)가 가장 크다.[8] 이들은 모두 망치 모양의 상투를 틀고 밭을 경작하며 읍과 취락을 이루고 있다.
>
> 그들의 바깥 서쪽에 동사(同師)의 동쪽으로부터 북으로 엽유(楪榆)에 이르는 일대는 수(巂)·곤명(昆明)이라 불리며 모두 머리카락을 땋고 가축을 따라 이동하며 거주지도 군장도 없으며 그 땅은 사방 수천 리나 된다. 수의 동북지역은 군장이 열 명이고 그중에 사(徙)·작도(筰都)가 가장 크다. 작도의 동북방면은 군장이 열 명이고 그중에 염방(冉駹)이 가장 크다. 그 풍속은 정착해 살기도 하고 옮겨 다니며 살기도 하는데 촉(蜀)의 서쪽에 위치하고 있다. 염방의 동북방면은 군장이 열 명이고 그중에 백마(白馬)가 가장 크며 모두 저(氐) 무리에 속한다. 이들은 모두 파촉(巴蜀) 서남 밖의 오랑캐[蠻夷]이다."

이것은 극히 복잡한 서남민족에 대하여 당시의 모든 지식 범위 안에서 극히 간결한 필법으로 그 맥락을 분명히 하고 그 소재지의 위치와 사회조직 차이 및 그 형세의 강약을 나타낸 것이다. 그다음에 비로소 각 부락의 반란과 복속 등을 서술하였으므로 더 이상 독자를 혼란스럽게 하는 폐단이 생기지 않았다. 애석하게도 후세의 각 역사서 중 이와 같이 조리 있게 서술된 예는 거의 찾아보기 어렵다. 예를 들면 진대의 5호 16국과 당대의 번진(藩鎭)은 역사적 사실 중 가장 복잡

8 량치차오의 인용문에는 "卬都最大"로 되어 있으나, 《사기》 원문에 의거해 "邛都最大"로 바로잡았다. 옮긴이 주.

하여 혼란스러운데 우리가 정사(正史)를 읽든 《자치통감》을 읽든 그 두서가 분명치 않아 고통스럽다. 이런 종류의 사항은 〈서남이열전〉의 서술방법을 이용하면 일목요연하게 서술할 수 있을 것이다. 그러나 옛 역사서는 어떤 것은 기전체를 취하고 어떤 것은 편년체를 취하여 전자는 사건을 사람에 종속시키고 후자는 사건을 연도에 종속시켜서 어쩔 수 없이 사람과 연도 외에 따로 주목해 서술할 내용이 있을 수 없었으므로 독자를 오리무중에 빠뜨렸다.

사마천의 《사기》가 10개의 표를 창립하여 저작가의 무량법문(無量法門)[9]을 열어젖힌 이래 정초의 《통지》 〈도보략〉(圖譜略)이 그 가치를 더욱 크고 분명하게 하였다. 《사기》는 오직 연대와 세차(世次, 나이의 차례)를 표로 나타냈을 뿐이지만 후세 사람들은 이를 점차 각 방면에 응용하였다. 예컨대 고동고(顧棟高)의 《춘추대사표》(春秋大事表)는 《좌전》에 수록된 사항들 전부를 다시 새롭게 조직하여 모두 표로 나타냄으로써 독자들에게 더욱 많은 편리함을 가져다주었다. 예를 들면 5호16국에 관한 사항은 제소남(齊召南)의 《역대제왕연표》를 시험 삼아 읽어 보면 요점이 분명함을 느낄 수 있다. 더 나아가 다음에 제시한 표 두 개는 마치 손바닥을 가리키는 것처럼 그 형세가 분명하다.

[표 1]은 일본인이 편찬한 중국 역사서에 흔히 수록된 것으로 나는 거기에 약간 더하고 고쳤을 뿐이고, [표 2]는 내가 스스로 만든 것이다. 나는 평생 독서하면서 가장 큰 즐거움이 표를 만드는 것이며, 지금 막 저술 중인 《중국불교사》에도 내가 만든 표가 20여 개나 들어 있다. 내가 표를 만들 때 쏟는 수고는 책을 쓰는 일의 열 배 백 배이

9 무량법문은 부처님의 법문이 중생들의 근기 및 장소와 때에 따라 알맞게 해설되어 그 길이와 크기가 한량없다는 뜻으로, 여기서는 그처럼 한량없이 많고 다양한 각종 표가 만들어질 수 있음을 나타낸다. 옮긴이 주.

[표 1] 5호 16국의 흥망 1

種名	族名	國號	創業主	國都	年数	被滅
北狄種	匈奴	漢(前趙)	劉淵—劉聰 劉曜	처음에는 平陽(山西臨汾) 長安(陝西省)으로 천도	15	後趙
		北凉	沮渠蒙遜	張掖(甘肅張掖)	43	後魏
		夏	赫連勃勃	統萬(陝西懷遠)	25	後魏
	羯	後趙 (冉魏)	石勒—石虎 冉閔	처음에는 襄國(直隷邢台) 鄴(直隷臨漳)으로 천도	34	前燕
西羌種	巴蠻	成(漢)	李雄	成都(四川省城)	44	東晋
	氐	前秦	苻健—苻堅	長安	44	後秦
		後凉	呂光	姑臧(甘肅武威)	18	後秦
	羌	後秦	姚萇—姚興	長安	34	東晋
東胡種	鮮卑	前燕	慕容皝 慕容儁	처음에는 龍城(内蒙古土默特右翼)	34	前秦
		後燕	慕容垂	鄴으로 천도	26	北燕
		西燕	慕容冲	中山(直隷定縣)		
		南燕	慕容德	中山	13	東晋
		西秦	乞伏國仁	廣固(山東益都)	47	夏
		南凉	禿髮烏孤	宛川(甘肅靖遠)	18	西秦
		後魏	拓跋珪	樂都(甘肅西寧)		
漢種		前凉	張重華	姑臧	28	前秦
		西凉	李暠	敦煌(甘肅敦煌)	21	北凉
		北燕	馮跋	龍城	28	後魏

다. 복잡한 역사적 사실들을 만날 때 표로 이를 다스리면 열 중에 아홉은 확실히 장악할 수 있다고 나는 생각한다.

동서고금을 막론하고 한 틀에 찍어 낸 듯 똑같은 역사적 사실은 없었다. 그럼에도 역사서를 읽는 사람들은 같음 속에서 다름을 보고 다름 속에서 같음을 보면서 새로운 이해에 이르는 일이 흔하다. 《춘추》의 가르침이 "사실비교"[比事]를 귀중히 여긴 까닭도 여기에 있다.

같음 속에서 다름을 보는 것의 예를 들어 보자. 주나라 말기의 전국(戰國)과 당나라 말기의 번진(藩鎭)은 사분오열된 속에서 날마다 방패와 창을 들고 싸운 점에서 같다. 그럼에도 그들을 여전히 각기 하나의 천자(天子)를 모시고 오랜 세월을 보냈다는 점에서도 같다. 그러나

[표 2] 5호 16국의 흥망 2 403–439년

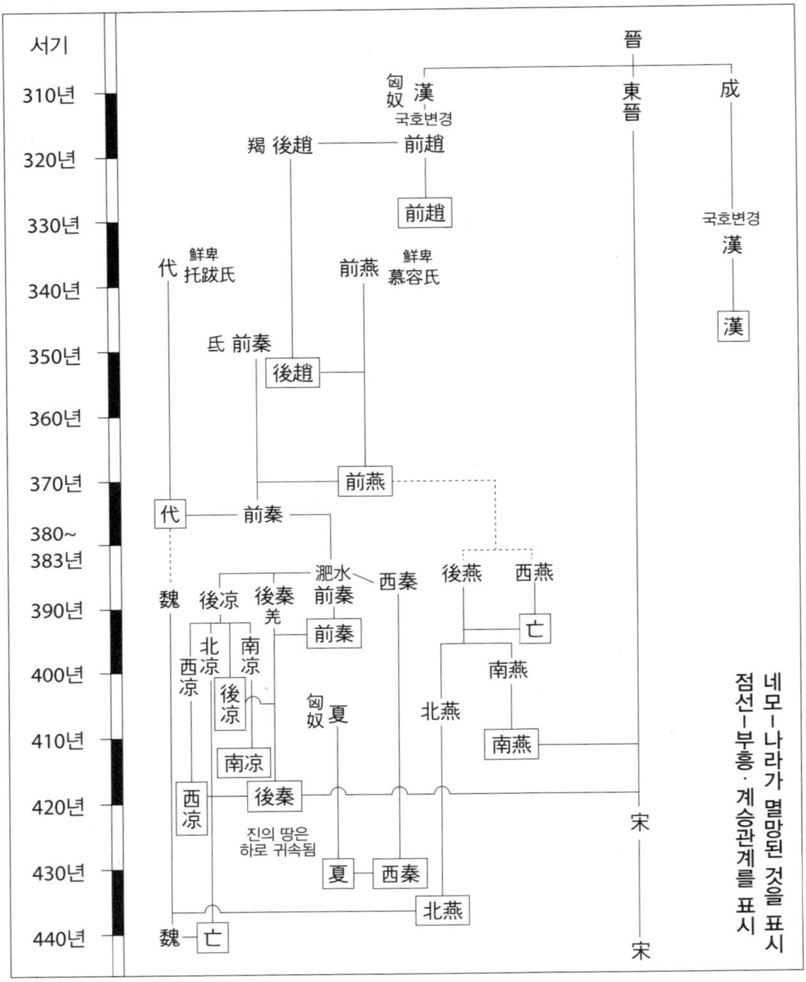

크게 다른 점도 있다. 전국시기의 국가들은 봉건(封建)으로부터 탈바꿈하여 나와서 각기 역사적 연원이 긴 국가조직을 갖고 있었으며 그 통치자는 확실히 당시의 우수한 계급이었고 각국은 각기 충실한 내부 발전을 이룩하여 그 성격상 근세 유럽의 열국(列國)들과 가까우며 역사적으로 문화방면에서 매우 큰 공헌을 하였다. 그에 반해 번진은

투항한 오랑캐 장수로부터 탈바꿈하여 나온 것으로서 그 통치자는 모두 하류계급에 속하며 오늘날 많은 사람들이 손가락질하는 군벌과 흡사하고, 따라서 문화 방면에서는 파괴만을 일삼을 뿐 공헌이라고는 전혀 없다.

또 다른 예를 들어 보자. 중세의 5호와 근세의 원·청은 비록 똑같이 외족(外族)으로서 중하(中夏)를 짓밟은 점에서 같다. 그러나 5호의 추장은 모두 오랫동안 내지에서 섞여 살아 우리 민족[吾族, 한족]에 반쯤 동화되었으며 그들은 모두 혹은 단신으로 혹은 대규모의 가족단위로 틈을 타서 반란을 일으켜서 중국의 많은 나쁜 사람[莠民]들을 위협해 자기 세력을 키웠으니 그 성격상 진승·오광(진말의 농민 반란 수령)무리와 거의 다르지 않다. 그중에는 특히 중국교육을 매우 깊이 받은 유연(劉淵)·부견(符堅)[10] 같은 사람이 포함되어 있고, 이들을 도와 왕조를 개창하거나 국세를 떨쳐 중국의 걸출한 재사(才士)가 된 장방(張方)·왕맹(王猛)[11] 같은 이도 있다.

그러므로 5호는 비록 떠들썩하게 교란을 일으켰다고 하더라도 중국사회의 근본정신에 큰 변동을 초래하지는 못하였고 그 나쁜 영향이 미친 점도 역시 역대 왕조 말기의 교란과 같거나 그보다 약간 더 심했을 뿐이다. 그와 달리 원과 청은 그렇지 않았다. 원과 청은 본래 중국 이외의 한 부락이었는데 점차 확대되어 남진하면서 다년간 중국과 적

10 유연은 16국시대 漢(前趙)의 창건자로 흉노 선우의 자손이다. 소년 시절 뤄양에 인질로 끌려와 經史를 익혔다. 부견은 16국시대 전진의 왕으로 저족 출신이다. 한인을 중용하고 유학 장려, 농경, 수리에 힘써 국세를 크게 떨쳤으나 정복전쟁에 패한 틈을 타고 휘하의 각 민족들이 반란을 일으키자 와해되었다. 옮긴이 주.

11 장방은 서진 황족들 간의 권력투쟁인 8왕의 난 때 성도왕 사마영의 장수로서 여타의 왕들을 제압하고 진 혜제와 사마영의 통치를 굳건히 하였다. 왕맹은 빈한한 가정 출신으로 삼태기를 만들어 팔면서 병법서를 읽고 전략을 익혔으며 부견을 도와 전진을 일으키는 데 공헌하였다. 옮긴이 주.

대하는 국가가 되더니 최후에 전격적으로 중국을 멸했다. 따라서 그 성격으로 말하면 원과 청은 순전히 외래의 정복 국가로서 5호의 내란 할거와 전혀 다르다. 그리고 5호시대에 중원은 비록 그 지배하에 들어갔으나 강남은 별 탈이 없었고 우리 민족[吾族, 한족] 문화의 적계(嫡系)는 중단된 적이 없다. 원과 청은 그와 달라서 중국 전체가 100년 혹은 200-300년 동안 그 통치하에 예속되었고, 그들은 한인의 치욕과 분노가 얼마나 깊은지 잘 알았기에 자신의 지배체제를 공고히 할 방안을 힘써 찾아냈다. 따라서 그들은 음험하고도 매우 독하게 우리의 국민성을 박해하였으나, 우리 민족은 그들에 맞서는 통치기관이 없어 스스로를 보호하지 못했다. 그 결과 원기는 크게 손상되었고 조상들의 아름다운 바탕[美質]은 날로 쇠락하였다. 또한 원·청 양대의 같은 점은 이미 앞에서 언급한 대로인데 당연히 서로 다른 점도 있다. 몽골인은 시종일관 중국인에 동화되지 않으려 했고 중국인을 이용해 중국을 통치하려고 하지도 않았다. 따라서 원대(元代) 정치의 잘잘못에 대해 중국인은 거의 책임질 일이 없다. 그 결과 몽골인의 통제기술은 별로 교묘하지 못했고 그 통치력도 오래 지속될 수 없었다. 그러나 바로 그 때문에 그들은 비록 다시 북방의 초원지대로 내쫓겼지만 오히려 자신의 특성을 유지할 수 있었고 오늘에 이르기까지 소멸하지 않았다. 만주인도 처음에는 동화되지 않으려 노력했으나 결국 이를 견지하지 못해 그 고유의 민족성을 점차 잃어버리더니 일단 멸망에 이른 후에는 더 이상 남겨진 게 거의 없다. 만주인은 중국인을 이용해 중국을 통치하는 정책을 시종일관 견지했으며 그 통제기술은 비교적 교묘하여 왕조의 수명을 비교적 오래 유지할 수 있었으나 정권이 일단 붕괴하자 종족적 특성[種性]도 따라서 몰락했으니 이후 세계에서 만주인은 더 이상 존재하지 않게 되고야 말 것이다.

다음에는 다름 속에서 같음을 보는 것의 예를 들어 보자. 북위와 여진은 모두 중원의 일부를 분할지배할 뿐이었으나 만주는 전국을 통일했으니 이것이 그 다른 점이다. 그러나 장성을 넘어 중원에 들어온 후 점차 동화되어 그 민족성을 완전히 상실하고 한족에 녹아든[融入] 지경에 이르렀으니 이는 같은 점이다. 북위·여진·만주의 3족은 똑같이 동호(東胡)에서 나왔으므로 우리는 이를 근거로 동호민족의 피동화성(被同化性)은 다른 민족보다 훨씬 많다는 하나의 가설을 세울 수 있다. 또한 원대에는 희곡이 가장 발달했고 청대에는 고증학이 가장 발달했으니 이 점에서 양자의 방향은 전혀 다르다고 할 수 있다. 그러나 둘 다 정치문제에 대해 냉담하기는 똑같았고 이는 한·당·송·명 등 4대 왕조 사대부의 취향[士風]과 뚜렷이 다르다. 이를 근거로 우리는, 이민족의 통치하에서 인민은 반드시 정치에 대해 말하기를 꺼린다는 하나의 가설을 세울 수 있다.

또한 유교와 불교는 1천여 년 간 서로 으르렁거리면서 끊임없이 반목하였고, 그 교리(教理) 역시 많은 면에서 근본적으로 다르다. 그렇지만 그 학문적 발달의 순서를 살펴보면 비슷한 점을 발견할 수 있다. 먼저 유가(儒家)는 한초에 오로지 낡은 것을 부여안고 놓지 않아서 경전의 문구를 전할 뿐이었다. 한 이후 경학에 통달한 학자 중에 자신만의 독창적인 견해를 이룩한 이가 점차 많아졌다. 6조와 수당시기에는 의소(義疏)를[12] 해석하고 강수(講授)하는 풍조가 매우 성행하였다. 송 이후에는 힘써 찌꺼기를 잘라내고 일종의 내면을 응시하는 새로운 철학을 세웠다. 불가(佛家)도 역시 그러하였으니, 인도로부터 수입된 초기에는 오로지 번역에 힘썼고 번역된 것은 대부분 단편의 경전이었다. 6조와 수당시기에는 큰 규모의 경론(經論)이 잇달아 번역되었으며,

12 의소는 경서를 해석한 책을 말하며, 의소의 疏는 經의 해석서인 傳을 다시 해석하고 부연한 것이다. 옮긴이 주.

불자들도 각기 하나의 경에 전념하여 일가(一家)의 이름을 얻었고(비담종毘曇宗, 구사종俱舍宗, 성실종成實宗, 삼론종三論宗, 법화종法華宗, 열반종涅槃宗, 지론종地論宗, 섭론종攝論宗 등은 각기 한 가지 經 또는 한 가지 論만을 전문으로 다루었다.) 주소(注疏)의 해석과 강학 풍조도 극성하였다. 그 후에는 점차 스스로 새로운 종파를 창건하였다(천태종, 현수종賢首宗, 자인종慈因宗 등). 송 이후에는 불립문자(不立文字, 문자나 말이 아니라 마음으로 전한다)의 선종이 홀로 번성하였고, 다른 종파는 거의 모두 쇠퇴하였다. 유가와 불가의 학술적 발전은 서로 의도하지 않았지만 지나온 방향은 공교롭게도 두 개의 평행선과 같아서 1천여 년 간 서로 함께 병진하였다. 우리는 반드시 비교해 본 후에야 비로소 이른바 시대정신이라는 것을 알아낼 수 있다. 이런 것들이 모두 다름 속에서 같음을 보는 것의 사례들이다.

사실의 원인과 결과를 설명하는 것은 역사가의 여러 책무 중 가장 중요한 것이다. 근세의 역사학자들은 대부분 능히 이를 말할 수 있지만, 그러나 이 일은 아직 쉽게 말할 수 있는 바가 아니다. 우주의 인과율(因果律)은 왕왕 단선적이지 않고 복잡하며 직선적이지 않고 구부러져 있으며 연속적으로 뚜렷하게 드러나지 않고 시차를 두고 끊어지기도 하고 가라앉기도 하기 때문에 그 진상을 파악하기가 극히 어렵다. 자연계의 현상도 이와 같지만 역사 현상은 특히 그러하다. 엄격히 말해, 인과율을 역사에 절대적으로 적용하고자 한다면 이는 결국 불가능할 뿐 아니라 해롭기까지 할지도 모른다. 왜 그런가 하면, 역사란 인류의 정신적 힘[心力]에 의해 조성되는 것이며 인류의 정신적 힘은 극히 자유로워서 식별할 수가 없다. 정신적 힘은 물리적 혹은 수리적인 인과율에 의해 완전히 지배당할 수 없으며 따라서 그것이 만들어낸 역사도 그것과 같은 성질을 띠게 된다. 지금 인과율을 억지로 내걸고 역사를 연구해야 한다면 그 앞길에는 장차 때때로 막힘이 있을 터이고 그래서 불가능하다고 말한 것인데, 불가능함에도 억지로 응용하면 오히려 역사의 진상을 잃어버리게 되므로 해롭다고 말한 것이다. 그렇다면 우리는 원인과 결과를 말하지 말아야 하는가? 결단코 그럴 수 없다. 원인과 결과를 말하지 않으면 복잡하고 변화무쌍한 수없이 많은 역사적 사실들에 대하여 하나의 계통을 찾을 수 없고 정리할 방도가 궁색해진다. 원인과 결과를 말하지 않으면 지나간 일에 비추어 다가올 일을 내다보는 거울이 없어지게 되고 역사의 목적이 소멸된다. 그러므로 우리는 항상 반드시 형안(炯眼)으로 인과관계를 관찰해야 하지만 이때 적용하는 인과율을 자연과학의 인과율과 동일시해서는 안 된다.

그러면 여기서 자연과학과 역사의 차이를 잠시 살펴보자. 첫째, 자연과학의 사항들은 항상 반복적이고 완성적이지만 역사의 사항들은 그와 반대로 항상 일회적이고 미완성적이다. 자연과학은 항상 필연적 법칙의 지배하에 누에고치에서 실이 뽑혀 나오듯이 동일한 조건이면 반드시 동일한 결과를 낳을 뿐만 아니라 그 성질 또한 모두 환원할 수 있다. 그 연구대상인 원자·분자나 생식질(生殖質)은 모두 완성적이고 결정적이다. 역사는 그와 같지 않아서 내가 앞서 여러 번 말했듯이 세상에 한 틀로 찍어 낸 듯 똑같은 역사적 사실은 없으며 모든 역사적 사실은 장자(莊子)가 말한 것처럼 "방금 숫돌에 간 칼처럼 새롭게 모습을 드러내"[新發于硎]는 것이지 오래된 고치로부터 뽑혀 나오는 똑같은 모습의 실과 같은 것이 아니다. 극히 역동적인 서양사에는 고비마다 혁신이 있었는데 극히 정체된 중국사에서도 이전 것을 그대로 답습한 적은 없다. 그뿐만 아니라 각 시기의 역사적 사실은 거의 모두 전진하는 도중에 가는 듯 멈춘 듯한 모습을 보이면서 항상 그 미완의 실마리를 각 방면에 남긴다. 그러므로 자연과학처럼 이미 완성되었음을 뚜렷하게 드러내는 고정된 형태를 찾아 사람들에게 제공하고자 한다면 이는 거의 불가능할 것이다. 자연과학에는 만인이 공인한 순수객관적인 인과율이 있지만 역사에서는 거의 그런 인과율은 말하기 어렵다.

둘째, 자연과학의 사항들은 항상 보편적이고 역사의 사항들은 그와 반대로 항상 개성적이다. 자연과학의 사항은 예컨대 2+2는 반드시 4이며 수소와 산소를 더하면 반드시 물이 되는 것과 같다. 수학에서는 동질이 아닌 '2'라는 것은 없으며 화학에서는 동질이 아닌 '수소'와 '산소'란 없다. 그러므로 2+2의 법칙은 모든 4에 응용할 수 있고 수소+산소의 법칙은 모든 물에 응용할 수 있다. 역사는 그렇지 않다. 역사는 인류가 만든 것이다. 인류는 단지 한 명의 공자(孔子)만 갖고 있을 뿐 제2의 공자가 있을 수 없으며, 단지 한 명의 예수 크리스트만 있을 뿐 제2의 크리스트는 없다. 나폴레옹은 비록 카이사르를 닮고 싶어 안달했지만 나폴레옹은 그저 나폴레옹일 뿐 카이사르가 아니다. 우리는 명 태조를 한 고조와 비교할 수 있지만 우리가 알고 있는 한 고조가 동시에 우리가 알고 있는 명 태조라고 말할 수 없다. 모든 역사는 순전히 개성이 발휘된 제조품이며 개성이란 어느 하나라도 같은 것을 따르지 않는 것을 말한다. 개인의 경우에 그러할 뿐만 아니라 역사에서는 오직 한 개의 문예부흥시대가 있을 뿐이며 그것과 절대로 똑같은 제2의 문예부흥시대는 더 이상 없다. 세계에는 오직 하나의 중화민족이 있을 뿐이며 우리와 절대로 똑같은 제2의 중화민족은 더 이상 없다. 역사적 사실의 한 단위가 되는 것으로서 각기 그 개별적 특성을 갖지 않은 것은 하나도 없다. 이런 종류의 개성은 수량상 복잡하여 일일이 손가락을 꼽아 가며 헤아릴 수 없을 뿐만 아니라 그 성질상 변화무쌍하여 식별할 수 없다. 가장 기이한 것은 셀 수 없이 많은 상호 모순되는 개성, 상호 분기하거나 반대하는 원망과 노력을 합하여 의식적 무의식적으로 각기 그 직분을 이끌어서 함께 하나의 과녁으로 향해 가서 이렇게 극히 광대하고 극히 복잡하며 극히 치밀한 "역사의 그물"[史網]을 조직해 낸다는 것이다. 인류의 불가사의는 이보다 더한 것이 없다. 역사가의 책무는 이처럼 극히 산만하고 복잡한 개성 속에서 그 실체를 파악하여 그 전체상을 묘사해 내는 것이니 그런 다음에야 비로소 인과관계를 미루어 검증할 수 있는 것이다. 이것이 바로 역사가가 어렵게 여기는 바이다.

셋째, 자연과학의 사항들은 시간과 공간을 초월하지만 역사의 사항들은 그와 반대로 항상 시간과 공간상의 관계를 주요한 기초 조건으로 삼는다. 2+2=4, 수소+산소=물이라는 것은 억만년 전에도 그러하였고 억만년 후에도 역시 그러하며, 중국에서 그러할 뿐만 아니라 다른 나라 다른 대륙에서도 그러하며 심지어 우주 속의 다른 항성에서도 그러할 것이다. 역사는 그와 반대로 시대 관계가 극히 중요한 어떤 사항은 다른 시대로 옮겨지면 전혀 무의미한 사항이 되어 버릴 수 있다. 그뿐만 아니라 동일한 사건이라도 1년 일찍 발생하는가 1년 늦게 발생하는가에 따라, 심지어 하루 1각(15분) 일찍 발생하는가 하루 1각 늦게 발생하는가에 따라 그 가치가 현격하게 달라질 수 있다. 공간 방면에서도 그러하니, 갑이라는 장소에서 발생한 사건은 설사 동형(同型)의 사건이라 할지라도 — 동형의 사건은 절대로 있을 수 없음은 두말할 필요가 없다 — 을이라는 장소로 옮겨지면 그것이 갖는 역사상의 의의와 가치는 전혀 달라진다. 솔직히 말해, 역사적 사실이란 것은 반드시 '그때', '그곳'이라는 두 개념과 서로 결합한 연후에 비로소 무엇인가 거론할 만한 평가를 받을 수 있다. 그러므로 역사학의 추론방식은 여러 자연과학에 비해 더욱 복잡하고 이해하기 어려운 것이다. 이상의 세 가지 다른 점을 분명히 해야 비로소 역사에서의 인과관계에 대해 말할 수 있다.

역사 속의 인과관계에서 맨 처음 부딪히는 큰 문제는 영웅이 시대[時勢]를 만드는가 시대가 영웅을 만드는가이다. 바꿔 말하면, 역사란 소수의 위대한 인물이 낳은 산물이라거나 영웅들의 전기가 곧 역사라고 하는데 그렇지 않은가? 버트런드 러셀은 일찍이 말하기를 “한 권의 세계사는, 시험 삼아 그 속에 등장하는 인물 중 10여 명을 뽑아내면 아마도 부분적으로 또는 전면적으로 그 모습이 달라질 것이다.”라고 하였다. 우리는 이 주장이 확실히 일정한 진리를 포함하고 있음을 인정하지 않을 수 없다. 시험 삼아 중국의 전체역사에서 만일 공자가 빠지고 진시황이 빠지고 한 무제가 빠진다면 그들과 관련된 부분이 어떻게 되겠는지 생각해 보라. 불교계에서 도안(道安)이 빠지고 혜능(慧能)이 빠지고, 또 송명(宋明)의 사상계에서 주희가 빠지고 육구연(陸九淵)이 빠지고 왕수인(王守仁)이 빠지면, 청대 사상계에서 고염무가 빠지고 대진(戴震)이 빠지면 그들과 관련된 부분의 역사는 어찌 되겠는가? 그 밖에 정치계, 문학계, 예술계 등도 모두 그렇지 않은 곳이 없다. 이런 인물들을 우리는 “역사적 인격자”라고 부를 수 있다. 왜 그들을 “역사적 인격자”라고 부르는가? 그때 그곳에서 일어난 일련의 사실(史實)들은 이런 사람들이 주동 — 적어도 부분적인 주동 — 이어서 그 사람의 얼굴 사진을 확대하면 당시 사회를 거의 덮어 버릴 정도이기 때문이다.

문화수준이 낮을수록 “역사적 인격자”의 위치는 더욱더 소수자에 의해 농단되고, 문화가 진화할수록 그 수량은 더욱 확대된다. 고대에는 정치의 융성과 부패가 제왕 한 사람에 의해 좌우되고 교육과 학문의 흥폐가 한 명의 위대한 스승과 결부되었으니 항상 그 한 사람만을 “역사적 인격자”로 하였다. 문화가 점차 진화함에 따라 그 중심이 소수의 계급이나 종파로 이동하였으니 늘 몇 명의 수령을 “역사적 인격자”로 하였다. 더욱 진화함에 따라 그 중심은 더욱더 사회의 각 방면으로 확대하였으니 항상 대규모 단체의 주동자를 “역사적 인격자”

로 하였다. 예컨대 페르시아, 마케도니아, 로마제국, 아랍 역사의 전체 무대가 거의 각 시대의 영웅 두세 명에 의해 독점되었고, 19세기 유럽 각국 역사가 항상 귀족이나 중등계급 각 파의 수령 10여 명을 주체로 하였으며, 또 금후의 역사는 거의 대다수가 노동자 혹은 전체 인민을 주체로 하여 전개될 것이니 이런 예들이 그 뚜렷한 증거이다. 이로부터 말하면, 역사의 대세는 소수의 특출한 인격자로부터 점차 군중적 인격자로 나아간다고 말할 수 있다. 진화가 거듭될수록 더욱 '범용화'(凡庸化)하여 영웅의 권위는 더욱더 감소한다. 그러므로 "역사는 곧 영웅들의 전기다."라는 관념은 고대일수록 더욱 잘 적용되고 근대일수록 더 잘 적용되지 않는다.

비록 그렇지만 마땅히 주의해야 할 것이 두 가지 있다. 하나는 이른바 "특출한 인격자"이다. 표면상으로는 비록 일체의 역사적 사실이 순전히 그런 인물 한 명 혹은 몇 명의 활동결과인 것처럼 보이지만 다수인의 의식이 그 배후에 없다고 말할 수 없다. 사실은 그런 인물 한 명 혹은 몇 명의 개성이 점차 사회전체에 침투하거나 깊이 새겨져 그 형태와 본질을 바꾸고, 사회 다수인이 적극적으로 동감하거나 혹은 소극적으로 맹종하여 개인의 특성이 점차 변하여 마침내 그때 그곳 민중의 특성이 되면 이를 '집단성' 혹은 '시대성'이라 부를 수 있다. 집단성이나 시대성의 근저도 없이 표출될 수 없는 역사적 사실은 아직 들어 본 적 없다. 예컨대 2천 년 이래의 중국은 최소한 공자의 개성에 속하는 부분적 집단화가 있었다고 말할 수 있으니, 전국(戰國) 정치계는 상앙(商鞅) 개성의 시대화라 말할 수 있고, 명말의 사상계는 왕수인 개성의 시대화라 말할 수 있다. 그러므로 "특출한 인격자"가 군중으로부터 분리되어 존재하는 것은 거의 불가능하다고 말할 수 있다. 다른 하나는 이른바 "군중적 인격자"이다. 이것은 논리상 본디 군중을 이루는 각 분자들의 각자 개성이 발전한 결과이며 그들 각자는 원래 평등한 방식으로 그 개성을 표출하는 것이 좋다. 그러나 실제로 그것이 표출하는 것은 이미 다른 하나의 집단성 혹은 시대성이며 각자의 개성과 동일한 것이 아니다. 특히 이른바 '영수'(領袖)라는 자가 있어 그 나아갈 방향을 지도하고 그 의사를 집행한 후에라야 이 군중 인격이 실현될 수 있다. 예를 들면 우리가, 일단 공산주의를 신봉하는 사람들이 하나의 합성(合成)된 인격자임을 인정하고 나면 동시에 마르크스라는 개인과 이 인격자의 관계를 인정하지 않을 수 없고 또 레닌이라는 개인과 이 인격자의 관계를 인정하지 않을 수 없다. 이처럼 "군중적 인격자"는 특출한 개인을 떠나서 존재하는 것이 거의 불가능하다고 말할 수 있다.

나는 왜 역사를 연구하는 사람들에게 이 두 가지 의미에 대해 재잘거리듯 많은 말을 하는가? 역사의 큰 비밀 중 하나는 한 개인의 개성이 어떻게 한 시대 한 집단의 공성(共性)으로 확충될 수 있는가, 그리고 한 시대 한 집단의 공성은 어떻게 한 개인의 개성에 의지해 표현될 수 있는가에 있다고 생각한다. 거듭 말하자면, 이른바 민족심리 혹은 사회심리라는 것이 있는데 그것은 실로 개인심리가 확대된 합성품이며 다시 개인의 행동을 빌려 그것으로 표현된 것이다. 역사가에게 가장 중요한 직무는 바로 이 사회심리의 실체를 파악하여 그것이 어떻게 축적되고 발동되며 변화하는지를 살피는 데 있다. 나아가서 개인심리가 만들어지고 표출되는 까닭과 표출되기에 이르는 경로를 정밀하게 관찰하고 나면 역사적 인과관계의 비밀은 비록 숨겨져 있어도 대략 간파해 낼 수 있다.

유럽과 미국은 근세 이래 민중의식이 크게 진보하였으므로 사회심리가 역사에 표현되는 것이 매우 선명했고 역사가가 그것을 파악하기도 비교적 용이했다. 비록 그렇더라도 그 안에서 역사학의 혁신이 일어난 결과 역사연구자가 전문적으로 이 점을 중시할 수 있었다는 주체적 노력이 있었기에 민중의식과 접촉하는 자각력이 적지 않았다는 점도 고려될 필요가 있다. 그에 비해 중국의 과거 역사는 정치계든 사상계든 막론하고 모두 독재식이어서 이른바 적극적 민중의식이란 것은 매우 부족하며, 이런 말은 결코 꺼릴 필요가 없다. 역사 연구자는 항상 소수의 큰 인물을 전체 역사의 골간(骨干)으로 삼았는데 이 역시 어쩔 수 없는 일에 속했다. 그러나 항상 눈여겨봐야 할 사항이 하나 있다. 어떠한 정치 어떠한 사상이든 모두 그때 그곳의 사회심리라는 기초 위에서 형성되며 이른바 큰 인물의 언행은 반드시 이 사회심리와 인과관계를 갖고 있어야 비로소 역사적 사실이 될 수 있다는 것이 그것이다. 큰 인물의 언행은 그 개인의 자격으로 가치를 갖는 것이 아니라 한 계급 혹은 한 당과, 한 민족의 일원이라는 자격으로 가치를 가질 뿐이다.

이른바 큰 인물이란, 그가 착한 사람인지 악한 사람인지 그가 한 일이 공(功)인지 죄인지를 막론하고 요컨대 그 사람이 결국 그때 그곳의 사회 — 최소한 사회 속의 한 유력한 계급이나 당파 — 중에서 해당 사회의 가장 깊숙한 곳까지 깊이 들어가 그 사회에서 살아가는 사람들의 사회심리와 가장 쉽게 상호이해를 할 수 있는 사람이다. 그렇기 때문에 그가 암시하고 반사하는 감응작용은 극히 긴장되고 신속하다. 예컨대 증국번(曾國藩)은 확실히 함풍·동치연간 사대부 사회의 깊은 곳까지 들어갈 수 있었고, 그들의 심리와 서로 감응작용을 불러일으키기에 가장 적합하다. 위안스카이(袁世凱)는 확실히 청말 관료·무인 사회의 깊숙한 곳까지 들어갈 수 있었으니 그들의 심리와 감응작용을 하기에 가장 적합하다. 그 성과의 많고 적음은 한편으로는 해당 사회가 의거하는 근저가 어떠한가에 달려 있고 다른 한편으로는 큰 인물이라는 사람의 심리가 어느 정도 진화했는가에 달려 있다. 사실이 보여 주는 바에 따르면, 증국번이 거둔 성과는 위안스카이의 그것에 훨씬 못 미친다. 위안스카이는 잠시 혁명에 기량을 보인 후에 자기가 속한 부패하고 흉악하여 거의 죽어 가는 구사회를 확대하여 전국을 덮어 버렸다. 증국번의 경우 사업범위가 커질수록 그가 속한 어진 사대부 사회의 영토는 오히려 날이 갈수록 긴박해졌다. 그러므로 근 600년간 중국의 환경은 위안스카이의 사회를 키우는 데 적합하였고 증국번의 사회를 키우는 데는 적합하지 않아서 양자가 의거한 세력의 우열은 현격하게 달랐다. 그러나 위안스카이는 집착력이 강해서 시종일관된 정신으로 되돌아보는 바가 전혀 없이 사력을 다해 자기가 속한 흉악한 사회를 부식(扶植)하였는데, 이와 같은 적극적인 심리는 거의 증국번이 따라갈 수 있는 바가 아니었다. 그러므로 어찌 러셀처럼 "역사상의 몇몇 인물을 빼버리면 그들과 관련된 국면의 역사는 크게 바뀔 것"이라고만 말할 수 있겠는가? 이들 몇몇 사람들의 심리가 그 궤도를 약간만 바꿔도 전체 역사의 모습이 바뀔 수 있다. 아마도 독재사회에서만 그런 것이 아니라 민주사회에서도 그렇지 않은 적이 일찍이 없었다.

사회가 만일 영원히 한 종류의 세력 — 한 종류의 심리 — 에 의해 지배된다면 정적인 딱딱하게 굳어 버린 것이 되고 말 것이며 거기에는 더 이상 역사라고 할 만한 것이 없다. 그러나 사회란 결코 그럴 수 있는 것이 아니다. 첫째, 인류의 심리는 그 자체 돌변할 가능성을 갖고 있기 때문이다. 심리의 발동은 극히 자유로워서 식별하기 어렵다. 어느 정도 고정된 사회인가를 막론하고 그 속에서 언제든 누구든 갑자기 기이한 감상을 불러일으키는 것을 예측하거나 제한할 수 없으며, 이 감상이 일단 폭발하면 그 사람의 정신력[心力]의 정도 여하에 따라서는 전 사회에 만연할 수 있다. 둘째, 환경은 숲이 무성해지듯이 늘 변하는 것이며 인류가 거기에 순응하지 않을 수 없기 때문이다. 어느 정도 고정된 사회인가를 막론하고 그 내부 각 분야의 물질적 기초조건은 끝내 바뀌는 바가 없을 수 없으며 그 변화는 마침내 반드시 심리에까지 파급되기 마련이다. 즉 내부 각 분야가 변하지 않거나 극히 미세하게 변하면 심리에 영향을 미치기 부족하지만 외부로부터의 압박이나 습격을 피하기 어려울 때가 있으며 그럴 경우 내부의 반응작용이 마침내 일어나지 않을 수 없다. 모든 역사적 사실이 날로 불어나면 날로 새로워지는 까닭은 여기에 있다. 사회는 그 구성분자가 비교적 복잡하고 전통적 권위가 상대적으로 취약한 경우에 돌변할 가능성이 비교적 크다. 그리고 그 사회내부의 물질적 공급이 비교적 어렵고 인색하며 다른 사회와 접촉할 기회가 비교적 많은 경우 그 환경의 변화는 상대적으로 극적이고 크다. 과거의 중국사는 서양사처럼 산봉우리와 들판이 서로 겹치고 기세가 웅장하고 규모가 큰 것이 아니어서 그것이 축적해 놓은 것도 다르고 그것이 받은 것도 다르다.

역사적 사실은 이상야릇해서 쉽게 추측하여 판단을 내릴 수 없다. 첫째, 인류의 심리가 때로는 잠복하여 시간이 지난 후 다시 나타나기 때문이다. 사람들이 벌이는 모든 사업은 마치 물리학에서의 물질불멸의 법칙처럼 사업을 벌일 때마다 사라질 수 없는 흔적을 뒤에 남긴다. 그러니 어떤 때에는 다른 종류의 세력에 의해 차단되고 억압되어 그 흔적이 완전히 은폐되기도 하는데, 식견이 천박한 사람은 그것이 이미 소멸되었다고 말할 뿐 그것이 쌓이고 쌓이는 중에 일단 기회를 만나면 갑자기 왕성하게 일어나 다시는 제어할 수 없게 되는 것을 알지 못한다. 예를 들어 명말의 만주족 배척[排滿] 심리가 200년이나 잠복해 있다가 마음껏 터져 나온 것이 그 뚜렷한 예이다. 둘째, 심리의 운동은 그 작업률[工率] 면에서 본래 물질의 운동에 비교될 수 있는 바가 아니며, 따라서 인류의 이상과 욕망은 항상 자연계에 의해 제한받기 때문이다. 만일 심리운동의 경과를 시간에 대한 관계 면에서 물리운동의 경과와 완전히 동일하게 한다면 인류는 순전히 보통의 역학법칙에 의거해 자연을 정복하는 것도 가능하다. 다만 그럴 수 없기 때문에 인류는 항상 환경의 변화를 느끼면서도 그것을 자신의 성질과 서로 적응시킬 수 없었다. 환경에 대한 불만족은 해소되지 않은 채 결국 영원히 이어질 것이다.

역사란 오랜 세월에 걸쳐 이와 같은 심리와 물질 간의 교전상태 속에서 순차적으로 발전하는 것이며, 양측 힘의 소장(消長)은 결코 필연적 법칙에 의해 지배받지 않는다. 그러므로 역사상의 진보적인 사건이나 현상의 열 중 아홉은 혁명성을 띠고 있으며 혁명 전, 혁명 중, 혁명 후의 역사적 사실은 모두 정상적인 방법으로 제어하기가 가장 어렵다. 결과가 미리 정해진 계획과 상반되는 경우는 흔히 발생하지만, 그 상반되는 점을 이유로 계획이 실패했다고 말할 수는 없다. 최근 중화민국 10년간의 역사가 바로 그 좋은 예이다.

위의 두 요인 외에도 인과관계를 살피기 위해 한 가지 더 고려해야 할 것이 있다. 사람과 일의 관계가 복잡하고 게다가 사람의 심리가 극히 자유롭게 발동되기 때문에 동기가 극히 적어도 결과가 극히 크게 나타나는 경우가 왕왕 있으며, 결과가 동기와 완전히 분리된 채 다른 방향으로 진전되는 경우도 있기 때문이다. 사라예보에서 오스트리아 황태자가 암살된 사건이 5년에 걸친 세계대전을 불러일으켜 중국도 거기에 이끌려 들어가게 될 줄을 누가 예상할 수 있었겠는가? 중세유럽 수도사의 연금술[點金幻想, 돌을 금으로 만드는 마술]이 근세의 극히 엄밀한 화학의 진보를 불러일으킬 줄 누가 예상할 수 있었겠는가? 와트의 증기기관 발명이 현대의 빈부 간 계급투쟁을 낳고 키우게 될지 누가 예상할 수 있었겠는가? 부견(苻堅, 전진의 왕)이 먼 나라를 칠 계략을 가지고 여광(呂光)을 파견해 쿠차(龜玆, 오아시스 쿠차 Kucha를 중심으로 형성된 실크로드 상의 서역국가)를 멸망시켰는데 여광의 군대가 돌아오기 전에 부견은 이미 사망하였다. 그러나 여광은 구마라집(鳩摩羅什)을[13] 장안으로 데리고 왔으니 중국 불교사상의 확립은 바로 여기서 시작되었다. 명 성조(成祖)는 건문제(建文帝)가 남황(南荒, 남쪽 오랑캐의 땅)으로 도망친 것으로 의심하여[14] 정화(鄭和)를 파견해 남양바다로 가 그를 잡아오게 하였으나 아무 소득 없이 돌아왔다. 그러나 정화는 푸젠·광둥 출신 젊은이들을 이끌고 남황 정벌에 나섬으로써 중국인은 비로소 남양(南洋)에 여러 섬들이 있음을 알게 되었으니 해외식민은 이로써 시작되었다.[15] 부견의 동기 중에 어찌 일찍이 불교를 위하는 마음이 조금이라도 있었겠는가? 성조 영락제의 동기 중에 어찌 식민을 하겠다는 생각이 조금이라도 있었겠는가? 동기는 극히 좁고 용렬하지만 동기와 전혀 다른 위대하고 숭고한 결과를 초래하였음을 돌이켜 생각하면 참으로 기이하다고 아니할 수 없다. 그러나 무슨 기이함이 있겠는가? 만일 6조시대 중국 국민이 불교를 전수받을 가능성을 갖고 있지 않았고 명대 중국 국민이 해외로 이식(移植)할 가능성을 갖고 있지 않았다면, 한 명의 구마라집, 한 명의 정화가 아무리 애를 써도 결코 이룩할 수 없는 일이었다. 이미 가능성이 있은 연후에는 언제

13 구마라집은 인도 북부 천축국의 재상이었던 아버지가 출가하여 쿠차국으로 가서 왕사가 되었을 때 거기서 태어났다. 그는 소승불교와 대승불교에 정통한 저명한 승려가 되었으나, 여광에 의해 쿠차국이 멸망된 후 장안에 끌려와 강제로 환속당한 상태에서 불경을 한문으로 번역하였다. 옮긴이 주.

14 건문제는 태조 홍무제의 황태자인 아버지가 일찍 죽자 황태손으로 15세에 2대 황제에 즉위하였다. 당시 태조의 아들들이 각 지방의 왕으로 분봉돼 있었는데, 건문제는 그들을 약화시키는 정책을 펴던 중 16세 때 삼촌(태조의 4남, 성조 영락제)에 의해 축출되었다. 옮긴이 주.

15 량치차오는 이 책에서 '식민'과 '이민'을 구별하지 않고 있다. 중화민족의 대외발전을 주장하면서 그 역사적 선례를 찾아 제시하려는 의도를 갖고 있었기 때문이다. 식민은 한 국가가 상대국 국가의 의향과 법제를 무시하고 자국민을 이주시켜 집단거주지를 만드는 것이고 이민은 한 국가의 민간인이 스스로 상대국 국가에 이주하여 그 나라의 법제에 따라 거주하는 것을 말한다. 옮긴이 주.

라도 발동할 수 있으며 나아가서 현실화시키는 데에는 반드시 외부로부터의 인연[外緣]이 필요하다. 그 가능성은 역사가가 능히 예측할 수 있는 바이지만 외부로부터의 인연은 역사가가 능히 예측할 수 있는 바가 아니다.

이상의 몇 가지 사항은 역사의 인과관계를 말할 때 먼저 주의를 기울여야 할 것들이라고 생각한다. 나는 이번 강의의 시간이 촉박하여 하고 싶은 말을 충분히 다 못하고 아직 정리되지 않은 단편적인 생각을 말할 수밖에 없어 무척 아쉽다. 나의 감회는 잠시 여기서 멈추고 이제는 앞에서 말한 내용의 요지를 간추리면서 약간 보충하여 인과관계를 연구하는 역사가의 태도와 그 절차에 대해 이야기하겠다.

첫째, 하나의 "사실군집"[史蹟集團]을 구분해서 연구의 범위로 삼아야 한다. "사실군집"이란 이름은 내가 만든 용어인데 한 무더기의 "기사본말"과 그 의미가 대략 서로 가깝다(기사본말은 시간관념만 포함하는 데 비해 사실군집은 공간관념까지 포함하는 차이가 있으니 이 명칭은 아직 그리 타당하지 못하므로 추후에 다시 조정될 여지가 있다). 엄격하게 말하면 역사사실은 본래 나누어질 수 없고 단절할 수 없지만 때로는 나누고 단절하지 않고서는 연구를 진행할 수 없는 경우가 있다. 그러므로 마치 천체를 연구하는 학자가 어느 운행 궤도와 어느 성좌를 구분하듯이, 지리학자가 어느 고원과 평원과 강 유역을 구분하듯이 하여 이를 연구의 방편으로 삼아야 한다. 예를 들면, 프랑스 대혁명은 하나의 사실군집이고, 1914-18년의 세계대전도 하나의 사실군집이다. 범위가 더 큰 예로 전 세계 노동자계급 대 자산계급의 투쟁사관을 하나의 사실군집으로 구분할 수 있다. 범위가 더 좁은 예로는 아일랜드의 자질구레한 섬들의 독립사를 하나의 사실군집으로 구분할 수 있다. 지나간 시간이 오래된 예로는 2천 년 전 흉노에 대한 중화민족의 교섭 시말을 하나의 사실군집으로 구분할 수 있고, 지나간 시간이 짧은 예로는 1년간의 홍헌제 도국(盜國) 시말을[16] 하나의 사실군집으로 구분해 낼 수 있다. 그 군집을 어떻게 구분할 것인가는 온전히 역사연구자의 자유이지만 다음 두 가지 사항에 대해서는 마땅히 주의해야 한다. 하나는 매 군집의 함량이 반드시 비교적 넓고 복잡해야 한다는 것으로, 그것을 나누어 관찰하면 적어도 한 시대 사회의 부분적 활동상을 파악해 낼 수 있다. 다른 하나는 각 군집의 총화가 반드시 두루 미쳐야 한다는 것으로, 그것을 합쳐서 관찰하면 각 시대 전체사회의 활동상을 모두 볼 수 있다.

둘째, 군집의 구성분자를 정리하고 군집의 실체를 파악해야 한다. 이른바 "군집의 구성분자"란 이 사실군집을 조성하는 각종 사료를 말한다. 자료를 조사해서 모을 때에는 빠짐없이 다 갖추어야 하고 자료를 감별할 때에는 진짜를 구해야 한다. 그 방법에 관해서는 이미 이야기하였다. 자료를 다 갖추었고 또 그것이 참된 것이어도 어떤 것은 버리고 어떤 것은 취해서 서술을 상세히 할 데와 간략히 할 데, 중시할 데와 경시할 데를 주의 깊게 구별해야지 그렇지 않으면 이리저리 뒤섞여서 하나의 조직체가 될 수 없다. 이른바 "군집의 실체"라는, 이 한 무리의 역사적 사실은 합쳐져서 살아 있는 전체[整個]로서 하나의 생명체가 된다. 역사연구자는 반드시 하나의 이 살아 있는 전체의 전체상을 자신의 마음속에 흡수해 사진 찍듯이 해야 하는데 이 일은 지극히 어려우며 분석하고 연구하는 외에 직각(直覺)에 의존해야 하는 부분 역시 적지 않다.

셋째, 항상 군집 바깥과의 관계에 주의해야 한다. 역사사실은 원

16 홍헌제 盜國은 1915-16년 위안스카이가 신해혁명으로 탄생한 공화국을 군주국으로 바꾸고 洪憲이라는 연호를 사용해 스스로 황제가 되려고 기도하다가 실패한 일을 말한다. 옮긴이 주.

래 나눌 수 없고 단절할 수 없는 것인데 연구의 편의를 위해 억지로 구획하여 하나의 군집으로 만든 것이며 이는 본래 부득이한 일에 속한다. 이 일군의 역사적 사실은 다른 무리의 역사적 사실과의 관계를 벗어나 독자적으로 존재할 수 없다. 이는 전체사회 속에서 한 무리의 사람들이 항상 다른 무리의 사람들과 서로 의지하면서 살아가는 것과 같다. 그러므로 하나의 사실군집의 진상을 밝히고자 한다면 항상 자신의 시선을 그 군집의 바깥으로도 돌리지 않으면 안 된다. 이른바 군집의 바깥이라는 것은 두 가지인데 하나는 시간상으로 볼 때의 바깥이다. 예컨대 "5호가 중화를 어지럽혔다"[五胡亂華]는 하나의 사실군집은 시간상으로 자연히 진대(晋代)로 한정되지만 한대의 남흉노와 위(魏) 시기의 강족 이주정책[三輔徙羌]을[17] 알지 못하면 그 내력을 전혀 파악할 수 없다. 다른 하나는 공간상으로 볼 때의 바깥이다. 예컨대 "신해혁명"이라는 하나의 사실군집은 그 공간이 중국으로 한정되지만, 구미·일본의 근 수십 년 학설·제도 변화의 개략과 그것들이 중국인에게 준 자극을 알지 못하면 이 사건의 전체상을 끝내 파악할 수 없다. 이 역시 군집 바깥의 일이다. 그 밖의 각종 국부적인 사건과 현상[事象]들에 있어서도 이와 같이 서로 영향을 주고받지 않음이 거의 없다. 예컨대 정치는 철학과 너무 멀어 보이지만 한 시대의 정치사를 연구할 경우, 그때 그곳의 철학사상을 망각하는 것은 용납될 수 없다. 또 미술은 경제와 너무 멀어 보이지만 한 시대의 미술사를 연구하는 경우 그때 그곳의 경제상황을 고려하지 않는 것은 용납될 수 없다. 이 모든 것들이 군집 바깥의 일들이다.

---

17 三輔는 한 무제 때 서울 장안 부근의 경기지역을 셋으로 나눈 행정구역 또는 그 관직 京兆尹, 左馮翊, 右扶風을 말한다. 삼보가 강족을 河北과 隴西 등지에 이주시켜 정착시켰는데 이들이 나중에 반란을 일으켰다. 옮긴이 주.

넷째, 각 사실군집의 "인격자"를 식별해 골라내야 한다. 군집마다 반드시 그 골간을 이루는 "인격자"가 있으며, 이 "인격자"는 한 명 또는 수 명일 수도 있고 대다수의 사람일 수도 있다. 예를 들어 프랑스 제정시대사에서 나폴레옹은 유일한 인격자이다. 프로이센-오스트리아 전쟁사와 프로이센-프랑스 전쟁사에서는 비스마르크 등 몇 명이 그 인격자이다. 이번 세계대전의 경우에는 그 인격자를 몇몇의 두드러진 인물들에게만 한정할 수 없고 각국의 대다수 국민이 실로 함께 그 인격자인 것이다. 그렇지만 각 군집은 세분할 수 있으니, 만일 이번 세계대전이라는 대군집을 다시 몇 개의 소군집으로 나누어 보면, 독일이 전쟁을 일으킨 개전사(開戰史)라는 소군집에서는 빌헬름 2세가 그 인격자이다. 그리스의 참전사라는 소군집에서는 베니젤로스(Eleftherios K. Venizelos, 그리스 총리)가 그 인격자이다. 파리강화회의사라는 소군집에서는 클레망소(프랑스 총리 겸 육군장관), 로이드 조지(영국 총리), 윌슨(미국 대통령)이 그 인격자라고 할 수 있다. 신해혁명사에서는 다수의 혁명당인과 입헌당인이 함께 그 인격자이며 중화민국 10년대의 정치사에서는 위안스카이가 거의 유일한 인격자라 할 수 있다. 모든 역사적 사실은 여러 명이 함께 움직인 산물이며 이는 더 이상 설명할 필요가 없는 바이지만, 그 안에서 주동과 피동의 구별은 있어야 한다. 주동의 지위에 서 있는 자가 그 역사적 사실의 인격자이다. 신해혁명에서는 혁명당·입헌당의 수많은 당원이 주동이며 리위안훙(黎元洪)과 위안스카이는 피동에 불과하므로 이 두 사람은 인격자가 아니다. 그와 달리 10년대의 민국에서는 위안스카이와 그의 유령이 주동이고 그를 돕거나 그와 적대한 다수의 사람들은 모두 피동이므로 위안스카이야말로 그 인격자이다.

다섯째, 한 역사적 사실의 심리적 기초조건을 정밀히 연구하는 데 왜 각 사실마다 그 "인격자"를 찾아 설정해야 하는가? 모든 역사적 사실은 인류의 심리가 조성해 놓은 것이어서 심리의 깊숙한 곳까지 들어가 그 동태를 통찰하지 않으면 진상을 파악할 수 없다. 각 역사사실을 조성하는 심리는 항상 그 인격자를 초점으로 삼아 작용하므로 그 인격자의 본성과 그때그때 일으키는 충돌을 연구하여 판단해야 비로소 역사사실 전체의 맥락을 살아 있는 것처럼 재현할 수 있다. 이러한 연구법은 만일 그 인격자를 한 명 또는 수 명으로 설정할 경우 그 개인의 특성에 깊이 주의해야 한다. 그의 특성은 그 개인의 사생활에 영향을 미칠 뿐 아니라 실로 다수인의 공적 생활에도 영향을 주기 때문이다. 베르사유조약을 예로 들어 보면, 논자에 따라서는 그것이 장차 일어날지 모르는 또 다른 세계대전의 불씨가 될 수 있다고 말하기도 한다. 이 조약이 이처럼 큰 착오를 빚은 것은 클레망소, 로이드 조지, 윌슨 등 세 사람의 성격과 두뇌가 최소한 그 원인의 일부를 이루었기 때문이며, 따라서 이들 세 사람의 특성이 어떻게 표출되는가는 실로 장래 세계에까지 영향을 미친다. 또 위안스카이를 예로 들어 보자. 만일 그의 성격이 조금 정직하거나 조금 용렬하고 나약했다면 1910년대 중화민국의 일부 국민 혹은 전부는 오늘과 다르게 되었을지 모른다. 따라서 위안스카이의 특성이 그 개인의 운명과 관련되는 바는 오히려 작고 중국인의 운명과 관련되는 바는 매우 크다. 역사가가 이런 종류의 심리를 연구할 때 가장 필요한 것은 그 흡수하고 반사하는 힘의 근원을 탐구하는 것이다. 성현과 호걸의 경우라면 그의 덕성이 사람들을 감화시킬 수 있는 최대치 또는 그의 열정이 사람들을 어루만질 수 있는 최대치를 살려야 한다. 원흉(元凶)과 몹시 교활한 인물이라면, 그의 권모술수가 사람들을 통제하고 제도를 농단할 수 있는 최대치 혹은 그의 악한 마력이 사람들을 유혹하고 전염시킬 수 있는 최대치를 살펴야 한다. 여기서부터 핍진하게 살펴보면, 이 일단의 역사적 사실의 유래가 포착될 수 있다.

엄청 많은 수의 인격자가 있을 경우에, 우리는 그것을 민족인격 혹은 계급인격 · 당파인격이라 이름 붙일 수 있다. 우리는 그 전 민족, 전 계급, 전 당파를 한 개인으로 간주해 그 심리를 관찰해야 한다. 이런 종류의 인격자에 대해서는, 그 의식의 각성을 보고 그 인격의 존재를 관측할 수 있고, 그 조직의 확립을 보고 그 인격의 성장을 관측할 수 있고, 그 운동의 진작을 보고 그 인격의 확대를 관측할 수 있다. 때로 그 운동의 쇠퇴, 조직의 산만, 의식의 침체를 보고 그 인격의 질병 상태나 사망을 관측할 수 있다. 아일랜드인은 하나의 민족적 인격을 이룩했으나 유태인은 아직 그러지 못했으니 유태인의 민족건국 의식은 일치되지 않고 있기 때문이다. 유럽과 미국의 노동자는 하나의 계급적 인격을 형성하였으나 중국은 그러지 못했으니 중국 노동자가 아직 계급의식을 갖고 있지 못하기 때문이다. 중국의 지난 10여 년 간 이른바 정당(政黨)은 완전히 그 당파적 인격을 보여 주었으니 그 조직도 그 운동도 없기 때문이다. 서양사를 연구하는 사람은 항상 이런 종류의 집단인격 심리에 대한 탐구를 가장 중요하게 여기지만, 중국사를 연구하는 사람들은 몽롱한 의식 속에서 우연히 그 인격의 허약한 그림자만을 목도할 뿐이다.

역사의 심리적 기초를 연구할 때에는 그 정면과 이면 모두에 주의해야 한다. 개인이건 집단이건 모든 인격자 중 역사적 사실을 능히 형성할 수 있는 자는 그 인격활동의 확대를 보장한다. 그것이 확대될 수 있는 까닭은 정면과 이면 양쪽에 다 있다. 이른바 정면이라는 것은 활동력이 고조되어 종전의 많은 반대자나 망설이는 사람의 심리를 나의 심리 쪽으로 끌어모으는 것이다. 근대의 유럽과 미국에서는 정치 · 종교 · 학문 및 예술 어느 곳을 막론하고 모두 이 힘이 충만해 있음을 볼 수 있다. 중국에서는 6조와 당대의 불교운동이 그 가장 뚜렷한 부류에 속한다. 다음으로는 한유와 구양수의 고문학 운동, 송 ·

명대의 이학(理學)운동, 청대의 박학(樸學)운동[18] 및 최근의 신문화운동이 모두 이런 의미를 포함하고 있다. 다만 정치방면에서는 그런 현상이 극히 결핍되어서, 청말 증국번과 호림익(胡林翼) 등이 대략 그에 가깝지만 그 성취는 극히 적으며 현대의 이른바 정당이란 것도 전혀 이 방향으로 나아가지 못하였다. 이른바 이면이라는 것은 다수인의 소극적이고 일시적 안일을 탐하는 심리를 이용해 자기이익의 확대를 꾀하는 것이다. 표면상으로는 전국의 심리가 이 한 점으로 끌어모아지는 것과 흡사하지만 실은 그 심리가 수면상태에 빠져 있을 뿐이다. 중국의 2천 년간 정치계를 좌우해 온 인물은 대부분 이런 종류의 심리상태 위에서 활동하였으니, 이는 실로 국민심리의 병적 징후가 아닐 수 없다. 비록 그렇지만 역사연구자는 중국의 역사적 사실의 절반 이상은 이로부터 말미암아 성립되었음에 깊이 유의하지 않으면 안 된다.

여섯째, 한 역사적 사실의 물질적 기초를 정밀히 연구해야 한다. 물질적 기초에 관해서는 내가 이미 "물질운동은 심리운동과 그 속도를 같이할 수 없다."라고 말한 바 있다. 만일 역사적 사실이 물질적 제약으로부터 벗어나 단독으로 진행할 수 있다면 이른바 "유토피아"나 "화장세계"(華藏世界, 불교에서 말하는 극락정토)가 일찍이 성립되었을 것이다. 그러나 실제로는 그럴 수 없다. 그러므로 심리의 진전은 때로는 물질적 힘에 의해 가로막혀 되돌아가거나 억지로 이끌려서 예기치 않은 기로에 빠져들기도 하며, 마냥 기다리다가 점차 심리와 물질이 서로 반응하는 경계에 이르기도 하는데, 그런 뒤에야 비로소 역사적 사실은 성숙한다. 물질이란 무엇인가? 심리와 대응하는 환경

18 박학은《漢書》에서 처음 쓰인 용어로 질박한 학문을 뜻하는데, 주로 청대 건륭 · 가경시기 고문경학파의 한학을 가리킨다. 옮긴이 주.

이라고 말할 수 있다. 자세히 말하면 그것은 자연계의 상황, 여러 세대에 걸쳐 유전되어 굳어진 풍속, 법률과 정치현상·경계현상, 그리고 여타 사회의 물질적·정신적 저항력 등을 모두 포함한다. 전쟁 없는 세상[非攻·寢兵, 공격하지 않으니 군대를 멈춘다는 뜻]이라는 이상은 중국 안팎의 현명한 사상가들이 주창한 지 수천 년이나 지났음에도 왜 지금껏 실현된 적이 없는가? 신해혁명은 본래 "데모크라시" 정치를 목표로 내걸었으나 어찌하여 그 후 10년간 오히려 거꾸로 가버렸는가? 유럽의 사회주의는 본래 100년 전에 탄생했으나 왜 유럽전쟁(1차 대전) 전후에 이르러 갑자기 흥성하기 시작하였는가? 한마디로 말해 물질적 기초에 의해 제한받은 결과이다. 만일 오늘의 일본이 100년 전으로 돌아갈 수 있다면 만주족이 중국에 들어와 주인이 된 것을 본받으려 했을 것이고, 만일 위안스카이가 1천 수백 년 전에 태어났다면 조조(曹操)와 사마의(司馬懿)가 천하를 얻은 것을 본받으려 했을 것이다. 그러나 모두 그럴 수 없었으니 이는 물질적 기초에 의해 제한된 결과이다. 나는 앞에서 다음과 같이 이미 여러 차례 말했다. "모든 역사적 사실은 '그때' '그곳'이라는 두 관념에 의지해 존재"하므로 동일한 심리활동이라도 그 때와 장소를 달리하면 그 가치가 전혀 달라지며, 역사 연구자는 이에 대해 깊이 살피지 않으면 안 된다고.

일곱째, 심리와 물질 두 방면의 가능성을 그 극한까지 헤아려야 한다. 역사가 늘 새롭게 개척되어 온 것은 다름 아닌 인류가 스스로 그 환경을 변화시킨 결과이다. 솔직히 말해, 이는 물질에 대한 심리의 정복이다. 심리가 물질을 정복할 가능성에는 극한이 있는가? 물질이 심리에 의해 정복당할 가능성에는 극한이 있는가? 끝이 없는 우주를 통째로 하나의 역사로 묶는다면 이 극한은 없다고 말할 수 있다. 만일 '그때' '그곳'이라는 관점에 선다면 심리와 물질 양쪽 모두 극한이 있는 게 분명하다. 두 방면의 극한 안에서는 심리가 분발하며 나아가는 힘[奮進力]과 물질이 이를 가로막는 힘의 정도 및 강약을 비교하여 역사의 전도(前途)가 갈라지는 방향을 판단한다. 예컨대 오늘의 중국 정치에서, 만일 가로막는 힘을 따라 황제제도를 회복하고자 한다면 이는 불가능하며 만일 나아가는 힘을 따라 미국식 데모크라시로 바꾸고자 한다면 이 역시 불가능하다. 가로막는 힘의 극한은 게으르고 정체된 기운을 날마다 쌓고 또 쌓아 전국이 초췌해져 신음하도록 만들고, 백수십 년을 지나면, 심지어 외국인 감독을 불러들여 중국을 통치할 수도 있다. 나아가는 힘의 극한은 사회의 소수 우수자를 각성시켜 위안스카이의 유령을 극복하고 '반보육적'(半保育的) 정책하에 몇 년 지나면 다수에 의한 정치를 성립시킬 수 있다. 역사가는 장래의 예측에 대하여 이 두 방면의 가능성의 극한 속에서 그 인과응보의 극한을 추론할 수 있다. 그리고 그 위에서 국민에게 일종의 암시를 제공함으로써 국민의 의식을 일깨우고 선택할 바를 알게 하는 것이 역사가의 책무이다.

여덟째, 말미암는[緣] 바를 관찰해야 한다. 가능성이 있는 것을 가리켜 '인'(因)이라 하고 이 가능성을 촉발시키는 것을 가리켜 '연'(緣)이라 한다. 세계대전이라는 하나의 사실군집을 가지고 논하면, 군국주의의 창궐, 상품시장 경쟁의 가열, 외교상 3국협상과 3국동맹의 대결 등은 모두 대전이 일어나게 할 가능성이며 이른바 '인'이다. 오스트리아 황태자의 피격, 벨기에의 중립파괴, 잠수함의 무차별 공격 등은 이 가능성을 폭발시키거나 확대할 수 있는 것으로서 '연'이라 할 수 있다. 신해혁명이라는 사실군집을 가지고 말하면, 국민[國人]의 종족(種族)관념 증대, 청말 정치의 부패와 위신의 추락, 신사조(新思潮)의 유입 등은 모두 혁명이 일어나게 할 가능성이며 이른바 '인'이다. 청조의 고압적인 철도국유화 정책과 서징(瑞澂)의 도망,[19] 위안스카이의 기용 등은 이 가능성을 폭발시키거나 확대할 수 있으니 이를 '연'이라 한다. '인'은 역사가가 예측해 알 수 있는 것이고 '연'은 역사가가 예측해 알 수 없는 것이다. 역사 연구자는 절대로 '연'을 '인'으로 오해해서는 안 된다. 그러나 '연'이 없으면 역사적 사실은 나타날 수 없으므로 '연'하는 바를 살펴야 비로소 끝나는 것이다.

인과(因果)의 의미를 좀 더 분명하게 말하면 인연과보(因緣果報)라 할 수 있다. 한 역사적 사실의 인연과보는 항상 복잡하고 변화무쌍하며 심지어 불가사의해서, 깊이 살피고 세밀하게 조사하지 않으면 착오 없는 추론을 하기가 극히 어렵다. 이제 의화단사건을 예로 들어 연구자들에게 참고가 되도록 해 보겠다.

의화단사건의 발생은 역사상 전해 내려온 두 종류의 심리에 뿌리를 두고 있다. 하나는 배외심리이다. 이런 종류의 심리는 국민의 자대성(自大性, 스스로 위대하다고 여기는 성향)과 자위성(自衛性)에서 나오며 원래 인류공통의 심리에 속한다. 다만 중국에서는 그것이 기형적으로 발전했으니, 천년 이래 과거시험 책론가(策論家)의 존양왕이론(尊王攘夷論)은 순전히 교만하고 비논리적인 주장이다. 따라서 무의식적이고 불철저한 배외가 국민성의 일부를 형성하였다. 다른 하나는 미신심리이다. 과학사상이 결핍되어 있기 때문에 각종 미신이 민심을 지배하는 힘은 매우 크며, 야심가는 항상 그것을 이용해 난을 부르짖는다. 한말의 오두미도(五斗米道)부터 명·청대의 백련교(白蓮教)에 이르는 무리들은 우민사회 속에 그 똬리를 두텁게 틀고 있다가 틈을 보아

19 서징은 만주족 고관으로 1910년 杭州 장군에 임명되어 후베이성의 혁명활동을 진압하였다. 이듬해 10월 우창봉기 전야에 혁명당원을 대거 체포해 그중 세 명을 처형하였으며, 우창봉기가 폭발하자 성을 버리고 상하이로 도망했으나 1912년 병사하였다. 옮긴이 주.

갑자기 행동을 개시하였다. 이 두 종류의 심리는 실로 의화단으로 하여금 언제든지 폭발할 가능성을 갖게 하였고, 이것이 심리방면에서의 '인'이다.

비록 이러한 두 종류의 심리가 있다 하더라도 그것은 완전히 잠복적 성격을 띠고 있어서 진실로 환경이 그것을 키우는 데 적합하지 않다면 그 스스로는 끝내 이루지 못한다. 그런데 청말의 환경은 실로 그것을 번식시켜 점차 드러나게 만들었다. 그렇게 만든 하나는 외세의 압력이다. 아편전쟁 이후 마주친 근심이 이미 많고 당한 모욕도 적지 않다. 그중에서도 천주교회는 내지에서 제멋대로 권세를 부리면서 일반인에게 막대한 분노를 쌓게 만들었다. 다른 하나는 정부 정치기강의 해이이다. 태평천국의 난이 진압된 이후 표면상으로는 비록 큰 어려움이 해소된 듯하지만 실제로는 숨어 있는 덤불이 곳곳에 널려 있었고, 심지어 광서연간에는 경험이 풍부하고 신중한 인물이 거의 늙어 시들고 조정에는 중신(重臣)이 없어 국사가 이미 오로지 음흉하고 사나운 한 여인[서태후]의 손에서 결정되었으며 그 실정(失政)을 바로잡을 수 있는 인물은 다시 없었다. 이러한 두 환경하에서 실로 당시 의화단은 폭발할 가능성을 갖고 있었다. 이것은 환경 방면에서의 '인'이다.

비록 '인'은 일찍이 갖추어져 있어도 다수의 '연'이 한 곳으로 모이지 않으면 사실(事實)은 드러날 수 없다. 이른바 '연'이라는 것에는 친연(親緣, 직접적인 연)과 간연(間緣, 간접적인 연)의 두 종류가 있다. 의화단의 친연은 둘이다. 하나는 사회혁신운동의 실패이고 다른 하나는 궁정음모의 반발이다. 이 둘은 각각 복잡한 간접적인 면을 갖고 있다. (현재 중국의) 사회혁신운동은 그 스스로 심리상의 가능성을 갖고 있으며 이에 대해서는 더 설명할 필요가 없다. 그것을 각성시키고 촉진시킨 것은 특히 외교상의 압박이라는 새로운 정세에 있다. 그것은 일본이 새로 착수한 대륙정책, 러시아가 오랫동안 추구해 온 동방침략정책, 독일의 원동발전정책 등 세 가지로 요약할 수 있다. 독일의 원동정책은 독일 자신의 발전을 꾀함과 동시에 독일이 러시아의 동방침략을 부추기고 돕는 양면의 의미를 내포하고 있으며, 러·일 간의 전쟁 혹은 영·러 간의 전쟁을 촉진시켜 러·프동맹 세력을 약화시키고 유럽의 형세를 완화할 수 있기를 기대하였다. 위에 말한 세 가지 외연(外緣)으로 갑오청일전역이 발발했고 승리한 일본은 랴오둥반도를 차지하려 했으나 삼국간섭(러·독·프 3국이 일본의 중국이권 독점을 우려해 간섭)으로 랴오둥반도를 반환하는 대신 뤼순(旅順)과 산둥반도의 쟈오저우(膠州), 웨이하이(威海)를 조차(租借)하였다. 이로써 과분(瓜分, 열강이 중국을 오이처럼 갈라먹는 형세를 빗댄 표현)의 기세가 등등해졌다. 이에 변법자강론(變法自疆論)이 민간에 급속히 일어나 그 동력이 마침내 광서제(光緖帝)에 미쳤고 이유 없이 청 황실 궁정문제와 연대관계를 발생시켰다. 궁정문제는 그 간접적인 '연' 방면에서 극히 복잡하다. 첫째, 청의 목종(穆宗, 同治帝)은 아들이 없어서 서자 출신을 그 후임 덕종(德宗)으로 삼으니 그가 광서제(도광제의 일곱째아들 순친왕의 아들)이다. 이때 목종을 위해 그 모후를 태후(자희태후=서태후)[20]로 세운다는 약조를 하였다.

둘째, 효흠후(孝欽后, 목종의 생모, 즉 자희태후)가 수렴청정한 지 이미 20여 년 만에 새로이 정치를 덕종 광서제에게 맡기게 되었다. 덕종은 그녀의 소생이 아니었고 사상 또한 그녀와 서로 맞지 않아서 태후

20 자희태후(서태후)는 1835년 만주족 하급관리의 딸로 태어나 5경과 24사에 통달한 재원으로 함풍제의 후궁이 되어 그의 외아들을 낳았다. 1861년 함풍제가 죽자 공친왕과 손잡고 여섯 살 된 자기 아들을 동치제로 즉위시키고 모후로서 자안태후(동태후)와 함께 섭정이 되었다. 태후로서 황실의 대권을 쥔 그녀는 1875년 동치제가 요절하자 누이동생과 순친왕 사이에 태어난 네 살 된 아들을 즉위시키니 그가 광서제이다. 옮긴이 주.

와 황제라는 모자지간에 시기하고 질투하는 마음이 날로 쌓여 갔다. 이와 같이 내·외, 신·구의 여러 '연'들이 한곳으로 모여 마침내 무술정변이 반발했다. 무술정변은 의화단의 직접적인 연이 되었고 이상의 여러 사실들은 그 간접적인 '연'이 되었다.

친연, 즉 직접적인 연 중에는 다시 주연(主緣)과 조연(助緣)이 있다. 무술정변은 의화단의 유일한 주연이며 이는 움직일 수 없는 사실이다. 그러나 정변의 파도가 왜 한 번 두 번 굽이쳐 배외로까지 이어졌는가? 세 개의 조연이 작용한 결과이다. 그 하나는 캉유웨이(康有爲)·량치차오(梁啓超) 등이 외국으로 망명하자 청 조정은 정치범을 보호하는 국제법상의 선례를 모르고 유신파 인사들이 외국을 후원자로 삼아 반격해 올 것으로 의심하였다. 다른 하나는 정변 와중에 황제 폐위와 황태자 옹립을 꾀하자(단왕端王의 아들 부준溥儁을 황태자로 세움) 외국 공사들이 다투어 일어나 질문함으로써 뜻을 이루지 못했기에 쌓인 분노가 더욱 깊어졌다. 또 다른 하나는 해마다 차오저주(曹州), 옌저우(兗州), 이저우(沂州), 이저우(易州) 등에서 교안(教案, 천주교에 반대하여 일어난 사건)이 발생하여 향민과 천주교도 사이에 원한이 더욱 심화되었다. 이와 같은 조연이 작용하였기에 의화단은 마침내 일어났다.

'인'과 '연'이 서로 합하면 거기서 '과'(果)가 생긴다. 이렇게 해서 생기는 정면의 결과[正果]는 다시 몇 무더기로 나누어 볼 수 있다. ① 산둥성·즈리성 의화단 무리의 자발적 조직과 준동, ② 두 성 장관의 종용과 장려, ③ 베이징 왕대신(王大臣)의 부화(附和), ④ 감군(甘軍, 간수성 회족 반란을 진압한 군대로, 董福祥이 지휘하였다)의 합류, ⑤ 효흠후 자희태후가 칙령을 직접 내리면서 군대와 의화단 무리를 뒤섞어 전 세계에 전쟁을 선포한 것, ⑥ 그 전후에 가톨릭교도와 외국인 수천 명을 죽인 것, ⑦ 독일공사와 일본공사관 관원(스기야마)을 죽인 것, ⑧ 베이징-톈진 철도를 파괴하고 공사관을 포위 공격한 것 등이다.

이는 한 편의 어릿광대극으로서 인류전체 역사 속에서 찾아보기 어려운 극히 특이한 병적 이상상태라 하지 않을 수 없다. 다른 시기 다른 곳의 사람들이었다고 가정하고 관측해 보면 이러한 병적 상태는 도저히 일어날 수 없는 것이라고 의심할 수밖에 없다. 그러나 우리가 심리와 환경의 양면에서 정밀하게 연구해 보면, 그 '인'과 '연'이 발생시킨 것들을 조금도 어긋남이 없이 분명하게 확인할 수 있다.

그 심리 방면에서, 만일 중국의 민족성에 편향된 점이 없다면 이처럼 괴이한 사상을 품어 키울 수 없다. 따라서 민족성의 전체적인 뿌리를 규명하는 것이 연구해야 할 첫째사항이다. 권비(拳匪, 특수한 권법을 익히며 총포를 막아낼 수 있다고 믿는 무술집단)는 곤란을 일으킨 주체이며, 그들은 실로 역사상의 비밀결사이므로 이들 특별한 집단에 대하여 그 군중심리를 밝히고 그것이 왜 발생하여 확대될 수 있었는지를 규명하는 것이 연구해야 하는 두 번째 사항이다. 혼란을 일으킨 것은 비록 권비라 하더라도 부화뇌동한 자는 실로 당시의 이른바 사대부 계급이며 비록 아첨꾼이 많았지만 어진 사람도 전혀 없지 않았으니 어찌하여 그들이 하나의 계급심리를 형성하고 이 문제에 대하여 일치된 행동을 할 수 있었는가? 이것이 연구해야 할 세 번째 사항이다. 효흠후 자희태후는 이 극 전체의 주인공이므로 그녀의 특별한 성격과 그 당시 심리의 특별한 동태를 깊이 관찰하지 않으면 사건과 현상의 원천을 이해할 수 없다. 이것이 연구해야 할 네 번째 사항이다.

그 환경방면에서, 전제정치하에서가 아니라면 이처럼 괴이한 현상은 발생할 수 없다. 수천 년 답습되어 온 이 정치체제가 연구해야 할 다섯 번째 사항이다. 영명한 군주나 위엄 있고 강직한 대신이 있었다면 그런 화가 일어나지 않았을 터이니 당시의 정치세력이 어떤 상태였는지를 밝히는 것이 연구해야 할 여섯째 사항이다. 유신파의 날카로운 개혁시도가 없었다면 이런 반동을 초래하지 않았을 터이고 유신파가 만약 사회적으로 확실한 세력을 갖고 있었다면 반동이 일어날 수 없었을 터이니 이와 같은 상태 즉 저항력의 유무와 강약을 규명하는 것이 연구해야 할 일곱째 사항이다. 중국을 둘러싼 국제정세가 앞에서 말한 것처럼 전개되지 않았다면 이 사건이 일어나도록 핍박하지 않았을 터이니 이러한 세계정세의 조류를 밝히는 것이 연구해야 할 여덟째 사항이다. 이 여덟 방면의 연구를 거쳐야 의화단이라는 일단의 역사적 사실이 왜 '그때' '그곳'에서 발생할 수 있었는지 분명히 할 수 있다.

'과'가 있으면 반드시 '보'가 있기 마련이다. 의화단이 초래한 업보(業報)는 다음과 같다.

① 8국연합국의 베이징 입성과 황궁의 약탈 및 파괴, ② 동남지역 각 성의 총독과 순무의 자기보호와 중립선언(동남호보 선언),[21] ③ 러시아군의 특별행동과 동북 3성 점령, ④ 신축조약(辛丑條約, 베이징의정서라고도 함)체결로 은화 4억 5천만 냥의 배상금을 비롯한 가혹한 조건 수락,[22] ⑤ 덕종 광서제를 폐위하지 않은 채 실권을 여전히 효흠후

21 동남지역 행정장관인 총독과 순무들이 외세에 맞서 싸우라는 서태후의 지시를 무시하고 서로 연대하여 청조와 외국 열강 사이에서 자기보호를 꾀하였기에 이를 東南互保라 부른다. 옮긴이 주.

22 신축조약(1901)의 주요 내용은 외국군대의 베이징 주둔, 중국인의 反외세운동 금지, 배상금 지불 등이다. 배상금은 6,750만 파운드(당시 중국 화폐 白銀 4억 5천만 냥)이지만 이를 39년간 분할 상환하는 동안의 연 이자 4%가 부과되었기에 총액은 9억 8200만 냥에 이른다. 여기에 각 성의 教案(反기독교운동)에 따른 배상금이 추가되었으므로 모두 합치면 10억 냥이 넘는다. 열강은 상환을 강제하기 위해 청조의 해관세 등을 담보로 잡아 거기서 매년 상환액을 공제하였고, 이를 러시아 29%, 독일 20%, 프랑스 15.75%, 영국 11.25%, 일본 7.7%, 미국 7.3%, 이탈리아 5.9%, 벨기에 1.9%, 오스트리아 0.9% 등의 비율로 분배하였다. 그 후 상황의 변화에 따라 일부가 반환 또는 지불 정지됨에 따라 최종 상환액은 약 절반가량 된다. 옮긴이 주.

서태후가 행사, ⑥ 서태후가 시류에 영합해 이른바 "신정"(新政, 신식 군대와 학당을 설립하고 행정제도를 개혁)실시 등이 그것이다. 이것이 의화단의 직접적인 업보의 요점이다. 직접적인 업보는 다시 간접적인 업보를 낳아서 점차 오늘의 형국을 이루었다.

이론상으로 말하면 의화단이 낳은 업보는 세 가지 가능성을 갖고 있다. ① 각국이 중국을 과분하거나 공동 관리할 가능성, ② 한인이 스스로 혁명을 일으켜 신정부를 건설할 가능성, ③ 청 조정이 크게 각성하여 개혁을 단행할 가능성 등이 그것이다. 그러나 이들 세 가지는 여러 종류의 제한으로 인해 실현될 수 없었다. ①의 경우, 당시 중국인은 저항력이 결핍되어 있었기 때문에 가능성이 있었으나 각국의 역량이 미흡한데다 의견마저 불일치했기에 불가능했다. ②의 경우, 인민이 만주족 통치를 혐오한 지 이미 오래이고 열강도 자기들의 교섭상대가 될 만한 신정부가 수립되기를 바랐으므로 가능성이 있었지만, 민중들 사이에 혁명당의 조직과 세력이 없었고 유력한 지방장관들은 혁명심리를 전혀 갖고 있지 않았기 때문에 불가능했다. ③의 경우, ①과 ②가 이미 불가능한 만큼 상처가 크고 고통이 깊은 이 사건을 겪은 후라서 안정을 바라는 인민의 마음에 부합할 뿐만 아니라 그 기세가 이미 순화되었으므로 가능성이 있었으나, 서태후와 청조 대신들 모두 이를 감당할 만한 인물이 아니었기 때문에 불가능하였다. 역사연구자는 시험 삼아 우선 하나의 가능성을 극한까지 설정하고 그것이 불가능한 이유를 찾아보면 추론의 기술 면에서 깨닫는 바가 많을 것이다.

'인'과 '연'이 과를 낳고 '과'는 다시 '인'이 되는데 이는 일의 이치상 당연한 순서이다. 의화단의 직접적인 업보는 다시 간접적으로 각종의 과를 낳는다. 대외관계에 대해 논하면, 첫째 8국 연합군은 비록 철수했다 하더라도 동북 3성의 러시아군이 질질 끌며 철수를 늦추다가 졸지에 이로 인해 러일전쟁이 일어나 조선이 완전히 멸망하게 되었고 일본은 남만주에서 오늘날의 특수지위를 얻게 되었다. 둘째, 의화단 무리의 기세가 막 타오를 때 일본이 구실을 삼아 영국과 결탁하였고 멀리 영국이 일본에게 가까운 거리를 이용해 대군을 파병하도록 권유했으니 이것이 영·일 접근의 첫걸음이 되었다. 그 후 중국은 러시아군에 대응하기 위하여 이른바 중러밀약이란 것을 맺으려고 논의했는데 이는 비록 체결되지 않았으나 오히려 이로 인해 영일동맹의 출현을 촉진하였다. 그리고 이 영일동맹은 마침내 이번의 유럽대전[1차대전]에 이용되어 일본의 국제적 지위를 크게 향상시켰고, 나라의 운명과 관계된 당면한 산둥문제도 여기서 말미암았다. 셋째, 해관세와 같은 중요한 재원은 모두 배상금과 외채상환용으로 지출되었다. 이 때문에 각 외국은행은 중국 국고권(國庫權)의 일부를 획득하였고 이것이 마침내 그 후 이 은행단이 중국 전체의 금융을 조종하는 단서가 되었다. 이상은 그 주요한 사항들이다. 내정관계에 대해서 보면, 첫째, 배외적 반동이 하루아침에 외국추종으로 바뀌어 국민 자존과 자중(自重)의 원기를 파괴하고 거의 소진시켰으니 이것이 심리상 받게 된 최대의 악영향이라 할 수 있다. 둘째, 이번의 극렬한 자극을 통해 사회의 우수분자들이 점차 수구완몽(守舊頑蒙) 속에서 벗어나와 '세계인' '현대인'의 자격을 취득하고자 노력하기 시작하였으니 이것은 심리상 받은 최대의 좋은 영향이라 하겠다. 이들 두 영향이 국민성을 근저로부터 동요시킬 경우 두 갈래 길의 발전가능성은 매우 크며 그 변화가 어디까지 이어질지 오늘날 우리가 예측할 수 없다. 셋째, 동남호보는 중앙에 대한 지방의 독립을 선언한 하나의 선례를 연 것이다. 그 후 지방장관의 권력은 더욱 커지고 기구가 방대하여 지휘하기 힘들게 되었으며, 따라서 신해혁명은 지방에서 일어나 중앙을 와해시켰으니 이 추세가 오늘에 이르기까지 갈수록 심해졌다. 넷째, 위안스카이는 동남호보의 한 중요인물로서 점차 지방영수의 자격(즈리총독 겸 북양대신)을 취득하고 그 세력을 키워 청 황실을 대신하기에 이르렀다. 다섯째, 회란(回鑾) 후의[23] 외국 추종이었기에 무성의하고 수박 겉핥기식으로 신정을 추진하였다. 한편에서는 이제까지의 자신의 우매함과 죄악을 스스로 폭로하여 사람들로부터 경멸을 더욱 자초하였고, 다른 한편에서는 무성의한 태도를 보임으로써 사람들을 절망하게 하였다. 여섯째, 이와 같은 수박 겉 핥기식의 신정은 청 조정의 무성의함에도 불구하고 국민의 눈과 귀를 갑자기 변화시켰고 특히 유학생이 급속히 증가하여 국민을 각성시키는 가장 유력한 매개자가 되었고 해외학교는 마침내 혁명의 발원지로 변했다. 일곱째, 신정 중 가장 적극적으로 추진된 분야는 군사훈련으로서 이른바 신군(新軍)이라는 것은 마침내 혁명파에게 이용되고 위안스카이에게 이용되어 종국에는 청조를 무너뜨렸다. 여덟째, 대규모의 배상금과 신정 추진비용으로 재정이 날로 부족해지자 오로지 외채에 의지하여 보충하려고 하였다. 그 후 마침내 철도대차관은[24] 혁명을 폭발시킨 직접적인 도화선이 되었다. 이상의 셋째-여덟째 항은 모두 의화단의 업보로부터 발전된 것이고 동시에 신해혁명의 직접적인 면과 간접적인 면이 되었다. 여기서 하나의 '사실군집'은 마침내 끝을 맞게 된다.

내가 거리낌 없이 이 사례를 복잡하고 상세하게 든 까닭은 자료가 비교적 풍부하고 확실한 최근의 한 역사사실을 빌려서 내가 어떻게 사고하며 인과관계를 미루어 파악하는지, 그리고 마땅히 준수해야

23 회란은 임금이 순행하고 돌아온다는 뜻으로, 서태후가 광서제를 데리고 시안으로 피신했다가 돌아온 것을 말한다. 옮긴이 주.

24 철도차관은 각종 이권이 열강에게 넘어가는 것을 막기 위해 민간에서 건설 중이던 철도를 청조가 강제로 국유화하고 이를 담보로 대량의 외채를 들여와 반청운동을 고조시키는 결과를 초래하였다. 옮긴이 주.

할 경로는 무엇인지를 보여 주기 위해서이다. 이 보잘것없는 하나의 역사사실은 그 활동시간이 겨우 반년이고 그 활동지역이 겨우 수백 리에 불과하다. 그럼에도 그 인연과보의 관계를 설명하려면 이와 같이 넓고 복잡하다. 학인들이 하나를 보고 열을 안다면, 지나간 과거에 비추어 다가올 미래를 예견하는 기술에 있어서는 내 이야기가 비록 꼭 맞지는 않아도 그리 멀리 떨어진 것은 아닐 터이다.[25]

25 량치차오는 이처럼 다양한 예를 들어 역사 속의 인과관계를 파악하는 방법에 대해 설명한 후에도 그에 대한 탐색을 멈추지 않았다. 이 책에서 그는 역사를 인과율로 제어하는 것은 불가능할 뿐 아니라 유해하다고 말하면서도 인과율을 말하지 않으면 안 된다고 하였다. 그런데 그 후 독일의 철학자 리케르트(Heinrich Rickert, 1863-1936)의 영향을 받아서, 인과율이란 곧 필연적 법칙을 의미한다면서 역사는 인류의 자유의지의 창조품이므로 필연적 법칙이 통하지 않는다고 하였다. 역사현상은 '因果'관계가 아니라 기껏해야 서로 '연'이 되는 '*互緣*'관계라 할 수 있을 뿐이라는 것이다.

다른 한편으로 그는, 그렇다고 역사에 인과율이 전혀 존재하지 않는 것은 아니라면서 다음과 같이 구분하여 설명하였다. 문화총량은 文化種과 文化果의 두 부문으로 이루어져 있는데 전자는 창조활력으로서 순전히 자유의지의 영역에 속하므로 당연히 인과율의 제약을 받지 않는다. 그러나 후자는 창조력의 결정, 곧 과거의 '정신에너지'(心能)이며 현재 이미 '환경화'되었고, 그런 후에는 자연계의 사물과 같아져서 인과율의 영역으로 들어가므로 이 부분의 사료는 인과율로 제어해야 한다. 〈研究文化史的幾個重要問題: 對于舊著『中國歷史研究法』之修補及修正〉(1923), 《飮氷室合集: 文集》 第14冊, 上海: 中華書局, 1936, 2-5면. 옮긴이 주.

[보론] 역사가의 4대 요건

일찍이 유지기(661-721)는 역사가라면 마땅히 사재(史才), 사학(史學), 사식(史識)의 3대 특장(特長)을 갖추어야 한다고 말했다. 장학성(1738-1801)은 거기에 사덕(史德) 하나를 추가하여 4대 특장을 갖추어야 한다고 하였다. 장학성이 사덕을 보충한 것은 매우 옳다. 내가 보기에도 역사가가 되고자 하는 사람은 반드시 이들 네 가지 요건을 갖추어야 한다. 유지기는 비록 세 가지 장점을 제시하였으나 그에 대해 해석을 가하지는 않았다. 어떻게 해야 비로소 사재·사학·사식을 갖추었다고 일컬을 만한지에 대해 그는 말한 바 없다. 장학성은《문사통의》에서 비록〈사덕〉편을 두어 역사가의 마음가짐[心術]이 얼마나 중요한지 설명했지만 역시 충분하다고 볼 수 없다. 오늘 나는 유지기와 장학성의 말을 빌려 거기에 새로운 의의를 부여하고 새로운 해석을 가하고자 한다.

유지기와 장학성이 말한 바는 전적으로 역사를 쓰는 사람의 입장에서 제시한 견해이다. 역사가가 좋은 역사(서)를 쓰고자 한다면 반드시 위에 말한 세 가지 혹은 네 가지 특장을 갖추어야 한다는 것이다. 학생 여러분은 이제 막 학문을 배우고 준비하는 시기에 있으므로 저작을 자신의 일로 여겨 말할 계제가 아니다. 그러나 우리가 역사를 배우는 목적은 장래에 뭔가 공헌하는 바가 있기를 바라는 데 있다. 지금 당장은 비록 저작가가 아니라 하더라도 저작가가 되고자 하는 지향을 가지지 않으면 안 된다. 더구나 저작가의 표준은 극히 말하기 어려워서, 예컨대 사마천은 필생의 정력을 쏟아 《사기》를 지었으나 후에 사람들이 불만스럽게 여기는 곳이 적지 않다. 그러니 그 밖의 다른 역사서에 대해서는 더 말할 필요가 없을 것이다. 지금 이 시각 우리는 비록 스스로 감히 저작가라 칭할 수 없으나 저작가가 되는 데 필요한 훈련을 게을리해서는 안 된다. 그러므로 역사가는 네 가지 특장을 갖추어야 한다는 주장에 대하여 자세히 연구함으로써 어떻게 해야 비로소 이 목표에 도달할 수 있을지를 살펴보지 않을 수 없다.

이들 몇 가지 특장의 배열법에 대해서는 이미 여러 사람이 각기 다른 주장을 하였다. 유지기는 사재를 맨 앞에 두고 사학과 사식을 차례로 그 뒤에 두었다. 장학성도 재, 학, 식 순으로 배열한 점에서 같으나 그 맨 뒤에 사덕을 추가하였다. 지금 나는 이 순서를 조금 바꾸어서 사덕을 맨 먼저 말하고, 그다음에 사학, 그다음에 사식, 그리고 맨 뒤에 사재를 말하고자 한다.

1. 역사가의 품성

먼저 사덕(史德), 곧 역사가의 품성에 대해 이야기하겠다. 여러분들은 틈날 때 《문사통의》의 〈사덕〉편을 읽어 보면 참고가 될 것이다. 역사를 쓰는 사람은 무엇보다 그 마음가짐이 단정(端正)해야 한다고 장학성은 생각하였다. 《위서》(魏書)를 많은 사람들이 추악한 역사서[穢史]라고 보는 것은 그 작자인 위수(魏收)의 마음가짐이 단정하지 못한 때문이다. 흔히 《좌씨춘추》를 좋은 역사서의 예로 중시한다. 유흠(劉歆)

이 그 작자인 좌구에 대해 "옳고 그름의 판단에서 성인(聖人)보다도 오류가 적다."라고 한 것은 그의 마음가짐이 단정하기 때문이다. 간단히 말해 장학성이 말한 사덕이란 과거에 대해 털끝만큼도 사사로운 정에 치우치지 않아서 선악포폄을 공정하게 하는 것이다.

역대의 역사가들은 마음가짐이 단정해야 한다는 이 한 가지 자질에 대해 비상하게 중시하였다. 이는 오늘의 우리도 상당히 필요하다고 생각하지만 이것으로는 사덕의 함의를 충분히 설명했다고 보기 어렵다. 나는 역사가에게 요청되는 첫 번째 도덕이 충실이라고 생각한다. 어떠해야 비로소 충실하다고 할 수 있는가? 서술된 역사적 사실에 대해 순전히 객관적인 태도를 취해서 자기 의견을 조금도 섞지 않는 것을 말한다. 예를 들어 한 사람을 그린다면 절대적으로 그 사람과 똑같이 그려야 한다. 만일 부엌일을 하는 하녀를 미인으로 그린다면 그림은 비록 아름다울지 모르지만 애석하게도 그 사람 본인의 모습은 아니다. 또 어느 한 지방을 여행한 뒤 여행기를 쓸 경우, 거기에 기록된 것은 확실하게 그 지방의 일이어야 한다. 만일 안자(顔子, 춘추시대 공자의 제자 顔回)의 누항(陋巷, 좁고 지저분한 거리)에 대해 쓸 경우, 그 구도를 아름답게 잡고 경치를 청아하게 묘사한다면 건축사의 설계가 될지언정 실제의 사물은 아니게 된다.

충실이란 말하기는 쉬운 듯하지만 행하기는 실로 어렵다. 보통 사람들은 누구나 자신의 주관을 갖고 있으며 이 주관은 의식 속에 깊숙이 똬리를 틀고 들어앉아 자기도 모르는 사이에 발동하기 때문이다. 비록 주의를 기울여 충실을 추구하려고 힘쓴다 해도 마음과 펜이 가는 대로 따라가다 보면 매우 쉽게 믿음을 상실하게 된다. 완벽하게 아름다운 사덕은 진실로 쉽게 양성될 수 있는 바가 아니다. 가장 자주 범하는 잘못은 다음 몇 가지이니 때때로 주의를 기울여 힘을 다해 도려내야 한다.

(1) 과장

누군가가 한 부의 저작을 쓴다고 할 때, 그 저작은 전기이든 기사본말이든 지방지이든 국사이든 막론하고 어쨌든 저자 자신과 특별한 관계를 맺게 된다. 한 개인을 위해 특별한 전기를 쓴다면 그 개인에 대해 반드시 큰 믿음이 있어서 항상 어떻게 해야 잘 쓸 수 있을까를 생각하기 마련이다.

중국인은 공자를 말할 때 늘 그가 모르는 게 없다고 상상한다. 그렇기 때문에 《공자가어》(孔子家語)와 기타 위서(緯書, 경전 해석에 가탁해서 신비스런 예언을 한 책, 참위서라고도 함)들은 마침내 공자를 신화 속 인물로 만들어 버렸다. 예컨대 공자와 안자가 함께 태산의 정상에 올라 (1천 리 밖의) 오나라 성문 안에 있는 한 사람을 바라보았는데 그를 안자는 모호하게밖에 볼 수 없었지만 공자는 극히 분명하게 보았다는 설이 있다. 이와 같은 부류의 여러 가지 설들은 비록 본래 그 의미가 나쁜 것은 아니라 할지라도 절대로 사실이 아니니 일종의 신화로 간주하는 수밖에 다른 도리가 없다. 좋은 말을 하든 나쁜 말을 하든 모두 과도하기 쉬우니, 마치 자공이 말한 바 "주왕(紂王, 은나라 마지막 임금으로 포악한 정치를 일삼은 것으로 알려짐)이 아무리 선하지 않았다 해도 이 정도로 심하지는 않았다."라는 말과 같다.

또 지방지를 쓴다고 할 때 그 작자는 바로 그 성(省)의 사람이므로 애향심을 발휘하려고 흔히 그 성을 매우 좋게 쓴다. 그러나 지나친 과장은 결국 늘 지루한 찬미를 불러오며 이는 실제로 아무런 가치도 가질 수 없다. 또 중국사에 대해 말하자면, 외국인이 중국을 멸시한다는 말을 듣게 되면 몹시 듣고 싶지 않은 심리가 발동하여 어떻게 해서라도 중국의 우수한 점을 자랑하려고 하나씩 더욱 좋게 쓰는데 결국 전 국민의 불충실한 과장성향을 키워 줄 뿐이다.

과장하고 싶은 심리는 누구나 갖고 있어서 좋게 말하는가 나쁘게 말하는가는 사람에 따라 다르며 특히 역사가는 그로부터 자유로울 수 없다. 스스로에게 물어보아서 그런 마음이 없다고 하면 최선이지만, 만일 있다고 하면 마땅히 적절한 방법을 찾아 그것을 제거해야 한다.

(2) 부회

자기 자신이 어떤 생각을 가지고 옛사람을 억지로 끌어다 그것을 중시하거나 과거 사실을 끌어다 그것을 중시하면 이는 모두 부회(附會)이다. 이런 방법은 선전의 의미를 많이 띠고 있어서 전혀 사실이 아니며 고금의 역사가는 모두 그로부터 자유로울 수 없다.

예컨대 효도(孝道)를 제창하려고 순임금을 모범으로 만들어 양곡창고 수리[完廩]와 우물치기[浚井] 등의 일을 부회하였다.[1] 부부의 애정을 제창하려고 기량(杞梁, 춘추시대 제나라 대부)의 아내[孟姜]가 남편을 위해 곡을 한 고사를 부회하였는데 그녀가 한바탕 소리 내어 울자 성벽이 소리 내며 무너져 내렸다는 것이다. 근대로 올수록 부회는 더욱 많아졌다. 정치방면에서 가령 공화정(共和政)을 제창하여 요와 순의 선양(禪讓)을 끌어다 붙이고, 그들이 "네 산에 물어본 것[詢于四岳]"[2]을 천하위공(天下爲公, 천하를 공공의 것으로 여김)이라 말하고 이를 근거로 우리나라 고대에도 공화정치와 민주정신이 있었다고 주장하였다. 사회방면에서 가령 공산제도(共産制度)를 제창하여 주나라 초기의 정

1 《맹자》〈萬章〉에 따르면, "만장이 말하기를 부모가 舜을 시켜 양곡창고의 지붕을 고치게 하고는 사다리를 치우고, 고수가 양곡창고에 불을 질렀다. 우물을 치게 하고는 거기서 나오려는데 그대로 묻어 버렸다고 하였다."라고 하였다. 옮긴이 주.

2 《書經》〈舜典〉에 이르기를, "순 임금이 동서남북의 네 산에 물어 사방의 문을 열어 두고 사방의 눈을 밝히고 사방의 귀를 통하게 하셨다."라고 하였다. 옮긴이 주.

전제(井田制)를 끌어다 붙였다. 이는 여덟 집을 1정(井)으로 하여 900무의 토지를 한 집에 100무씩 경작하게 하고 나머지 100무는 공전(公田, 여덟 집이 공동경작해 국가에 세금으로 납부)으로 하는 제도인데 이를 근거로 우리나라 고대에도 토지국유와 평균노일(平均勞逸, 노동하고 쉬는 것을 균등하게 함)을 말했다고 주장하였다.

이런 종류의 부회는 그 본뜻이 나쁘지는 않지만 애석하게도 그 수단이 틀렸다. 가령 요·순의 선양이란 것도 실제로 있었던 일인지 아닌지 여전히 문제로 남아 있어서 이를 억지로 민주정치에 끌어다 붙이면 결국 양쪽 모두 손상을 입는다. 사실 자체로부터 말하면 역사의 충실성을 잃게 되고 선전 효과로부터 말하면 쉽게 듣는 사람을 오해하게 만든다. 조비(曹丕, 조조의 아들로 3국시대 위나라 황제)가 동한(東漢)을 찬탈할 때, 마구잡이로 선양의식을 거행한 후 사람들에게 "순·우의 일은 내가 알고 있다."라고 말했다. 만일 오늘날의 청년학생들이 순임금이 "네 산에 물어본 것"을 진정한 공화정치라고 여긴다면, 그리고 이것을 따라 배워 조비처럼 "공화의 일은 내가 알고 있다."라고 말한다면 일을 그르쳐도 너무 그르치는 것이 아니겠는가?

요컨대 우리가 어느 하나의 주의(主義)를 만든다면 어떤 수단을 써서라도 선전할 수 있지만 역사적 사실을 선전수단으로 삼는 것은 가장 피해야 할 일이다. 무익할 뿐만 아니라 해롭기까지 하기 때문이다.

(3) 독단

독단이라는 나쁜 버릇은 버려야 한다는 것을 누구나 다 알고 있지만 사람들이 모두 쉽게 범한다. 고대에서든 근대에서든 역사적 사실이 너무 많이 흩어지고 사라지기 때문이다. 어떤 하나의 일을 설명할 때 자료가 충분치 않으면 우리는 어쩔 수 없이 추론을 하게 된다. 우연히 몇 마디 말로 이루어진 고독한 증거를 얻게 되면 너무 기뻐서 억지로 모아서 사실로 만들어 버린다. 자료가 부족하기 때문에 조사하여 취사선택하지 않고 오로지 주관적 판단에 의지해 편할 대로 마무리 짓는 것이다. 그 결과는 곧바로 독단으로 흐르고 만다.

물론 역사서를 쓰려면 절대로 단안(斷案, 이미 알고 있거나 가정을 전제로 추론하여 결론에 이르는 것)을 내리지 않으면 안 된다. 단안은 논단(論斷)이 아니라 바로 역사의 진상(에 다가가는 하나의 수단)이다. 가령 요·순의 선양은 도대체 실제로 있었던 일인지 아닌지 확정하기 극히 어렵다. 그렇지만 각 방면의 의견을 수렴하여 좋은 것을 택해 따르면서 하나의 '개연적'인 단안을 내리지 않을 수 없다. 그렇더라도 이때 단안내리기를 너무 좋아해서는 안 된다. 단안내리기를 좋아하는 사람이 많은데 너무 쉽게 내리면 가장 쉽게 독단에 빠진다. 자료가 자신의 비위에 맞으면 채택하고 맞지 않으면 다시 잘라 버리며, 심지어 자료가 부족하다는 것을 핑계로 위조하기도 하였으니, 명말의 사람들이 이 못된 버릇을 가장 많이 범하였다. 왕엄주(王嚴州), 양승암(楊升庵) 같은 이들이 모두 그런 예이다.

충실한 역사가는 과거 사실에 대하여 십중팔구 의심하는 태도를 취해야 한다. 현대의 사실에 대해서도 대부분 특별히 신중하게 조사해야 한다. 중화민국 성립 이래 15년간의 사실은 누구나 매우 쉽게 안다고 할 수 있다. 그러나 일마다 모두 단안을 내리려면 나는 늘 자신이 없다. 가령 최근 후베이성의 군벌 내전을 놓고 보면, 우페이부(吳佩孚)는 한커우(漢口)에서 대체 어떤 조치를 취했는가? 왜 한양(漢陽)을 상실했으며 왜 무승관(武勝關)을[3] 상실하였는가? 만일 신중하게 삼

3 무승관은 허난성 신양(信陽)현과 후베이성 사이의 경계지대에 있는 관문으로 남북교통의 요지이다. 옮긴이 주.

가지 않고 성급하게 단안을 내리면 완전한 착오에 빠지게 될지도 모른다. 또한 만일 학생 여러분이 피차간에 서로 상대방의 전기를 쓴다면 그 사람의 진짜 성격을 묘사하려 해도 역시 쉽지 않을 터인데, 하물며 옛사람이나 고대의 사실에 대해서는 어떻겠는가? 따라서 역사 사실에 대해, 여러 가지 관계로 인해 그 절대적 확실성을 구하기 극히 어려울 때에는 반드시 회의하는 태도를 취해야 하며 혹은 적어도 여러 방면의 차이와 같음, 상세함과 간략함을 나열해 제시해야 한다. 예전에 사마광은 《자치통감》을 지으면서 동시에 고이(考異, 어떤 한 사안에 대한 서로 다른 기술이나 견해를 비교 고찰함)를 지어 각 주장을 병렬하거나 그중의 한 견해를 미루어 중시하였다. 이는 매우 바람직한 방법이다.

요컨대, 역사가의 도덕은 거울처럼 투명하고 저울대처럼 공평[鑒空衡平]해서, 무엇을 비추든 바로 그것을 보여 주고, 얼마나 무거운 것을 달든 그 무게를 그대로 보여 주는 것과 같아야 하며, 자신의 주관적 의견을 남김없이 제거하고 자신의 성격을 거울이나 저울과 같게 양성해야 한다. 그러나 이런 말은 말하기는 쉬워도 실천하기는 정말로 어렵다. 나 자신도 이를 말할 수는 있지만 해내지는 못하였다. 나의 저작에 대해서도 여러분들은 거울처럼 투명하고 저울처럼 공평한 태도로 비평하기 바란다.

2. 역사가의 학식

도덕에 관해 이야기했으니 다음에 이야기할 것은 사학(史學), 곧 역사가의 학식이다. 그에 대한 이전 사람들의 해석은 너무 공허하고 막연할 정도로 광범위해서 손을 댈 만한 데가 없다. 유지기와 장학성이 비록 조금 이야기하였지만 애석하게도 그다지 분명하지 않다. 이제 나의 의견에 따라 새롭게 해석해 보겠다.

역사의 범위는 지극히 광범위해서 과거 사람들의 모든 활동에 대한 기록이 다 역사이다. 옛사람은 "한 부의 중국역사가 17개 정사(17史)로 이루어져 있으니 대체 어느 것으로부터 말을 시작해야 하나?"고 탄식한 바 있다. 17사도 이미 다 읽어 낼 방도가 없거늘 하물며 22사와 24사는 더 말해 무엇하겠는가? 더구나 정사 외에 안개 자욱한 큰 바다처럼 많은 그 밖의 서적이 있으니 이를 어찌 다 읽을 수 있겠는가? 한 개인이 모든 사료를 한 번 훑어보는 것만도 절대로 불가능한 일인데 하물며 그것을 정밀하게 읽고 분석하여 조직하고 저술하려고 한다면 어찌 가능하겠는가? 아무리 천재적인 학문능력과 정력을 가진 사람이라 해도 모든 역사를 혼자 도맡아 연구하려 한다면 이는 절대로 불가능한 일이다. 나는 젊은 시절에 이러한 야심을 갖고 있었지만 지금에 이르기까지 줄곧 성공한 적이 없다. 지금 이 순간 나는 어느 한 분야의 전문사 연구에 집중하여 상당한 성과를 거둘 수 있기만 해도 그것으로 충분히 만족할 수 있다고 생각한다. 그러므로 역사학을 전공하는 사람들은 반드시 먼저 하나의 각오, 곧 잡다하고 넓게 하는 것을 귀중히 여기지 말고 한 전문 분야에 정통하는 것을 귀중히 여기는 각오를 갖고 있어야 한다.

공자는 일찍이 "군자는 자기가 알지 못하는 바에 대해서는 모두 빈칸으로 놔둔다."라고 말한 바 있다. 학문을 하는 우리는 "한 가지 사물을 알지 못하는 것은 유자(儒者)의 수치다."라고 생각해서는 절대로 안 된다. 모르는 게 없기를 바라면 반드시 아는 게 하나도 없는 상태에 빠지고 만다. 제대로 아는 게 하나도 없는 것이야말로 부끄러운 일이 아닌가! 다른 분야의 학문은 말할 필요도 없고 역사학 또한 그러하다. 우리는 전체 학문 중에서 역사학을 갈라내고 다시 역사학 중에서 한 부분을 갈라내어 특별한 흥미와 상당한 준비를 갖추고 그것을 전문적으로 연구해야 한다. 전문분야 바깥의 사항들에 대해서는 모르는 것이 많아도 얼마든지 가능하다. 전문분야 안의 사항들에 대해서는 철저하고 빈틈없이 알지 않으면 안 된다. 그러므로 역사학을 전공하는 우리는 먼저 한두 개의 전문 분야를 선택해서 작업을 진행하고 그것을 완료한 후에도 여력이 있으면 다시 인접분야의 사항을 연구하는 것은 괜찮다. 무턱대고 많이 해서는 절대로 안 된다. 가령 문학사를 연구하고자 하면, 그에 전심전력을 기울여 연구하고 인접한 분야의 학문은 놓아 주어야 한다. 만일 문학사의 범위가 너무 큰 것을 싫어한다면 그 안에서 다시 일부분을 선택해도 무방하다. 예컨대 왕궈웨이(王國維) 선생이 송·원희곡사만을 연구한 것처럼 말이다. 이런 연구를 진행할 때에는 시사(詩史)와 사사(詞史)는 깊이 알지 못해도 아마 괜찮을 것이다. 전문분야인 희곡에 대해서는 마음을 다해 연구하여 힘써 완전함을 추구하지 않으면 안 된다. 이렇게 하면 주의력을 집중할 수 있고 스승과 동료 연구자를 방문하는 것도 비교적 용이하며 도서를 수집하는 것도 어렵지 않아 유기무귀(遊騎無歸)하고[4] 헛수고만 하는 데 이르지 않을 것이다.

어떤 사람은 이렇게 하는 것이 너무 연구범위를 좁혀서 인접학문을 쉽게 포기하는 것 아닌가 하고 생각할 수도 있지만 실은 그렇지 않다. 학문의 길이란 하나로 통하는 것이어서 한 분야에 정통하면 그 인접분야에 대해서도 쉽게 파악할 수 있다. 학문의 분야는 비록 많지만 그 방법은 매우 적다. 한 분야에서 어떻게 두뇌를 사용하고 어떻게 눈과 손을 사용하는지, 그리고 어떻게 묻고 어떻게 자료를 수

4 유기무귀는 대오를 이탈한 기병은 돌아갈 곳이 없다는 뜻으로 근본을 벗어나서는 성과를 거둘 수 없다는 의미다. 옮긴이 주.

집하는지에 관해 올바른 습관을 기르면 이를 어떤 분야에도 응용할 수 있다. 마치 전투에서 포대(炮臺)를 공격할 때 한 포대를 집중 공략해 파괴하면 그 나머지는 뜻하는 대로 손에 넣을 수 있는 것과 흡사하다.

전문분야에 대해 이야기했으니 이제 보통상식에 대해서도 조금 이야기해야겠다. 단지 상식만 갖추고 전문적 능력이 없다면 깊이 들어가 밝게 드러낼 수 없다. 전문적 능력만 갖추고 상식이 부족하다면 촉류방통(觸類旁通)[5] 할 수 없다. 독서의 자세로 옛사람들은 전정(專精, 한 가지 분야에 정통하는 것)과 섭렵(涉獵, 두루 넓게 대강 훑어보는 것)의 두 가지 중 어느 하나도 없어서는 안 된다고 하였다. 한 전문분야의 능력을 갖추고 또 충분한 상식을 갖고 있어야 가장 좋다. 대개 한 개인의 수완을 놓고 말하자면, 그 70-80%를 한 분야에 정통하는 데 쏟아 국부적 연구분야를 선정하고 자료수집, 진위판단, 취사선택을 연습하고, 10~20%를 두루 섭렵하는 데 할당해 편하게 강의를 듣고 마음대로 책을 읽으며 자유롭게 담화를 나누는 것이 바람직하다. 이렇게 해 나가면 유익함을 극대화할 수 있다. 섭렵에 관해서는 무슨 특별한 방법이 있는 게 아니다. 한 분야에 정통하기 위해 고통스럽게 힘써야 하는 방법에 관해서는 대략 다음 세 가지를 강조하고 싶다.

5 촉류방통은《주역》〈계사전〉에서 유래한 말로, 한 가지 사물에 대해 확실하게 이해하면, 비슷한 종류의 다른 사물에 대해서도 유추하여 파악할 수 있다는 뜻이다. 이는 다산 정약용의 학문연구법 중 하나로도 알려져 있다. 옮긴이 주.

(1) 열심히 초록 하기

고염무의 《일지록》(日知錄)이 매우 가치 있는 책이라는 것을 여러분도 잘 알 것이다. 어떤 사람이 그에게 따로 수년간 작업을 더하면 《일지록》을 몇 권이나 더 쓸 수 있겠는지 물었다. 고염무는 몇 권은 고사하고 몇 조항을 더 쓰는 데 불과할 것이라고 답했다. 수년간 노력했는데 왜 겨우 몇 조항을 쓸 수 있을 뿐이라는 것인가? 계속 초록하고 그것을 합쳐 모아 우선 장편(長編)을 만든 후에 이를 고쳐서 짧은 조항으로 만드는 것이기 때문에 그처럼 많은 노력이 들어가는 것이다.

어떤 사람은 일기에 쓰기를, 고염무의 《천하군국이병서》(天下郡國利病書) 원고를 보았는데 깨알같이 작은 글씨가 가득 쓰여 있었고 해마다 첨가되었으니 그가 책을 읽고 초록하는 데 얼마나 열심이었는지 알 수 있었다고 하였다. 고염무는 늘 "책을 잘 읽는 것은 책을 잘 초록하는 것만 못하다."라고 했다. 항상 초록하면 점차 저작의 숲으로 들어갈 수 있다. 고염무처럼 초록한다면 매우 열심히 한 것이라 할 수 있다. 나의 고향(광둥성 남부 新會縣)에서 이름 높은 학자인 진풍(陳澧, 1810-1882) 선생은 《동숙독서기》(東塾讀書記)를 지었는데 초록에 의거해 편찬되었다. 최근 어떤 사람이 홍콩에서 진풍의 원고를 보았는데 한 장 한 장의 소항목을 책으로 엮은 것이었다. 어떤 항목에는 다만 몇 글자만 쓰여 있고 어떤 항목에는 꽉 차게 가득 쓰여 있었다. 나는 지금 비싼 값에라도 이 원고를 사들이려 하는데 만일 살 수 있다면 한편으로는 진씨의 저작을 정리할 수 있을 터이고 다른 한편으로는 그의 독서법을 볼 수 있을 터이다. 옛사람들은 늘 독서하면서 유용한 내용을 보면 곧 초록해 두고 있다가 이것들이 오래 쌓이면 무수히 많은 소항목을 만들 수 있었다. 이 소항목들을 편집하여 장편을 만들고 다시 장편을 편집하여 대작(大作)을 만들었다. 고염무의 《일지록》, 전대흔(錢大昕)의 《십가재양신록》(十駕齋養新錄), 진풍의 《동숙독서기》는 모두 이런 방법으로 작성되었다.

일반 학문이 이와 같으니 전문분야의 학문을 할 경우에는 특히 이와 같이 해야 한다. 근래 청년 학생들은 늘 나에게 "어떤 사항에 대해 연구하려는데 그 자료를 어디서 찾나요?" 하고 묻는다. 나는 이런 질문을 받을 때마다 시원하게 답을 해 줄 수 없어 고통스러워한다. 자료는 비록 풍부하지만 오히려 극히 산만하고, 우리가 필요로 하는 자료를 한 곳에 모아 책으로 엮어 가지고 다니면서 볼 수 있는 편의를 제공하는 것은 없기 때문이다. 이 점에 대해 말하자면, 외국에서 학문하는 청년들은 우리보다 훨씬 많이 편리하다. 그들은 어떤 문제에 대해 연구하려고 할 때 백과사전이나 기타 방대한 참고서를 펼쳐 보면 눈앞에 필요한 자료가 전부 나열되어 있다. 우리는 그와 달리 모래 속을 뒤져서 금싸라기를 가려내는 것처럼 몇 시간 동안 헤쳐도 한 알도 얻지 못한다.

그러나 실제로 학문능력을 양성하기 위해서는 대체 어느 쪽이 손해를 보고 어느 쪽이 편의를 보는지 속단할 수 없다. 다 된 밥을 먹는 데 익숙해진 사람은 나중에 매우 힘겨운 작업을 해야 할 때 해낼 수 없다. "누가 알랴 소반 위 조밥 한 알 한 알이 모두 고된 노동인 것을."[6] 한 톨의 좁쌀과 밥알 하나는 모두 자신의 피땀으로 만들어진 것이기에 입에 들어갈 때 비상하게 달게 느껴진다. 자료가 아직 정리되지 않은 상태에서는 우리 스스로 누더기 옷을 입고 초라한 수레를 끌며[篳路藍縷], 티끌처럼 작은 것을 조금씩 모으는[積銖累寸] 작업을 해

6 당나라 재상이자 시인이었던 李紳(772~846)의 시 〈憫農〉의 한 구절이다. 전문은 "논 매는 날 한낮, 땀방울이 바닥에 떨어진다. 누가 알랴 소반 위 조밥 한 알 한 알이 모두 고된 노동인 것을."(鋤禾日當吾, 汗滴禾下土, 誰知盤中餐, 粒粒皆辛苦.) 옮긴이 주.

야 하는데 실은 이것이 우리에게 학문능력을 연마하는 절호의 기회를 제공한다. 우리가 만약 이를 번거롭게 여겨 기꺼이 하려 하지 않는다면 기회를 날려 버리는 것이 아닐 수 없다.

(2) 주의력 훈련

공부를 처음 시작하는 초입자는 눈에 띄는 모든 책을 기억하고 싶어 하며 모두를 재료로 삼을 수 있기를 바라지만 실제로는 극히 어렵다. 어느 선배가 전에 말하기를 "책을 읽을 줄 모를 때는 책 페이지가 평평하더니 책을 읽을 수 있게 되니 (책 페이지에서) 글귀가 모두 떠오르더라."고 하였다.

어떻게 해야 비로소 책 속의 글귀를 떠오르게 할 수 있을까? 유일한 방법은 주의력(마음에 새겨 두어 의식작용을 집중하는 것)을 훈련하는 것이다. 옛사람은 늘 말하기를, 등미(燈謎, 대보름이나 추석날 밤 초롱불에 수수께끼 문답을 써넣어 띄우는 놀이)를 잘 띄우는 사람이 보면 무슨 책을 보든 모두 등미의 재료로 보인다고 하였다. 시와 사(詞)를 지을 줄 아는 사람이 보면 무슨 책을 펼치든 보이는 것은 모두 문학의 글귀들이다. 이런 예들은 어느 한 항목에 주의하면 바로 그 한 항목이 자연스럽게 떠오를 수 있음을 보여 준다. 이러한 작업은 처음 할 때에는 매우 어렵지만 시간이 지나 매우 쉬워진다. 나 스스로 능히 해낼 수 있는 것은 어떤 책을 한 구절 읽더라도 모두 새롭게 주의를 기울일 수 있다는 것이다.

도대체 그것을 어떻게 해낸다는 것인가? 나도 잘은 모르겠지만, 아마도 연습을 통해서 길러지는 듯싶다. 맨 처음에 시도할 수 있고 가장 좋은 방법은 몇 개의 범위를 스스로 지정하거나 글을 한 편 쓴 후에 책을 읽으면서 그와 관련된 내용들에는 주의를 기울이고 관계없는 내용은 지나치는 것이다. 이렇게 며칠을 지낸 후 독서의 범위를 바꾸거나 글의 제목을 바꿔서 주의력을 새로운 방면으로 전환한다. 이런 방법으로 며칠간 해 보면 곧 익숙해질 것이다. 익숙해진 이후에는 너무 마음을 쓸 필요 없이 마음대로 책을 펼쳐도 마땅히 주의해야 할 점들은 즉시 떠오르게 되어 있다. 책을 한 번 읽을 때는 하나의 주의점만 가지고 읽으며, 두 번째 읽을 때는 주의점을 바꿔서 읽는다. 이것은 가장 엉성한 방법이지만, 실로 가장 좋은 방법이기도 하다. 이렇게 몇 번 해 본 뒤에는 동시에 여러 개의 주의점을 가지고 책을 읽어도 전혀 힘들지 않다. 앞에서 나는 책을 읽을 때 초록을 열심히 해야 한다고 말했는데, 만일 주의점을 보지 못한 채 두서없이 초록에만 몰두하면 그것은 아무 쓸모없는 초록이 되고 만다. 반드시 취하고자 하는 바가 있어야 취하는 데 들이는 노력을 절약할 수 있으니 이는 특별히 훈련하지 않으면 안 된다.

(3) 축류수구

축류수구(逐類搜求)란 무엇을 말하는가? 한 종류의 자료로부터 시작하여 관련 자료를 꼬리를 물고 추적하면서 조사해 나가는 것을 말한다. 외국에서는 각종 공구서가 편리하고 사전이 잘 갖춰져 있기 때문에 자료를 구하는 일이 그다지 크게 어렵지 않다. 중국에서는 공구가 매우 적고 사전도 많지 않기 때문에, 한 건의 자료로부터 추적하여 또 한 건의 자료를 구하는 것 외에 별다른 방법이 없다.

예를 들어 《맹자》를 읽는다면, "양주(楊朱)와 묵적(墨翟)의 말은 천하에 가득하다."라는 구절을 읽고 이 말이 있음에서 말미암아 당시의 책들을 조사하여 누가 어디에서 이런 종류의 말을 했는지 살펴보는 것이다. 《한비자》 〈현학〉편에 이르기를, "세상의 저명한 학파[顯學]

는 유가와 묵가이다. … 묵가가 도달한 정점은 묵적이다. … 묵자(묵적)가 죽은 후에는 상리씨(相里氏)의 묵가, 상부씨(相夫氏)의 묵가, 등릉씨(鄧陵氏)의 묵가가 생겼으니 … 묵가는 셋으로 나뉘었다."라고 하였다. 〈순자비12자〉(荀子非十二子)편에서는, "천하를 통일하고 국가를 세우는 저울[禮法]을 모른 채 공적[효용]을 숭상하고 검약(儉約)을 중시하며 등급 차별을 경시하여, 일찍이 존비(尊卑)를 구별하고 군신(君臣) 사이의 거리를 유지하기 어려웠다. … 묵적과 송형(宋鈃)이 그들이다."라고 하였다. 손이양(孫詒讓)은[7] 이런 자료를 얻은 것으로 말미암아 추적 조사하고 조직하여《묵학전수고》(墨學傳授考)와《묵가제자구심》(墨家諸子鉤沈) 등의 문장을 지었는데 매우 잘 쓴 글이다.

왜 이와 같은 저작이 나올 수 있었을까? 한 마디의 구절을 보고서 꼬리에 꼬리를 물고 추적 조사해 들어간 결과이다. 이러한 작업을 축류수구하는 것이라 부른다. 어떤 때는 간단한 사실로부터 말미암아, 또 어떤 때는 어느 책의 주석에 나오는 다른 책으로부터 말미암아, 그리고 그로부터 또 말미암아 다른 책을 추적 조사한다. 여러분은 어떤 사람의 학문이 넓고 깊다고 여기거나 어떤 사람의 재주가 특별하다고 여겨서는 안 된다. 기실 얼마만큼의 재주를 갖고 있든 모든 것을 기억할 수는 없다. 방법이 좋았을 뿐으로, 평시에 기록을 잘 해 두거나 꼬리를 물고 추적 조사하였기에 좋은 자료를 많이 구할 수 있었기 때문이다.

그 밖에도 방법은 많지만 나는 방금 이상 세 가지를 시범적인 의미로 말했을 따름이다. 작업은 비록 수고스러워도 흥미는 확실히 깊고 오래간다. 국가를 위해 좋은 역사서를 쓰고자 하면 수고스러운 작

---

7 손이양(1848~1908)은 古學연구에 몰두하면서 캉유웨이의 영향을 받아 유교부흥운동을 전개하였으며 周禮에 관한 탁월한 해설서를 남겼다. 옮긴이 주.

업을 하지 않으면 안 된다. 이런 작업은 지금 당장의 필요에 유익할 뿐만 아니라 두뇌가 익숙하게 훈련되면 어느 분야에 응용해도 모두 유익하다. 진실로 중국사는 서양사보다 쓰기가 어렵지만 서양사는 어떤 경우 너무 쉽기 때문에 연구능력을 감소시키기도 하거니와 마치 항상 차를 타고 다니는 사람은 두 다리로 걸어갈 수 없는 것과 흡사하다. 어떤 분야의 학문은 흔히 현존하는 자료가 너무 많아서 기력을 쓰지 않아도 되기에 학자의 능력을 감소시킨다. 이런 종류의 사실은 매우 많다. 그렇기 때문에 나는 젊고 기력이 왕성할 때 수년간 수고스러운 작업을 해 두면 지금 당장 유익할 뿐만 아니라 장래에도 유익하다고 주장하는 것이다. 책을 읽는 데 유익하면 글을 쓰는 데도 유익한 법이다.

3. 역사가의 관찰력

사식(史識)이란 역사가의 관찰력을 말한다. 역사가가 되려면 어떤 관찰력을 갖춰야 하는가? 그런 관찰력은 어떻게 양성되는가? 관찰은 예민하고 날카로워야 하며 이른바 "책의 행간을 읽어 내는" 예민한 것이다. 옆 사람이 관찰할 수 없는 것을 나는 관찰해 낼 수 있다. 모든 과학상의 중대한 발명은 모두 관찰을 잘 한 데서 말미암았다.

예를 들면, 사과가 땅에 떨어지는 것은 극히 보통의 일인데 뉴턴이 관찰을 잘 해서 만유인력의 법칙을 발견하였다. 끓는 주전자의 뚜껑이 솟구쳐 벗겨지는 것은 극히 보통의 일인데 와트가 관찰을 잘 해서 증기기관을 발명했다. 어떤 일이나 어떤 사실에 대해서든 모두 주의해서 관찰해야 하며 또 계속해서 부단히 세밀한 노력을 기울여 사면(四面)에서 관찰해야 한다. 관찰을 통해, 자연과학에서는 실험의 결과를 구하고 역사학에서는 관련된 사실을 구한다. 조금이라도 도움이 되는 모든 자료에 대해 하나도 빠뜨리지 말고 관찰을 늦추어서는 안 된다. 관찰의 순서는 둘로 나누어진다.

(1) 전체로부터 부분으로

'전체로부터 부분으로'란 무엇을 말하는가? 역사는 총체적이고 통일된 것이다. 정말로 이상적인 역사라면 지구상 전체 인류의 행적을 모두 종합해야 비로소 역사라 할 수 있다. 총체적이고 통일적인 것인 이상 각 처의 역사는 이 전체조직의 한 부품에 불과하기 때문이다. 전체를 이해하지 못하면 부분을 이해할 수 없다. 세계를 이해하지 못하면 중국을 이해할 수 없다. 이번에 내가 말하는 전문사는 전체 중에서 일부를 갈라낸 것으로 한 개인을 연구하든 한 사건을 연구하든 어쨌든 전체 중의 일부를 다루는 것이며, 비록 그 범위가 매우 좁더라도 그것이 전체의 일부임을 잊어서는 안 된다.

예컨대 우리가 희곡사를 연구한다면, 이는 예술계·문학계의 극히 작은 일부분이라 할 수 있으나 희곡사에 대해 조금이라도 새로운 견해를 제시하고 싶다면 예술·문학의 소양을 갖추지 않으면 안 된다. 희곡은 단독으로 발생하여 단독으로 존재하는 것이 아니라 각 방면과 관계를 맺고 있기 때문이다. 만일 사회상황의 변천과 기타 문학의 풍조(風潮)에 대해 이해하지 못했다면 희곡을 비평할 수 없다. 뿐만 아니라 한 방면에서 중국희곡을 연구하고 다른 한 방면에서는 외국희곡을 살펴보아서 그들이 가는 길이 서로 같은지 각기 다른지, 또는 서로 의도하지 않은 채 합쳐지는지, 서로 감응하는지를 보아야 한다. 만일 이렇게 하지 않으면 좋은 희곡사를 써낼 수 없다. 희곡사만 그런 것이 아니라 어떤 분야의 전문사를 연구하든 모두 그것이 중국 자체 속에서 어떤 위치를 차지하는지를 살펴보아야 한다. 이와 같은 안목을 갖추고 있을 때 예민하고 날카로운 관찰이 비로소 자연스럽게 생겨난다.

(2) 부분으로부터 전체로

'부분으로부터 전체로'란 무엇을 말하는가? 역사는 자연계에 속하지 않고 사회과학의 가장 중요한 학문분과의 하나이니, 그 연구법은 자연과학의 연구법과 다르다. 역사는 인류활동의 총체이며 인류의 활동은 극히 자유로워서 동물이나 식물처럼 판에 박은 듯하지 않다.

우리가 나무를 키울 때 나무는 움직일 수 없지만 인류는 이리 뛰고 저리 가고 할 수 있다. 우리가 닭을 기를 때 닭은 사람의 지배를 받지만 인류는 생각지도 못한 행위를 할 수 있다. 모든 자연의 것들은 판에 박은 인과율에 의해 지배를 받는다. 역사는 인류의 활동으로 조직해서 이루어진 것이어서 인과율의 지배를 받지 않는다. 때로는 이 시대, 이 환경이 틀림없이 모종의 현상을 낳을 것이라고 예측하지만, 특수한 인물이 나타나면 예측과 달리 하나의 새로운 국면을 열기도 한다. 모든 자연계의 현상은 반드시 회고적이며 순환적이다. 9월에는 겹옷을 입고 10월에는 솜두루마기로 갈아입는다고 우리는 단정할 수 있다. 그러나 역사에는 중복되는 시대가 없고 절대로 동일한 사실이 없다. 인류의 자유의지에 따른 활동으로 인해 비상한 현실이 발생할 수 있기 때문이다.

이른바 부분으로부터 전체에 이르는 관찰을 한다는 것은 한 개인의 활동이 어떻게 진전되고 어떻게 퇴화하는가에 따라 사회 전체가 어떻게 바뀌는가를 관찰하는 것이다. 한 사람이나 한 무리의 사람의 특수한 동작이 전체 국면에 영향을 미칠 수 있고 변화를 일으킬 수 있다. 단지 전체로부터 부분으로 나아가는 안목만 가지고서는 회고적 현상, 순환적 현상만 볼 수 있고 자유의지의 동작을 알아차릴 수 없다. 한 사람 혹은 한 무리의 사람에 대하여, 그 동기가 어디에 있는지 파악하고 자세히 관찰하여 그것이 전체에 미치는 영향을 헤아리는 것은 부분으로부터 전체에 이르는 관찰을 하지 않으면 불가능하다.

역사가의 관찰능력을 이용하려면 앞에 말한 두 가지 방법을 함께 사용해야 한다. 어떤 한 가지 사건을 다룰 때, 그것이 어디서 기원했으며 어디로 향해 가는지의 맥락을 모두 분명하게 고찰해야 한다. 기원은 시세와 환경에 의해 조성되며 부분적 활동에 영향을 미친다. 전개과정의 맥락은 한 사람 또는 한 무리의 사람들에 의해 조성되며 전체의 활동에 영향을 미친다. 역사는 마치 한 폭의 좁고 긴 비단이 고운 실들의 고리로 연결되어 있는 것과 같아서 하나의 고리가 망가지면 활동이 불가능해진다. 그러므로 사실과 사실의 관계에 대하여 세밀하고 예민하며 날카로운 안목으로 관찰해야 한다.

정확하고 정밀한 관찰력을 양성하려면 그 밖에도 다음 두 가지 사항에 주의를 기울여야 한다.

1) 인습적이고 전통적인 사상에 의해 시야가 가려져서는 안 된다.

역사방면에서, 우리는 한 개인이나 한 사건에 대해 연구하고 비판할 때 이전 사람들이 남긴 글이나 말에 가장 쉽게 얽매인다. 역사란 뒤를 돌아보는 것이기 때문에 이전 사람들이 발표한 의견은 매우 큰 권위를 갖고 우리를 압박한다. 나는 이전 사람들의 말이 완전히 틀렸다고 말하려는 것이 결코 아니지만, 만일 이전 사람들이 완전히 옳다면 우리는 많은 시간과 노력을 들일 필요가 없다는 것을 알아야 한다. 최소한 앞 사람들의 견해를 보충하거나 수정할 수 있어야 한다. 그러므로 우리가 만일 이전 사람들의 말을 너무 믿는다면 쉽게 얽매일 것이다. 마땅히 그 가치를 충분히 헤아려서 옳은 것은 따르고 옳지 않은 것은 마땅히 보충하거나 관점을 바꾸어 관찰해야 한다. 수정할 필요가 있을 경우에는 이전의 아무리 유명한 사람이 말한 것이라 해도 마땅히 수정을 가해야 한다. 이렇게 하는 것은 극히 쉽지 않은 일이지만 현대의 학풍은 이미 새로움을 추구하는 길로 걸어가고 있으니 이 걸음을 내딛는 일이 꼭 그렇게 어려운 것만은 아닐 것이다.

2) 자신의 선입견에 의해 시야가 가려져서는 안 된다.

이것은 정말로 쉽지 않은 일이다. 대진(戴震, 1723~1777)은[8] 일찍이 말하기를, "남의 견해로 자신의 시야를 가리지 말고, 자신의 선입견으로 자신의 시야를 가리지 말라"고 하였다. 남의 견해로 자신의 시야를 가리는 폐단은 그래도 쉽게 벗어날 수 있지만, 자신의 선입견을 버리고자 하는 사람은 별로 없으며 사리(事理)와 너무 멀리 떨어져 있는 경우에도 자신을 되돌아보지 않는다.

대다수의 사람들은 일단 하나의 가정을 세우면 귀납적인 연구방법으로 많은 노력을 쏟아붓고, 이미 진행한 작업에 대해 극히 소중히 여기면서 나중에 다시 관찰해 본 결과 착오가 적지 않았음을 알게 되어도 이전의 주장을 취소하기를 아까워한다. 학문하는 사람들은 항상 이런 고통을 느낀다. 그러나 충실한 학자라면 이러한 고통에 대하여 부득불 인내하면서 자신의 착오를 발견했을 때 과감하게 즉시 잘라 버려야 마땅하며, 만에 하나라도 이전의 작업을 비호하거나 사실

8 대진은 청대의 저명한 고증학자로 음운 · 문자 · 역산 · 지리 등에 정통했고 주자학을 비판하였다. 옮긴이 주.

을 은폐하고 사실을 고쳐서 왜곡하고 위조하여 결과적으로 이전의 작업을 비호하는 데 영합해서는 결코 안 된다. 이런 폐단은 학문을 좋아할수록 더욱 쉽게 범하게 된다.

예를 들면, 주희와 육상산(陸象山) 두 학파의 태극·무극 논쟁과[9] 관련하여 나는 개인적으로 육상산의 견해를 지지한다. 주희는 정말로 선입견이 너무 강했고 나중에 육상산의 비판을 받고서는 아무 말도 못했지만 끝내 자기주장을 고집하였다. 육상산은 주희에게 보낸 서신에서 말하기를, "당신의 이전 글은 매우 유려했으나 이번의 글은 왜 이토록 지리멸렬하고 난잡한가? 모두 이전의 견해를 비호한 결과이다."라고 하였다. 주희의 견해로 학문을 하는데도 불구하고 이와 같으니 자기의 선입견으로 자신의 시야를 가리지 않는다는 것은 용이한 일이 아님을 알 수 있다.

나는 10여 년 전에 일찍이 "오늘의 나로 어제의 나에게 도전하는 것을 아까워하지 말라"고 말한 바 있다. 이것은 물론 나의 한 가지 약점이라고 할 수 있다. 나는 학문하는 사람이 이런 태도를 취해서는 안 된다고 생각한다. 하지만 모두 다 그런 것도 아니다. 한 개인은 자신의 학문이 완전히 성숙된 이후에 견해를 발표해야 비로소 잘못을 바로잡을 일이 없다. 그러나 사후(死後)에 발표하는 것은 사람을 괴롭히는 너무 무리한 요구이다. 현대문화를 위해 진력하려면 뭔가를 찾아냈을 때에는 마땅히 편리한 시간에 발표하여 사회의 비평을 구해야 옳다. 진실로 학문하는 사람은 나이가 들면 젊었을 때와 달라진다.

---

9 주돈이의《태극도설》이 "무극이면서 태극이다"고 한 언명으로부터 시작된 양 파의 철학논쟁. 주희는 주체와 존재의 근원인 태극을 理라 하고 현실세계의 운동을 氣라 하면서, 이러한 태극의 성격을 나타낼 때에는 반드시 "무극이면서 태극이다"는 표현이 필요하다고 보았다. 반면 육상산은 태극=리는 언제나 현실세계에 가득 차서 살아 움직인다고 보아 태극 위에 다시 무극이 있을 수 없다고 보았다. 옮긴이 주.

이전에 잘못된 것을 이제 고치고, 이전에 없었던 것을 이제 갖게 된다. 한 개인이 오늘의 자기로 어제의 자기에게 도전하지 않는다면 진보하는 것은 불가능하다고 말할 수 있다. 나는 70세가 되어도 69세의 나에게 도전할 것이다. 나는 80세가 되어도 79세의 나에게 도전할 것이다. 이렇게 말하는 것은 너무 지나친 것 같기도 하다. 그러니 종전의 잘못에 대하여 스스로 자각하거나 혹은 옆 사람이 지적해 주어 조금도 아까워하지 않고 즉시 바로잡는 것이 가장 바람직하다. 비록 10년의 작업을 완전히 날려 버린다 해도 역시 아까워하지 않으면서 말이다.

위에 말한 두 가지 정신은 어떤 학문을 하든 모두 갖고 있어야 한다. 특히 역사를 연구하는 사람이라면 더욱 충실히 실천해서 자신의 의견과 이전 사람의 주장을 평등하게 대하고 초연하게 비평해야 한다. 갑과 을에게 부족한 게 있으면 마땅히 보충해야 하고 병과 정에게 착오가 있으면 마땅히 수정해야 한다. 진정으로 학문을 하는 사람은 이처럼 할 수 있는 사람을 존경하게 되어 있다. 인습과 전통에 의해 자신의 시야를 가리지 말고 자신의 선입견으로 자신의 시야를 가리지 말아야 비로소 예민하고 기발한 관찰에 이를 수 있고, 그때 비로소 탁월한 사식을 완성할 수 있다.

4. 역사가의 재능

사재(史才), 곧 역사가의 재능이란 오로지 역사서를 쓰는 기술을 말하며, 앞에서 말한 세 항목과 구별되는 또 다른 완전히 기술적인 차원의 능력이다. 사덕이 있으니 충실하게 자료를 찾고, 사학이 있으니 연구를 진행하는 데 큰 힘을 들이지 않아도 되고, 사식이 있으니 관찰을 극히 예민하게 한다. 그러나 정교하고 아름다운 역사서는 여전히 써낼 수 없다. 써내려는 역사서는 사람들에게 분명하게 보이고 감동적으로 읽혀야 하므로 특별한 기술이 없어서는 안 된다. 이런 기술은 문장의 구조와 관련되어 있다. 장학성은《문사통의》를 지어서 문학을 역사와 함께 설명하였다. 순수한 문학에 대한 논의에서 장학성은 성공하지 못했고 아름다운 문장기술에 대한 논의에서도 장학성은 성공하지 못했다. 그러나 역사를 쓰는 기술에 대해서는 이해가 극히 탁월하고 운용이 원숙하였으니 이 또한 장학성의 특장이다.

역사가의 재능이란 전적으로 역사가의 문장기술이며 두 부분으로 나누어진다.

(1) 조직하기

먼저 조직이란 책의 전체 혹은 거기에 실린 글 한 편의 구조를 말한다. 글을 잘 조직하는 일은 보기에는 쉽지만 실제로 하려면 어렵다. 수많은 사실들이 앞에 펼쳐 있을 때, 문장에 능한 사람은 가지런히 잘 정리하여 매우 훌륭한 역사서를 만들어 낸다. 문장기술이 좋지 못한 사람은 그것들을 잘 조직하기 어려우며, 문장 쓰는 데 각고의 노력을 해 본 적이 없는 사람은 항상 어려움을 느낀다.

조직한다는 것은 수많은 재료를 정리하여 담아내는 것으로서 다시 둘로 나누어진다.

1) 마름질

수많은 사실들은 마름질[剪裁]을 거치지 않으면 그에 관한 사료는 사료일 뿐 역사가 될 수 없다. 비유하자면 한 부대의 양털은 그 자체로서는 모직물이 될 수 없으니, 반드시 버릴 것은 버리고 취할 것을 취해서 빗질하듯이 깔끔히 정리하되 그와 동시에 도려낼 것은 도려내야(그리고 나서 이를 짜야) 비로소 직물이 된다. 자료를 수집하는 작업이 이미 용이하지 않았으므로 버리고 취하는 작업은 더욱 어렵다. 사마광이 《자치통감》을 쓰기 전에, 먼저 장편을 지었는데 그의 초고 더미가 19칸 집에 가득 찼다고 한다. 만일 이렇게 방대한 초고 전체를 그대로 인쇄해 펴낸다면 틀림없이 읽을 사람이 아무도 없을 것이다. 어떻게 19칸 집을 채울 만한 초고를 간추려 장편을 만들고 다시 그 장편을 간추려 현재의 《자치통감》을 만들었을까? 이 과정에서 그는 수없이 많은 마름질을 거친 것이다.

보통 연구자들이 갖고 있는 병폐 중 하나는 자료를 많이많이 수집하기만 할 뿐 미련 없이 버리려 하지 않는다는 것이다. 그러나 좋은 저작을 만들고자 한다면 아낌없이 버리지 않으면 안 된다. 우리는 찌꺼기를 버리고 알맹이를 남겨야 한다. 이 일은 여러분들이 특별히 항상 주의하지 않으면 안 된다. 어떻게 마름질을 하는가에 관해 말하자면, 많이 써 보는 것 외에 다른 방도가 없으니 자세히 설명할 필요가 없다. 어느 것이 찌꺼기이고 어느 것이 알맹이인지, 무엇을 버리고 무엇을 남겨 둘 것인지는 항상 버리고 글을 쓰다 보면 어느새 체득할 수 있을 것이다.

2) 배열

보기 좋은가 보기 좋지 않은가는 완전히 배열의 좋고 나쁨에 달려 있다. 예컨대 "천지현황"(天地玄黃) 네 글자는 왕희지(王羲之)도[10] 이렇게 쓰고 어린아이도 이렇게 쓴다. 그러나 왕희지는 잘 쓰고 어린아이는

10 왕희지(303~361 또는 321~379)는 동진의 관리이자 서예가로, 중국 역사상 가장 저명한 서예가로 칭송되며 그의 글씨체를 왕희지체라 한다. 옮긴이 주.

잘 못 쓰는데 이는 모두 배열과 관계되어 있다. 배열은 서예를 넘어서 모든 예술에서도 매우 중요하다. 한 폭의 그림에서 산수(山水)가 적절한 위치에 잘 배치되면 매우 보기 좋고, 집 안에서 가구가 적절한 곳에 잘 진열되면 보기 좋다. 어느 것을 앞에 놓고 어느 것을 뒤에 놓을지, 무엇을 상세히 하고 무엇을 간략히 할지 그 방법은 매우 많다. 이에 대해서는 특별한 주의를 기울여야 하며 그렇지 않으면 비록 좋은 재료가 있어도 사람들의 눈길을 끌 수 없다. 보는 사람이 있어도 잘못 보거나 졸린 듯 몽롱하게 볼 뿐이다. 그렇다면 설사 자료를 수집할 수 있다 하더라도 아무 쓸모없는 일이다.

배열하는 방법에 관해 말하면, 그 일부는 배우는 능력에 달려 있고 나머지는 타고난 재주에 달려 있다. 좋은 기술자는 사람들에게 표준을 가르칠 수 있으나 그를 솜씨 있게 만들 수는 없다. 이제 잠시 몇 가지 통용되는 방법을 설명해 시범적인 사례를 삼고자 한다.

① 이전 사람들이 기재해 놓은 것을 잘 연결하고 녹여서 자신의 말 속에 집어넣는다.

장학성은 "문인(文人)의 문장은 오직 자기에게서 나오지 않은 것을 걱정하고 역사가의 문장은 오직 자기에게서 나온 것을 걱정한다."라고 말하였다. 역사가가 기재한 것은 결국 이전 사람들의 말에 의지하지 않을 수 없다. 《사기》는 《세본》, 《전국책》, 《초한춘추》에 의거하였고 《한서》는 《사기》에 의거하였으니 일찍이 한 마디 말이라도 자기 스스로 만든 적이 있었는가? 일찍이 한 편의 글이라도 자기 스스로 만든 적이 있었는가? 타고난 재주가 있는 사람은 다른 사람의 말을 녹여 내어 자신의 말로 만드는 것을 가장 잘 하는데, 가령 이광필(李光弼)이 곽자의(郭子儀) 군에 들어갔으나[11] 그 대오는 종전대로 유지하면서 깃발의 색깔만 바꾼 것처럼 하는 것이 최상의 훌륭한 저작이다.

근대의 역사가, 특히 건륭·가경 중엽 이후의 역사가는 오로지 "어느 한 글자도 내력이 없는 글자는 없다."라고 강조하였다. 완원(阮元, 1764~1849)은[12] 《국사유림전》(國史儒林傳)을 지었는데 책 전체가 이전 사람들의 관용구를 모은 것이어서 처음부터 끝까지 한 글자도 자신의 두찬(杜撰, 근거나 출처가 불확실한 저술)에서 나온 것이 없었다. 완원은 이를 가장 신중하고 엄격한 방법이라고 여겼다. 그의 《광둥통지》(廣東通志)와 《저장통지》(浙江通志), 그리고 사계곤(謝啓昆, 1737~1802)의[13] 《광시통지》(廣西通志)는 모두 이 방법을 사용해 한 글자 한 구절이 모두 근거가 있다. 이런 방법은 우리들 모두가 찬성하는 바이며 이는 추적하여 따져 물을 수 있는 앞 사람이 있기 때문이다.

그러나 단점도 있으니 너무 판에 박은 듯 단조롭다는 것이다. 수많은 일들이 앞 사람들에 의해 종이 위에 써지기 전에는 비록 그것이 사실임을 확실히 알게 되었다 하더라도 채록할 방법이 없고, 자기 스스로 옛사람 행위의 잘잘못을 확인하고 그에 대해 비평하며, 관련 사실들을 서로 연결하고 보충하는 데에 어려움을 느끼기 때문이다. 우리는 그 뜻을 본받을 수 있지만 이토록 신중하고 엄격할 필요는 없다. 대체로 본래 근거하는 바가 반드시 있어야 하지만 자기 스스로 발견

11 이광필은 거란족 출신 당나라 장수로 전략전술이 능했으며 곽자의의 추천으로 중용되어 안사의 난을 진압하였다. 곽자의는 당나라 때 과거 무과 장원 출신의 장수로 이광필과 함께 안사의 난을 진압하였으며, 4대에 걸쳐 조정을 섬기며 두 번 재상에 발탁되었기에 부귀공명의 상징 인물로 일컬어진다. 옮긴이 주.

12 완원은 청대의 학자이자 관료로 양광총독을 지냈다. 청대 여러 학자의 경학에 관한 저술을 집대성하여 《皇淸經解》를 편찬하였다. 량치차오가 다닌 광저우의 學海堂은 바로 그에 의해 설립되었다. 옮긴이 주.

13 사계곤은 청대 장시성 南康 사람으로 시문에 능했고 산시포정사와 저장포정사, 광시순무를 지냈다. 《西魏書》 등의 저서를 남겼다. 옮긴이 주.

한 역사적 사실을 섞어 넣지 않을 수 없다.

뿐만 아니라 고서를 인용할 때, 할 수 있는 한 쓰는 글의 순서에 따라 임의로 이어 붙여서 살아 숨 쉬는 듯한 문장을 만들 수 있다. 그 밖에 작은 글자로 주석을 붙여서 출처를 밝히거나 그러한 까닭을 설명하면 좋다. 이 방법은 비록 좋지만 매우 어렵기도 하다. 나도 아직 사용하지 못하고 있는데, 내가 문장 쓰는 데 노력을 기울이기를 게을리하기 때문이다. 앞으로 이렇게 해서 한 편의 글을 지어 모범으로 삼을 생각이다. 두서(頭緖)와 맥락을 분명히 하고 앞 사람의 말을 그 속에 숨겨 꿰맨 자국이 보이지 않게 해야 한다. 여러분들은 그렇게 해보기 바란다.

② 강목체를 사용하는 것이 말을 줄이는 가장 효과적인 방법이다.

강목체(綱目體)의 선구는 전문자(錢文子, 1148-1220)의[14] 《보한병지》(補漢兵志)이다(《知不足齋叢書》의 하나이다). 정격(頂格)은 한 마디로 본문[正文]이며 사안을 따지고 추론해 얻은 결론으로서 4,5백자에 불과하다. 아래에 주석을 달아 자기가 의거한 사료를 제시하였는데 본문보다 많다. 이 방법은 근래에 많이 활용되어 가령 왕궈웨이의 《호복고》(胡服考)와 《양한박사고》(兩漢博士考)가 모두 그런 예이다. 내가 작년에 지은 《중국문화사》도 마찬가지다.[15]

이 방법은 요점을 제시하고 따지고 추론해 얻은 결론을 쓰고 격(格)을 하나 내려서 주석을 달기에 매우 용이하고 자유로워서 문장에

14 전문자는 송대 저장성 樂淸 사람으로 《白石詩傳》, 《漢唐制度》 등의 저서를 남겼고, 葉適과 함께 永嘉學派 창시인 중 한 명으로 일컬어진다. 옮긴이 주.

15 량치차오가 1920년에 쓴 책은 《중국불교사》와 《노자철학》 등인데, 아마도 이들을 '중국문화사'로 통칭한 듯하다. 후에 그는 《중국역사연구법》도 '중국문화사'의 일부로 여겼다. 이로써 그가 방대한 규모의 '중국문화사' 저술을 구상하고 있었음을 알 수 있다. 옮긴이 주.

많은 노력을 기울일 필요가 없다. 실로 간단하게 일을 줄이는 방법이다. 잘 할 수 있으면 자기가 연구한 결과를 말하고 싶은 대로 펼칠 수 있으니 이전의 방법보다 훨씬 편리하다. 비록 문집의 아름다움은 이전 방법만 못하지만 글을 늘이거나 줄이기에 자유롭고 고치거나 옮기기에 용이한 점에서 이전의 방법이 따라갈 수 없다.

③ 방법을 많이 생각해서 본문을 도표로 바꾼다.

도표를 만드는 기술에 대해서는 특별한 훈련을 받아야 한다. 사마천은 《사기》를 지으면서 항상 표를 사용했으며, 이에 대해 (계승관계를 나타내기 위해) "옆으로 줄을 긋고 위로 사선을 긋는 것[旁行斜上]을 《주보》(周譜)에서 본땄다."라고 했으나 사마천 자신이 발명한 것이라 말할 수 있다. 《3대세표》, 《12제후연표》, 《6국표》, 《진초지제월표》(秦楚之際月表), 《공신후자표》(功臣候者表), 《백관공경표》의 격식은 각기 다르다. 이러한 본체가 있기 때문에 마침내 필요에 따라 응용할 수 있는 여러 가지 법문(法門)이 열리는 것이다. 만일 이러한 본체가 없으면 이처럼 많은 복잡한 자료와 사실을 망라할 수 없다. 유럽인과 미국인은 이 방면에 남다른 특징을 갖고 있어서 매우 좋고 유용한 표를 많이 갖고 있으니 우리는 그것들을 본따서 만들 수 있다.

그러나 표를 만드는 것은 정말로 쉽지 않고 재료가 다르면 반드시 표를 다른 모양으로 만들어야 비로소 알맞은 위치에 집어넣을 수 있다. 나는 작년에 〈선진학술연표〉(先秦學術年表)를 만들었는데 여러 차례 고쳤고 10여 일의 정력을 들여서 비로소 완성하였다. 들인 시간과 정력이 매우 크다고 할 수 있다. 그러나 이로 인해 넓고 깊은 역사적 사실을 조리 있게 정리하고, 어지럽고 거친 문장을 간결하게 바꾸어 독자에게 한눈에 확 들어오게 만들어 주니 그 효과는 적지 않다. 그러므로 이런 표를 만드는 기술은 특별히 훈련해야 한다.

(2) 문채

문채(文采)란 사람이나 사건·사실을 표현하기 위해 사용하는 자구(字句)와 문장의 수사를 말한다. 똑같이 한 사람이나 한 사건을 서술하더라도 문채가 좋으면, 다시 말해 적절한 자구와 문장을 구사해 표현하면 생생해서 살아 움직일 듯하고, 문채가 좋지 않으면 마치 닭이 멍청히 서 있는 것과 같다. 이런 차이는 묘사 대상의 난이도가 아니라 작자의 우열에 따라 좌우된다. 문장 소양이 없는 사람은 실제로 어떤 사정에 관해 쓰더라도 목석같이 죽은 모습으로 표현할 뿐이다. 살아 있는 것처럼 잘 묘사하고자 하면 항상 모방하고 항상 연습하는 수밖에 없다.

문장표현의 요소는 매우 많지만 여기서는 가장 중요하다고 생각되는 두 가지 사항만을 골라 설명하겠다.

1) 간결

간결함은 앞에서 마름질을 설명하면서 이미 말했다. 가장 절묘한 문장은 말을 적게 하되 거기에 담기는 함의는 많게 하는 것이다. 문장이 두터운가 얇은가는 이로부터 갈라진다. 의미는 적고 문장이 길면 얇은 것이다. 문장에 군더더기 구절이 없고 구절에 군더더기 글자가 없으면 두터운 것이다. 예컨대 용정차(龍井茶)를 마실 때 차 잎이 적고 물이 많으면 얇은 것이고 차 잎과 물이 서로 걸맞으면 두터운 것이다.

문장의 아름다움을 위함이 아니라면 말을 많이 하는 것이 해롭지 않다. 만일 문장의 아름다움을 위해서라면 말을 많이 하지 말아야 하고 의미를 표명할 수 있게만 하면 된다. 한 편의 글을 쓴 후에는 반드시 잘라 내도 되는 자구와 문장이 얼마나 되는지 살펴보아서 잘라 내야 할 것들은 잘라 버려야 한다. 그렇다고 내가 문장을 심오한 고어체로 쓰라고 주장하는 것은 아니다. 결국 글의 뜻이 통해야 한다는 말이다. 이른바 "글의 뜻이 통하면 그것으로 족하다."라고 하듯이 통하게 하는 것 외에는 더 이상 덧붙이지 말아야 하고 더 이상 깊은 의미를 추구하지 말아야 한다. 나는 평생 말하는 게 별로여서 문장기술이 말하기보다 훨씬 낫다. 내가 요구하는 바는 문장에 쓸모없는 군더더기 구절이 없게 하고 구절에 군더더기 글자가 없게 하라는 것이다. 이 일은 매우 중요하다. 어떻게 해야 이 어려운 일을 해낼 수 있는가? 항상 쓰고 또 쓰는 수밖에 다른 방도가 없다.

2) 약동

무엇을 위해 글을 쓰려고 하는가? 남에게 보여 주려고 쓰는 것이다. 특히 역사분야의 글은 더욱 그러하다. 만일 남을 감동시킬 수 없다면 그 가치는 감소할 수밖에 없다. 글쓰기는 한편으로 신중하고 엄정해야 하며 다른 한 편으로 전력(電力)을 공급하면 영화가 상영되는 것처럼 자연스럽게 살아 움직여야 한다. 만일 전력이 부족하면 필름이 돌아가다가 멈추듯이 도중에 죽어 버린다.

사건은 본래 약동적이어도 글이 판에 박은 듯 딱딱하면 남들이 보지 않으려 할 것이고, 보면 곧 몽롱하여 졸음이 올 것이다. 사건이 본래 흐릿하고 단조로워도 글이 살아 움직이고 글자 하나하나가 모두 종이 위에서 살아 꿈틀거리면 보는 이로 하여금 울어야 할 곳에서는 울게 하고 웃어야 할 곳에서는 웃게 만들 것이다. 마치 연극배우가 창을 하다가 심각한 지점에 이르렀을 때 사람들을 감동시킬 수 있는 것과 같다. 만일 배우가 우스갯소리를 하면서 정색을 하고 굳은 표정을 지으면 사람들은 아무런 재미도 느끼지 못할 것이다. 남들을 감동시킬 수 없다면 좋은 글이라 할 수 없다. 자연과학과 같은 다른 분야의 글이라면 이 점에 반드시 주의하지 않아도 된다. 그러니 역사가가 이러한 기술을 갖고 있지 않다면 이는 안 될 일이다. 사마광의 《자치통감》과 필원(畢沅, 1730~1797)의[16] 《속자치통감》은 모두 동일한 체재에 의거해 쓰였는데, 전자는 백 번 읽어도 싫증나지 않으나 후자는 한두 번만 읽어도 곧 더 이상 읽기 싫어진다.

사마광의 《자치통감》에서 필치가 가장 약동하는 부분, 가령 적벽대전 · 비수(淝水)대전, 유유(劉裕)가 경구(京口)에서 군사를 일으킨 일,[17] 요진(姚秦)을[18] 유유가 평정한 일, 사원대전(沙苑大戰),[19] 위 효문제의 뤄양천도 등은 실제 사실은 그저 그렇지만 읽는 이를 감동시킨다. 이러한 기술은 연습하지 않으면 습득하기 어렵다.

어떻게 해야 비로소 이러한 재능, 곧 사재를 양성할 수 있는가? 이전 사람들은 말하기를 많이 읽고 많이 쓰고 많이 고치라고 했다. 나는 지금 한 글자를 바꿔서 "많이 읽고 적게 쓰며 많이 고치라"고 권하고 싶다. 다독(多讀), 곧 이전 사람들의 글을 많이 읽는 것은 그들이 어떻게 글을 썼는지 그 방법을 보는 것이다. 좋은 자료를 만나면 스스로 시험 삼아 글을 써서 이전 사람의 글과 비교해 보고 정교하고 아름다운 부분은 크게 소리 내어 암송해 보는 것도 무방하다. 글을 읽으면서 때때로 머리와 꼬리를 흔들면서 기쁜 마음으로 읽지 않으면 이해되지 않는 경우가 있다. 적게 쓰는 것[少作]은 글쓰기를 신중히 하는 것으로서, 정말로 마음을 집중해서 쓰고 한 편을 쓰면 한 편으로 끝내야지

---

16 필원은 청대 장쑤성 鎭洋(太倉) 사람으로, 진사에 장원급제해 한림원 편수, 허난 순무, 양광총독을 지냈다. 경학과 사학은 물론 금석 · 지리학에도 조예가 깊었다. 옮긴이 주.

17 유유는 남송의 1대 황제로, 장쑤성 丹徒縣 京口里의 가난한 집에서 태어나 어린 나이에 부모를 잃고 군에 투신해 공을 쌓아 대업을 이루었다. 옮긴이 주.

18 요진은 384-417년에 존속한 16국의 하나로 장안에 도읍을 정했으며 후진이라고도 한다. 옮긴이 주.

19 사원대전에서 남북조시기 537년 동위군이 20만의 대군으로 서위를 공격했으나 겨우 1만 명도 안 되는 서위군의 전략에 말려들어 대패하고 후퇴하였다. 옮긴이 주.

더 많이 쓰려고 탐해서는 안 된다. 필기는 많이 하는 것을 싫어하지 말고 매일매일 하는 것이 좋다. 문장을 쓸 때 몇 달에 한 번 쓰는 것은 적다고 할 수 없다. 신중하고 정중해야 하며 많이 고치고 이리저리 넘기면서 보아야 한다.

내용을 조직하는 일부터 그것을 문장으로 표현하는 일에 이르기까지 만족스럽지 못한 곳이 있으면 곧바로 고치고 마름질하여 잘라내고 보충한다. 동일한 자료를 가지고서도 각기 다른 방법으로 글을 쓰고 한 편을 쓴 후 앞에 펼쳐 놓고 자세히 들여다보아야 한다. 항상 옆 사람의 글을 보고 자신의 글을 고쳐라. 한 편의 글을 아무리 여러 차례 고쳐도 무방하며 10년 후에도 여전히 다시 고칠 수 있다. 이런 노력은 매우 어리석지만 천하의 지극히 아름다운 일들은 반드시 지극히 어리석은 데서 나온다. 어느 옛사람이 문장을 잘 썼다면 그것은 이미 얼마간의 단맛과 쓴맛을 두루 거쳤기 때문이다. 예컨대 메이란팡(梅蘭芳, 1894-1961)이[20] 창극에서 창을 잘 하는 것은 며칠간의 노력으로 이루어진 것이 아니며, 이전에 수많은 어리석은 작업을 해 온 위에 지금도 여전히 수많은 어리석은 작업을 계속하여 이루어 낸 것이다. 모든 일이 다 이와 같다.

20 메이란팡은 베이징 태생으로 경극의 대표적인 배우, 연출가, 학자이다. 중화인민공화국에서 중국경극원 원장, 중국희곡연구원 원장 등을 지냈다. 옮긴이 주.

[부록] 량치차오 연보

1873년(1세)

1월 26일(양력 2월 23일) 광둥성 新會縣에서, 10대째 농사를 지으며 독서하는 아버지 梁寶瑛과 어머니 趙氏의 장남으로 출생. 이름은 啓超, 자는 卓如, 호는 任公과 飮氷室主人 등.

1877년(5세)

조부 梁維淸과 부모로부터 4서와 5경, 중국역사 등을 배움. 조부는 과거급제의 꿈을 이루지 못한 채 생원(수재)으로 그쳤기에 명민한 탁여에게 특별한 애정과 기대를 보임. 8세부터 부친이 연 사숙에서 공부했고 긴 작문을 지었음.

1884년(12세)

조부의 권유로 9세에 처음 생원시에 응시했으나 낙방하고 12세에 합격. 이듬해부터 呂拔湖, 陳梅坪 선생에게 고증학을 배우며 과거 준비에 필요한 공부(帖括)보다 흥미를 느낌.

1887년(15세)

모친 사망. 광둥성 최고학부인 學海堂에 입학해 3년간 첩괄과 고증학 등을 배움. 그 외 石星巢 선생에게도 배움. 康有爲가 제1차 변법상서를 올렸으나 거부됨.

1889년(17세)

광둥성 향시에 응시해 8등으로 합격, 擧人이 됨. 소년등과로 주목받으면서 시험관 李端棻의 권유로 그의 누이 李蕙仙과 약혼.

1890년(18세)
베이징에서 처음 회시를 보았으나 낙방. 귀향길에 《영환지략》을 비롯한 신서를 처음 접함. 학해당 동료 陳通甫의 소개로 캉유웨이를 만나 새 스승으로 모시기로 결심.

1891년(19세)
학해당을 떠나 캉유웨이의 문하(이듬해부터 萬木草堂이라 부름)에 들어가 양명학, 공양학, 변법사상과 신학문을 배움. 가을, 베이징에서 이혜선과 결혼. 부인은 順天부윤 李朝儀의 딸로 명문가의 교양을 갖춘 규수. 캉유웨이의 《신학위경고》 출간을 도움.

1892년(20세)
조부 사망, 두 번째 회시에 낙방하고 강남제조국의 번역서와 프라이어의 《격치휘편》 등 신서를 구입. 이듬해 장녀 思順 출생.

1894년(22세)
회시를 준비하기 위해 부인과 함께 상경했으나, 청일전쟁과 서태후의 환갑잔치로 혼란스런 정국을 목도하고 개혁적 관료였던 처남 李端芬과 시국토론하다 귀향.

1895년(23세)
세 번째 회시를 보려 상경. 굴욕적인 패전과 강화협상 소식을 접하고 스승 캉유웨이와 함께 603명 거인의 이름으로 개혁을 촉구하는 공거상서 주도. 상서의 접수는 거부되었으나 '캉량'(康梁)으로 지칭되는 전국적 명사가 됨. 답안지에 개혁성향을 숨긴 '캉'은 합격하고 그러지 않은 '량'은 낙방. 스승이 베이징에서 强學會를 결성하고 《만국공보》를 출간하자 그를 도와 개혁운동에 나섬. 급진적인 譚嗣同, 夏曾佑와 교유하며 그들로부터 영향 받음.

1896년(24세)
黃遵憲 등의 상하이 강학회가 창간한 《시무보》의 주필이 됨. 자신의 변법구상을 펼친 〈변법통의〉를 연재하여 文名을 얻음.

1897년(25세)
후난 순무 陳寶箴의 시무학당 총교습이 되어 黃遵憲, 譚嗣同, 熊希齡, 皮錫瑞 등과 함께 변법사상으로 무장한 젊은이를 개혁주체로 양성.

1898년(26세)
캉유웨이의 제6차 상서가 광서황제에게 전달됨. 6월 11일 황제의 국시반포로 유신이 개시되었으나 9월 20일 서태후 측의 반격으로 종결. 譚嗣同 등 6군자가 즉결 처형되고 처남 李端芬은 신장성으로 유배됨. '캉량'은 각기 일본으로 망명.
11월, 요코하마에서 화교의 지원으로《청의보》창간. 이를 진지로 개혁사상 선전.

1899년(27세)
도쿄에 대동고등학교 설립. 蔡鍔 등 시무학당 제자들이 스승을 좇아 일본에 건너와 여기서 수학. 일본어를 학습해 기갈 들린 듯 신서를 탐독하며 중국개조의 구상을 심화. 애국계몽의 논설인 〈자유서〉를《청의보》에 연재. 하와이 방문.

1901년(29세)
장남 思成 출생. 〈소년중국설〉(1900)에 이어 〈중국사서론〉을《청의보》에 발표. 〈소년중국설〉과 이듬해의 〈신민설〉은 새롭게 사고하는 新民의 힘으로 낡은 중국을 젊은 중국으로 개조하자는 주장으로서, 발표 당시 국내외에 큰 반향을 불러일으켰고 5·4운동기의 신민학회와 소년중국학회로 상징되는 신청년 탄생의 씨알이 됨.

1902년(30세)
1월,《신민총보》창간. 그 직전《청의보》사옥이 서태후의 밀사에 의해 불타 전소됨. 〈신사학〉과 〈신민설〉 발표. "史界革命"과 "文界革命" 주창.《음빙실문집》(上海: 廣智書局)이 처음 출판됨. 그 후 여러 출판사에서 잇달아 출간됨. 1902-05년, 민족제국주의론에 의거한 중화민족론 제시. 군주입헌론에서 공화혁명론으로 기울어 쑨원 등의 혁명파와 제휴 시도.

1903년(31세)
스승 캉유웨이로부터 공화혁명론에 기울었다는 질책을 받고 잠시 일본을 떠나 미국 순방. 화교사회의 혼란상을 목도하고 중국인의 자질에 실망해 공화혁명론 포기.

1905년(33세)
베트남독립운동가 판보이쩌우와 함께《베트남망국사》출간. 그에 앞서 〈조선망국사략〉(1904)을《신민총보》에 연재.

1906년(34세)
1905년 8월 혁명파가 중국동맹회를 결성하고《민보》를 발간하면서 입헌파를 비판하자, 그에 대응해 논전을 주도. 청 조정의 입헌준비에 대응해 楊度, 熊希齡 등과 함께 정당 결성에 나서 상하이 등지에 政聞社 조직.

1907년(35세)
《신민총보》 정간. 정문사는 입헌청원을 했다는 이유로 강제 해산됨.

1908년(36세)
11월 광서제와 서태후 사망. 각 성 자의국 대표들이 국회청원동지회 결성.

1910년(38세)
입헌파가 상하이에서 창간한 《국풍보》에 자신의 입헌구상을 발표. 일본의 길은 헌정이라는 미명하의 관료정치라고 비판하고 영국식 정당정치와 보통선거를 주장.

1911년(39세)
신해혁명이 일어나자 그 틈을 타고 입헌파 신군 장령에 의한 쿠데타로 황실내각을 타도하고 위안스카이와 타협해 군주입헌의 길을 모색했으나 실패.

1912년(40세)
중화민국이 성립되자, 11월 14년 만에 귀국해 공화당 영수가 됨.

1913년(41세)
첫 국회에서 혁명파의 국민당에 대응해 공화·민주·통일당을 합쳐 진보당 결성하고 이사로 활동. 위안스카이 정부 사법총장(장관)에 취임했으나, 국회가 군대의 포위 속에 위안스카이를 총통으로 선출한 데 이어 총통이 이듬해 1월 국회를 해산하자 실망 속에 사직.

1914년(42세)
톈진 이탈리아 조계구역에 2층 양옥을 짓고 칩거. 〈歐洲戰役史論〉 저술. 이후 줄곧 여기서 저술과 강학에 종사.

1915년(43세)
위안스카이 총통이 황제체제를 회복하려 시도하자, 공화제는 이미 변경할 수 없는 국체라는 글을 발표하고 蔡鍔의 호국군을 앞세워 무력으로 저지운동에 나섬. 《조선멸망참사》와 《세계망국참사》 출간.

1916년(44세)

3월 위안스카이는 반대여론에 밀려 황제체제를 취소하고 두 달 뒤 사망. 국회 회복. 5월 부친 사망. 11월 애제자 蔡鍔 병사. 《음빙실전집》(上海: 中華書局) 출간. 그 후 여러 출판사에서 잇달아 출간됨.

1917년(45세)

7월 張勳이 선통제 푸의를 복위시키려 복벽을 도모하자 군벌출신 총리 段祺瑞와 함께 저지운동에 나섬. 이때 복벽에 앞장선 스승 캉유웨이와 결별. 段 내각의 재정총장에 취임했으나 4개월 만에 사직 후 정계은퇴.

1918년(46세)

12월 파리강화회의를 관찰하러 유럽 순방. 이듬해 3-4월 파리에서 산둥이권과 관련한 중일 간의 비밀협약으로 중국외교가 난관에 봉착한 사실과 강화회의가 산둥이권을 일본에 넘긴 사실 등을 국내에 전보로 알려 국민외교운동과 5·4 천안문 시위를 촉발시킴. 유럽 순방을 통해 영미식 자본주의와 러시아식 공산주의의 폐단을 목도하고 그와 다른 점진적 사회주의의 길을 모색.

1920년(48세)

3월 귀국하여 톈진의 집에 머물며 저술과 교육을 통한 문화혁신운동에 매진. 張東蓀, 張君勱 등과 함께 共學社를 세워 점진적 사회주의 서적을 번역 출간하고 《改造》 잡지 창간. 길드사회주의자로서 직업대표제를 주창한 러셀을 초청해 전국 순회강연을 진행하고 이 제도를 도입해 정당정치의 폐단을 보완하자고 주장. 《중국불교사》, 《노자철학》 등 저술. 공학사는 후에 중국국가사회당, 중국민주사회당으로 이어지는 중도 정치집단의 선구가 됨.

1921년(49세)

난카이대학(1919년 설립)에서 1년간 중국문화사(중국역사연구법) 강의. 《청대학술개론》 출간, 《묵자학안》 등 저술. 1921-24년 난카이대학과 清華學校에서 강의하면서 이를 거점으로 전국 주요도시를 오가며 문화혁신운동 전개(梁任公 순회강학).

1922년(50세)

《중국역사연구법》 출간. 《先秦政治思想史》 저술(이듬해 출간). 이듬해 애제자 蔡鍔의 호를 딴 松坡圖書館(베이징 북해공원)을 세우고 관장을 맡음.

1924년(52세)

4월 임공의 기획으로 타고르를 초청해 강연. 9월 부인 유방암으로 사망. 베이징 와불사 옆 묘지에 매장.《중국근삼백년학술사》 출간.

1925년(53세)

칭화학교가 대학으로 승격되자 국학연구원 교수로 취임. 陳寅恪, 王國維, 趙元任과 함께 칭화 4대 명교수로 불림.《중국문화사: 사회조직편》 저술. 京師圖書館 관장과 중화도서관협회 이사장 겸임. 이듬해 칭화대학에서 중국역사연구법 보편 강의.

1927년(55세)

법률전문가 양성기관인 司法儲才館의 초대 관장으로 인생철학 강의.《유가철학》 저술.《중국문화사: 사회조직편》 출간.

1928년(56세)

2년 전 베이징 협화의원에서 신장 수술했으나 다시 악화되어 입원. 6월 칭화대학 교수직 사퇴.

1929년(57세, 만 56세)

1월 19일 사망. 베이징 각계의 사회장을 치른 후 부인 곁에 묻힘. 6남 4녀를 둠. 그의 수만 권 장서는 경사도서관의 후신인 國立北平圖書館에 기증.

* 그의 사후,《중국역사연구법보편》 출간(商務印書館, 1930). 본편과 보편을 한 권으로 묶은《中國歷史研究法: 附補編》(중화서국, 1936) 출간. 유족과 벗들이 문집과 연보의 정리 작업에 착수. 문집은 林志鈞이 맡아《음빙실합집》 출간(중화서국, 1936). 연보는 丁文江이 맡았으나 수집된 자료를 燕京大學 顧頡剛 교수의 연구생 趙豊田에 넘겨 정리한 후《연보장편초고》 작성. 50부를 등사본으로 만들어 유족과 친지들에게만 배포. 1979년부터 이 초고를 증보하여《연보장편》 출간(上海人民出版社, 1983).
* 현재 톈진 시내에 있는 임공의 저택은 옆에 나란히 세운 "음빙실서재"와 함께 "梁啓超記念館"으로 보존. 광서연간 조부가 지은 광둥성 신후이현의 생가는 2001년 건립된 새 건물과 함께 "梁啓超故居記念館"으로 보존. 칭화대학은 도서관에 "량치차오특별서가(梁啓超專架)"를 두어, 난카이대학은 역사학원에 그의 호를 딴 회의실 "飮氷室"을 만들고 "南開史學名人堂"에 그를 1순위로 올려 기림.

참고문헌

1. 자료

김형종 편역,《서문으로 보는 중국의 역사사상》, 위더스북, 2017.
라시드 앗딘, 김호동 역주,《부족지》, 사계절, 2002.
리가원 · 허경진 역주,《시경》, 청아출판사, 1991.
서정기 역주,《춘추》, 한국학술정보, 2003.
양계초, 이기동 · 최일범 옮김,《청대학술개론》, 여강, 1987.
양계초, 전인영 옮김,《중국근대의 지식인: 양계초의 청대학술개론》, 혜안, 2005.
왕충, 성기옥 옮김,《논형》, 행길, 2011.
유지기, 오항녕 옮김,《사통》, 역사비평사, 2012.
장학성, 임형석 옮김,《문사통의교주》, 소화, 2011.
정상홍 역주,《시경》, 을유문화사, 2014.
司馬遷,《史記》, 서울: 景仁文化史, 1975.

胡適,《中國哲學史大綱》, 上海: 商務印書館, 1919.
林志鈞 編,《飮氷室合集: 專集》第24册, 上海: 中華書局, 1936.
司馬遷,《史記》, 北京: 中華書局, 1997.
梁啓超,《中國歷史研究法》, 上海: 商務印書館, 1926/1930.
梁啓超,《中國歷史研究法補編》, 上海: 商務印書館, 1930/1933.
梁啓超,《中國歷史研究法: 附補編》, 臺北: 臺灣中華書局, 1936/1956.
梁啓超,《中國歷史研究法》, 上海: 華東師範大學出版社, 1995.
梁啓超,《中國歷史研究法》, 上海: 上海古籍出版社, 1998/2003.
梁啓超,《中國歷史研究法》, 北京: 東方出版社, 2005.

梁啓超,《中國歷史研究法》, 北京: 中國人民大學出版社, 2012.
梁啓超,《中國近三百年學術史》, 北京: 中國社會科學出版社, 2008.
《梁啓超史學論著三種: 淸代學術槪論, 中國歷史研究法, 新史學》, 香港: 三聯書店, 1980.
李國俊 編,《梁啓超著述繫年》, 上海: 復旦大學出版社, 1986.
丁文江 · 趙豊田,《梁啓超年譜長編》, 上海: 上海人民出版社, 1983.
《外國人名辭典》, 上海: 上海辭書出版社, 1988.
梁啓超, 〈中國歷史研究法〉(1922), 林志鈞 編,《飮氷室合集: 專集》 第16册, 上海: 中華書局, 1936.
梁啓超, 〈中國歷史研究法補編〉(1926-1927), 林志鈞 編,《飮氷室合集: 專集》 第23册, 上海: 中華書局, 1936.
梁啓超, 〈古書眞僞及其年代〉(1927),《飮氷室合集: 專集》 第24册, 上海: 中華書局, 1936.
梁啓超, 〈中國史敍論〉(1901),《飮氷室合集: 文集》 第3册, 上海: 中華書局, 1936.
梁啓超, 〈新史學〉(1902),《飮氷室合集: 文集》 第4册, 上海: 中華書局, 1936.
梁啓超, 〈研究文化史的幾個重要問題: 對於舊著『中國歷史研究法』之修補及修正〉(1923),《飮氷室合集: 文集》 第14册, 上海: 中華書局, 1936.

丁文江 · 趙豊田, 島田虔次 編譯,《梁啓超年譜長編》, 東京: 岩波書店, 2004.
梁啓超, 小長谷達吉 譯,《支那歷史研究法》, 東京: 改造社, 1938.

2. 연구서

민두기 편,《중국의 역사인식》 상 · 하, 창비, 1985/1989.
셰시장, 김영문 옮김,《량치차오평전》, 글항아리, 2015.
신승하,《중국사학사》, 고려대학교출판부, 2011.
이혜경,《천하관과 근대화론: 양계초를 중심으로》, 문학과지성사, 2002.
毛以亨, 송항용 옮김,《梁啓超》, 명문당, 1990.
杜維運, 권중달 옮김,《역사학 연구방법론》, 일조각, 1982.
李宗侗, 조성을 옮김,《중국사학사》, 혜안, 2009.
錢穆, 이윤화 옮김,《사학명저강의》, 신서원, 2006.
劉節, 신태갑 옮김,《중국사학사강의》, 신서원, 2000.
金靜庵,《中國史學史》, 臺北: 鼎文書局, 1973.
馬金科 · 洪京陵,《中國近代史學發展史》, 北京: 中國人民大學出版社, 1994.

白壽彝,《中國史學史教本》, 北京: 北京師範大學出版社, 2003.
吳澤 主編,《中國近代史學史》上下, 南京: 江蘇古籍出版社, 1989.
李喜所 · 元青,《梁啓超傳》, 北京: 人民出版社, 1994.
藏嚴學(외),《梁啓超評傳》, 南京: 南京大學出版社, 2005.
錢穆,《中國歷史研究法》, 臺北: 三民書局, 1961.
錢穆,《中國近三百年學術史》, 臺北: 臺灣商務印書館, 1961.
陳鵬鳴,《梁啓超學術思想評傳》, 北京: 北京圖書館出版社, 1999.
何炳松,《歷史研究法》, 上海: 商務印書館, 1927.
何炳松,《通史新義》, 上海: 商務印書館, 1930.
胡逢祥 · 張文建,《中國近代史學思潮與流派》, 華東師範大學出版社, 1991.

狹間直樹,《梁啓超: 東アジア文明史の轉換》, 東京: 岩波書店, 2014.
狹間直樹 編,《梁啓超: 西洋近代思想受容と明治日本》, 東京: みすず書房, 1999.

Crabtree, Charlotte and Gary B. Nash ed., *National Standards for World History: Exploring Paths to the Present*, Los Angeles: University of California, 1994.
Tang Xiaobing, *Global Space and the Nationalist Discourse of Modernity: The Historical Thinking of Liang Qichao*, Stanford: Stanford University Press, 1996.
Wang, Q. Edward, *Inventing China through History: The May Firth Approach to Historiography*, Albany: State University of New York Press, 2001.

3. 연구논문

도상범, 〈梁啓超의 역사사상에 관한 연구〉,《역사와 담론》15집, 1987.
박찬승, 〈1920년대 申采浩와 梁啓超의 역사연구방법론 비교: E. 베른하임을 참고하여〉,《韓國史學史學報》9집, 2004.
박찬승, 〈한말 신채호의 역사관과 역사학〉,《한국문화》9집, 서울대학교 한국문화연구소, 1988.
오병수, 〈중국 국민사학의 형성과 인종 · 강역문제: 양계초 · 장병린의 만주인식을 중심으로〉,《동북아역사논총》14호, 2006.
유용태, 〈근대중국의 민족제국주의와 단일민족론〉,《동북아역사논총》23호, 2009.

유용태, 〈개혁개방시기 중국의 통사 · 문명사 편찬과 그 인식체계: 사회형태설에서 다민족국가론으로〉, 《東洋史學研究》 147집, 2019.
이혜경, 〈'국고정리'와 민족주체성의 형성: 량치차오의 정치사상사 연구를 중심으로〉, 《철학사상》 70호, 2018.
정지호, 〈梁啓超의 근대적 역사서술과 국민국가〉, 《梨花史學研究》 32집, 2005.
조병한, 〈梁啓超의 계몽주의 역사관과 國學〉, 《韓國史學史學報》 16집, 2007.
최동운, 〈梁啓超 晩年의 史論에서 살펴본 근대적 역사기술의 성격〉, 《明清史研究》 27집, 2007.
허증, 〈梁啓超의 新史學과 근대국가론〉, 《역사와 경계》 54호, 2005.
汪榮祖, 〈梁啓超의 新史學論〉, 민두기 편, 《중국의 역사인식》 하, 창작과비평사, 1985.

馬敏, 〈通史貴在'通'〉, 《近代史研究》 2007年 5期.
汪榮祖, 〈論梁啓超史學的前後期〉, 《文史哲》 2004年 1期.
張石, 〈從"中國歷史研究法"至"中國歷史研究法補編"淺談梁啓超的史學思想轉變〉, 《學理論》 2010年 4期.
張昭軍, 〈梁啓超的"新史學"是文化史〉, 《史學理論研究》 2010年 2期.
張越, 〈梁啓超史學思想的變化〉, 《學術研究》 2002年 12期.
朱麗, 〈論梁啓超的史料編纂思想〉, 《天津檔案》 2006年 2期.
周予同, 〈50年來之中國史學〉(1941), 王學典 · 陳峰 編, 《二十世紀中國史學史論》, 北京大學出版社, 2010.
胡逢祥, 〈梁啓超史學理論體系新探〉, 《學術月刊》 1986年 12期.
胡逢祥, 〈史學史〉, 曾業英 主編, 《五十年來的中國近代史研究》, 上海書店出版社, 2000.

桑原騭藏, 〈梁啓超氏の『中國歷史研究法』を讀む〉, 《支那學》 2卷 12號, 1923.
小野寺史郎, 〈梁啓超と民族主義〉, 《東方學報》 85號, 2010.
竹內弘行, 〈梁啓超と史界革命: 「新史学」の背景をめぐって〉, 《日本中國學會報》 28號, 1976.
川尻文彦, 〈梁啓超の政治学: 明治日本の国家学とブルンチュリの受容を中心に〉, 《中國哲學研究》 24號, 2009.

찾아보기

사항

ㅇ

지명

인명

ㅇ

ㅈ

문헌

ㄱ

ㄴ

지은이 및 옮긴이 소개

량치차오(梁啓超, 1873–1929)

중국 광둥성 신후이현 출생. 호는 임공(任公) 또는 음빙실(飮氷室) 주인. 근대 중국의 정치가·사상가·언론인·학자. 《청의보》와 《신민총보》 등 여러 신문·잡지 창간, 중화민국 초기 사법총장·재정총장, 진보당 이사, 난카이대학 강사와 칭화대학 국학연구원 교수 역임. 주요 저서로 《조선망국사략》, 《베트남망국사》, 《청대학술개론》, 《중국근삼백년학술사》, 《선진정치사상사》, 《중국문화사》, 《중국역사연구법》, 《중국역사연구법보편》, 《음빙실문집》, 《음빙실합집》, 《량치차오전집》 등이 있다.

유용태(柳鏞泰)

서울대학교 사범대학 역사교육과 교수. 중국근현대사학회 회장 역임. 주요 저서로 《21세기 동아시아와 역사문제》(공편, 2018), 《동아시아사를 보는 눈》(2017), 《동아시아의 농지개혁과 토지혁명》(편저, 2014), 《한중관계의 역사와 현실: 근대외교, 상호인식》(편저, 2013), 《직업대표제, 근대중국의 민주유산》(2011; 중문판, 2017), 《함께 읽는 동아시아 근현대사》(공저, 2011; 중역본, 근간), 《환호 속의 경종》(2006; 일역본, 2009), 《지식청년과 농민사회의 혁명》(2004), 《전원시와 광시곡: 중국의 농민사회 연구》(역서, 2000) 등이 있다.